“十二五”国家重点图书
出版规划项目

国家出版基金项目
NATIONAL PUBLICATION FOUNDATION

陕西出版传媒集团
2011年重大出版项目

中国少数民族法史通览

ZHONGGUO SHAOSHU MINZU
FASHI TONGLAN

总主编
张晋藩

本卷主编
成崇德

作 者
那仁朝格图 鲁哈达

第一卷

蒙古族

陕西出版传媒集团
陕西人民出版社

图书在版编目（CIP）数据

中国少数民族法史通览：全10册/张晋藩主编. —
西安：陕西人民出版社，2014
ISBN 978－7－224－11338－9

Ⅰ.①中… Ⅱ.①张… Ⅲ.①少数民族—法制史—中
国 Ⅳ.①D929

中国版本图书馆CIP数据核字（2014）第246656号

中国少数民族法史通览（十卷）

总 主 编　张晋藩
出版发行　陕西出版传媒集团　陕西人民出版社
（西安北大街147号　邮编：710003）

印　　刷　中煤地西安地图制印有限公司
开　　本　787mm×1092mm　16开　215印张　20插页
字　　数　3840千字
版　　次　2014年12月第1版　　2014年12月第1次印刷
书　　号　ISBN 978－7－224－11338－9
定　　价　2600.00元

丛书主编

张晋藩

张晋藩，男，汉族，1930 年 7 月出生，辽宁省沈阳市人。1952 年中国人民大学研究生毕业，历任该校法律系讲师、副教授、教授。1983 年至 1994 年任中国政法大学副校长兼研究生院院长、中国法律史研究所所长。现为中国政法大学终身教授、法律史学研究院名誉院长。

1983 年被评为中国法制史博士生导师，1988 年被评为国家重点学科法制史学带头人，1991 年享受国务院特殊贡献津贴。曾兼任：国务院学位委员会第二届法学评议组成员，中国法律史学会常务副会长、名誉会长，中国老教授协会副会长，全国人大常委会内务司法委员会特约研究员，中国法学会理事，等等。现兼任：中国法律史学会专业顾问，中国教育家协会名誉会长，最高人民检察院特约研究员，等等。

曾出版《中国法制史》《中国法律史论》《法史鉴略》《中国古代法律制度》《中国古代政治制度》《中国法律的传统与近代转型》《中国近代社会与法制文明》《中国宪法史》《中国监察法制史稿》《中华法制文明史》等 30 余部学术专著，主编《中国法制通史》（十卷本）大型学术著作。其中，有的已译成英、日、韩等国文字出版。迄今已发表专业论文 200 余篇。

2012 年，被中国法学会授予“全国杰出资深法学家”称号。

本卷主编
成崇德

成崇德，男，汉族，山西祁县人，生于1949年12月。历史学博士，教授，博士生导师。1978年12月至今任教于中国人民大学清史研究所。曾任中国蒙古史学会会长，北京市史学会副会长，中国史学会副秘书长，教育部历史学教学指导委员会委员，中国人民大学清史研究所所长、历史系主任，等。现任国家清史编纂委员会副主任。主要著作有《清代蒙古高僧传译辑》《18世纪中国与世界·民族边疆卷》等，发表多篇论文。

《中国少数民族法史通览》
总 序

早在公元前2世纪，中国便初步形成了多民族的统一国家，无论国家疆域、社会的物质文明和精神文明，都是由各民族共同开发、共同创造的，其中也包括辉煌的法制文明。在20世纪80年代中国法律史年会上，我首次提出了研究民族法史。在我的倡导与主持下，法史界的一些同道发宏愿纂修一部信而有征的少数民族法制史。希望借此传承与弘扬各民族法文化的优秀传统，展示少数民族的法律智慧，保存存在于少数民族地区的珍稀法制史料，进一步巩固以汉族为主体的中华民族大家庭。同时也可以充实中国法制史学的内容，提高中国法制史学的世界地位。

一、中华民族是统一的、多样性的伟大民族

在世界历史上的文明古国中，由于种种原因，多已失去独立自主的民族生命，或已沦丧其固有的文化传统，唯有中国历经五千多年的历史发展过程，始终绵永其独立的民族生命与文化。这和以汉族为代表的先进文化为基础所形成的统一的中华文化是分不开的。虽然古代有过华夏文化中心论的华夷之辨，有过“非我族类，其心必异”的狭隘民族观，也有过按民族划分社会等级的民族等级观，但并没有妨碍自秦汉以来中华民族便已形成的稳定共同体的绵延与发展。正像发源于巴颜喀拉山下的涓涓细流一样，中华民族也都发源于一个共同的文化传统，尽管血缘上有异，地域上有别，但不存在严格对立的民族隔阂与阻止交流的壁垒。

“中华民族”作为一个整体，不仅有着同源的文化，而且在漫长的发展过程中，不同程度地进行着相互渗透、相互亲和、相互同化。只是由于所处的地域不同、生产过程与方式不同、习俗不同而表现出“族”的特有的形式而已。

数千年来，各民族经过不断的迁徙、杂居、通婚、互市，在文化上互相学习，在血统上互相融合，你中有我，我中有你，民族畛域逐渐消弭，统一的民族精神日益凸

现，这个民族精神，早已超越了一族的界限。正是这种超越一族的磅礴之气，以及各民族在文化同源的背景下的多样性发展，才形成了绚烂多彩的中华文明，凝聚成厚重的"中华魂"。法律作为中华文化的一部分，也有其源与流、干与支的相互关系及内在联系，并由此形成了多样性的统一体。这是我们在探究中华少数民族法制历史时首先应该注意到的。

二、中华法系是集各族法律智慧共同缔造而成的

中国是世界法制文明的古国，具有四千余年从未中断的法制历史。中华法系是世界公认的特色鲜明的一大法系，其中也汇聚了中华各族的法律智慧。早在法律形成时期便表现出了民族间的相互吸收与传承。根据史书记载，上古时期，华夏族以外的苗民，便已开始制定法律，所谓"苗民弗用灵，制以刑……爰始淫为劓、刵、椓、黥。越兹丽刑，并制罔差有辞"①。其后黄帝灭其族而用其刑，使苗民的刑制发展成为整个夏商周三代通行的奴隶制五刑：墨、劓、刖、宫、辟，并沿用至汉初。

特别需要指出的是由战国末期至秦汉逐渐兴盛的匈奴族，是中国历史上北部游牧民族建立的第一个统一的军事政权，并且适应游牧民族调整内部生活与秩序的需要，开始设范立制。史书说：其法，拔刃尺者死，坐盗者没入其家；有罪小者轧，大者死。狱久者不过十日，一国之囚不过数人。②

自秦汉迄南北朝，在中华民族的大家庭中，又融入匈奴、鲜卑、氐、羌、羯等诸民族。从西晋末年开始的"五胡内迁"，到东晋时期与江南东晋政权抗衡的北方"十六国"，再到南北朝时期的北方五朝，少数民族相继在广大的中原地区建立了政权。同时根据统治广大地区的需要，结合本民族的习惯，制定了使用范围不同的法律，丰富了中华法文化的内容，甚至创造了为隋唐时期所直接取法的法律范本。例如，鲜卑族统治的北魏时期，自道武帝拓跋珪至孝文帝拓跋宏，都较为注重法制建设，经历了从习惯法过渡到成文法，再发展到引礼入法的几个阶段。在儒家思想的引导下，并经过汉族律学家的具体帮助，以"齐之以法，示之以礼"③ 为指导思想，终于在太和五年（481）颁布了著名的《太和律》。这部律典既融汇了汉魏晋以来法制建设的成果，同时也保留了某些元魏旧制，可以说是这个时期游牧文化与农耕文化大融合的产物。从程树德先生辑录的魏律遗文中可以看出儒家人本主义对魏律的影响："世祖定律，

① 《尚书·吕刑》。
② 《史记·匈奴列传》。
③ 《魏书·刑罚志》。

妇人当刑而孕，产后百日乃决，盖本元魏旧制。”① 至于鲜卑后裔建立的北齐王朝，其在法制上的贡献具有承前启后的历史地位，程树德先生评论说：“南北朝诸律，北优于南，而北朝尤以齐律为最。”②《北齐律》开创的新体例，与隋唐律的传承关系十分明晰：“盖唐律与齐律，篇目虽有分合，而沿其十二篇之旧；刑名虽有增损，而沿其五等之旧；十恶名称，虽有歧出，而沿其重罪十条之旧。”③由于各民族坚持不懈地进行法制的创造和法文化的交流，才有隋唐时期中华法系的定型。历史雄辩地说明了中华法系是以汉族为主体，各族共同缔造的。

隋唐时期中国的法律文化、典章制度远播海外，中华法系成为相邻国家和地区的母法。而建立在祖国边陲的吐蕃、突厥、南诏等地方民族政权，各自有着一套行之有效的法律体系。尽管这些法律带有浓厚的地域色彩，并杂有民族习俗和宗教规条，但是不可否认，它们都包括在中华法文化的大法苑中，都是中华法制文明的重要组成部分，都体现了当时少数民族对法制的重视和思考。

唐朝统治者对少数民族的法律和习俗也持认同态度，《唐律疏议》在处理化外人相犯时就提出这样的原则，“诸化外人，同类相犯者，各依本俗法，异类相犯者，以法律论。”在此条的疏议中就特别提出：“‘化外人’谓蕃夷之国，别立长君者，各有风俗。制法不同。其有同类自相犯者，须问本国之制，依其俗法断之。”④ 由此开创了在统一的多民族国家中，不同的民族在特定条件下可以适用本民族法律的先河。这条规定也从一个侧面反映了各族法律的发展状况，以及在互相交流中不断地得到演进的原因。近年来随着考古的发现，隋唐时期各少数民族政权的法律文件已部分地公之于世，为我们认识这一时期少数民族法制状况提供了第一手资料。

由于唐朝对边疆少数民族实行“恩惠抚和”的政策，使众多的少数民族相继内附，而且由于统治者开明的民族观念，使得各民族关系更为和谐，唐太宗曾提道：“夷狄亦人耳，其情与中夏不殊。人主患德泽不加，不必猜忌异类。盖德泽洽，则四夷可使如一家。”⑤ 以致有唐一代，在内附的民族区域建立的羁縻府州县多达856个，“羁縻，犹言维系也”⑥。在这些羁縻府州县中，政权事务由当地少数民族首领世袭管理，原有风俗一概保留，中央政府不加过问。地方仅在军事上“奉征调”，在赋税上

①②③ 程树德著：《九朝律考》，中华书局2003年版，第383、391、391页。

④ 《唐律疏议》卷六“化外人相犯”条。

⑤ 《资治通鉴》卷一九七，贞观十八年十二月。

⑥ 《纲鉴易知录·唐纪》卷四十三，中华书局本。

纳贡。许多民族还制定了地方性法规。

宋朝是面对民族问题最多的朝代，宋朝统治者运用法律的手段调整与西北蕃族的关系，制定了《蕃官法》、《蕃兵法》、《蕃丁法》、《茶马法》等法规。在宋朝统治期间，契丹族、党项族、女真族先后崛起，建立了辽、西夏、金等国，分别制定了既吸收中原地区传统法律文化，又具有本民族特色的辽《重熙新定条例》、金《泰和律义》、西夏《天盛改旧新定律令》等。辽金律已佚，只有西夏国天盛年间制定的《改旧新定律令》保存完好。①《天盛改旧新定律令》是中国历史上第一部用少数民族文字印行的法典，其详细程度为现存中古法律之最。法典总计二十余万言，没有注释和案例，全部是律令条文，其内容包括刑法、诉讼法、民法、经济法、军事法，多方位地反映了西夏社会生活的各个方面。②

至元代，在蒙古族的统治下，天下又合而为一，元朝统治的疆域空前辽阔，其法制的创造性则更加明显，譬如独具特色的刑罚体系，平反律目的创立、民事诉讼的程序化、行政法律规范的细化等等，都反映了法制的民族性与创新性。目前存留的《大元通制条格》，既是中华民族法制史上一部重要的法典，又是蒙古族法制文化所达到的高度的表征。

综上可见，隋唐以来各民族的融合和文化上的交流，为封建社会后期法律体系的趋于完备和法律制度的不断完善创造了条件。至清代，民族立法已臻于完备和成熟。

至清代发源于白山黑水的满族早在关外开国肇基时期，便通过颁布《盛京定例》的形式，与蒙古结成巩固的联盟，并促使蒙古族社会关系的法律调整。此外，还采用“参汉酌金”的立法路线，创造了民族特色鲜明而又迅速封建化的关外法制。1644 年入关以后，更将“参汉酌金”的立法路线推向全国。顺治三年的《大清律集解附例》其实是大明律的翻版，随着汉满法文化交流的深化，至乾隆五年修订的《大清律例》已经成为与唐明律相同的正统封建法典。

清朝统治者为了统治疆域辽阔的统一多民族国家，实行“因族制宜、援俗而治”的政策，一方面确认各族的习惯法在该民族地域内继续发挥效力；另一方面，为了巩固多民族统一国家，制定了一系列民族立法，如《蒙古律例》、《理藩院则例》、《回疆则例》、《青海蕃夷成例》、《西藏章程》以及适用于苗疆地区的条例等。《大清会

① 《天盛改旧新定律令》（史金波、聂鸿音、白滨译注，法律出版社 2001 年版），该法典从俄国引至国内，原文献藏于俄国科学院东方研究所圣彼得堡分所写本部。

② 史金波、聂鸿音、白滨译注：《天盛改旧新定律令》，法律出版社 2001 年版，第 3—4 页。

典》里也汇编了有关适用于少数民族的诉讼、审判、定罪、量刑等方面的律例近百条。这都标志着民族立法进入了前所未有的辉煌时期。

以上可见，自从中华民族进入文明时代起，在中华大地上便孕育了包括汉族在内的众多民族。尽管他们在不同的时代由于文化、经济、政治发展的差别而处于不同的历史地位，对于缔造中华法系所起的作用也有所不同，但无论如何，中华法系是各族人民共同缔造的，凝聚了各族人民的法律智慧，是各民族法律文化与法制经验相互交流与吸收的综合结果。

三、习惯法和民间法是少数民族法律体系中的重要组成部分

在悠久的历史长河中，建立独立政权的少数民族毕竟是少数，而建立全国性政权的少数民族也仅有元清两朝而已。绝大部分的少数民族依然固守在世代生活的一隅之地，遵循着传统的习俗和共同推崇的权威，维持着社会的秩序。在政治、经济和文化发展不平衡的统一多民族中国，这种状况是较为普遍的。这些民族的生产和生活如何维持，相互间的矛盾与纠纷如何解决，对财产的侵犯与人身的伤害如何制裁等，都需要依靠约定俗成的规则。这些规则有些是成文的习惯法，有些是不成文的习俗。虽然简陋，但却具有很高的权威性与约束力，发挥着对该族内部生活的调整作用，这是我们研究与撰写少数民族法制史所不可忽视的。事实上在国家大法难以完全覆盖到的角落，家族法、习惯法、民间法，或者其他风俗习惯都对建立与维持一定的秩序起了重要的乃至主要的作用。韦伯在论中国传统皇权治理模式时说：“出了城墙以外，统辖权威的有效性便大大地减弱，乃至消失。”① 这论断虽然稍嫌绝对，但却揭示了一个现象：在乡土中国，确实存在王法难以达到的真空，何况在少数民族聚居的边远地区。所以在研究与撰写少数民族法制历史的时候，需要探究在该民族地区起着实际作用的法源；需要了解在该民族生活秩序中，法与情、法与理是如何统一的；尤其是需要掌握具有共同性的法律意识的生成、发展及其作用。毕竟一部法典的生命力是有限的，而内蕴在少数民族内心的法律意识是世代相沿的，尤其是在相对闭塞的角落中更是如此。

在20世纪50年代以前，独龙、怒、傈僳、德昂、阿昌、景颇、阿瓦、拉祜、纳西、基诺、黎、布朗、赫哲等十几个民族或这些族群所在的部分地区，原始社会色彩还相当浓厚。不仅不可能拥有成文法，甚至连本民族文字都没有，它们的法律还处在

① 韦伯著，洪天富译：《儒家与道教》，江苏人民出版社1993年版，第109页。

世代相传的祖先训谕与原始宗教规条以及部落首领的训诰层次上。如景颇族的“通德拉”，即属于早期习惯法的范畴，对于这些习惯法的解释和执行，由部族头人和巫师负责。正如前文所阐明的各少数民族之间的发展是不平衡的，譬如凉山的彝族在新中国成立初期还处于奴隶社会，头人作为奴隶主行使着处罚大权，运用习惯法（彝语称“节威”），来维护奴隶主的特权和对奴隶的剥削压迫。较之彝族发达的西藏的藏族、云南西双版纳的傣族在当时已经处于农奴制社会。

藏族是一个具有悠久历史的古老的民族，从吐蕃初期制定的教法戒律，到松赞干布根据佛教“十善”制定的“法律二十条”称为吐蕃成文法的母法，无论是《王朝准则之法》还是《伤人赔偿律》、《盗窃追赔律》，都以它为基准，逐渐形成了在历史上典型的地方少数民族的成文法体系和丰富的法律内容。至清朝统治时期，清政府还通过制定“则例”“章程”“条例”等部门法的形式对西藏进行全面的管理。与中央立法相对应，西藏地方政府也制定了一些重要的法规，主要有五世达赖时期的《十三法》、青海果洛地区的《红本法》、德格土司的《法律十三条》，毛垭土司的《十三条禁令》等。藏族法律形成的多样性以及宗教戒律、道德规范与法律规范的结合，构成了藏族独具特色的、多元的法律文化。

聚居在西南边陲的傣族，长期以来就适用本民族习惯法。远在12世纪，首领叭真统一各部建立勐泐政权，随后历代宣慰司和勐泐土司为了维持封建领主的地位，颁布了一系列封建法规，如西双版纳傣族的民刑法规、礼仪规程和孟连宣抚司法规等。此外，壮、布依、侗、苗、瑶、土家、畲、白、回、维吾尔、蒙古、满等30多个民族则处于封建社会的中前期。如在苗族地区，基本上是按宗支建立自己的社会组织，即所谓“立鼓为社”，各鼓社均有自己的民主议事制度，并根据古礼和传统习惯制定规约。明清时期，苗疆各民族的习惯法经过长期的演化，逐渐丰富起来，成为具有普遍约束力的“苗例”。它涉及社会生活各个方面，内容相当广泛。经过历代中央政府的认可，苗例在苗疆地区长期适用。

再如侗族，其习惯法为“约法款”，其中的法律条文成为“款词”。款词原本是靠侗族人民口耳相传，后来采用汉字记录语音的方式辑录下来，成了现在的成文形式的侗族习惯法。

总之，少数民族习惯法和民间法的数量是众多的，形式是多种多样的，其内容主要是对贼盗犯罪的惩治和以罚牲畜作为刑罚的主要手段；在审判上运用多种形式的神明裁判。① 这些少数民族的习惯法与民间法，历史悠久，特色鲜明，它密切联系社会生活，服务于社会生活，具有深厚的群众基础和较高的权威，起着相当有效的调整作用。它们的存在有其必要性与合理性，是需要以理性的态度对待的。

需要指出的是，有些少数民族经过一番斗争，才获得了适用本民族习惯法的法定权利。以苗疆各族为例，苗疆各族人民多次进行争生存、反压迫的武装起义，迫使清朝在立法中确认苗疆少数民族习惯法的法律效力。据《清高宗实录》卷一三九载："若苗与苗非聚众而自相杀伤、偷盗，苗人愿照苗例完结者，免其相验解审。""一切（苗人）自相诉讼之事，俱照苗例完结，不治以官法。"《大清律例》卷三七"条例"："苗人与苗人自相争讼之事，俱照苗例归结，不必绳之以官法，以滋扰累。"

随着社会的发展进步，少数民族间的习惯法与民间法也处于由粗俗趋向细密，由野蛮趋向"文明"的进步过程中。正因为如此，整理少数民族固有的习惯法、民间法对于保存传统的法文化资料是十分紧迫的。

四、"通古今之变"是研究少数民族法制史应有的态度

由于历史的发展具有连续性，所以研究少数民族法制史时不能只局限于特定的历史时期，还需要纵向地考察法律内容的嬗变与联系、法律思想的传承与发展，总之要通古今之变。但绝不意味着仅仅是为了叙述其发展过程，厘清其发展轮廓。首先，是为了抽象各少数民族法制历史发生发展的规律性。譬如，秦汉以降在统一多民族的中国，各个民族大小不同、强弱不同、语言不同、居住环境不同、经济类型不同、文化和社会发展程度不同，这些都必然反映在各族群的实际生活与思想意识当中，由此形成了不同民族的法观念和立法的特点，它们在共同性中又存在着明显的差异性。又如，少数民族在取得政权以后（无论是全国性的还是地方性的），法制建设都会出现跳跃式的发展，往往从简单、落后的习惯法跃升到封建性的成文法典，北齐律可以看作是一个最明显的典型。这不是偶然的，是适应先进的汉族的生产方式与社会生活借以存在的需要，同时也和法文化的交流融合分不开。恩格斯说："文明较低的征服者，在最绝大多数的场合上，也不得不和那个国度被征服以后所保有的较高的经济情况相

① 民族志研究者根据田野调查，发现时至今日，在我国一些少数民族地区，对一些纠纷仍然保留传统神判方法，如景颇族，村里的仲裁者在证据不足又不能排除犯罪可能的情况下，就运用神判，目的是借助于神的意志来判定告发人和嫌疑者谁是谁非。其常用的办法有闷水、捞沸油锅、煮米、鸡蛋清卦、斗田螺、捏鸡蛋、诅咒、叫天等等。

适应；他们为被征服的人民所同化，而且大部分甚至还采用了他们的语言。”① 法律的发展也是如此，中华民族内部法文化的交流与融合一直未曾停止过。

其次，是为了总结中央政府在处理民族关系上的历史经验与借鉴。譬如在汉族中原王朝“大一统”思想的主导下，从少数民族政治、经济、文化的差异性以及与内地发展水平的不平衡性出发，采取一定的因族因俗制宜的自治方式或原则。强调“修其教不易其俗，齐其政不易其宜”②，“以其故俗治”③，“各依本俗治”④，“天子之于夷狄，其义羁縻勿绝而已”⑤，“荡佚简易，宽小过，总大纲”⑥，“临时制宜，略依其俗，防其大故，忍其小过”⑦。既强调其因俗制宜，赋予一定的民族自治权，又强调中央政权的管辖与法律的统一适用。这两者结合，是中国古代治理少数民族地区成功的经验，对于今天加强民族关系的法律调整都有历史的借鉴意义。

除此之外，为了维护和巩固统一的多民族国家，中央政府还采取必要措施保证国家对少数民族地区的立法权和司法管辖权，从而形成了中国各民族多元一体的法律发展格局。如何发掘和利用民族法文化的本土资源，使民族的习惯法与国家法律有效地衔接并逐渐一体化，将会促进依法治国的方略在广大疆域的实施。

最后，通过深入挖掘整理民族法文化遗产，将会极大地丰富中华民族的法律文化宝库，繁荣民族法学。由于少数民族发展本身具有不平衡性，无论法律意识、法律思想、法律实践、法律表达在不同的少数民族间存在很大的差距。有的少数民族没有自己的文字，民族的形成又比较晚；而有的民族虽然显赫一时，如契丹族，却早已经消亡以至难觅其踪迹。所以要编写出少数民族法制史，必须要进行广泛的田野调查，收集散失在民间的珍稀法律史料，由今及古复原出少数民族最真实的法制发展进程中的图景。法国史学家马克·布洛赫提到历史学家的技艺时曾谈道：“史学家所要把握的正是它在每个阶段中的变化，但是在历史学家审阅的所有画面中，只有最后一幅才是清晰可辨的。为了重构已经消逝的景象，他应该从已知的景象着手，由今及古地伸出

① 恩格斯：《反杜林论》，载《马克思恩格斯选集》第3卷，人民出版社1972年版，第222页。

② 《礼记·王制》。

③ 《汉书》卷四二。

④ 《唐律疏议·刑名》。

⑤ 《史记》卷一一七。

⑥ 《资治通鉴》，卷四八。

⑦ 《后史记》卷八七。

掘土机的铲子。”①

系统地编纂中国少数民族法制史是一项前无古人的事业，它的出版必将深化已有的民族法制史研究成果，全面弘扬中华民族的法律文化，使原先隐藏在历史烟尘中的明珠能够在世界法制舞台上熠熠生辉！由于中国少数民族传统法律文化内容极其丰富，而且处于不断发展变化之中，所以编纂这套《通览》并不意味着对少数民族法制史研究的结束，而只能说是一个阶段性成果。“路漫漫其修远兮，吾将上下而求索。”屈子的吟唱同样适用于我们对于少数民族法制历史的探求。

早在 1983 年，我于中国法律史学会西安年会上第一次提出编写中国少数民族法制史的意见，其后在论及中华法系的特点时，也一再强调中华法系是由汉族为主体的中华民族共同缔造的，但是编纂少数民族法制史的想法一直未能落实。直到 1999 年岁末，在时任中共云南省委常委、政法委书记秦光荣同志的支持下，我于昆明召开了全国相关学者参加的编写《中国少数民族法史通览》研讨会，后又争取到多项基金的支援，才使得这个计划得以逐步实现。

编写这样一部卷帙浩繁的、前人所未做过的文化工程，困难是很多的。我们虽然勉力以赴，但缺点与不足之处，甚至错误都难以避免。敬请读者批评指正。

张晋藩

2014 年 9 月

---

① 〔法〕马克·布洛赫著，张和生、程郁译：《历史学家的技艺》，上海社会科学出版社 1997 年版，第 38 页。

[目录]

序 言

一

蒙古法制传统悠久，其在历史长河中融汇、吸收其他民族法制菁华，从而形成了一个独具特色的法律体系。在历史上，蒙古族的政治、法律制度从产生到完备，从古老的习俗到蒙古民族第一部成文法成吉思汗《大札撒》的颁布，经历了漫长的历史岁月。一般来说，蒙古族古代法制的发展大概经过了蒙古兴起前的习惯法时期、蒙古帝国—元朝时期、明代蒙古时期（北元时期）、清代四个阶段。

蒙古帝国建立以前，蒙古高原上繁衍生息着诸多蒙古—突厥语族部落。这一时期的法律制度，有学者称之为“约孙”（Yosun）时期，但“约孙”这一提法在各语种文献上没有明确的记载，所以称作习惯法时期较为妥当。蒙古族习惯法时期一直延续到大蒙古国建立为止，蒙古族习惯法时期大约经过了四五个世纪。从公元12世纪末开始，蒙古部的铁木真进行了统一蒙古高原的战争，在征战过程中，陆续颁布了有关治理军队纪律方面的命令。1206年，铁木真建立了大蒙古国，正式颁布了札撒（jasa），学术界称为成吉思汗《大札撒》。《大札撒》是蒙古民族的第一部成文法，是用当时刚刚创制的畏吾体蒙古文记录书写的（但未流传至今）。《大札撒》是北方游牧民族多个世纪以来形成的习惯与习惯法的汇集，同时又补充了许多新的内容。成吉思汗将过去的习惯行为变成了统治阶级的意志，从而具有国家法律的效力。《大札撒》

的颁布，标志着蒙古民族共同体的形成，是以法治国的开端，并对蒙古民族后世的法文化产生了深远的影响。蒙古统治集团入主中原后，岭北地区仍适用《大札撒》。《大札撒》在蒙古法制史上占有重要的地位。

1234 年，大蒙古国窝阔台汗灭金朝，统一了长江以北的地区，法制方面窝阔台汗沿用金朝《泰和律》治理中原地区。忽必烈自中统三年（1262）开始，下令制定法律条格。至元八年（1271）十一月，忽必烈下令禁止使用《泰和律》。至元二十八年（1291），颁布了由何荣祖编纂的元朝第一部法典——《至元新格》（这部法典今已不存）。其后，元朝政府陆续颁布了若干部法典。元成宗大德三年（1299）三月，又命何荣祖更定另一部律书《大德律令》，共 380 条。元仁宗（1312—1320）时修订《风宪宏纲》（1315），但《大德律令》与《风宪宏纲》都未能颁行。仁宗朝为了便于全国各级官吏检索遵行，下令将历朝颁发的法令文书斟酌损益，类集折中，汇集成书。后经英宗朝（1321—1323）增删审核，于至治三年（1323）颁行全国，定名为《大元通制》。后来，原书散失，仅存其中条格部分散卷，今名为《通制条格》。国内现存有明朝写本的散卷。元文宗天历元年（1328），开始编修《经世大典》，次年五月告竣。而《大元圣政国朝典章》（简称《元典章》）则是一部元至治二年（1322）以前元朝法令文书的分类汇编，记事至延祐七年（1320）为止，后又增附《新集至治条格》。《经世大典》和《元典章》是元朝时期两部重要的律书和政令法规汇编。

元朝的法律一方面“附会汉法”，充分吸收中原历代王朝的政治法律制度，另一方面，坚持“祖述变通”，尽可能地保留蒙古旧制，因而形成了以蒙汉统治阶级联合意志为核心，以民族压迫掩盖阶级压迫为实质的南北异制；同时，蒙古旧俗与金制唐律、回回法等相互交融，形成蒙古传统法为主体的，多元法律并行不悖的独特法律文化形态。

1368 年，元朝统治集团退居漠北，蒙古社会进入了长期的封建割据状态。1576 年，蒙古图们札萨克图汗（1539—1592）为了重振蒙古大汗旁落的大汗权，重新号令蒙古诸部，制定了《图们汗法典》。但该法典的内容，并没有流传下来，仅在明代汉籍和 17—19 世纪的蒙古文文献当中略有记载。16 世纪末，随着藏传佛教黄教的传入，蒙古右翼三万户封建主们将所谓的元朝忽必烈皇帝时期制定、颁布的《十善福经教白史》重新进行修订，为黄教的传入和以土默特部欲作为蒙古政治中心制造舆论。部分研究者认为，《十善福经教白史》是忽必烈皇帝时期“政教二道”并行的元朝政府纲领性的法律法规。其后，土默特部阿勒坦汗于 1578—1582 年间依照《十善福经教白史》的模式，制定了一系列宗教禁忌和《阿勒坦汗法典》。《阿勒坦汗法典》虽篇幅不大，但从某种程度上说是一部宗教法规为主兼民事、刑事规范的法律文献。

在土默特部阿勒坦汗制定法律的同时，喀尔喀部的统治者们为了七旗间平等联合，抵抗外敌，寻求政权稳定，合理解决七旗内部纷争，于16世纪末至17世纪30年代，通过会盟商定了18部大小法规，学术界称之为《白桦法典》，亦称《喀尔喀七旗法典》。

17世纪中叶，漠南蒙古归附清朝以后，蒙古的政治中心转移到了四卫拉特联盟和喀尔喀蒙古地区。为了反抗沙皇俄国的入侵，抵制清朝势力的扩展，加强蒙古内部的团结，卫拉特、喀尔喀蒙古统治集团于1640年在伊犁的塔尔巴哈台地方制定了《蒙古—卫拉特法典》。这是一部比较完备的蒙古文法典，在蒙古民族法制史上具有较高的学术价值。这部法典继承和发展了蒙古法制传统，是继成吉思汗《大札撒》后蒙古立法史上的又一次辉煌成就。这部法典也曾一度影响了周边地区阿尔泰—通古斯语系的诸民族。噶尔丹洪台吉建立准噶尔汗国后，在1676年和1678年对《蒙古—卫拉特法典》进行了两次补充，学术界称之为《噶尔丹洪台吉旨令（敕令）》。《蒙古—卫拉特法典》颁布100年后，西迁伏尔加河流域的土尔扈特汗廷第七任汗顿罗布喇什认为，《蒙古—卫拉特法典》的一些内容已不适应实际需要，故而于1741—1758年间对《蒙古—卫拉特法典》进行修订和补充，约有50余条，学界称作《顿罗布喇什补则》。

满洲贵族对蒙古的治理，要追溯到清朝入关以前的《盛京定例》。以法约束已归服的蒙古部落，是清朝对漠南蒙古政治、经济、军事政策以外的又一项重要手段，这也是清朝对蒙古地区立法的萌芽阶段。

此后，清朝统治集团为实现"进逼中原，取代明朝"的既定国策，为了取得蒙古部的支持，设置了专门管理蒙古事务的机构——蒙古衙门。随着蒙古部地位的提高和蒙古事务的日益增多，崇德三年（1638）将蒙古衙门改为外藩蒙古理藩院（以下简称理藩院）。崇德八年（1643），理藩院对皇太极时期颁布的"蒙古例"进行整理和汇编，改称《蒙古律书》，并将其作为蒙古地区的单行法规颁布。这个阶段我们可以称为清朝对蒙古地区立法的创立阶段。

清朝入主中原后，随着统一多民族国家的加强，清朝统治集团为了更有效地以法律手段约束蒙古，又对"蒙古例"进行了分门别类的全面整理，去除"蒙古例"中的相互驳杂、抵触的条款，添加新例，制定了适用于整个蒙古的法规，为《蒙古律例》的编纂做好了准备。乾隆五年（1740）《大清律例》颁布后，理藩院根据大清律的某些立法原则和经验，在原有《蒙古律书》的基础上，对蒙古律重新进行大规模的纂修。乾隆六年（1741），十二卷的《蒙古律例》告成。其后又进行过多次增删修订。自此，清朝对蒙古的立法进入了稳定发展的阶段。

雍正二年（1724），青海和硕特蒙古部罗卜藏丹津台吉反清失败。清朝为了加强对青海蒙古的控制，制定了《青海善后事宜十三条》和《禁约青海十二条》。雍正十一年（1733），又颁布了《西宁青海番夷成例》，作为适用于青海地区的特别法规。

乾隆二十三年（1758），清朝完成对西北边疆地区的统一后，开始考虑制定一部适用于治理北部、西部边疆民族的综合性法规。嘉庆十六年（1811），理藩院开设"则例纂修馆"，由和世泰主持对有关蒙古律例成案进行全面整理，在增补刊印《蒙古律例》以应司法实践中急用的同时，着手制定了《外藩蒙古理藩院则例》。这可以说是蒙古、青海、西藏等边疆地区的"基本法"和单行法规。

《外藩蒙古理藩院则例》从形式到内容都比《蒙古律例》完备和丰富。这标志着清朝对蒙古立法进入成熟阶段，是清朝在边疆地区，尤其是蒙古地区法制建设的重大成就和重要突破。

尽管清朝在蒙古地区制定了统一的法规，但蒙古各部蒙古法制传统仍自行制定了适用于本地区的单行法规。如喀尔喀蒙古地区的封建主们在1709—1770年间陆续制定了《喀尔喀吉如姆（律令）》（亦称《三旗大法典》）。《喀尔喀吉如姆（律令）》在蒙古法制史上占有重要的地位，是清代蒙古地方法规的代表作。清朝在喀尔喀地区专门设立管理宗教事务的沙比衙门。《乌兰哈其尔图（红脸谱）》是喀尔喀蒙古地区沙比衙门所记录存档的判例汇编，由《乌兰哈其尔图法规》《名为忽古尔海的制度旧档》和《衙门规章》三部法规所组成。这部法规记录了1820—1913年之间93年中审断的487类案例，作为审断将来发生的类似案件的参考依据。

又如被学界称为《阿拉善蒙古律例》的法令汇编，是阿拉善和硕特额鲁特蒙古第四任札萨克玛哈巴拉亲王于道光元年（1821）作为定例立档留存在蒙文档案中的律条，有单行法规21件，札萨克令和批复令44件，民、刑案件判例95件，共160件保存至今。可以说《阿拉善蒙古律例》是蒙古地区盟旗自行制定颁布的地方法规中最有代表性的判例汇编。

16世纪末开始蒙古贵族皈依黄教以后，佛教在蒙古地区广泛传播。清代，在清朝政府扶持喇嘛教的政策的鼓励下，广袤的蒙古草原上寺庙林立，出家的人数与日俱增。诸多寺庙依照藏传佛教格鲁派的宗教戒律模式，又结合本地区的实际情况，制定了庙法、庙规。目前保存较完备的有察哈尔正镶白旗的《查干乌拉庙庙规》的寺庙庙规文献。

清朝末年，清廷对蒙古地区推行“新政”措施。“新政”侧重于行政、经济和文教制度等方面的改革，而在刑法制度方面的变动则很少。《清史稿·刑法志》载：“若蒙古治罪各条，载诸理藩院则例及西宁番子治罪条例……以其习俗既殊，刑制方异，未敢轻议更张。”①

二

自 18 世纪开始，蒙古法制课题逐渐成为国内外学术界研究的热点。首先是俄国学者以卡尔梅克的法律制度为突破点，打开了蒙古法的研究领域。其后，欧洲汉学家们也开始关注蒙古民族历史与政治法律制度。而在东亚，日本蒙古学界的研究成果尤为突出。

国外蒙古法制史研究综合性论著主要有：

俄国学者帕拉斯著《蒙古民族历史资料集》于 1776 年用德文出版。帕拉斯在其著作第一卷中记录了旧《察津毕其格》、1640 年《蒙古—卫拉特法典》和《噶尔丹洪台吉第 1 号敕令和第 2 号敕令》。帕拉斯德译本为卫拉特法典的研究者们提供了珍贵的资料。

1879 年俄国学者列昂托维奇将托忒文《卫拉特法典》抄本翻译为俄文，译本名称命名为《古代蒙古卡尔梅克卫拉特法典》。次年，俄国学者戈尔通斯基也同样将托忒文《卫拉特法典》翻译为俄文，译本名称命名为《1640 年蒙古卫拉特法典》。两位学者在译文后面都对法典文本进行了一定的研究。

此后，陆续出版的有俄国学者梁赞诺夫斯基的《蒙古民族习惯法研究》1932 年、《蒙古法基本原理》1937 年（英文版）、《西伯利亚游牧民族习惯法》1938 年等著作问世。

日本学者青木富太郎在昭和十八年（1943）将《蒙古法基本原理》译成日文。田山茂 1954 年出版了《清代蒙古社会制》、1967 年出版了《蒙古法典研究》的蒙古法著作。岛田正郎则先后撰写了《北亚洲法制史》《亚洲历史与法》《清朝蒙古例研究》《明末清初蒙古法制研究》《东洋法史》等蒙古法制史研究专题系列成果。

① 《清史稿·刑法志》卷一四二。

梁赞诺夫斯基教授的《西伯利亚游牧民族习惯法》以及俄罗斯科学院西伯里亚分院布里亚特研究院所编的《豁里布里亚特习惯法》两部著作以布里亚特习惯法为研究对象。

除以上研究者外，蒙古法制史研究领域还有不少学者进行了有益的探索，他们是〔苏〕弗拉基米尔佐夫、〔法〕丁·勒格郎、〔日〕仁井田升、〔法〕拉奇涅夫斯基、〔苏〕伊·亚·兹拉特金、〔日〕有高岩、〔俄〕J·C·普契柯夫斯基、〔印度〕曼苏尔·海德尔、〔日〕萩原守、〔日〕小林高四朗、〔美〕维尔纳德斯基、〔俄〕贝勒津、〔日〕安部健夫、〔美〕亨利·塞瑞斯、〔日〕羽藤秀利、〔日〕岩村忍、〔法〕A·B·鲍登、〔德〕萨迦斯特、〔美〕扎奇斯钦、〔日〕二木博史等蒙古学、东方学学者。此外，蒙古国的沙·比拉、H·普日来等老一辈学者在近一个世纪的探索中也取得了显赫的成就，整理出版了大量的有关喀尔喀地区的法律史料及蒙古文原档，并进行了校勘和研究。1997 年，包勒德巴特尔、垄德坚赞合著的《蒙古国政治法制传统》（乌兰巴托）一书的出版，充分展现了近年来蒙古国学术界对这一领域的新观点和学术水准，阿拉坦格日勒、巴·巴雅尔赛罕的研究成果则以文本研究为主要研究课题。

20 世纪以来，我国蒙古学学界对蒙古问题的研究，主要着重于蒙古民族共同体的形成，及蒙古历史、地理、宗教、文学、艺术、政治、军事、经济等方面的研究取得了丰硕的成果。而蒙古法制史及蒙古法的研究则比较薄弱。在蒙古法制史的研究方面，学界的研究重点主要是围绕蒙元时期的法制史，即以研究成吉思汗《大札撒》和元朝的法典律令为主。明代蒙古法制史的研究则多侧重于文献整理方面，在特殊法律词汇的注释及各种文字翻译方面取得了一定的成果。与元明法制史的研究相比，清代蒙古法制的研究成果不多。究其原因，主要有两点：一是大量的、多语种的民族文字原始档案史料没有被充分发掘、利用；二是缺乏研究边疆民族法制史方面的专门人才，这两点极大地制约了清代蒙古法制研究工作的深入。

国内蒙古法制研究起步于20 世纪50 年代。当时国内学界出版了若干部《中国法制史》，但其中有关蒙古法制的内容多以元朝法典研究为主要对象。蒙古民族自己制定的法典律令，除《大札撒》外，其他鲜有学界关注。20 世纪 70 年代末至 90 年代，学者们在挖掘蒙古文文献档案和研究蒙古史过程中，发现了不少有价值的有关蒙古法律的文献档案，并进行了整理、注释。其中墨日根巴特尔、道润梯步、留金锁、亦邻真、金峰、朱风、潘世宪、额尔德木图、赛西雅勒、包文汉、苏鲁格、奇格·达力扎布等学者做了大量的工作。

1983 年，已故蒙古史学者潘世宪的《蒙古民族地方法制史概要》以油印本的形式刊印，但一直未出版。潘世宪还翻译了很多日文资料，对蒙古法制史研究领域的拓展起到了抛砖引玉的作用。韩儒林主编的《元朝史》部分篇章中也探讨了蒙元时期的蒙古法制梗概。马汝珩、马大正在《飘落异域的民族——17 至 18 世纪土尔扈特蒙古》一书中，较详细地研究了伏尔加河流域土尔扈特汗廷的法律制度。张晋藩、郭成康合著的《清入关前国家法律制度》（辽宁人民出版社，1988 年）一书中的部分章节探讨了清入关前对外藩蒙古诸部的政治法律制度。张晋藩主编的《清朝法制史》（法律出版社，1994 年）中阐述了清朝各个时期对蒙古立法的基本线索。《中国法制通史》（张晋藩主编，法律出版社，1999 年）一套丛书的第六卷，即韩玉林主编的元代分卷较详细地研究了蒙元时期的法律制度。本丛书的第八卷，即张晋藩主编的清代分卷里简略地阐述了清代蒙古立法。郑秦在其《清代司法审判制度研究》（湖南教育出版社，1988 年）一书中研究了清代民族区域的法律形式和司法审判制度。成崇德在《18 世纪中国与世界——边疆民族卷》（辽海出版社，1999 年）一书和《康乾盛世的疆域与边疆民族》（载于《康乾盛世历史报告》，郭成康等著，中国言实出版社，2002 年）一文中，也对 18 世纪蒙古法制的基本脉络做过探讨。刘广安的《清代民族立法研究》（中国政法大学出版社，1993 年）一书，从民族法学的角度研究了清代民族立法状况。徐晓光的《清代蒙藏地区法制研究》（四川民族出版社，1996 年）一书，主要依据官修史料，对清朝蒙古立法进行了研究。奇格从 20 世纪 80 年代以来专攻蒙古法制史领域，发表了不少有关这方面的论文。他的《古代蒙古法制史》（辽宁民族出版社，1999 年）一书，较完整地叙述了蒙古法制各个时期的主要法典律令，具有较高的参考价值。吴海航的《元代法文化研究》（北京师范大学出版社，2000 年）一书，从历史学的角度审视元代蒙古法这一文化现象。格·那木吉拉编著的《成吉思汗札撒与必里克》（蒙古文，内蒙古文化出版社，1990 年）一书，搜集整理了见诸各种文献史料中的有关大蒙古国时期的法律条文，很有史料价值。张世明的《中国经济法历史渊源原论》（中国民主法制出版社，2002 年）一书，从新的视角考察清代蒙古立法和边疆民族立法，提出新的观点和研究方法。乌力吉陶克套的《清至民国时期蒙古法制研究》（内蒙古大学出版社，2007 年）一书，以成文法典为主线，考察了清至民国时期蒙古法制的变迁。杨强的《清代蒙古法制的变迁研究》（中国政法大学出版社，2010 年）一书，运用法理学研究方法，结合清代法制文献，阐述了清代蒙古法制变迁沿革。除此之外，内蒙古师范大学历史系杨选第教授在清朝蒙古立法方面也取得了较多的研究成果。国宝峰主编的《蒙古学百科全书法学卷》（内蒙古人民出版社，2007年）是全面反映蒙古族法律制度及法文化的大型辞书。据笔者不完全统计，目前国内已发表的相关论文有四百余篇，这里不一一赘述。

目前国内还缺少清代蒙古法制史方面的系统研究成果。大部分研究者着重于清朝对蒙古地区的立法——《蒙古律例》《理藩院则例》等的法律法规的形成和作用的研究，而忽略了蒙古地方自己制定颁布的法典律令与清朝蒙古立法的关系。部分研究者从清朝中央政府对蒙古施政的角度审视蒙古法，当然无可非议，但往往容易过高地评价清朝对蒙古立法，其结论有颇多商榷之处。

蒙古法为主的亚洲北部地区游牧民族的法律自成体系，如果以中华法系为一把钥匙来解读游牧民族的法律文化，是否妥当，尚需探讨。张世明在《中国经济法历史渊源原论》一书中曾建议“矫正过去民族史学界惯常的从中原看边疆的学术视角，积极地换位思考，避免过去一讲中国传统文化就是内地儒家汉族文化如何如何的中原中心论，追求中原与边疆相向的互视”①。至于系统地阐述蒙古法的法源、本质、作用、内涵以及它在各个时期的特点与发展演变的过程和规律，或阐明蒙古法基本理论和基本知识以及有关司法审判制度的论著，目前仍寥寥无几。

考察历代蒙古法制史，清代的蒙古法制的建设比蒙古历史上任何一个时期都要完备。它在继承蒙古传统法制基本原理的同时，适应新形势增添了许多新的内容。它对少数民族地区社会制度的发展起了促进作用，并为多民族国家的法制建设提供了丰富的历史经验，为蒙古传统法制从习惯法走向规范化、系统化、制度化奠定了基础。历史证明，清代的民族政策是比较成功的。清朝的边疆少数民族立法，是近两千年封建统治者进行民族统治和民族立法经验的总结，形成了相对独立的民族立法体系，积累了相对合理的历史经验。

深入研究蒙古法制史和蒙古族文化，对当代中国制定民族政策，更好地实行民族区域自治，搞好少数民族地方立法和宗教立法，发展民族法学，加强民族法学研究方面，都有重要的理论及现实意义。纵观新中国成立以来的民族法制建设，总是落后于民族自身的发展。特别是改革开放后，随着市场经济的发展、法制建设的加强，民族立法已远远不能满足经济社会发展的需要。这种不相适应的矛盾日显突出，一方面表现在民族法规不完备，针对性差，特色不鲜明，且并不规范；另一方面民族法规的执

① 张世明：《中国经济法历史渊源原论》，中国民主法制出版社2002年版，第5页。

法监督机制远未形成，而且民族法学理论研究相对薄弱。所以通过研究蒙古法制，为今后的民族立法探寻理论依据和实践经验。对蒙古族法制的深入研究，不但能为民族法学学科的建立提供一些历史材料，而且能为民族法学学科的建立和发展提供一些理论上的启示。

导 论

一

蒙古族主要分布在中国、蒙古国和俄罗斯联邦等国家和地区。蒙古族先民原居住在古代望建河（今额尔古纳河）流域，9 世纪后向西面的草原地带迁移，逐渐从森林狩猎部落转变为草原游牧部落。在漫长的岁月中，蒙古族创造了光辉灿烂的民族文化，建立过横跨欧亚大陆的蒙古帝国，创建了中国历史上前所未有的统一的多民族国家——元朝。蒙古族对中国历史发展乃至世界历史发展所产生的影响与所做的贡献都是空前的。蒙古族是古代北方草原游牧文明的集大成者。蒙古族自从以统一的民族共同体登上世界历史舞台之时起，即十分重视法律对民族与国家的规范作用。这一崇尚法律的优秀传统伴随整个民族的发展历程相沿不改，形成了法律史领域的蒙古法篇章，并因其与农耕文明共存的独特的草原游牧文明特色而在法律史领域形成了蒙古法系的概念。

恩格斯在论及法的起源时曾经指出："在社会发展的某个很早阶段，产生了这样一种需要：把每天重复着的生产、分配和交换产品的行为用一个共同的规则概括起来，设法使个人服从生产和交换的一般条件。这个规则首先表现为习惯，后来变成了法律。"① 这个规律也同样适用于蒙古法的起源特征。蒙古族在氏族社会阶段所形成的某些习惯，随着蒙古民族共同体的形成与不断壮大，逐渐演化为以禁忌为典型特征的习惯法，亦被称为"约孙"。

禁忌事实上是蒙古族最早的行为规范。它构成了蒙古族约孙最初的主要内容，也是后世蒙古法之滥觞。在蒙古族早期的日常生活中，约孙发挥着不可替代的作用。在此基础上，随着大蒙古国的建立，在继承蒙古族传统约孙的同时，以成吉思汗《大札撒》为标志，蒙古族古代成文法的雏形开始形成。

忽必烈中统建元后，面临统治蒙古高原固有版图以及辽阔中原汉地的政治局面，忽必烈在"藩邸旧臣"为核心的中原知识分子参议下推行"汉法"，于是尽可能地保留传统蒙古法的各项内容，创建了独具特色的元朝法律制度。毫无疑问，大蒙古国与元朝在法律文化方面是一脉相承的。传统蒙古法中有生命力的内容必然延伸到元朝，而继续发生法律效力。元朝法统的核心部分源自大蒙古国法律制度中的某些因素，这正是元朝法律的民族特色所在。元朝法律文化的形成主要源于蒙古族的民族传统，即诞生于草原游牧文化背景之下的贵族民主制，其法律文化的核心基础则是以原始古朴的蒙古法文化为基调，带有浓郁的北方民族习惯法特征。这种法律文化的古老文化根基系于草原游牧文明的蒙古高原，而不是系于农耕文明的中原汉地。进入中原后，作为统治者的元朝蒙古贵族同时接纳了中原传统王朝的法律遗产，使得传统蒙古法律文化与中原汉地传统法律文化相互渗透，并行不悖，最终形成具有二元特征的元朝法律文化。这两种法律文化的主流开始汇合后，共同见证了中国历史的变迁、时代的移易，在中华文明史上留下了共同的足迹。两种不同的法律文化相互碰撞、相互吸纳和相互替代，再加上伊斯兰法的影响，从而构成了中国法制史上独具特色的篇章。

在北元时期的法律制度中，传统蒙古法的特性得到进一步彰显，中原汉地法律文化的影响逐渐式微。北元时期的法律制度，不论是北元汗廷所制定的法律，还是北元地方首领的立法，都体现了浓郁的蒙古族传统法律文化特征。这种特征在一定程度上向大蒙古国时期传统蒙古法回归。

清朝建立后，蒙古法的发展历程发生了重大的变化。从约孙、成吉思汗《大札撒》、《大元通制》以及北元时期的诸法典，如《阿勒坦汗法典》《喀尔喀七旗法典》《蒙古—卫拉特法典》等的调整和规范对象为蒙古社会各种关系。所规定的法律规范均为蒙古族统治者根据其统治需要和当时的蒙古社会状况自行制定。北元时期蒙古法

① 《马克思恩格斯选集》第2卷，人民出版社1995年版，第538页。

的立法主体均为蒙古族统治者自身。清朝时期，蒙古各部先后被满族统治者所征服。调整和规范蒙古社会的立法权不再源自蒙古族本身，而是由清廷在“因俗而治”的立法原则下参照蒙古族原有的法律传统予以制定和施政。清代，诸如《喀尔喀法规》等具有传统蒙古法典型特征的法律规范则只能以蒙古地方性法律的形式存在。因此，清代是传统蒙古法发展的历史转折时期。这一时期的蒙古法主要是以清朝中央对蒙古立法的形式予以体现的，其集大成者为《理藩院则例》，为代表的清代大型民族法规。

中华民国时期，蒙古法的发展继续遵循清朝时期的基本模式。一方面，民国中央政府对蒙古地区实行专门立法，另一方面，蒙古地方政权也在地方立法的层次上发挥自己的统治功能，构成中央政府蒙古特别法与蒙古地方政权的地方法律制度交织并存的局面。

蒙古法研究是蒙古学研究和民族法学研究的重要领域。国内外学术界对蒙古法的研究虽然已经取得了长足的进展，但与蒙古法在历史上的应有地位和真实面貌相比，恐还相距甚远。改变这种不应有的状况，使蒙古法研究得到进一步发展是中外蒙古法研究学者的共同使命。本书所叙述的蒙古法仅是蒙古法制的基本框架和概貌。

二

蒙古族法文化的产生、发展、形成，与古代北方草原游牧诸民族的法律制度有着一脉相承的渊源关系。古代蒙古法既体现了古代蒙古族自身的智慧，也充分吸收了古代北方其他游牧民族的法律遗产。古代匈奴、鲜卑、乌桓、柔然、突厥、回纥（鹘）等北方草原游牧民族的政治法律制度是蒙古法的主要法源。草原上建立第一个游牧帝国的匈奴、北方各民族中建立政权最多的鲜卑、对草原文化传承起过重要作用的柔然、突厥、回纥等的法律，都是蒙古法的重要法源所在。

匈奴是蒙古高原第一个见于史乘的游牧民族。匈奴的某些制度和习俗，如汗廷的左右翼制度以及十进位制的军事行政划分在蒙古高原各草原游牧民族中世代流传。匈奴的这些制度和习俗对突厥、柔然、蒙古等在内的北方游牧民族部落都有很大的影响。特别是匈奴的十进位军制，对古代北方草原游牧民族的影响至为深远。以匈奴为代表的古代北方游牧民族的经验证明，以十名骑兵组成最基本的作战单位比较合适。按十进位制编制，分层领导，上下统属，从而构成攻守自如、互相配合的若干层次战斗单位。在北方游牧民族的骑兵编制中，十进位军制组织严密，各有专员。尽管北方草原游牧诸民族的骑兵具有高度的机动灵活性，但每名骑兵都知道自己在十人队里的位置，十人队在百人队里的位置，百人队在千人队里的位置。行军时，有行军的顺序；战斗时，有战斗的队列。北方游牧民族的骑兵在与中原、中亚、欧洲的战斗中，经常占据主动并获得胜利，这种结果与其十进位制的军事编制是直接相关的。蒙古族同样承袭了匈奴骑兵的十进位军制。伊朗史学家志费尼认为，大蒙古国组织军队的最好方法莫过于此。大蒙古国军法规定，当他们进行战争时，如果在十个人中有一个、二个、三个或数名逃走，整个十人集团都要被处死。如果一个人、二个人或数人都勇敢地走向战斗，而十人集团中的其他人没有尾追而上，后者同样也都要被处死。如果十人集团中的一人或数人被俘，其战友不去解救，他们也要被处死。严格的军纪保证了有序的战阵、完整的编制，从而保证战争的胜利。

匈奴国在国君单于以下设左右贤王、左右谷蠡王、左右大将、左右大都尉、左右大当户、左右骨都侯等官职。匈奴贵族各有指定的游牧地域，各自在所属的辖区内组织军队和生产生活。匈奴实行军政一体化，氏族贵族既是行政长官，同时又是军事首长。匈奴的这些政治制度在历代北方游牧民族政权中一直沿袭到13世纪的大蒙古国时期。对被征服的、臣属于匈奴的四邻各族、小国，匈奴单于派贵族官员前去统治，或者由各族（国）原来的贵族首领代理统治。这个统治方式亦被蒙古族所继承。匈奴的刑法制度以及收继婚制度等对古代蒙古社会也产生了非常重要的影响。

乌桓社会由部、邑落、落（户）组成，数百千落组成一部。部落首领称大人，邑落各有小帅。大人、小帅均由推举产生。鲜卑社会与乌桓社会组织相同，部、邑落各由大人、小帅统领。鲜卑早期也实行推举制。乌桓、鲜卑同属东胡后裔，法律制度非常相近。这种推举制度，与古代蒙古社会的忽里勒台制度有渊源关系。

柔然社会主要由纥突邻、黜弗、素古延等部落组成。除可汗以外，柔然汗国的贵族统治者有将、帅、首领、俟利、俟利发等官职。柔然汗廷在社仑可汗时建立军法，实行十进位军制，千人为军，置将一人；百人为幢，置帅一人。作战争先者，赏给掳获的财物人口；退却懦弱者，以石击首杀之，或捶挞惩处。这些内容被成吉思汗《大札撒》所吸收，成为古代蒙古法的重要内容。与北方其他游牧民族一样，柔然亦有收继婚的婚俗，这种婚俗同样成为古代蒙古法的有机组成部分。

在古代蒙古高原的历史上，突厥人起了重要的作用。在突厥汗国，大可汗是全国最高统治者。突厥诸部各有划定的地域，总属于可汗。大可汗之下常以兄弟子侄为小可汗，分领部落，其下有叶护、设、特勤、俟利发、俟斤、吐屯等官号，由部落首领等贵族世袭。汗廷周围地区由大可汗直接统辖，其余地区分为左、右二部，每部各置一设统辖。建立政权后，突厥制定了刑法制度和税收制度。征发兵马及收取赋税时，突厥汗国刻木为契并附上金箭，用蜡加封盖印，作为凭信。这与13世纪前的古代蒙古族“俗无文籍，或约之以言，或刻木为契”是相同的。古代突厥也实行收继婚的婚俗。突厥的政治法律制度对古代蒙古法有着深刻的影响。

回纥沿用突厥制度，亦有左右翼建置和十进位军制。在回纥，可汗是最高统治者，直辖汗廷周围地区，其余统治区划分为左、右二部，每部各置一设统辖。大臣官号有叶护、俟利发、啜、俟斤等。回纥婚俗以牛马作聘礼，实行收继婚制度，存在一夫多妻现象。回纥葬俗有土葬、火葬，还有剺面痛哭的葬俗。在早期契丹社会里，各部首领对部落重大事务进行协商议定。到了贺氏联盟时期，确立三年一会选举首领、建旗鼓以统八部的制度。回纥、契丹这些制度与习俗都对古代蒙古法产生了重要的作用。

蒙古族的直接祖先是室韦·达怛（鞑靼），即原蒙古人。室韦·达怛上承鲜卑，下启蒙古，在中国北方历史舞台上扮演了十分重要的角色。室韦·达怛的历史就是蒙古族历史的序史。室韦·达怛的经济生活、社会状况、文化习俗及语言等诸方面与后来形成的蒙古民族共同体大体相同。蒙兀·室韦是蒙古族的直接祖先。蒙兀·室韦的习惯法对古代蒙古法具有重大的影响。据史料记载，室韦“婚嫁之法，二家相许，婿辄盗妇将去，然后送牛马为聘，更将妇归家。待有娠，乃相随还舍。妇人不再嫁，以为死人之妻难以共居”。唐朝初年，室韦社会还存在着男子娶妻，要在岳丈家劳动三年才能领回妻子的婚俗以及抢婚、不落夫家等习俗。古代蒙古社会亦有女婿上门入赘的习俗，男方从定婚到结婚，需到女方家入赘。

北方草原游牧文明在中国古代历史上占据着非常重要的地位，其与农耕文明的冲突与融合构成了蒙古高原历史的重要旋律。蒙古族继承了古代北方草原游牧诸民族的优秀文化遗产包括法律文化遗产，创制了影响深远的古代蒙古法律制度。蒙古族从作为一个民族共同体屹立于世界民族之林时起，就兼收并蓄古代北方草原游牧诸民族的优秀法律文化遗产，确立了自己独具北方草原游牧民族特点的法律制度，开始孕育作为草原游牧文明应有组成部分的蒙古法制与蒙古法律文化。蒙古族作为一个草原游牧民族，长期在自然生态环境十分脆弱的蒙古高原栖息、繁衍与生活，他们在与大自然的斗争中积累了丰富的民族文化。这种民族文化的重要表现形式即为约孙、成文法、宗教戒律、活佛教训、民俗民风等多种形式。后世中央政权适用于蒙古地区的法律以及蒙古地区所通行的地方法律制度则在很多方面进一步充实了蒙古法的基本内涵。

就基本传承关系而言，古代蒙古法的产生、发展，与古代北方草原游牧诸民族的法律制度具有一脉相承的渊源关系。蒙古法的发展无疑凝结了蒙古高原古代先民的智慧因素。日本学者羽藤秀利在论及蒙古法时指出，我们如果想全面而适当地理解当前的问题，则必须分析活生生的蒙古历史社会之各种复杂现象。也就是说，如果我们想要研究蒙古的法律制度，决不能单纯探索所谓形式意义上的构成法律要件的判例，以及依某种立法程序所制定的成文法规；更必须涉及蒙古各种社会关系的内部组织制度，例如婚姻、家庭、亲族及其他社会集团，各种国家官制规范、土地、家畜或其他各种财产制度、各种契约。蒙古族第一部成文法典成吉思汗《大札撒》颁布以前，蒙古高原上的诸部落按照古老的约孙来调整和解决社会内部矛盾与生活领域中的各类问题。当然我们也不能忽略蒙古高原上曾经叱咤风云的那些部族，他们的法律文化传统对蒙古法产生了重要的影响。

三

“天下扰攘，互相攻劫，人不安生。”这句《蒙古秘史》第254节记录的诗歌真实地反映了12世纪末蒙古高原社会混乱的情况。这种混乱状况是当时各部落间的复仇和掠夺战争造成的。历史已经证明，实现蒙古高原统一、创制统一的法律制度是结束这种混乱状态的必然选择。大蒙古国的应运而生使蒙古高原结束了群雄林立、相互攻伐的局面，统一的蒙古民族共同体正式形成。政治法律制度建设对大蒙古国的建立、发展、壮大并称雄欧亚大陆起到了十分重要的作用。成吉思汗建立大蒙古国之初，即厘定政治军事制度，打乱原来的氏族组织，把全国按地域划分为军政合一的万户、千户、百户、十户组织，任命建国功臣为万户长、千户长；遵循大蒙古国是黄金家族共有财产的原则，分封诸子弟；制定大札撒法律，任命也客札鲁忽赤（大断事官）；组建由一万人组成的怯薛军；创制畏兀体蒙古字。成吉思汗厉行法制，励精图治，从而成为地跨欧亚大陆的大蒙古国的缔造者，史称铁木真“深沉有大略，用兵如神，故能灭国四十，遂平西夏。其奇勋伟绩甚众”。① 成吉思汗的力量从小到大，从弱到强，虽也曾遭受过严重的挫折，但最终取得统一蒙古草原的伟业，建立了横跨欧亚大陆的功勋，这与成吉思汗一贯重视法律制度建设是分不开的。成吉思汗重视法制，为后人

① 宋濂等：《元史》卷一，《太祖本纪》。

留下了丰富的法律思想与法律实践经验。成吉思汗所建立的大蒙古国最重要的法律制度为千户制、怯薛制、分封制和札鲁忽赤（断事官）审判制。这几项法律制度为大蒙古国的成功建立与发展、壮大起到了无与伦比的重要作用。新建立的大蒙古国在继承和发展蒙古高原游牧诸民族的法律制度的基础上，还陆续创制了一系列其他比较重要并具有北方游牧民族特色的法律制度，如忽里勒台制、斡耳朵制、答剌罕制、奥鲁制等。这些法律制度使得大蒙古国的法律内容更加丰富和详备。

大蒙古国法律制度中最具权威的当属成吉思汗大札撒以及成吉思汗的必里克（训言）。

“札撒”又称“札撒黑”，为法令的蒙古语音译。成吉思汗统一蒙古诸部前，蒙古社会没有统一的法规，当时的行为规范主要是各部落在长期的游牧生活中所形成的约孙。随着蒙古社会的阶级分化加剧，各部首领为了维护统治，对社会习惯和行为规范进行选择、增补，演变成蒙古族的成文法札撒法律。在各部贵族争夺蒙古高原霸权的时代，旧的社会秩序日益崩溃，成吉思汗知道要绥服民众，除约孙外，还必须用严厉的札撒来建立秩序，使人们各安其位。

铁木真在1202年秋征讨塔塔儿部时，首次颁布三条札撒，号令诸军：“若战胜时，不许贪财，既定之后均分；若军马退动，至原排阵处，再要翻回力战；若至原排阵处，不翻回者斩。”这三条军令，铁木真严格执行，初战时他的亲族阿勒坛、忽察儿和叔叔答里台斡赤斤三人违犯了军令，趁机抢掠财物。铁木真得知后派者别、忽必来两个那延将他们抢掠的财物全部没收，以严肃军纪。

据《史集》记载，1203年，铁木真战胜克烈部之后，就曾召集大会，订立完善而严峻的札撒。《元史·太祖纪》载：“帝既灭王罕，大猎于帖麦川，宣布号令，振凯而归。”这次所宣布的号令显而易见是具有军法性质的札撒。

1219年，成吉思汗出征中亚的花剌子模国。临出师前，他召集会议，举行了忽里勒台大会，会议上对自己的札撒、律令和古代习惯重新做了规定。伊朗史家志费尼在《世界征服者史》中专门写了“成吉思汗制定的律令和他兴起后颁布的札撒”的内容。志费尼写道，全能真主使成吉思汗才智出众，使他思想之敏捷、权力之无限为世上诸王之冠；所以，史书虽然记载古代伟大的库萨和的实施，以及法老、恺撒的法令律文，成吉思汗却是凭自己的脑子创造出来，既没有劳神去查阅文献，也没有费力去遵循传统；而有关征服他国的方略，消灭敌军、擢升部属等措施，也全是他自己领悟的结果、才智的结晶。依据自己的想法，他给每个场合制定一条法令，给每个情况制定一条律文；而对每种罪行，他也制定一条刑罚。因为鞑靼人没有自己的文字，他便下令蒙古儿童习写畏吾文，并把有关的札撒和律令记在卷帙上。这些卷帙，称为札撒大典，保存在为首宗王的库藏中。每逢新汗登基，大军调动，或诸王会集共商国事和朝政，他们就把这些卷帙拿出来，仿照上面的话行事，并根据其中规定的方式去部署军队，毁灭州郡、城镇。

成吉思汗制定的《大札撒》原文早已失传，但在中外史籍中还有片段记载了其中一些内容。目前我们只能根据《蒙古秘史》《世界征服者史》《史集》、萨冈彻辰的《蒙古源流》、罗卜桑丹津的《黄金史》《元史》《柏郎嘉宾蒙古行记》《鲁布鲁克东行记》《马可·波罗游记》、李志常的《长春真人西游记》、耶律楚才的《詹然居士文集》、南宋人赵珙的《蒙鞑备录》、南宋人彭大雅的《黑鞑事略》、元人陶宗仪的《南村辍耕录》、埃及人马克利齐（136—1442）的《埃及志》、希伯莱人把尔赫不列思的《诸国史略》、亚美尼亚人马加基亚的《蒙古人史》等文献记载的内容加以整理。俄国人梁赞诺夫斯基曾汇集波斯、阿拉伯和欧洲史料中的有关记载，归纳成吉思汗的札撒三十六条、训言二十九条，以及其他有关蒙古法律方面的记述若干条。汉文史料中保存的札撒和训言也相当多，还有待于收集整理。赛熙亚乐所著《成吉思汗史记》搜集整理了大札撒内容有五十四条之多。根据以上不完整的记载，可以大致了解成吉思汗大札撒的若干条款。成吉思汗大札撒包括选举、财政、商业、赋税、外交、刑事、诉讼、合剌抽（平民）的义务、财产继承等内容。

成吉思汗《大札撒》是大蒙古国的基本大法。它在继承蒙古古代习惯法约孙的同时，结合大蒙古国建立前后的社会现实，增加了更多的蒙古人共同遵守的新的行为规范。同时应当注意到，成吉思汗大札撒也继承了不少具有浓郁的蒙古高原游牧民族特点的约孙规范。

除成吉思汗大札撒外，成吉思汗的必里克在大蒙古国法律制度中也具有非常重要的地位。成吉思汗的必里克是成吉思汗对诸子侄和军队将领朝廷大臣所讲的如何治世做人、如何作为将相的训言。这些训言具有诏令的性质，多为结合具体的人与事所发布的训示。有些必里克因其经典流传至今。例如，如果隶属于国君的许多后裔们的权贵、勇士和那延们都不严格遵守法令，国事就将动摇和停顿；战胜敌人时，不可贪财。战胜了敌人，那些财物我们共同分配；只有知道这种饥渴并据以推知别人的情况，只有在行军时考虑到不让军队饥渴、牲畜消瘦的人，才配担任首长；能清理自身内部者，也能清理国土上的盗贼；我一旦得到贤士和能人，就让他们紧随我不叫远去，让他们称心如意地献计出力；国以民为本，杀了人即使夺了地与国何益？况且杀害无罪者，也就促使敌人增强其抵抗决心；能治家者即能治国。治乱国者，宜以法齐之，所以辨上下，定民志；不肯背弃本主的人必能忠于所事；欲治身，必先治心；欲责人，必先责己；宁可折断骨头，也不可背信弃义；不要想有人保护你，不要乞求有人替你主持公道。只有学会了靠自己的力量活下来，你才算是真正的蒙古人，也才是任何人都打不落马的蒙古人；遇事必须谨慎小心；敌人的敌人可以成为我们的朋友；苦难，能使人坚强，也容易使人暴烈，能使人容忍，也容易使人残酷无情；虽有风雪，也不失约；虽遇大雨，也不误期；绝不可因胜而骄；谁要是种下仇怨的苗，谁就将摘取悔恨的果实；美人和名马，谁都喜爱，然而只醉心于这些，那就要身败名裂；将帅以至士兵，虽无敌时，亦当准备，一闻号令，立即起行；国君嗜酒者不能主持大事、颁布必里克和重要的约孙，异密（长官）嗜酒者不能掌管十人队、百人队或千人队，卫士嗜酒者将遭受严惩。

成吉思汗《大札撒》与成吉思汗的必里克相得益彰，共同发挥着维护大蒙古国政治统治的功能。

成吉思汗一再要求各级官吏认真遵守和努力贯彻大札撒。他说："由于伟大的主的仁慈，我使用了这些律令，并推行了这些必里克（训言），因此使我们的安宁、欢乐和自由的生活一直继续到现在。将来，直到五百年、千年、万年以后，只要嗣承汗位的后裔们依然遵守并永不改，在全民族中普遍沿用成吉思汗的约孙和法令，上天将佑助他们的国家强盛，使他们永远欢乐。全宇宙的主将降恩于他们，普世万民将祈祷他们，他们将长寿享福。"成吉思汗还指定其子察合台作为《大札撒》施行的监管者。志费尼《世界征服者史》记载："次子察合台掌札撒和法律，既管它的实施，又管对那些犯法者的惩处。"① 据拉施特《史集》记载，成吉思汗曾对异密们说："凡是极想知道札撒、必里克和如何守国的法规的强烈愿望的，就去追随察合台。"② 成吉思汗临终前嘱咐窝阔台、拖雷二子，愿他们齐心协力，尊崇朋友，不更改其所制定的《大札撒》法律。

成吉思汗还规定，万户长、千户长和百户长等，要在年初和年终时前来聆听成吉

---

① 〔伊朗〕志费尼：《世界征服者史》，何高济译，翁独健校订，内蒙古人民出版社 1980 年版，第 40 页。

② 〔波斯〕拉施特：《史集》，余大钧、周建奇译，第 2 卷，商务印书馆 1983 年版，第 172 页。

思汗的必里克，回去后要实力奉行，管好自己的军队。成吉思汗认为，如果他们住在自己的禹儿惕（营盘）里，不听必里克，就像石头沉没在深水中，箭射入芦苇丛里般的消逝得无影无踪，这样的人就不适合做首领。

成吉思汗《大札撒》颁布之后，不断开疆拓土的大蒙古国为了适应新的形势，采纳郭宝玉提出的建议方案，经成吉思汗同意，颁行了《条画五章》。蒙元时期的圣旨条画是经皇帝亲自裁定，作为圣旨或者圣旨附件中的条文而公布的法令。该圣旨条画规定了定罪量刑、各族人丁起军数与成丁年龄、民匠限地数额、禁僧道等五个方面内容。《元史》载："木华黎引见太祖，问取中原之策，宝玉对曰：'中原势大，不可忽也。西南诸藩勇悍可用，宜先取之，藉以图金，必得志焉。'又言：'建国之初，宜颁新令。'帝从之。于是颁条画五章，如出军不得妄杀；刑狱惟重罪处死，其余杂犯量情笞决；军户，蒙古、色目人每丁起一军，汉人有田四顷、人三丁者签一军；年十五以上成丁，六十破老，站户与军户同；民匠限地一顷；僧道无益于国、有损于民者，悉行禁止之类，皆宝玉所陈也。"① 《条画五章》的问世虽在成吉思汗《大札撒》之后，但它却是大蒙古国第一次正式涉及汉地的立法，在蒙古法的发展史上具有十分重要的意义。

窝阔台即汗位后，首先申明忠实地执行成吉思汗制定的《大札撒》，他说："成吉思汗原来颁布的法令和敕旨，应予以维护、支持和保卫，不许恶意变动、篡改和混淆。"窝阔台汗又根据大蒙古国所面临的新的局面，施征敛、驿站、仓库、掘井等新政。《蒙古秘史》第279节记载这些新政法令的具体内容：

斡歌歹·合罕（窝阔台汗）又说："不要使先父成吉思·合罕（成吉思汗）历经艰辛所建立的国家的百姓受苦。教他们享受到足踏土、手接地的安乐生活。我继承了父合罕现成的大位，为了不使百姓受苦，每年从百姓们的每群羊中征收二岁羊一只，供作汤羊！从每百只羊中缴纳羊一只，接济附近的贫困者们！"

又降旨，说："[各宗王] 兄弟们、扈卫们以及众兵马前来聚会时，怎么能常常向百姓征敛饮食呢？可由各处千户抽出牝马挤奶，让挤奶人放牧，经常派出替代管营盘的人来放马驹！"又降旨，说："兄弟们聚会时，用于赏赐的缎匹、银锭、箭筒、弓箭、铠甲、武器等物，须分别贮藏在库仓内看守！为了看管仓房，由各部挑选守库人和管粮仓人来看守！"

又降旨，说："要为各部百姓划分牧场、水源，使他们都有放牧的营地。由各千

---

① 《元史》卷一四九，《郭宝玉传》。

户所选派的管营盘者掌管!”又降旨,说:“在旷野无水地带,只有野兽。为了使百姓们能住得宽敞些,委派察乃、委兀儿台两个人为首长,率领管营盘者,到旷野掘井并砌好井壁交百姓使用!”

又说:“还有,我们的使臣往来,一向途经百姓的住区而奔驰,往来的使臣其行程要迟延,而且也使百姓累扰受苦。现在,我们特定位置,由各千户抽出札木赤(站户)、兀拉赤(马夫),沿路设置固定驿站。使者可沿着驿站奔驰,如无必要,不得沿着百姓住处往来。”(以上史料选自阿尔达扎布《新译集注〈蒙古秘史〉》)

窝阔台汗的上述新政法令实质上是对成吉思汗《大札撒》的丰富与发展。这些新政法令的颁布使大蒙古国的法律制度更加完备,更加满足治理国家的实际需要。

1241 年窝阔台汗去世,其长子贵由尚未远征归来。窝阔台汗的皇妃脱烈哥那哈敦“未与宗王们商议,便狡诈地擅自夺取了国家政权”。此事件史称为“乃马真摄政”。脱烈哥那哈敦统治时间达 5 年之久。脱烈哥那的摄政使成吉思汗《大札撒》遭到废弃,从而造成法度不一,政出多门。诸王“人人都向四方派遣使臣,滥发诏旨牌符。他们四下结党,各自为政”,大蒙古国濒于崩溃的境地。贵由即汗位后,为保证法度的统一,下诏收回诸王散发的牌符,规定诸王不准擅自颁发敕令。蒙哥汗在位期间,也把成吉思汗《大札撒》作为其统治大蒙古国的法律准则,使“群臣擅权,政出多门”的混乱局面基本结束,保障了法律的统一性。宗王、贵戚和各级那颜(那廷)经商营私、行贿受贿的腐败现象基本被制止,恢复了大蒙古国的正常统治秩序。

四

1260 年 5 月,夺取大蒙古国政权的忽必烈依据中原封建王朝的传统,颁布即位诏,称皇帝,建元中统。成吉思汗建立大蒙古国后,以十二生肖做纪元,大蒙古国诸汗也不用年号。忽必烈的上述举措无疑是一项巨大的历史变革措施。大蒙古国向元朝的转变并非仅仅是国家名号的变化,也是作为元世祖的忽必烈政治观念与法制观念的重大变革。成吉思汗建立的大蒙古国基本上采用草原游牧民族统治国家的方式,这种统治方式与中原王朝的统治方式迥然不同,在法律制度方面存在着巨大的差异。随着成吉思汗的继承者引导大蒙古国向中原汉地扩展,蒙古统治者已经开始认识到所面临的历史事实。由于统治中心已经逐渐倾向于中原汉地,元朝统治者所面对的是拥有悠久历史文化、积淀深厚的农耕文明社会。这就决定了元朝统治者所采取的统治方式必将不同于以蒙古草原为中心的草原游牧民族国家的传统统治方式，即不可能原封不动地照搬大蒙古国的政治法律制度。因此，如何才能既对中原汉地实施有效的政治统治，又能保留蒙古族长期形成的制度与风俗，就成了元朝统治者无法回避的重大课题。

元朝统治者根据新的社会现实，采取了有效的统治措施。元朝统治者根据当时的实际情况提出了“各从本俗法”的国策。元朝的法律有法源有三，其一是继承军事政治一体化制度下的北方草原游牧民族的传统习惯法，如幼子继承制、忽里勒台制度、禁盗禁奸制度等；其二是将伊斯兰法系引进到东方，其中财产、商业、国际贸易等司法体系的内容较多；其三是对中原王朝法律制度的继承。

13 世纪，以成吉思汗家族为首的蒙古统治集团崛起朔漠，建立大蒙古国，继而南下和西征，先后并西辽，降西夏，灭金朝，亡南宋，在广袤的疆域内建立起统一多民族的元朝政权。大蒙古国创业之始，诸事简明，以万户统军旅，以札鲁忽赤治政刑，严格遵守成吉思汗大札撒法律。及至窝阔台汗时为止伐灭金国，在中原地区仍循用金朝以唐律为基础创制的《泰和律》。元世祖忽必烈即位之初，在中统建元诏书中提到：“稽列圣之洪规，讲前代之定制。”① 其意为既要考虑大蒙古国前几位大汗的“洪规”，又要采用中原历代相传的“汉法”，从而逐渐建立蒙、汉等多元混合的政治体制。他一方面采纳汉儒“附会汉法”的建议，改元建号，在汉地建都城，吸收中原汉族传统的王朝统治形式定内外之官等，另一方面，又坚持“祖述变通”，尽可能地保留蒙古旧制，如投下分封制的实行、达鲁花赤的设置、坚持蒙古人为正官的原则、蓄奴制度、官商制度、科差制度、军事长官世袭制等，形成了南北异制，以及蒙古“国俗”与金制唐律、回回法等相互交融的多元法律文化。自元世祖忽必烈于至元二十八年（1291）颁布《至元新格》之后，其继承者又陆续制定编纂《风宪宏纲》《大元通制》《元典章》《至正条格》等。这些法典的编纂大都是从唐、宋、金诸朝的法典体系演变而来，但无论从法律制度、理论、观念，抑或律书形式、语言文字等方面来看，又有其独特之处。因此，元朝的法律文化上承唐、宋、金，下启明、清，呈现了兼容性、集成性、独创性的特点。元朝法律制度的法源呈多元性，蒙古法、回回法、金制、唐律兼容并蓄。同时，元朝法律制度又不可避免地深受蒙古社会因素的影响，在《大元通制》等律书中，站赤、投下、驱口和民族等级的规定，都反映了这一点。元朝政府按照“教诸色人户各依本俗行者”的方针，允许诸色人户各依本俗行理本族事

---

① 《元史》卷四，《世祖本纪》1。

务。元朝从中央到地方设立许多管理民族和宗教事务的机构，诸如在中央设宣政院，掌管全国佛教事务，兼理吐蕃地区事务；设崇福司，掌管基督教事务；道教隶集贤院；置回回哈的司，作为管理伊斯兰教教徒的机构。元朝还在边疆地区设立宣慰司、安抚司、招讨司等，并开创了土司制度的先河。元朝各种法规中有不少专门针对蒙古、色目人等的规定，与前代相比，元朝有关民族问题的条文在全部法规中所占比例是相当大的。元朝政府还确认宗教上层的各种特权，明文规定僧、道、也里可温、答失蛮等享有免役和司法特权，回回哈的司由哈的大师领之，依回回法掌本教门的宗教活动、回回人的户婚钱粮等词讼及刑名之事。《大元圣政国朝典章》《通制条格》等屡载有按"回回体例"断处的案例。汉族是元朝统治中心地区人口最多的民族。元朝政府从"依俗而治"的原则出发，对汉族"遵用汉法""援唐宋之典故"，大量吸收汉族法律文化，以此来统治汉族人口。因此在元朝，中原历代封建王朝传统法制同时成为元朝法律的重要渊源。元朝所制定的《大元通制》承袭了唐、宋、金诸封建王朝法典的基本精神，但在内容上也有很多增删修订，以体现蒙古贵族的统治意识和蒙古草原游牧社会遗风的重大影响。这种做法反映了元代社会现实生活的新因素。元朝法律制度规定各民族在法律上不平等，将人分为四等，同罪异罚。元朝法律的不少条文，毫不掩饰地肯定民族不平等现象。官吏任免、科举制度、定荫叙格、断狱量刑等等皆因族而异。元朝的司法审判制度颇有独树一帜、开创新例之举，具体表现在圆署制度、约会鞫问制度、停务制度、法医制度等诸多方面。

元朝时期法制"各从本俗法"突出体现在传统蒙古法与中原汉地法的并行不悖。元朝前期汉族臣僚胡祗遹曾对传统蒙古法与中原汉地法两种法的体系之间存在差异性的根本原因进行了初步的分析，并提出了他的看法：

法之不立，其源在于南不能从北，北不能从南。然则何时而定乎？莫若南自南而北自北，则法自立矣。以南从北则不可，以北从南则尤不可。南方事繁，事繁则法繁；北方事简，事简则法简。以繁从简则不能为治，以简从繁则人厌苦之。①

胡祗遹的点评是对元朝法律制度南北异制的经典诠释。

元朝时期传统蒙古法与汉法之间的相互交融，反映了北方草原游牧文明与中原农耕文明之间相互渗透的趋势。以元世祖忽必烈中统初年的"祖述变通"为起点，经过司法实践对汉法的逐步适用，甚至发展到连蒙古族中间发生的案件也可以适用汉法的地步。这对于以北方草原游牧文化为基础的蒙古社会来说无疑是一个巨大的转变。另

---

① 《紫山大全集》卷二一，《论治法》。

一方面，元朝时期也还出现了汉族根据自己的需要主动适用蒙古法的情况。

五

对于1638年以后的塞北蒙元政权，明朝一方称其为元，或故元、前元。据朝鲜李朝郑麟趾撰写的《高丽史·恭愍王世家》二十年（1371）事迹中记载，北迁后的元政权为北元，该称号现在为学界所普遍接受。明朝和北元并存的时期被认为中国历史上又一次南北朝时期。至正二十八年（1368）元惠宗北走上都，标志着大元作为大一统的中原全国性政权已经覆灭。但漠北的蒙古大汗政权依然存在，并且坚持认为自己是大元王朝的合法继承者。北元作为大元政权的延续，元朝的整套礼制、官制等继续在北元所控制的地区沿用。北元前期几代大汗仍旧称帝，在位有年号，死后上庙号。北元于1402年鬼力赤即位后去国号。北元前后持续二百六七十年，几与明朝相始终，最后被统一于清王朝。

北元各级官僚机构，其实际行政效能虽不十分清楚，但史籍证明至少在其初年仍大致维持元朝原貌。北元后期蒙古地区长期处于分裂割据局面。蒙古各部封建主单独或联合制定了一些法规，其中包括图们札萨克图汗所制定的《图们汗法典》，图们札萨克图汗时期土默特部首领阿勒坦汗制定的《十善福经教白史》《阿勒坦汗法典》，16世纪下半叶至17世纪40年代喀尔喀四旗、六旗、七旗诸汗、诺颜通过会盟制定的《喀尔喀七旗法典》（《白桦法典》），卫拉特旧察津毕其格，1640年《蒙古—卫拉特法典》，噶尔丹洪台吉统一卫拉特蒙古各部建立准噶尔汗国后发布的《噶尔丹洪台吉旨令》，西迁至伏尔加河下游游牧的土尔扈特蒙古制定的《敦罗布剌什补则》等。这些法典是由蒙古一个部落或几个部落联合制定的法规，内容多是关于各部间会盟、结盟、调整各部关系、社会秩序和风俗习惯的规定和保护封建主和黄教利益，共同防御外来威胁的规定。在这些法典中，蒙古民族风俗特征浓厚，是蒙古族的珍贵法律遗产。

北元时期法律制度中最具代表性的当属《阿勒坦汗法典》和《蒙古—卫拉特法典》。

《阿勒坦汗法典》是北元时期蒙古右翼土默特部首领阿勒坦汗（1507—1582）制定的一部通行于东起辽东，西至卫拉特、青海、西藏的蒙古法典。阿勒坦汗为蒙古右翼土默特万户汗，又称格根汗，汉籍称俺答，因此该法典又称《俺答汗法典》。《阿勒坦汗法典》最初有十三条，其中规定，蒙古人违法，依蒙古法律制裁；汉人违法，依明朝法律制裁。该十三条规定经不断增修，最后形成《阿勒坦汗法典》，经今人分类共十三章一百一十五条。《阿勒坦汗法典》按其所规范的内容可以归纳为三部分：第一部分前言，第二部分刑法，第三部分是关于抗灾保畜的规定。《阿勒坦汗法典》所规定的内容是传统蒙古法精神的重要体现，其所使用的刑罚方式也具有鲜明的民族特点，如以杖责、罚畜、顶替等处罚方式处理各种诉讼案件。《阿勒坦汗法典》不仅为维护当时蒙古社会政治统治所必需，而且对安定社会秩序、保护人们的生命财产起到了很好的作用。《阿勒坦汗法典》的编纂体例和立法精神对后世蒙古立法提供了立法体例基本模式。该法典所蕴含的法理在今天仍不失其理论价值与实践价值。

《蒙古—卫拉特法典》是1640年喀尔喀与卫拉特为结束长期征战、和平共处、共同对敌而制定的一部法典。17世纪30年代，漠南蒙古各部基本处于清朝统治之下。1636年，清朝谴责喀尔喀马哈撒麻谛车臣汗与明朝互市，警告他应以察哈尔为戒。1638年，喀尔喀札萨克图汗素巴第率兵前来呼和浩特，准备与明朝交易。皇太极得知，发兵迎击。札萨克图汗退回了喀尔喀。清朝遣使威胁札萨克图汗，速悔罪来归顺。漠南地区的巨大变化及清朝咄咄逼人的威势震动了喀尔喀七旗。喀尔喀三部开始考虑如何进一步加强内部团结，彼此协调，以防来自清朝的军事压力。札萨克图汗和黄教活动家们认为，只凭喀尔喀三部本身的力量，不能保障喀尔喀的安全。喀尔喀诸部必须与卫拉特诸部携手联合，彼此承担义务，共同维护喀尔喀和卫拉特的利益，才能有效地防御来自清朝的压力。这一倡议得到了准噶尔部鄂齐尔图车臣台吉和巴图尔洪珲台吉的积极响应和支持。喀尔喀和卫拉特双方经过反复协商和酝酿，决定召开联盟会议。

1640年9月，在喀尔喀札萨克图汗素巴第的主持下，召开了喀尔喀、卫拉特联盟会议。与会者认为，只有喀尔喀和卫拉特携手联合，紧密合作，才能有效地维护和保障喀尔喀、卫拉特的共同利益和安全，并且应当以法律手段来保证彼此承担的义务，统一意志和行动。经过广泛协商和讨论，喀尔喀和卫拉特诸部制定了《蒙古—卫拉特法典》。《蒙古—卫拉特法典》是喀尔喀和卫拉特联盟精神的结晶，也是喀尔喀、卫拉特希望成为统一体的具体尝试。《蒙古—卫拉特法典》作为一部比较完备的民族法典，继承和发展了蒙古族优秀的法制传统，在蒙古族法制史上具有较高的地位。《蒙古—卫拉特法典》的制定是继成吉思汗《大札撒》之后蒙古族古代立法的第二次高峰。《蒙古—卫拉特法典》曾一度影响整个阿尔泰—通古斯语系的诸民族。噶尔丹洪台吉建立准噶尔汗国后，于1676年和1678年对其进行了两次补充，学界称之为《噶尔丹洪台吉旨令（敕令）》。该法典颁布一百年后，西迁伏尔加河流域的土尔扈特汗廷第七任汗敦罗布剌什认为该法典的一些内容已不适应实际需要，故而于1741—1758年间对其进行修订和补充，约有五十余条，后人称其为《敦罗布剌什补则》。

《蒙古—卫拉特法典》的内容特别丰富，涉及面广。该法典沿袭古代蒙古社会约定俗成的风俗习惯以及《图们札萨克图汗法典》《阿勒坦汗法典》《喀尔喀七旗法典》等成文法和该法典中经常述及的“以前的法”即旧察津毕其格。

《蒙古—卫拉特法典》是喀尔喀和卫拉特封建领主们在17世纪内忧外患的历史条件下通过王公会议来解决面临的各种社会问题而制定和颁布的法律规范。这部法典在卫拉特蒙古社会一直使用到18世纪，在此期间经过几次修订和完善。在长期适用过程中形成了自己独特的体系。《蒙古—卫拉特法典》的适用范围广泛，影响深远，是世界法制史上地位较高的一部民族法典。该法典在相当一段时期内缓和了喀尔喀和卫拉特之间长期存在的矛盾冲突。它以法律形式确立了达赖喇嘛、班禅额尔德尼的宗教领袖地位，明确规定保护黄教在蒙古的利益。卫拉特联盟各部充分利用这一有利条件，调整内外关系，有效抵制了外部进犯，发展壮大了自己的力量。《蒙古—卫拉特法典》对维护封建统治秩序，调节北元时期蒙古封建社会各种关系，稳定社会秩序，保护和促进社会生产，都起到了积极作用。

六

清朝蒙古法包括清朝对蒙古地区的立法以及蒙古各盟部旗自制的地方法规。清朝是中国历史上最后一代封建王朝。在康雍乾时代完成了对边疆地区的统一，奠定了国家的疆域版图。在清朝统一边疆和巩固多民族国家的过程中，蒙古族起到了举足轻重的作用。清朝在其入关前即开始了对蒙古地区的立法活动。入关后清朝中央政府对蒙古的立法不断加强。清朝建立了统治蒙古地区的专门机构理藩院，在蒙古地区建立盟旗制度，并制定了《蒙古律例》《理藩院则例》等专门用于治理蒙古的特别法规。在《大清律例》和其他全国性立法中，清朝政府编纂了针对蒙古或蒙汉互涉案件及其处理准则的规定。清朝对蒙古立法的主要内容包括清朝中央对蒙主管机构立法及其相关规定、清朝驻边机构对蒙古统辖监督体制的确立、蒙古行政区域的划分以及盟旗制度的确立、蒙古王公封爵制度的确立、蒙古王公年班朝觐制度的确立、蒙古刑罚制度的确立、蒙古司法审判制度的确立、蒙古宗教领域喇嘛事例的制定等相关内容。

在清末新政以前，“因俗而治”一直是清朝政府治理蒙古的立法指导思想和立法原则。这一思想与原则也是清朝政府能够长期保持其对蒙古进行政治统治的前提与基础。为此清朝政府在实施各项立法措施的同时，赋予蒙古盟旗以特殊的地位和待遇，承认蒙古王公上层在盟旗的特殊权利。

清朝在逐一征服漠南蒙古、漠北蒙古和漠西蒙古的过程中，以及在进行统治的过程中，清朝政府就持续不断地向归附清朝的蒙古各部颁布各项法令、政令，并将其逐渐地系统化、制度化，使之成为蒙古各部上层以及属下平民等社会全体成员必须遵循的行为规范。清朝入关前，漠南蒙古各部先后归附女真后金国（满文史料作爱新国）政权。后金国对蒙古的立法活动也随着这一进程，从对个别部落的立法逐渐推广到整个漠南蒙古各部。后金国天聪、崇德年间陆续颁布了军令法规，即清太宗皇太极天聪二年（1628）至崇德三年（1638）间对已归降的蒙古各部制定了若干法律条款。

天聪二年（1628）九月，皇太极征蒙古林丹汗。与蒙古科尔沁、喀喇沁、敖汉、奈曼、扎鲁特等部会兵后，于九月二十日袭击了察哈尔国，林丹汗弃城遁走，后金、归降的蒙古联军追至大兴安岭。十月八日，召集巴林等蒙古各部诺颜告书曰：“汝若入我爱新国法，必按我国所定罪行受罚。若不入我法，往后征战及狩猎则另寻他处。”① 皇太极还对此次出征中违反军令的达敏等蒙古人进行了处罚。皇太极命敖汉、奈曼、巴林、扎鲁特等部首领：今后来降之人，若贝勒明知而杀者，罚民十户，贝勒不知而小民妄行劫杀者，罚民十户，抵死，妻子为奴。通过各种有力的措施，已归附的蒙古部中以上提到的科尔沁等五部尽入满洲法。天聪三年（1629）正月，皇太极颁敕谕于科尔沁、敖汉、奈曼、喀尔喀、喀喇沁五部落，令悉遵清朝制度。同年三月二日，皇太极遣国舅阿什达尔汉同尼堪等赍敕谕归顺各部蒙古诸贝勒，申定军令。清太宗天聪五年（1631）四月，皇太极亲定功臣袭职例。这是清朝初期皇太极向科尔沁等蒙古诸部颁布的比较正规的法令。清太宗天聪五年（1631）七月癸酉朔，设立六部，决定每一部中都要设有蒙古承政和两名参政，以便加强对漠南蒙古的控制。天聪五年（1631）八月壬子皇太极还表示，“我满洲与尔蒙古，原系一国”“来降者，无不恩养之”②，天聪六年（1632），新定朝议，又提高漠南蒙古贝勒的地位，使他们仅次于八旗诸贝勒。天聪五年（1631），后金国与蒙古联军攻打明朝广宁前，满蒙双方军队会

---

① ［清］范文程等：《清太宗实录》卷四，天聪二年十月丙申条。

② 《清太宗实录》卷九。

军大凌河时，皇太极在癸卯日向蒙古诸贝勒颁布军令。天聪七年（1633）七月癸酉，皇太极"颁钦定法律于科尔沁"各部。天聪七年冬十月壬戌，遣国舅阿什达尔汉等往外藩蒙古诸国，宣布钦定法令。天聪八年（1634）甲戌，春正月戊子朔，庚寅，皇太极召集外藩各蒙古贝勒，制定刑律七条。这项法令主要是有关夺他人之妻、奸淫以及盔甲、绵甲与马鬃尾无牌印及盔缨、纛缨等的规定不遵后金国规定时的处罚条例。天聪八年辛酉，诸部落蒙古贝勒联合后金国攻打林丹汗，各率所部兵来西喇兀苏河（今内蒙古赤峰境内，辽河支流）之南山平冈会皇太极。皇太极颁军律于蒙古诸贝勒及都元帅孔有德、总兵官耿仲明、尚可喜等。皇太极军队在追赶林丹汗的途中，对战利品的分配和处理方面向军队规定了军令。

天聪二年九月，皇太极遣希福等传令归顺的外藩蒙古各部率领所属兵马，到达约定地点，以往征察哈尔林丹汗。其他各部的兵马按时到达所定地点会兵，唯科尔沁部首领奥巴不忍心杀掠林丹汗部下，以足疾为由未到达所会之地，与其弟布达齐率部抵达察哈尔边界，虚张声势而还。因此皇太极遣人问罪，罚驼十峰、马百匹。对已归附而又背叛者处以"尽收其所属人民"，分给他人的处罚。天聪八年（1634），蒙古林丹汗赴青海途中病逝于大草滩（今甘肃省天祝藏族自治县境内）。次年二月，后金国以多尔衮、岳托、萨哈璘、豪格为统兵元帅，率精骑 1 万，远征林丹汗余部。四月二十八日，后金国军队抵达林丹汗子额尔克孔果尔额哲驻地托里图，乘大雾实施包围。额哲母子见国势已去遂归降后金国。至此，1368 年元廷北迁以来的成吉思汗黄金家族正统统治宣告结束。从而，蒙古草原的其他政权，如喀尔喀三汗部、和硕特汗廷、卫拉特联盟—准噶尔政权等也在随后的一个多世纪的历史风波中，一一被清朝所吞并和统一。崇德元年（1636）四月，内蒙古十六部 49 名诺颜同后金国满汉臣僚聚会于盛京（今辽宁省沈阳市），共上尊号。科尔沁部巴达哩向皇太极呈上蒙古文表，称博格达彻辰汗，即宽温仁圣皇帝。十六部蒙古封建主承认皇太极为蒙古大汗正统的继承者，承认自己的共主。皇太极接受尊号，建国号大清，改元崇德，改族名为满洲。同年冬十月丁亥，皇太极遣官察哈尔、喀尔喀、科尔沁等地查户口，编牛录，会外藩，颁法律，禁奸盗。清朝成功地对蒙古地区实施了法律支配。崇德八年（1643）即清入关的前一年，清政府把对蒙古所颁布的各项法令汇编为《蒙古律书》，颁发给漠南蒙古各部。清入关后，从顺治朝到乾隆时期，经过一百多年的时间先后征服了漠北的喀尔喀蒙古和统治青藏地区的蒙古和硕特汗廷以及漠西的蒙古准噶尔汗国。随着这些征服活动和在蒙古统治地位的巩固，清朝对蒙古的立法更加完备。顺治八年（1651）清朝定袭职例，凡世职官员身故，以其子袭职，无子以亲房兄弟袭职。顺治九年（1652）八月，更定婚娶之制。顺治十年（1653）正月，定蒙古王公服色、随从人员数额以及俸禄之制。顺治十五年（1658）九月，议定理藩院大辟条例。顺治十六年（1659）闰三月，更定赐祭外藩蒙古事例。顺治十六年（1659）十二月，定世职承袭例。顺治十八年（1661）四月，颁布世职俸禄例。顺治年间颁布了大量的有关蒙古的爵级、会集、丁册、驿递、防汛、严禁逃人、抚辑逃人、朝集、贡献、宴赉、喇嘛、朝贡、赏给、刑例、人命、贼盗、军法等方面的各项法令。康熙皇帝在位期间，清朝进一步加强了对蒙古的立法活动。康熙六年（1667）第二次颁发修订后的《蒙古律书》又作《理藩院律书》。康熙三十年（1691）康熙皇帝与喀尔喀蒙古封建主在多伦诺尔举行会盟，喀尔喀蒙古正式归附清朝，清政府对蒙古的立法范围也随之扩大到漠北蒙古各部。康熙三十五年（1696）清朝颁发了第三次修订的《蒙古律书》(《蒙古律例》)。乾隆时期，清朝征服了蒙古的最后一个政权准噶尔汗国，对整个蒙古的统治得到全面加强与巩固。乾隆六年（1741）十二月，理藩院奏蒙古律例告竣。《蒙古律例》在乾隆时期经过几次修订颁行，至乾隆五十九年（1794）其内容已达十二卷二百零九条，成为清朝开国后专门对蒙古制定的最为完备系统的法典。嘉庆十六年（1811）理藩院奏请撰修《理藩院则例》。奏请得到允准后，理藩院从嘉庆十六年开始了制定《理藩院则例》的工作。至嘉庆二十年（1815），理藩院将旧例二百零九条逐一校阅后，其中二十条因系年代久远，近事不能援引而删除，其余一百八十九条内，修改一百七十八条，修并二条，并将顺治以来应遵照之稿案译妥汉文，逐件复核，增纂五百二十六条，共修订成七百一十三条后，于嘉庆二十二年（1817）刊刻颁行。光绪十六年（1890）至光绪十七年（1891）再度编修《理藩院则例》。光绪年间重修的《理藩院则例》在体系和内容上与道光二十三年续纂本相比较，较为突出的是增加了“捐输”一门，专门规定蒙古王公等捐输驼马银两等给予奖赏叙用的制度。光绪重修本《理藩院则例》律文更定为律条九百七十一条，有关蒙古的条文增加最多。增加的条目除了捐输门别列十三条之外，其他条文都编入了另外的六十三门，连捐输门共计六十四门，六十四卷。《理藩院则例》对理藩院的机构职掌和编制，对蒙古地区的各种制度以及西藏、青海等地的重要制度都做了详细的规定，是清朝制定的体系最为庞大、内容最为丰富、适用范围最为广泛的一部民族法规，是清朝民族立法的代表性法律典籍。由于理藩院在咸丰十一年（1861）成立总理各国事务衙门前兼办理与俄罗斯、廓尔喀等国的交涉、通商及其入贡事宜，因此则例中还规定有《俄罗斯事例》。

清代蒙古法还包括清代蒙古地方所制定的具有自治法性质的蒙古地方法，其中典型的是1709—1770年陆续制定的《喀尔喀法规》以及蒙古各地继续发挥作用的习惯法规。青海蒙古二十九旗在遵照清朝对青海立法的同时，1685年还制定了《青海蒙古会盟法典》等蒙古地方法。

在清朝的大部分时期里，清政府对蒙古颁发的各项法典律令是在因俗而治的立法原则下制定的。清末新政之后，清政府对蒙古的传统政策发生变化，从而导致清朝对蒙古法律制度的变化。

七

清末修律，清朝对蒙古地区的刑罚予以减轻。光绪三十一年（1905）三月，修订法律大臣沈家本、伍廷芳等上奏删除律例内重法折，建议永远删除旧律内所有凌迟、枭首、戮尸三项。嗣后凡死罪至斩决而止，所有现行刑律内凌迟、枭首各条均改为斩决，其斩决各条均改为绞决，绞决各条俱改为绞候，秋审入实，斩监候改绞监候，秋审时分别实缓办理。同时，清末修律还废除刺字、宽免、缘坐等刑罚，改笞杖为罚金。全国范围内减轻刑罚必然带来蒙古地区刑罚制度的相应变化。在此之前，内外蒙古的刑名案件向来设有“蒙古例”专条，而且“蒙古例”所规定的罪名及刑罚一般比刑律罪名刑罚为轻，其重罪内刑罚仅有凌迟、枭首等几条。光绪三十一年（1905）四月，理藩院与刑部上《理藩院刑部会奏议覆改减蒙古刑律折》，会奏现今更定新章，蒙古事同一律，请旨改减“蒙古例”，得到清廷批准。所有蒙古专例内，凌迟、斩枭之条应遵照新章俱改斩决，其斩监候各条俱改绞监候，审时分别实缓，其余各条本较刑例罪轻似可勿庸递减，至蒙例未备者，如此引刑例应照新章办理，倘遇交涉案件牵涉蒙古，亦应概照刑例新章问拟，不得仍引蒙例，以免分歧。

光绪三十二年（1906）清廷实行官制改革，理藩院改为理藩部，《理藩院则例》也相应改为《理藩部则例》。

清末官制改革也包括对司法审判制度的改革。清末官制改革中将刑部改为法部，主管司法行政事务，不再兼理审判。将大理寺改为大理院，作为全国最高审判机关。宣统元年（1909）清政府颁布《法院编制法》，将审判衙门分为初级审判厅、地方审判厅、高等审判厅和大理院四级，实行四级三审制，在各省县先后设立相应的审判衙门。随着这些改革措施的施行，蒙古地区的司法审判制度也逐渐发生新的变化。宣统元年清廷将大理院作为全国最高审判机关之后重新规定，对蒙古死罪案件的判决，不管引用“蒙古例”还是刑例，都由理藩部主稿，大理院复判。光绪三十一年（1905）清政府裁撤理藩院派驻各地的理事司员之后，理藩部不再直接参与地方的蒙汉交涉案件的审理。该类案件改由在蒙地设置的府厅州县或者沿边各省审判厅直接审理。

清朝末年，《大清律例》已经不能适应历史发展的需要，亟待制定新的法律。清政府从光绪二十八年（1902）实行新政开始，就把修律问题提到议事日程，下诏参照各国法律，修订现行刑律。在新法颁布之前，清廷决定以原来的《大清律例》为基础，略加修改，作为过渡性的刑律，定名为《大清现行刑律》，于宣统二年（1910）公布实施。《大清现行刑律》将《大清律例》中的“化外人有犯”条修订为“蒙古及入国籍者有犯”条，规定，凡蒙古人犯罪，照理藩部蒙古例定拟。其余藩属并因归化入籍者仍依律科断。关于修改理由，修订法律馆的案语做了以下说明：此条沿用唐律本指化外人之入中国籍者而设。宣统元年闰二月初七日经宪政编查馆奏请颁行国籍条例，奉旨：依议钦此。钦遵通行在案，凡外国侨居内地之人，既许其归附，自应删除“化外”人条目，以坚其内向之忱，所有律目、律文，化外人应一律改为入国籍人，以符合定制。又蒙古各部属隶屏藩200余年，与归化之人甫隶版图者不同，亦应移列于前，以示区别。《大清现行刑律》“蒙古及入国籍者有犯”条规定了附加条例5条。

清末，随着清朝对蒙传统政策的转变和放垦蒙地的进一步深入，《钦定理藩部则例》所规定的有关蒙地封禁的各项禁令已失去了法律意义。宣统二年理藩部向清廷建议废除《理藩部则例》中对蒙古的各种禁令：废除禁止出边开垦各条，凡旧例内禁止出边开垦地亩，禁止民人典当蒙古地亩，及私募开垦地亩、牧场治罪等条，酌量删除，以期名实相符；废除禁止民人聘娶蒙古妇女条，拟由各驻边将军、都统、大臣、各省督抚出示晓谕，凡蒙汉通婚者，均由该管官酌给花红，以示旌奖；废除禁止蒙古行用汉文各条，旧例内外蒙古，不准延用内地书吏教读，公文、禀牍、呈词等件不得擅用汉文，蒙古人等不得用汉字命名。今则惟恐其智之不开，俗之不变，断无再禁其学习行用汉文汉字之理。理藩部的建议得到清廷的批准，以上各条规定被正式废除。除此之外，在清末清政府始终未能进行对蒙古旧例的完整的修订工作。

清末，晚清清政府实行仿行宪政。宣统元年闰二月，理藩部上奏《筹备藩属宪政应办事宜分别急缓择要推行》折。在理藩部的主持下，蒙古地区也进行了藩属宪政的筹备活动，征集了盟旗的调查资料，产生了第一批蒙古王公议员。

中华民国时期，外蒙古独立，脱离中国，建立苏联式的社会主义制度，传统蒙古法制在蒙古族聚居的这一地区彻底销声匿迹。与此同时，内蒙古地区自治运动不断高涨，各蒙古地方结合自己的实际需要制定了适用于本地区的蒙古地方法规。传统的蒙古法在一定程度上以蒙古地方法的形式得到体现。尤其在司法审判领域依然参用《理藩部则例》等清朝适用蒙古地区的法律法规。这一地区，近代化的法律变迁是较缓慢的。更值得一提的是，20 世纪三四十年代内蒙古地区法制状况更加复杂多变，国民党中央政府的法律制度、陕甘宁边区司法制度、“蒙疆政权”的法律制度以及“伪满洲国”的法统都在内蒙古的不同地区相互作用，呈现了政出多门，法律实效性较差的局面。

MENGGU XINGQI QIAN MENGGU
GAOYAUN ZHUBUZU FAZHI

第一章

蒙古兴起前蒙古高原诸部族法制

第一节

蒙古高原古代游牧民族法制概述

蒙古族是有着悠久历史和灿烂文化的民族，主要居住在亚洲中部蒙古高原及其周边地区。目前世界上蒙古族人口共有800多万，主要分布在中国、蒙古、俄罗斯三个国家。中国的蒙古族共有581.3947万人，主要分布在27个省、自治区的328个市、盟、自治州、地区、直属行政单位和4个直辖市的96个市辖区、县。在蒙古国蒙古人是主体民族，人口约有230多万，占总人口的95%以上。俄罗斯的蒙古族主要分布在布里亚特共和国和卡尔梅克共和国，约有67.50万人。此外，日本、阿富汗、印度、美国等国家也居住着少量蒙古族人。

蒙古地区见于文字记载的历史至少可以追溯到战国时期。约前22—前8世纪，荤粥、鬼方、猃狁等北方游牧民族就出现在汉文文献史料和甲骨文的记载中。荤粥曾与夏族相邻；鬼方与殷商多次交战；猃狁侵及周的都城，给周国造成很大威胁。前8—前3世纪，汉文史书中又出现了泛称为“戎”“狄”的游牧部族，有的活动在黄河流域，有的分布在大漠南北。

蒙古作为一个民族共同体登上历史舞台前，在东起兴安岭、西至阿尔泰山脉以西、南达长城、北抵贝加尔湖一带广袤的土地上，曾经先后出现过匈奴①、

① 匈奴是蒙古地区第一个见于史籍的民族共同体，从战国时期始实力逐渐强大。公元前3世纪，匈奴开始称雄蒙古高原，活跃于内蒙古阴山及河套一带，南邻中原秦、赵等国。匈奴族源复杂，应包括荤粥、鬼方、猃狁、戎、狄在内的原先活动于大漠南北的各族，经过长期分合聚散，因“匈奴”于其中居于主导地位，形成了以“匈奴”为称号的游牧部族。他们控制了长城以北的广大地区，公元3世纪末建立了蒙古高原上第一个游牧民族国家。到了公元1世纪末，鲜卑人代替了匈奴对该地区的统治。至此，匈奴一部分进入中原，一部分并入鲜卑，一部分西去中亚。其族属和语言，学术界仍有争论。

东胡①、乌桓②、鲜卑③、柔然④、突厥⑤、回鹘⑥、

---

① 东胡也是较早出现于汉文史籍的古代北方民族，东胡大约与匈奴同时见于史书记载。是战国时期中原华夏族对活动在匈奴（胡）以东族属、语言、习俗相同或相近各部落的统称。《史记·匈奴传·索引》卷110载："东胡'在匈奴东，故曰东胡'。"属于蒙古人种，语言属古老的阿尔泰语系。东胡位于战国燕国的北部，赵国的东北部，与燕、赵诸国长期时战时和。汉初，东胡强盛，曾迫使向匈奴冒顿单于贡奉千里马和阏氏（单于妻）。后来，冒顿领兵出击东胡，东胡大败，一部分部众及牲畜财产被掳，余众散为乌桓、鲜卑等部属。所以东胡人就是历史上的鲜卑人和乌桓人。《史记》载："东胡，乌丸（乌桓）之先，后为鲜卑。"《三国志》载："乌丸、鲜卑，即古所谓东胡也。"《魏书》载："乌桓者，古东胡也""鲜卑者，东胡之余种也"。东胡人及其后裔的居地大体上就是今内蒙古东部地区。匈奴击破东胡以后，其部分余众居于乌桓山，因山名族。乌桓初游牧于饶乐水（今西拉木伦河）一带。

② 乌桓，汉文史书也记作"乌丸""古丸"，原为东胡后裔的一支。匈奴击破东胡以后，其部分余众据保乌桓山，因山名族。乌桓初游牧于饶乐水（今西拉木伦河）一带，后来分布在东起大凌河、西至鄂尔多斯高原的狭长地带。汉献帝初平年间，蹋顿统一乌桓各部，公元207年被曹操击破，部分并入鲜卑，一部分迁入内地。

③ 鲜卑亦东胡别种，其语言与乌桓同。鲜卑作为族名，最早见于《后汉书》，是东胡后裔。公元2世纪中叶起，乘匈奴的衰败兴起，占据了蒙古高原，以今乌兰察布高原一带为中心，纠合各式各样的民族部落，建立了大联盟，分东、中、西三大部，有十二大人，强盛一时，其中强大的有拓跋部、慕容部以及宇文部。在"五胡十六国"时期，鲜卑人进入了内地，鲜卑贵族建立了几个割据政权，后来拓跋鲜卑统一了黄河流域，建立了北魏王朝。7世纪以后，进入内地的所有鲜卑人最终同化于汉民族之中。

④ 柔然亦称蠕蠕、芮芮、茹茹，源于东胡。统治者为东胡苗裔郁久闾氏，初居于乌兰察布高原，后进入漠北，服属于北魏。5世纪初，在社仑领导下逐渐强盛，与北魏抗衡，在敦煌、张掖直北的草原上建立了柔然汗国，其领土广阔，东抵朝鲜，西达中亚，多数臣民为突厥语族部落。公元552年（西魏废帝元年）为突厥所灭，语言为东胡后裔诸语言的一种方言。

⑤ "突厥"一名最早见于《周书》《北齐书》《北史》。突厥是游牧于金山（今阿尔泰山）山麓的游牧部落，柔然的属部。公元552年，推翻了柔然政权，建立了突厥汗国，创制了自己的文字。582年被隋朝打败，分裂成北突厥和西突厥。西突厥统治中亚一带，公元659年（唐显庆四年）为唐所破，于其地置府州。东突厥统治今蒙古地区，在公元630年（唐贞观四年）为唐太宗所破，归属于唐朝达半个世纪。公元682年（唐永淳元年）东突厥叛唐独立，恢复旧地，重建突厥汗国，控制蒙古高原又半个世纪以上，公元745年（唐天宝四年）为回鹘所灭。

⑥ 回纥为敕勒（高车）或铁勒诸部之一，公元788年更名为回鹘。铁勒即南北朝时期的敕勒（高车）。隋唐时期分布于蒙古高原上的铁勒部落主要有：色楞格河流域的回纥，土拉河流域的仆骨、同罗、拔野古、思结、契苾等，阿尔泰山西南的薛延陀等，贝加尔湖南的都波等。此外，在中亚、西亚等地也有铁勒部落活动。铁勒诸部西北的叶尼塞河上游还有黠戛斯等部。敕勒部落各有酋长。回纥与突厥同一语族，由"九性部落"组成，受突厥汗国统治，时服时叛。公元8世纪中叶，在首领骨力裴罗领导下推翻突厥汗国统治，于鄂尔浑河流域建立了回鹘汗国。其统治的疆域，东起兴安岭，西抵阿尔泰山。公元840年，黠戛斯攻破回鹘汗国，回鹘诸部溃散，大批回鹘人西迁至今甘肃和新疆地区。黠戛斯的南迁，对古代蒙古高原的民族构成和突厥语族各部落的分布发生了显著的变化，操北部铁勒方言的人口在蒙古高原占了优势。

室韦·达怛①、契丹②和女真③等诸民族。这些民族对蒙古族的历史发展产生了深远的影响。他们从蒙古高原东北部不断向南、向西推进，有的在蒙古高原上建立过政权，有的在这一地区的统治达数百年之久。北方诸民族的政治法律制度源远流长，为后来兴起的蒙古族所继承和延续。

一、匈奴法制

匈奴是蒙古高原较早见于史书的阿尔泰语系的游牧民族。公元前 207 年建立政权后，创建了相对完备的政权体系。它的某些制度和习俗，如汗廷的左右翼和十进制的军事行政划分在蒙古高原各民族中世代流传，对后来的柔然、突厥、蒙古等民族都有很大的影响。

匈奴最高军政统帅为大单于。单于以下设左、右贤王，左、右谷蠡王，左、右大将，左、右大都尉，左、右大当户，左、右骨都侯等官职。匈奴贵族各有指定的游牧地域，各自在所属的辖区内组织军队，生产生活。匈奴实行军政一体化，氏族贵族既是行政长官，同时又是军事首长。匈奴的这种把国家分为左右两翼，把属众分为若干部分，分别由统治家族成员或其他显贵家族世袭统治；军政合一、兵民一体的政治制度及十进为制的社会组织，等等，在历代北方民族政权中一直沿袭到 13 世纪的成吉

---

① 室韦·达怛人原居住地在呼伦贝尔草原、大兴安岭东南、额尔古纳河与黑龙江两岸。据《魏书·失韦传》卷一〇〇载，“语言与库莫奚、契丹、豆莫娄国同”。《北史·室韦传》卷九四载：“盖契丹之类。其南者为契丹，在北者号室韦。”《新唐书·地理志》卷四二亦载：“俱伦泊（呼伦湖），泊之四面皆室韦”。在古代汉籍中常与鞑靼（达怛）互通互易。他们是原蒙古人，他们的语言还没有经历后来的突厥化历史过程，保持着东胡后裔语言和方言的特点，即原蒙古语。室韦·达怛人有好多分支，其中居住在望建河（今额尔古纳河）南的蒙兀·室韦人是蒙古人的直接祖先。

② “契丹”一名，始见于 4 世纪中叶，是东胡系鲜卑后裔。在鲜卑人迁入今内蒙古西部地区和内地以后，北魏时期在东胡故地居住的主要有契丹人和室卫人。契丹人居住在西拉木伦河和老哈河流域，共有 8 个部落。前后受唐朝、突厥和回鹘的统治。公元 916 年，耶律阿保机在临潢府（即上京，今内蒙古巴林左旗林东镇南）建立了辽朝，其统治遍及蒙古高原，公元 1125 年辽亡于金，辽宗室耶律大石又在中亚建立了西辽国，即哈喇契丹国。契丹人后同化于包括汉族在内的北方人群中，并且一部分人加入了形成中的蒙古族，在元代最后消失了。

③ 女真具有悠久历史。先秦时期称为肃慎，亦称息慎，东汉时期改称挹娄，北魏时期为勿吉，隋唐时期为靺鞨，宋明时期女真或女直。主要活动地区是东北白山黑水间。12 世纪初，居住在今松花江、黑龙江下游的女真族勃兴。女真完颜部阿骨打统一女真部，于公元 1115 年（辽天庆五年），建立金朝，公元 1125 年灭辽，南与宋朝对峙，西与西夏接壤，北面统治蒙古等游牧部落。公元 1234 年，被大蒙古国所灭。

思汗建立的大蒙古国行政体制。对被征服的、臣属于匈奴的四邻各族、小国，匈奴单于派贵族官员前去统治，或者由各族（国）原来的贵族首领代理统治。这个统治方式，被后来居上的北方各游牧民族所承袭。匈奴社会对偷盗、伤人等行为处置办法有："拔刃尺者死"①，偷盗者没收家口财产，小罪辗轧骨节，大罪处死。婚俗保留有氏族社会的遗风，实行收继婚。"父死，可娶后母；兄弟死，可娶其妻"②。北方游牧民族的这种婚俗具有稳定家庭财产和保持劳动力的含义。贵族之间互相联姻，如，呼衍、兰、须卜、丘林四氏，世与挛鞮氏通婚。匈奴社会中形成了"贵壮健，贱老弱""壮者食肥美，老者食其余"③的风气。匈奴人实行土葬，有棺椁及金银铜铁器皿、马具、武器、牲畜、陶器、玉器、衣饰等随葬品，贵族死后有臣妾殉葬。有入殓、出殡、入葬等礼俗。

二、乌桓法制

乌桓原为东胡后裔的一支。匈奴击破东胡以后，其部分余众居乌桓山，因山冠族名。其社会由部、邑落、落（户）组成，数百千落组成一部。部落首领称大人，邑落各有小帅。大人、小帅均由推举产生，后期逐步转变为世袭。推举制度基本与蒙古早期社会的忽里勒台选举制度相似。乌桓大人平时管理氏族部落的公共事务，处理氏族部落成员间的纠纷；遇有战事，则率部众参战。大人掌握了很大权力，具有很高的威信。大人有事招呼部众则刻木为信，邑落传行，部众不敢违犯。大人以下各自畜牧营产，不相徭役。

三、鲜卑法制

鲜卑也是东胡的一种，语言与乌桓一样。鲜卑社会与乌桓社会组织基本相同。部、邑落各有大人、小帅统领，早期实行推举制。2 世纪中叶，部落联盟首领檀石槐死后，其子和连继立，鲜卑大人由推举制转变成世袭制。因乌桓、鲜卑是属东胡后裔，法律制度也大致相同。拓跋北魏时期确立了后宫子贵母死之制。违背首领的意旨，罪可至死；偷盗不止，处死；部落间仇杀，找首领调解，获罪的人，可用马牛羊赎罪；叛逃者捕归，邑落不得接纳，放逐沙漠之中。有母系遗风，除争斗之事，计谋

---

①②③ ［西汉］司马迁：《史记》一一〇，《匈奴列传》。

皆从妇女。有贵少贱老、抢婚、收继婚习俗。相悦，然后男掠女去，或半年或百日后，派媒人送马、牛、羊作为聘娶之礼。礼成，婿随妻还，服役一二年，妻家置办丰厚财物送归夫家。丧葬，俗以战死为贵，有棺木，行土葬。葬时歌舞相送，哀哭、祈祷，然后杀犬、马，并取死者衣物用具一起焚烧。

四、柔然法制

柔然仍源于东胡。5世纪初，建立了柔然汗国。柔然社会主要由纥突邻、黜弗、素古延等部部落组成。统治家族是郁久闾氏，可汗均出自这一家族。除可汗以外，柔然汗国的贵族统治者有将、帅、首领、俟利、俟利发等官职。柔然汗廷在社仑可汗时建立军法，实行十进位军制，千人为军，置将一人；百人为幢，置帅一人。作战争先者，赏给掳获的财物人口；退却懦弱者，以石击首杀之，或捶挞惩处。这些内容在古代蒙古习惯法和成吉思汗《大札撒》中有所吸收。柔然人初兴时无文字，以刻木记事，将帅以羊粪粗略核记兵数。以东为贵，所居穹庐毡帐一概东向。婚俗主要有婚姻以牛马作聘礼。婚约已定，男方用营车围马，令女方任意选取，数满为止。迎亲之日，女方于穹庐前宴男方宾朋终日。次日，男携女归，女方许男方入马群，选取良马。葬丧习俗与其他古代北方游牧民族有所不同。据发掘的考古资料，他们的葬式流行坐式，张臂引弓，佩刀挟槊，与生时无异。男女老少集会，多杀杂畜，烧畜骨，骑马绕墓地走，多者绕数百周。

五、突厥法制

古代蒙古高原的历史上，突厥人起了重要的作用，是第一个创造了自己文字的民族。公元552年，突厥人推翻了柔然汗国，建立了突厥汗国。在突厥汗国，大可汗是全国最高统治者，之下常以兄弟子侄为小可汗，分领部落，诸部各有划定的地域，总属于大可汗，下有叶护、设、特勤、俟利发、俟斤、吐屯等共28种官号，由部落首领等贵族世袭。汗庭周围地区由大可汗直接统辖，其余地区分为左、右两翼，每翼置一设统领管辖。建立国家后，制定了各种刑法和税收制度。征发兵马及收取赋税时，突厥人刻木为契并附上金箭，用蜡加封盖印，作为凭信。与13世纪前蒙古社会的

“俗无文籍，或约之以言，或刻木为契”① 是相同的。突厥有举行葬礼时选择配偶的习俗。会葬时，青年男女装扮一新，留意物色意中人。男方派人求婚，女方父母多不拒绝。其主要原因是游牧经济的分散和流动特点以及平时难得聚会。突厥也有收继婚俗。父、兄、伯、叔死后，子、弟及侄可以娶后母、嫂子、伯母、叔母，但长辈不可以收继晚辈。其丧俗，人死之后，停尸于毡帐之中，亲族杀羊马，列帐前祭奠，并骑马绕帐七周。随后将遗体及其生前坐骑、佩带物品一起焚毁，收取骨灰，待时土葬。如春夏季死，则等到草木黄落，如秋冬季死，则等到草木茂盛。入葬时，也有类似祭尸时的仪式。古代突厥所实行的刑法制度方面，《北史·突厥传》对突厥刑法的记载最为完整。据载，刑法规定的死罪有“反叛、杀人、及奸人之妇、盗马绊者”；妨害家庭罪中规定“淫者，割势而腰斩之”。这些规定表明古代突厥存在肉刑。奸人之女，重责财物，还要娶被奸淫女子为妻。侵犯人身罪及其相应惩罚有“斗伤人者，随轻重输物，伤目者偿以女，无女则输妇财，折支体者输马”，明确规定对斗伤、伤目、折肢的惩罚措施。盗窃马匹及其他杂物者，各罚以 10 倍的罚金。苦役流刑及“禁锢随军”之刑施于外国使臣。

六、回纥（鹘）法制

回纥为敕勒（高车）或铁勒诸部之一，公元 788 年更名为回鹘。公元 8 世纪中叶，在首领骨力裴罗领导下推翻突厥汗国统治，于鄂尔浑河流域建立了回鹘汗国。回纥沿用突厥制度，其国家组织、官职大体与突厥相同，正如《旧唐书·回纥传》记载，“署官号皆如突厥故事”。建国时已进入了封建社会发展阶段。汗国的大小官员及各部牧主，构成其统治阶级，一般平民称为“黑民”。同时社会中也存在着相当数量的奴隶。《新唐书·回鹘传》记载，回纥汗国在继承突厥汗国官制的同时，又引进了唐朝官制。史载，回纥初无部落酋长，摆脱突厥处罗可汗统治之后始有俟斤之称谓。由推举产生，回纥第一任被部众所推举的部落酋长为时健俟斤（《旧唐书》作特健俟斤），是当时回纥最高统治者。可汗作为回纥的最高统治者的称号是在回纥首领吐迷度被唐朝册封之后。《旧唐书·回纥传》记载，回纥的最高首领吐迷度被唐朝册封为怀化大将军、瀚海都督，然私自号可汗，犹古之单于。后唐朝也册封可汗的名号。可汗的称号前，均加腾里逻、爱腾里逻、毗伽等词，意为上天所立、伟大智圣等。唐朝

---

① ［元］李志常撰：《长春真人西游记》。

册封可汗的名号多是表现武功智慧和美德，如英武威远、英义建功、怀仁、忠贞、崇德等。回纥可汗之妻称可敦，又作可贺敦，意为皇后。汉译合敦、合屯、可孙等，相当于匈奴的阏氏，自有一套官署随从。可汗的子弟称“特勤”，是突厥语的音译，汉译狄银、的斤、惕隐等。汉籍史书中常讹写作“特勒”。后世之特勤有不少手握重兵，与设无异。特勤的主要职务是内典机要、外理邦交，常奉使谈判军国大事。回纥点兵的将领称“设”，汉译“杀”“察”。设分左、右设，掌兵权，多由可汗子弟担任，既领兵马，又统部落。回纥大臣曰叶护，曰屈律啜、曰阿波、曰俟利发、曰吐屯、曰俟斤、曰阎洪达、曰颉利发、曰达干，凡28等，皆世其官而无员限。叶护在可汗、可敦之下，是一种名高位尊的显爵，相当于小可汗，多由可汗子弟专任，分领各部落。《新唐书·回鹘传》记载，天宝初年，裴罗与葛逻禄自称左右叶护。怀仁可汗称汗前就曾任左叶护。叶护多由可汗的儿子或宗室成员担任。

回纥归附唐朝后，深受中原的政治影响，也采用了唐朝的官制。《新唐书·回鹘传》载，回纥设“外宰相六，内宰相三，又有都督、将军、司马之号”①，这些官称都是唐的制度。唐代宗时，遣使册封可汗及其妻可敦，并封左右杀、胡禄都督、拔览将军、内外宰相。宰相多主持可汗、可敦即位仪式，也奉命出使。都督多为实职，将军、司马等均为官衔而非实职，回纥首领吐迷度便曾任瀚海府都督。回纥建国初期，汗国本部内的大部落，均设有都督，共有8名都督，都督实际上就是部落首长。回纥可汗在“九姓铁勒”等部皆置都督，以管理各部事务。在其他部则派监使，以督责贡赋，监察政事，“监使”实际上相当于突厥在西域各国所置的吐屯。这一建置在汗国全境普遍建立。

回纥婚俗以牛马做聘礼，流行收继婚习俗，存在一夫多妻现象。回纥汗国建立前，回纥人的婚姻制度还保留了一些母系氏族社会的特色。《隋书·铁勒传》记载，回纥与突厥的婚俗大致相同。不同的是回纥婚后男方到妻家居住，待生育孩子后，男女一同回夫家落户。这种“从妻居”的婚俗是婚姻向一夫一妻过渡的伴生现象。与突厥相同，回纥也有妻后母、妻兄嫂的习俗。《新唐书·回鹘传》记载荣王之女在宁国公主下嫁时，陪媵之。宁国后归，因留回鹘中为可敦，号“少宁国”，历配英武、英义二可汗。至天亲可汗时，始居外。《隋书·北狄传》记载，回纥人在父亲、兄长死后，儿子可娶后母，弟可娶嫂。如咸安公主（唐德宗女）下嫁天亲可汗，天亲可汗死后，公主又嫁给其子忠贞可汗。此外，回纥人还流行多妻制，有时还掠夺其他部落或

① ［宋］欧阳修等撰：《新唐书》卷二三二，《回鹘列传》。

中原汉人女子为妻妾。在婚礼习俗上，《旧唐书·回纥传》记载，唐太和公主与崇德可汗成婚时，可汗择吉日，封太和公主为可敦。婚礼时，可汗首先登楼东向坐，公主在楼下的毡房里，公主换上回鹘的礼服在侍女的陪伴下拜见可汗，拜见后再一次进入毡房换上回鹘可敦的服饰，之后再次拜见可汗。可汗设大舆，由傧相引公主上舆，回鹘九个部落的首领抬起舆，随太阳转动的方向向右转九转，公主下舆上楼，与可汗同东向坐，接受臣下的朝拜，婚礼至此结束。仪式中有“九姓相分负其舆，随日右转于庭者九”①，九姓指组成回纥部落的九个首领，表明九个部族均拥戴唐公主为回纥可敦。

回纥人有灵魂不灭的观念，所以对葬仪颇为讲究，葬俗有土葬、火葬，也有剺面痛哭的习俗。

回纥人死后的埋葬方式，在其祖先高车人时曾采用土葬。《北史·高车传》记载，回纥人先替死者在地上挖墓坑，然后把尸体放进去，死者下葬时与生前一样，张臂引弓，佩刀挟槊（一种古代兵器）。墓坑露出而不掩埋。如由于瘟疫等原因意外死亡，则为死者亡灵祈福；如自然死亡，则多杀牲畜，烧骨以燎，送葬的男女老少骑马围绕墓地转，最多时要转达百圈以上。回纥人的土葬方式是，下葬时尸体置于木板上，再放到墓室右角，死者头朝北或朝东，墓室用木板、圆木或石头封闭。葬礼日回纥男女无大小皆参加集会，平吉之人歌舞作乐，丧葬之家则悲声哭泣。

回纥有的部落还实行悬棺葬。都波是回纥的别种，《通典·都波传》记载，人死后用木柜装尸体，再放在山中，或是悬挂在树上，送葬哭泣略与突厥类。

回纥汗国建立后，人们也开始沿用突厥人的火葬法。如回纥人仆固怀恩765年死后，他的部属为他进行火葬。

此外，回纥人还保留着殉葬、剺面而哭的遗俗。《旧唐书·回纥传》记载，宁国公主出嫁葛勒可汗后，不久可汗死，按回纥习俗，要将公主殉葬。公主说：中原的习俗是丈夫死后，妇人要守丧三年，这是最大的礼，回纥不远万里与唐朝通婚，原本是羡慕中原的风俗，我不能殉葬。公主虽未殉葬，但仍按照回纥“剺面而哭”的习俗，用刀划面，大哭送葬。

回鹘西迁高昌后，受佛教影响，流行火葬。回纥喀喇汗王朝时受伊斯兰教影响，葬礼与伊斯兰教徒相同，将尸体沐浴，裹以白布，抬至墓地安葬。安葬无棺椁，头朝向伊斯兰教圣地麦加的方向。

---

① ［后晋］刘昫撰：《旧唐书》卷二〇六，《回纥列传》。

七、契丹法制

契丹是东胡系鲜卑后裔，前后受唐朝、突厥和回鹘的统治。公元916年，建立了辽朝，其统治遍及蒙古高原。在早期契丹社会里，各部首领对部落重大事务进行协商议定。大贺氏联盟时期平时各部单独从事畜牧、渔猎等生产活动，遇有调发攻战，则需诸部议合，不得独举，即所谓“猎则别部，战则同行”。八部首领称“大人”。重大事件如调发攻战、对外议和、联盟首领的选举与罢免等，必须由“八部聚议”，这种“聚议”当为联盟的议事会。八部大人为议事会的当然成员。部落联盟首领由大贺氏家族中“世选”产生，建旗鼓统领八部，有一定任期。他代表八部处理对外事宜，统帅八部进行征战，协调联盟内各部间的关系。契丹人建国后，颁布和修订了《重熙条制》（重熙五年，1036年）、《咸雍重修条制》（咸雍六年，1070年）等法律。

建国前的契丹人没有文字，刻木为契，穴地为牢，有罪则量其轻重，临时决谴。遥辇氏后期，在审理释鲁被杀案时，制定了籍没之法。阿保机为联盟长期间，在惩治诸弟叛乱集团时，也曾权宜立法，规定亲王犯谋逆罪，不送有司行刑，可使其投崖自杀；淫乱或逆父母者以五车轘杀；谤讪犯上者，以熟铁捶其口杀死；从坐者，量轻重处以杖刑。建国后，逐渐制定和完善法律，开始制定成文法。从此辽朝境内各族人犯罪有了治罪判刑的法律根据。圣宗时，承天太后留心听断，尝劝帝宜宽法律，圣宗本人也锐意求治，更定法令凡十数事，多合人心，其用刑又能详慎。圣宗更定法令的主要特点是定罪量刑多从宽简，逐步缩小契丹和汉人量刑上的差别，限制契丹贵族的某些特权，加进汉法中维护封建统治的十恶、八议等内容。辽朝的刑罚有5种，即死、流、徒、杖、笞。死刑有绞、斩、凌迟、轘、枭、支解、腰斩、生瘗、投崖、射鬼剑等。这些有的是继承唐的刑名，有的是中原社会隋朝以前的酷刑和契丹社会固有的刑罚。流刑有置于边远部族、投诸境外和令出使绝域三等。徒刑有终身、五年、一年半三等。杖刑自50至300下。辽朝又有连坐、籍没和赎罪法。叛逆之家，兄弟虽不知情，也须连坐；贵族谋反，除首恶处死外，家属没为官奴；品官公事误犯，民年70岁以上、15岁以下犯罪，可输铜赎罪。刑具有沙袋、木剑、大棒、铁骨朵等。拷讯用刑则有粗杖、细杖、鞭、烙法。木剑、沙袋、铁骨朵为契丹特有刑具。木剑，太宗时制，面平背隆。大臣犯重罪，欲宽宥则击以木剑。沙袋，穆宗时制。用熟皮缝合成长6寸、宽2寸的口袋，以沙填充；木柄长1尺许，牛皮缝裹。杖50以上者，以沙袋决罚。铁骨朵用熟铁制成，8 片虚合，用柳木做柄，长约3 尺，打数或5 或7。辽朝法律在执行中，同罪不同罚的现象比较常见。

司法方面，古代契丹选用贤者任夷离毕之职专掌刑辟，后扩大为夷离毕院。辽国建立初期，实行民族分治政策，这种政策也体现在司法上。总领国家军政司法大权的最高机构枢密院分设南、北两院，分别拥有汉人和契丹人刑事审判的终审权。辽圣宗（在位时间983—1030）时，仿唐宋制度设大理寺、刑部、御史台以及登闻鼓院等，并逐步取消契丹与汉人在司法上的差别。地方上辽朝基本也实行行政长官兼理司法的做法。契丹的几部法典都已失传，只能通过对契丹其他史料考证其法制的基本状况。契丹法制初期表现出比较明显的本民族习惯法的色彩，随着辽朝国家的建立以及与汉族交往的频繁，古代契丹法显示出与汉法融合的趋势，但蕃汉异治、法外用刑等现象伴随辽朝始终。

八、女真法制

古代女真人历史悠久。女真人建立国家前经历了长期的由习惯、习惯法统治的时期。据《金史》记载，女真完颜部首领函普为解决部落间的争斗，曾立约："凡有杀伤人者，征其家人口一、马十偶、牸牛十、黄金六两，与所杀伤之家，即两解，不得私斗。"习惯法在当时女真社会有很强的约束力和保守性，到了10 世纪末11 世纪初，同日益发展的私有制关系和阶级的分化发生矛盾。11 世纪初，完颜部落酋长石鲁（昭祖）为了改革女真旧俗，建立维护贵族统治的秩序，创制"条教"，用以"约束""检制"诸部落。但仍未超出不成文的习惯法的范围，而且带有浓厚的神权法的色彩。11 世纪末，穆宗盈歌统一了女真各部落，以完颜部法令作为基础，制定了部落联盟的统一法令，"一切治以本部法令""自是号令乃一，民听不疑矣"。直至阿骨打建国及国初，女真人的法制上习惯法仍起着重要的调整作用。《金史·刑法志》载，"金初法制简易，无轻重贵贱之别，轻罪笞以柳条，杀人及盗窃者，击其脑杀之，没其家赀，以十之四入官，其六赏主，并以家人为奴婢，其亲属欲以马牛杂物赎者从之，或重罪亦听自署，然控无辨无于齐民，则劓刵以为别"。在政权组织上，实行亲贵合一的勃极烈制。由谙班勃极烈为执掌国家政务的最高行政官，是金朝皇帝的法定继承人；由国论忽鲁勃极烈为最高军事统帅，并参与朝政的决策。

女真族从其兴起到建国后的时间里，经历了由氏族社会到封建社会的发展历程，各个阶段的婚俗也呈现出不同的特点。女真人在母系氏族社会向父系氏族社会转变的过程中，婚俗也由母系社会的群婚制和对偶婚制向父系氏族社会的一夫一妻制转变。生女真禁止同姓通婚，流行部落内婚制，辅以部落外婚制。部落内婚制时，一般来说，每个氏族都有比较固定的通婚对象，女真建国前，通婚对象有所扩大，但氏族外婚制的传统未变，部落内的通婚对象基本稳定。部落外婚制主要发生在贵族之间。《金史》载："国朝故事，皆徒单、唐括、蒲察、拏懒、仆散、纥石烈、乌林答、乌古论诸部部长之家，世为婚姻，娶后尚主。"这是金朝皇室婚姻的特点。这种发生在贵族之家的部落外婚制，既是原始婚姻形态的残余，又表现出明显的政治联姻倾向。熟女真对同姓为婚则无限制。

女真人进入一夫一妻制阶段后，在贵族和平民中还有一夫多妻的现象。据南宋徐梦莘撰《三朝北盟会编》记载，女真人无论贵贱，人有数妻。缔结婚姻的形式有多种，主要形式有两种：一是父母包办的指定婚和指腹婚。指定婚是双方父母根据子女的实际情况缔结婚约。一般说来，贵族子弟的婚姻因与政治、财产关系密切，多由长辈决定，贫苦人家子女在配偶的选择上则享有较多的自主权。指腹婚是双方父母在子女出生之前就决定结成亲家，待小孩降生后，同性拜为义兄弟或姐妹，异性结为夫妇，一经缔结，长大后，虽贵贱殊隔，也不可改变。指腹为婚是一种以婚姻和结拜加强友情的方式，生女真中多指腹为婚姻。二是自由婚。《三朝北盟会编》载一般平民女子到了结婚年龄到路上唱歌自择丈夫，歌词内容包括介绍家世、妇工、容色，并表达求侣之意。未婚欲娶者听后即向她求婚，得到同意后即携之而归，然后备礼物带着女子同到女家告其父母。此外，还有抢劫婚、收继婚和买卖婚。买卖婚男方多为富人，以牛马为币。收继婚是指父死妻后母，兄死妻其嫂，叔伯死侄也如之。进入中原后，随着女真人封建观念的树立，收继婚现象逐渐减少。

金建国后，婚俗变化较大。为了减少民族间的矛盾与隔阂，金朝倡行与渤海、契丹、汉人通婚。《金史·后妃下》记载，世宗之母贞懿皇后为避免按照女真的旧俗，妇女成为寡妇后，须由本宗族的男子接续再娶，在睿宗去世后出家为尼。贞懿皇后是渤海人，汉化的程度较高，她的出家是对收继婚的一种拒绝。到金世宗时收继婚已不严格实行。建国前女真贵族中存在着抢婚现象，它是同以暴力获取财产一样的掠夺行为。建国后，抢婚已演变为只在一年一次的"纵偷"日中有反映。纵偷是女真人一种原始习俗。在正月十六日可以纵偷一日为戏，妻女、宝货、车马皆在偷窃之列。也有先与在室女私约，至期而窃去者，女愿留则听之。这反映了原始社会婚姻形态残余。

女真人缔结婚约和结婚都有特殊的仪式。行纳币之礼，又称拜门。至期，男方亲戚、家人一同前往女家。携带酒馔少者十余车，多则百车，宴请女家亲族。席间，男女分行而坐，先进酒，后进茶点。食罢进茶、乳酪。女方家无论大小，皆坐炕上，男方家人则罗拜其下，谓之“男下女”。行礼后，男方牵过作为聘礼的马匹，少者十匹，多者百匹。女方则选择最好的酌留十之二三，并以衣服为回报。女真人的聘礼是作为赔偿女方氏族损失的一种代价。同样，一般是男子成婚后需住在女方家，侍奉岳父母，从事各种劳作，甚至行酒进食皆躬亲之。三年后，携妻归己家，女家则以奴隶、马牛相赠。这种原始社会从妻居的残余形式，在进入一夫一妻制后，作为习俗被保留下来。纳聘礼与回赠则除了经济原因外，也是双方显示财富的方式。进入中原后，攀比财富、讲究排场的现象愈演愈烈，以至朝廷需用行政手段加以约束。受汉人习俗的影响，从妻居的情况在金代已不多见。

女真人早期的丧葬是无棺椁的土葬，但已出现富人死后生焚所宠奴婢、所乘鞍马的殉葬。建国后，受契丹人、汉人的影响，渐有棺椁之制，贫富的差别在墓葬形制上有明显反映。贫者有棺无椁，富者则棺椁俱全，或用石棺木椁，或用木棺石椁。金代墓群有长方形土坑木棺墓、积石墓和火葬墓。积石墓墓底用石板铺平，有破碎的棺木、铁钉；火葬墓中有烧毁的棺木痕迹。正隆（1156—1160）前多为土葬，石椁内置木棺，大定（1161—1189）后期开始火葬较为普遍，石椁内置石函或木匣盛放骨灰。金代平民墓葬，为土坑木棺葬，结构比较简单，随葬品有陶、瓷器和铜、铁、陶、石制饰物。官僚贵族的墓葬随葬品较多，墓内多有壁画、砖雕或石雕。随葬品中有日常用的袍、衫、裙、裤、腰带、冠帽和鞋袜等，也有金、银饰物及金锭、银牌等。有些贵族墓前有石人、石虎、石羊、石柱和神道碑等雕刻。

女真人每个家族都有自己的墓地，死后多归葬故里，由亲族会葬。据《金史·徒单克宁传》载，徒单克宁，本名习显，其先金源县人，后迁至山东，遂占籍莱州。克宁死后归葬于莱州。不但贵族如此，平民死后大多也要归葬其家。女真人流行亲友奔丧以刃嫠额血泪交下的“送血泪”，其法是以刀轻划面额至流血，使其与泪俱下。契丹人盛行的将祭祀之物尽焚之的“烧饭”风俗，在女真人中也十分盛行。初期生焚奴婢及所乘马殉葬的做法，建国后不久废止。女真的葬俗受邻近民族的影响较大，突厥、契丹等民族也有类似风俗。

九、室韦·达怛法制

室韦·达怛人的历史是上承鲜卑，下启蒙古，他们在中国北方历史舞台上扮演了重要角色。达怛部落大多成为蒙古族的组成部分。他们的历史就是蒙古族历史的序史。① 室韦·达怛人的经济生活、社会状况、文化习俗及语言等诸方面跟后来形成的蒙古族大体相同。尤其是作为蒙古人的直接祖先的蒙兀·室韦人，他们的有些约束和制度，如婚姻制度、丧葬习俗及有关保护私有财产和处罚方面的习惯法内容一直影响后世。据史料记载，室韦·达怛人："婚嫁之法，二家相许，婿辄盗妇将去，然后送牛马为聘，更将妇归家。待有娠，乃相随还舍。妇人不再嫁，以为死人之妻难以共居。"②

唐朝初年，室韦社会还存在着"男子娶妻，要在岳丈家劳动三年，才能领回妻子"③ 的原始社会遗风。还有抢婚和不落夫家习俗。以牛马作聘礼。夫死妇人不再改嫁。唐代室韦婚俗，已不见抢婚痕迹，不落夫家习俗还保留着。古代蒙古社会也有女婿上门入赘的习俗，男方从定婚到结婚，需到女方家入赘，这是一种母系社会习俗的痕迹。另外治盗贼方面，如对偷盗别人财物的人，施行"盗一征三"的处罚，对侵害他人生命的人则罚马 300 匹。④ 室韦人初期实行树葬，后来有土葬。北朝时将死者尸体放置于林树之上，隋唐时改为部众共用的大棚，应是氏族或部落的公共墓葬场所。守丧 3 年，每年 4 次到葬所哭拜祭奠。

通过以上论述，我们可以推断，古代蒙古族法律文化的产生、发展、形成，是与古代北方诸民族的历史文化有着一脉相承的渊源关系。

---

① 张久和著:《原蒙古人的历史——室韦·达怛研究》，高等教育出版社 1998 年版，第 1 页。

② 《魏书》卷一〇〇，《失韦列传》。——马端临撰:《文献通考》卷三四九，《四裔考》二四，室韦。

③ 又称作服役婚，即男子要先到女方家服役 3 年，期满后，女家分配一定的财物，夫妇同归男家。

④ 《魏书》卷一〇〇，《失韦列传》。

第二节

蒙古兴起前夕蒙古高原诸部族的法制

大约公元7世纪开始，室韦·达怛人逐步地、零散地向蒙古高原西部迁徙。尽管这一迁徙活动非常缓慢，几乎没有出现较大的社会激荡，但是却对蒙古民族的形成创造了重要的条件。到了10—12世纪，蒙古高原上的诸突厥——蒙古语部落先后受到辽、金王朝的统治。当时，蒙古高原的诸部落泛称“阻卜”①，辽金两朝曾经建立机构管理这一地区。②

这一时期，蒙古高原上存在着诸多的蒙古语族部落和非蒙古语族部落。按照拉施特《史集》的划分法，蒙古高原的所有部落被分为三大类：

一类是源出传说中的“也里古纳昆”③（Erγna－khun）两始祖的蒙古部落，包括

---

① 参见王国维：《鞑靼考》，《国学论丛》，第一卷第三号，第1—6页；〔日〕松井等：《阻卜考》，第1号，1915年；〔日〕箭内亘：《鞑靼考》，《满鲜地理历史研究报告》，第5号，1918年；〔日〕百鸟库吉：《室韦考3——辽代之室韦》，《史学杂志》1919年第8期；徐炳昶：《阻卜非鞑靼辨》，《女师大学术季刊》（第一期），民国十九年（1930）三月，1—10页；王静如：《论阻卜与鞑靼》，《国立中央研究院历史语言研究所集刊》（第2本第3部分），1931年，第296—301页；冯承钧：《辽金北边部族考》，《辅仁学志》第8卷第1期和《西域南海史地考证论著汇辑》，第188—199页；韩儒林：《蒙古的名称》，《穹庐集》第153—165页，河北教育出版社，2000年；唐长孺：《论阻卜之异译》，《大公报》，1947年5月16日《文史周刊》第29期，天津；周良宵：《鞑靼杂考》，《文史》（第八辑），第73—84页；余大钧：《论阻卜与鞑靼之异同》，《历史研究》，1981年第6期，第43—51页；余大钧：《关于“阻卜”的语源、对音及语义》，《内蒙古大学学报》，1982年第1期，第27—36页；蔡美彪：《辽金石刻中的鞑靼》，《北京大学国学季刊》，第7卷第3期，1952年；亦邻真：《中国北方民族与蒙古族族源》，《内蒙古大学学报》，1979年3—4期。

② 《辽史》四五载，《百官志·北面属国》；《金史》载，《内族襄传》、《夹谷清臣传》、《内族宗浩传》。

③ 今译作“额尔古纳—昆”，“昆”言山崖，有险峻山崖之意。拉施特《史集》记载了一则蒙古人远古的传说：蒙古人与突厥人的一次战争中，蒙古人战败，只剩下名捏古思和乞颜的两人及其妻子，逃入也里古纳昆深山密林中。这个地方大概是今内蒙古呼伦贝尔额尔古纳河东一带。后因人口繁增，走出深山，进入草原。这一传说可与《旧唐书》所记“蒙兀室韦居望建河岸”记载相吻合。

蒙古、弘吉剌①等部。

一类是称为蒙古人，这些部落以前各有自己名称，包括札剌亦儿②、塔塔儿③、蔑儿乞④、槐因亦儿坚（森林部落）⑤ 等部。

---

① 弘吉剌部，蒙古高原古老的部落之一。《辽史》《金史》皆有其很多活动记载。游牧地区大致在克鲁伦河下游到额尔古纳河一带。西领蒙古乞颜部，东南与金界壕相接，西南与塔塔儿部接壤。有很多分支，该部世代与蒙古乞颜部通婚。成吉思汗正妻孛儿贴兀真出自该部。有关弘吉剌部详情参见叶新民《弘吉剌部的封建领地制度》一文和白拉都格其《弘吉剌部与特薛禅》一文，呼和浩特市蒙古语文历史学会编印《蒙古史论文选集》（第 1 辑），220—270 页。

② 札剌亦儿部是古代蒙古高原人数众多的大部落。原居地在克鲁伦河流域。札剌亦儿部包括十个大支，其中每一支分别成为一个人数众多的部落，各分支都有那颜。据《史集》载，他们与临近的“乞台地区”（中原）发生战争，遭残酷屠杀后迁居至“土敦·蔑年的妻子莫拏伦营地境内”。土敦·蔑年是《蒙古秘史》所记蔑年·土敦和《元史》所记咩撚笃敦。这个时候正是《元史·太祖本纪》所载“时押剌伊而（札剌亦儿）部有群小儿掘田间草根以为食”的时候。莫拏伦认为他们破坏了草场，就因此事，双方发生争执，相互残杀，后来莫拏伦幼子海都举兵复仇，将札剌亦儿全部沦为奴隶。从此，该部落势力衰弱，世代成为乞颜部的奴隶。如成吉思汗四杰之一的木华黎就出自这个部落。

③ 塔塔儿是蒙古兴起前夕漠北著名的蒙古语族部落。《蒙古秘史》53 节记载：“在阔连海子、捕鱼儿海子之间的兀儿失温河一带住着阿亦里兀惕、备鲁兀惕（两分部）塔塔儿部人。”所以当时该部驻牧于阔连海子（今呼伦湖）和捕鱼儿海子（今贝尔湖）为中心的广大地区，另外，南部鞑靼人居住在克鲁伦河下游一带。塔塔儿部历史比较悠久，与鞑靼为同名异译。广义上的鞑靼为北魏、隋唐时的室韦诸部，即唐代突厥文《阙特勤碑》中称为“三十姓鞑靼”。辽时称为“敌烈部”（迭烈部），共分八个部分，因统治部落为“敌烈部”，故称敌烈八部。金时，分为六个部分。即《蒙古秘史》所记的阿亦里兀惕、备鲁兀惕、察阿安、阿勒赤、都塔兀惕、阿鲁孩六部塔塔儿人。这些是狭义上的塔塔儿部落。辽金之际，他们是“阻卜”的一部分，已是由许多部落组成的部落联盟。曾对辽朝称臣纳贡，辽灭后成为金朝的臣属。通过蒙古民间传说和文献记载可以看出，他们与蒙古部落间一直处于敌对状态，有世仇。1196 年（金朝章宗承安元年，南宋庆元二年），趁塔塔儿部叛金之际，铁木真联合克烈部首领脱斡邻勒助金朝在浯勒扎河一带攻打塔塔儿部首领蔑古真·薛古勒图部，并杀死蔑古真·薛古勒图。从此塔塔儿部的力量大大削弱。1202 年，在哈拉哈河入海口的答兰捏木儿格思地方，彻底被蒙古部成吉思汗所败。历史上由于该部落的强盛，其他许多部落都以塔塔儿人自称，塔塔儿或鞑靼一名一度成为蒙古高原各部落的泛称，给外界的历史记忆一直延续到 20 世纪初。

④ 蔑儿乞部，《辽史》称作“梅里急”“密儿乞”，是辽代阻卜诸部之一。据《蒙古秘史》记载，该部分兀都亦惕、兀洼思、合阿惕三部，故称“三种蔑儿乞惕”，三个部又各分为若干分支。据《元史·阔阔传》载，蔑儿乞部“世居不里罕哈哈里敦之地。其俗骁勇，善骑射，诸部颇惮之”。蔑儿乞三部主要在今蒙古国色楞格河中游、斡儿浑河下游地区驻牧，每个部有固定的游牧地段和首领。12 世纪中叶，建立了具有国家性质的部落联盟组织。在争夺统一蒙古草原各部权力的战争中，1197—1198 年间，被铁木真及其同盟王汗所败后逃往巴儿忽真隘，1204 年被蒙古所破。

⑤ 槐因亦儿坚（森林部落），是斡亦剌惕（Oirat）、八剌忽、豁里、秃马惕、秃剌思、不里牙惕、不卢合臣、客列木臣等互不统属的许多森林部落的总称。他们操蒙古语，同蒙古其他部落有着方言差别。其中斡亦剌惕人数比较多。因处在偏远地区，较之蒙古其他部落后，1207 年后陆续归附成吉思汗。

一类是各有君长，语言和蒙古诸部相近，但并无亲属关系的突厥部落，包括乃蛮①、克烈亦惕②、汪古③、吉利吉斯等部④。分布在蒙古高原上的这些部落基本上互不统属，各自为政。蒙古是其中崛起较晚的一个部落。“蒙古”这一名称最早在《旧唐书》中被称为“蒙兀”⑤，它当时不过是额尔古纳河⑥南岸一个不大的部落名称。而写作“蒙古”则始见于宋人徐孟莘《三朝北盟会编》所引《炀王江上录》⑦。蒙古人进蒙古高原之后，原始的氏族制度已经瓦解了，血缘关系被地域关系所逐渐代替。当代著名蒙元史专家亦邻真教授指出，“从民族学的角度看，这也是蒙古人同当地突厥铁勒人混合，后者同化于前者的过程”⑧。辽末金初，即大约公元 11 世纪的时候，蒙古乞颜部海都次子察剌孩领忽逐渐强盛起来，蒙古部开始出现了具有国家特征

---

① 乃蛮部，其族属尚未定论。多数学者认为，因为他们“始居”于谦河黠戛斯故地（参见《元史・地理志》），所以他们是匈奴人的余种，是唐代黠戛斯人的一支。据拉施特《史集》记载：“该部有若干分支。”据公元 750 年色楞格河河畔竖立的古畏吾儿碑文。有“八个部”（Sekijoguj）的记载（参见内蒙古社会科学院历史研究所《蒙古族通史》编写组编：《蒙古族通史》，民族出版社 1991 年版，第 16 页）可以看出，该部在 9 世纪前已经有了这个名称。他们游牧在克烈部以西，杭爱山至阿尔泰山的广阔土地。11 世纪末或 12 世纪初，建立了乃蛮部落联盟国家。据《史集》载，“他们的习俗与蒙古人相似”（卷 1 第 1 册，第 224 页）。1204 年被成吉思汗所灭。

② 克烈亦惕部是蒙古高原统一前的人口众多，势力强盛的联盟之一，是属于突厥语系部落，突厥化程度较高。他们可能是早期西迁的室韦—鞑靼部落的后裔，到蒙古高原后与突厥部落杂居与同化。他们的经历反映了蒙古前人逐步由东向西迁徙和逐渐突厥化的过程。该部由克烈、只儿斤、董合亦惕、撒合亦惕、土别兀惕、阿勒巴惕六个部落组成。初居住在谦谦州，即叶尼塞河上游之谦河流域。据屠寄《蒙兀儿史记》卷 20 载：“在西者曰康居，在东者曰克烈亦。”（中国书店 1984 年版）公元 9 世纪中叶，他们南迁至蒙古高原不里罕哈里敦山（或不儿罕山，即今肯特山）和杭海山（今蒙古国杭爱山）之间的斡儿浑河、土拉河流域一带，是蒙古部的西邻。在辽代，是阻卜诸部之一。11 世纪末至 13 世纪初，建立了国家，国君称“古儿汗”，即普上的汗或大汗。脱斡邻勒汗（或王汗）再度统治时期是克烈部全盛时期。王汗曾经帮助过铁木真，但后来因蒙古高原的统治权而关系破裂，1202 年被铁木真所灭，余者被并入蒙古部内，成为蒙古族的组成部分之一。据《大黄册》等蒙古历史文献记载，王汗的后裔就是四卫拉特之一的土尔扈特部。

③ 汪古部，突厥语族部落，亦称白达达。民族成分较复杂，由突厥人、蒙古人、吐谷浑人、党项人等多种民族群体组成。他们“系出沙陀雁门之后，远祖卜国，世为部长”（见《元史》卷 118，阿剌兀思剔吉忽里传》）。故将自己称作沙陀突厥的后裔。唐末迁居在阴山以北地区，辽朝时其首领沐古儿被封为“详稳”，金时受金朝管辖，为金守护边壕。1204 年汪古部依附了成吉思汗，并成为成吉思汗“黄金家族”姻亲，蒙古汗国建立后，独立组成四个千户。

④ ［波斯］拉施特主编：《史集》第一卷第一分册，余大钧、周建奇译，商务印书馆 1997 年版，第 126—130 页。

⑤ 《旧唐书》，《北狄列传》。

⑥ 《新唐书》所载“望建河”，即今额尔古纳河。

⑦ ［宋］徐孟莘：《三朝北蒙会编》卷二四三。

⑧ 亦邻真：《中国北方民族与蒙古族族源》，《内蒙古大学学报》，1979 年第 4 期。

的“兀鲁思”① （Ulus），蒙古高原出现了“合木黑·蒙古国”，汉译作“全体蒙古国”，也就是汉籍中所载之“萌古国”② 或“朦古国”③“蒙古里国”④，其主要组成部分是由尼鲁温蒙古和迭列列斤蒙古人。

据《蒙古秘史》载，屯必乃薛辰子合不勒被推举为合罕（首领、汗），“管辖了全蒙古百姓”。到了俺巴孩合罕、忽图刺合罕时期，经常跟金朝和蒙古高原上的其他部落征战，这足以说明其势力的强大。忽图刺合罕以后，蒙古部内部的乞颜氏与泰赤乌部之间产生了为争夺兀鲁思和汗权的斗争。铁木真父亲乞颜氏首领也速该·把阿秃儿被塔塔尔部毒死后，蒙古兀鲁思也陷入了诸如乃蛮部和克烈部一样的内讧。《蒙古秘史》对统一前的蒙古高原混乱状况做了形象生动的描述：

豁都台腾格理豁儿赤周不列额。斡恋兀鲁思不勒合不列额。斡恋都里颜兀禄斡恋斡勒札剌勒敦不列额。阔里速台额秃坚阔儿别周不列（周）“额”。古儿兀鲁思不勒合不列额。欵只列迭延兀禄格卜田歌鲁列勒敦不列额。帖亦木察黑突儿古薛周额薛迓步罷者古鲁勒扯恢突儿孛勒罷者。阿马剌周额薛迓步罷者阿剌勒都灰突儿孛勒罷者。⑤

大蒙古国建立前的有关法律制度方面的资料，除《蒙古秘史》和拉施特《史集》以及志费尼《世界征服者史》有片段的史料外，各种文献史料鲜有记载。

《蒙古秘史》的作者较多地记述了成吉思汗前二十二代人的历史，简单明了地展现了公元8—13世纪的蒙古高原的社会状况、经济生活、阶级分化、风俗习惯等基本情况。但是，《蒙古秘史》对于蒙古社会成文法尚未产生之前，社会生活领域中所发生的各种关系，居住于蒙古高原上的那些部落的规范和约束，缺乏更充分的记载。当

---

① 蒙古语，意为“众人”“国家”。元时大封国亦称兀鲁思，如术赤兀鲁思、察合台兀鲁思。

②③ 《辽史》二四，《道宗本纪》四。

④ 据［宋］叶隆礼撰《契丹国志》载，契丹国初叶，蒙古是个“国无君长所管”的部落。

⑤ 额尔登太、乌云达赉校勘：《蒙古秘史》，254节，内蒙古人民出版社1980年版，第739—740页。道润梯布译作：“星天旋迴焉，列国相攻焉，不入寝处而相劫焉。大地翻转焉，普国相攻焉，不卧其衾而相斗焉，当彼之时也，未尝思而行之也，乃所遭之使然焉。未尝背而行之也，乃相战之使然焉，未尝爱而行之也，乃相杀之使然焉。”（道润梯步：《新译简注〈蒙古秘史〉》，内蒙古人民出版社1979年版，第305页）札奇斯钦译作：“星光照耀的天空旋转，诸国造反，寝不安席，互相抢夺劫掠。草海所覆的大地翻腾，全国丧乱，卧难安衽，彼此攻杀挞伐，时势如此，‘理智不存’。不及思虑，就互相冲突起来；不及躲避，就互相厮杀起来；不及安息，就互相攻打起来。”（札奇斯钦：《〈蒙古秘史〉新译并注释》，第387—388页，台北，联经出版事业公司）余大钧译作：“有星的天空旋转，诸部落混战，没有人进入自己的卧室，都去互相抢劫。有草皮的大地翻转，诸部落纷战，没有人睡进自己的被窝，都去互相攻杀。”（余大钧译注：《蒙古秘史》，254节，河北人民出版社2001年版，第432—433页。）

然，从我们所能接触到的零星史料中（即使是有限的史料的字里行间），也能为我们的探索提供一些重要的线索。

日本学者羽藤秀利指出："我们如果想全面而适当地理解当前的问题，则必须分析活生生的蒙古历史社会之各种复杂现象。也就是说，如果我们想要研究蒙古的法律制度决不能单纯探索所谓形式意义上的构成法律要件的判例，以及依某种立法程序所制定的成文法规；更必须涉及蒙古各种社会关系的内部组织制度。例如婚姻、家庭、亲族及其他社会集团，各种国家官制规范、土地、家畜或其他各种财产制度、各种契约，以及诸如继承等等自然规范"。①

所以我们需要充分了解当时的社会历史背景，需要将历史学和法律史学的研究方法进行有机的结合来解决这一棘手问题。恩格斯指出：

在社会发展的某个很早阶段，产生了这样一种需要：把每天重复着的生产、分配和交换产品的行为用一个共同的规则概括起来，设法使个人服从生产和交换的一般条件，这个规则首先表现为习惯，后来变成了法律。②

蒙古族第一部成文法典成吉思汗《大札撒》颁布以前，蒙古高原上的诸部落按照古老的习惯规范，调整和解决社会内部矛盾与生活领域中的各类问题。

当然我们也不能忽略蒙古高原上曾经叱咤风云的那些部族。他们的法律文化传统对蒙古习惯法具有重要的影响。正如德国学者曼苏拉海德·阿里加斯谈到突厥的成文法时所说的一句名言："蒙古人遵循的大多数习惯法及其法律都借鉴了突厥法律。"③

历史上，游牧于蒙古高原上的各个部族的法律制度各有特点，而其法律文化——如草原游牧法的某些基本的内涵和特点在演变过程中，却被继承和保存下来了。但是，由于游牧社会对文化载体方面的自身缺点，即文字性的东西很少遗存下来等缘故，对今天的研究加大了难度。

蒙古习惯法时期有文字记载的历史大概经历了四五个世纪。具体来讲，这段时期经过了蒙古氏族社会到部落的发展，并通过掠夺战争推动部落联盟的形成和发展，最后产生萌芽状态的国家（即合木黑蒙古国）历史。有学者将这一阶段的蒙古法制称作

---

① 羽藤秀利：《蒙古法制史概论》，潘世宪译，载《蒙古学参考资料》，内蒙古大学蒙古史研究所，第24辑，第45页。

② 恩格斯：《论住宅问题》，《马克思恩格斯选集》第2卷，人民出版社1995年版，第538页。

③ 《内蒙古地方志》，1994年2期，第22页，季洪玉译自联邦德国《中亚杂志》1984年第1期。

“约孙时期”。

“约孙”① 是蒙古语，有理、道理、习惯、习俗、礼仪、仪式等意思。

如何看待史籍中出现的“约孙”（Yosun）一词呢?

《蒙古秘史》中的“约孙”（Yosun）一词共出现 14 次。② 其中除第 216 节和第 263 节含有“习惯”或“习俗”的意思外，其他 12 处皆有原委、原因、缘由、道理、经过等含义。

第 216 节原文为“忙豁仑，脱劣，那颜，抹儿，别乞，孛勒灰，约孙，阿主为”，旁注为“达达的，理，官，道子，官名，做的，理，有来”。明译为“达达体例里，以别乞官为重”。道润梯步译为“蒙古之制，有为别乞官之道”。这里“约孙”一词确实有习惯的意思。第 263 节③中的“约速”和“约孙”明译作“道理”。道润梯步译作“时有自兀笼格赤城来之撒儿塔兀勒（人），忽鲁木石氏之名牙剌哇赤，马思忽惕之父子二人，向成吉思汗进言城邑管理体制”。这里所说的“体制”具有风俗习惯或规章制度的意思。

综观“约孙”一词的种种含义，它既表示它的本意理、道理、习俗，又表示缘

① 对于“约孙”一词，额勒登泰等在《〈蒙古秘史〉词汇选释》一书中认为，《蒙古秘史》里的“约孙”一词是以叙述某一事情的经过情况后，往往作为结束语用这个词，即为“原委”之意而出现；明代《元朝秘史》旁译作道理；《华夷译语》作理；《史集》的汉译者余大钧、周建奇二先生译作规章或规矩（《史集》第一卷第一分册第 88 页，第二卷第 29 页）；周良宵转写波义耳英译本《成吉思汗的继承者》时，在按语里这样解释道：“约速或作约孙（Yosun），因蒙古语词尾之 n 往往可以省去。约速为当时蒙古社会上的习惯法”（剌失德丁著、周良宵译注：《成吉思汗的继承者》，天津古籍出版社版 1992 年，第 25 页）；《鞑靼杂学馆》对“约孙”一词解释为理；《蒙文三合便览》作道、礼仪、道理、理、理由等含义；道润梯步在《新译简注〈蒙古秘史〉》中译作制、体制。认为蒙古语口语当中“约孙”既有通行规则、习俗、传统；礼节、仪式、典礼；理由、缘由、道理；真正的等等意思（道润梯步：《新译简注〈蒙古秘史〉》，第 242、346 页）；韩儒林认为，“约孙”有道理、规矩、缘故等意义，元代通常译为“体例”，它包含了长期历史过程中形成的种种社会习惯或行为规范；（韩儒林主编：《元朝史》上册，人民出版社 1986 年版，第 93 页）奇格认为，它有道理、规矩、缘由、礼法等含义。并且说“现在通常译作习惯法”。（奇格：《古代蒙古法制史》，第 22 页）吴海航也持这种观点。（吴海航：《“约孙”论——蒙古法渊源考之一》，载《中外法学》，1998 年第 3 期）

② 在第 9 节、第 56 节、第 95 节、第 110 节、第 116 节、第 117 节、第 139 节、第 147 节、第 180 节、第 216 节、第 244 节、第 263 节、第 270 节、第 272 节共出现过 14 次。

③ 原文为：“巴撒，撒儿塔兀勒，亦儿格泥，阿奔，巴剌周，成吉思，合罕，札儿里黑，孛鲁仑，巴剌合惕，巴剌合惕图儿，答鲁合臣，塔勒必周，兀笼格赤，巴剌合速纳察，牙剌哇赤，马思忽惕，捏列田，额赤格，可兀惕，豁牙儿，忽鲁木石，斡孛黑坛，撒儿塔兀勒，亦列周，巴剌合速讷，约速，朵劣……巴剌合速讷，脱劣，约孙，赤答忽因秃剌，乞塔惕，亦儿格泥，蔑迭兀仑，答鲁合思，鲁阿，土失罢。”

由、原委、习惯等引申意义。

笔者认为，这一时期的法制叫作蒙古法制史上的“习惯法时期”更为贴切，但古代社会中的风俗、习惯、习俗、习惯法等我们在具体的研究当中是难以区别的。

亦邻真在《中国历史大辞典·辽夏金元史》“约孙”条中解释为：“蒙古语，意为‘礼’‘理’。元代汉译‘体例’，指法规、伦理以及习惯法。”①

留金锁在《关于古代蒙古的婚姻法问题》一文中认为，蒙古族“约孙”不是成文法，而是人们的习惯法。②

奇格在《古代蒙古法制史》一书中也称这一阶段为蒙古族法制史上的“约孙时期”，认为蒙古族习惯法有两层含义：一是指蒙古社会进入阶级社会以前的未成文习惯法，但符合全体成员利益，并被认可和遵循的“习惯行为规范”，蒙古人称之为“约孙”（Yosun）。二是12世纪初蒙古社会进入阶级社会之后，早期蒙古奴隶主贵族对相沿已久的蒙古族“习惯行为规范”予以承认、修补和增删，变成代表奴隶主阶级意志的习惯法，蒙古人仍把它称为“约孙”。③

近年来，有学者对波斯文献中的“约孙”一词进行了解析，认为波斯文献中“雅萨与约孙”经常在一起使用。其中的“约孙”一词，指的不是我们通常认为的“习惯法”，而是用伊斯兰法的理论来解释蒙古“札撒”的一种特殊用语和附带词。④

当然，能否明确地使用“约孙”这一学术名称，还需要更多的史料来证明。“约孙”一词除了道理、理、缘由、理由等意思外确实含有习惯或规矩的意思，笔者认为，习惯并不等于习惯法。调整古代蒙古社会关系的“约孙”的大多内容，为蒙古法从习惯演变为成文法律奠定了基础。

---

① 亦邻真：《亦邻真蒙古学文集》，《中国历史大辞典·辽夏金元史》辞条，内蒙古人民出版社2001年版，第913页。

② 留金锁：《关于古代蒙古婚姻法问题》，载《内蒙古社会科学》，蒙古文，1996年第4期。

③ 奇格：《古代蒙古法制史》，辽宁民族出版社1999年版，第1—2页。

④ 朝格图：《论波斯文献的“Yosun”一词》（蒙古文），《卫拉特研究》，2005年第2期。

第三节

古代蒙古社会主要习惯法

习惯法是独立于国家制定法之外，依据某种社会权威确立的、具有强制性和习惯性的行为规范的综合。习惯法既非纯粹的道德规范，也不是完全的法律规范，而是介于道德和法律之间的准法规范。因此习惯法有双重性质，它不由国家制定，也不由国家强制力保障实施，不体现国家的意志。它是由一定的社会组织，凭借民间习俗而形成的权威，在一定范围的群体中自然形成或约定的共同拥护共同遵守的行为规范。可以说它是由习惯演变升华而来的。成吉思汗《大札撒》的很多内容就是从习惯或习惯法直接演变过来的，最后变成体现国家和统治阶级意志的法律。习惯法具有重要的作用。它在设立立法机构或司法机构前具有裁判、教育、调节的作用。另外，蒙古族习惯法的有些内容今天也是在蒙古民族社会中仍在起作用的“活的法”和“行动中的法”，有一定的特殊影响，调整着特定范围的社会关系。

正如美国著名法人类学家埃德蒙斯·霍贝尔（E. Adamson. Hoebel）教授所说的“一种永远被遵守的法律就是十足的风俗习惯”①。

蒙古族习惯法是在以游牧经济为主、渔猎经济为辅的草原游牧文化的基石上产生和发展起来的，其意识形态以萨满教的世界观为基础。大蒙古国建立前蒙古高原的社会形态是：原始的血缘氏族制度趋于瓦解，私有制日益发达，牲畜等财产基本为个体家庭所私有，社会上出现了贫富分化的现象，其结果首先就是产生了两个贵族阶层——伯颜（富人）阶层和世代担任首领的氏族贵族那颜（官人）阶层，这两个阶层又往往合为一体。当时社会上还有一些叫作那可儿（伴当）群体，他们是氏族贵族的军事侍从。另外，贵族通过对其他氏族、部落的战争不仅掠夺财富，同时还掠夺人口供己役属，使这些人成为身份世袭的孛斡勒（奴婢）。而一般的哈喇抽（平民）则依附于贵族，受其领导。除此之外，社会上还有把阿秃儿（勇士）、必力格（智者）、

① 〔美〕埃德蒙斯·霍贝尔：《原始人的法》（修订译本），严存生等译，法律出版社2006年版，第35页。

蔑儿干（神箭手）、薛禅（贤者）等类似于统治阶级的阶层。游牧方式由阿寅勒（Ayil 是一种个体游牧方式）转向古列延（圈子的意思，是一种集体游牧制），其结果氏族部落社会发展成部落联盟，出现了通过忽里勒台（会议，即部族贵族们商讨共同事宜而举行的部落议事会议）选出来的合罕（或汗）这一阶层。合罕是部落联盟的领袖，符拉基米尔佐夫一针见血地指出：

他们的权力非常微弱，一切仍决定于选举罕的氏族或氏族集团。11—12 世纪时期的罕不过是一些不固定的集团的朝不保夕的首领，他们只有一点不固定的往往还被人夺取的权力。古代蒙古罕的权力是篡夺者的权力；很难想象部落议事会能够举行正当的选举。凡是能够和善于在自己的同族和近亲氏族支持下夺取“权力”的人，便可以成为罕，也就是被“选举”为罕。这样的罕很少能够把他的权力传给子孙，他的权力通常总是落到他人手里。①

众多资料证明，古代蒙古社会里的合罕主要是在战争时期，也就是为了实行袭击、进攻、掠夺和复仇的时候被选举出来的。有限的史料表明，古代蒙古社会主要有以下几个习惯法体规范。

一、忽里勒台制

忽里勒台是蒙古语，其词根是忽里勒，有会、会议等含义。忽里勒台是举行会议或聚会的专用名词。有大忽里勒台和一般的忽里勒台之分。蒙古社会何时有这种制度，缺乏记载。起初是氏族全体成员参加商讨部族事宜的会议，到了 11—12 世纪之时，发展成贵族议事会。贵族集团在选举汗或对外征战等重大事情的决策上召开忽里勒台，决定所商讨的事项。一般是在水草丰美的夏季举行。召开忽里勒台时古代蒙古人举行盛大的庆祝活动。

俺巴孩合罕被金朝害死时，指定忽图剌为“合木黑·蒙古国”合罕。《蒙古秘史》载：

以俺巴孩合罕指合答安、忽图剌二人名来，全蒙古、泰亦赤兀惕聚会于豁尔豁纳黑川，立忽图剌为合罕焉。蒙古之庆典，则舞蹈筵宴以庆也，既举忽图剌为合罕，于

① 〔苏〕符拉基米尔佐夫：《蒙古社会制度史》，刘荣焌译，中国社会科学出版社 1980 年版，第 129 页。

豁尔豁纳黑川，绕篷松茂树而舞蹈，直踏出没肋之蹊，没膝之尘矣。①

成吉思汗大蒙古国建立后，对忽里勒台制度赋予了更高的权威，进而发展成为蒙古帝国政治生活中最重要的政治制度之一。窝阔台汗去世后忽里勒台制度在选汗的议程上开始失去它古代军事民主制的遗风。从蒙哥的汗选开始，围绕通过忽里勒台选举汗的斗争便更加激烈。后忽必烈和阿里不哥的争夺汗位斗争，标志着这一制度的终结。但忽里勒台作为蒙古族一种古老的政治生活组织方式，对后世影响较大。17 世纪卫拉特联盟“丘尔干”制度和清代蒙古社会的会盟制度都是从这一制度演变过来的。当代蒙古国的大忽拉尔制度和蒙古民间的那达慕大会都跟忽里勒台有息息相关的渊源关系。

二、别乞制

蒙古旧俗有氏族别乞制。别乞是部族里的长子系统的部族长，有“长子，长老，长者”的意思。巴托尔德在《蒙古入侵时期的突厥斯坦》（上海古籍出版社 2007 年版）一书中认为古代蒙古“别乞”就是“僧正”。

部落联盟时期的别乞官有较高的地位，也可以说是某一部落的酋长，其权力较大。如合不勒合罕长子之孙薛彻别乞为禹儿斤部之长；也速该兄子为忽察儿别乞；兀都亦惕蔑儿乞惕之脱黑脱阿别乞，其长子为脱古思别乞；朵尔边部长为合只温别乞；斡亦剌惕部长为忽都合别乞等。而蒙古国建立之初，担任别乞这一职务者必须是德高望重的人。如成吉思汗把巴阿邻部兀孙老人封为别乞，是因为巴阿邻氏的始祖是巴阿里歹，他是孛端察儿虏来之妻所生长子，是成吉思汗系远祖巴林失亦剌秃合必赤之兄，兀孙就是长子巴阿邻氏系统的后裔，这是封他为“别乞”的传承依据。这或许反映出旧的部族制度形式依然残存。而兀孙老人对成吉思汗亦“未尝隐匿其所见所闻而常告之，常言其所知所思”因而被器重。

拉施特谈到对别乞的看法时这样描述道：

犹如以马和其他动物作为汪浑（萨满教的翁供）一样，即任何人不得对他有所贪

---

① 道润梯步：《新译简注〈蒙古秘史〉》，第 57 节，第 27 页。明译总译译作：“因俺巴孩合罕被拿时，将合答安、忽图剌两个的名字提说来上头，众达达泰亦赤兀惕百姓每于豁儿豁纳川地面聚会着，将忽图剌立做了皇帝，就于大树下做筵席，众达达百姓喜欢，绕这树跳跃，将地践踏成深沟了。”

图，他将是自由人和答剌罕……他在汗帐（斡耳朵）中位于一切人之上，跟诸王一样，他列座于汗的右手，他的马与成吉思汗的马系在一起。①

到了成吉思汗统治的中后期，随着汗权的巩固，别乞虽有高贵的身份，显赫的地位，但已经没有了实权，只是“岁中，月中”② 发表些议论，主持一下祭祖典礼而已。被封为别乞的人“衣以白衣，乘以白马，坐于上座而行祭祀，又使岁中，月中议之”。③ 这也表明古老的习惯通过国家或统治者的委任而有了法律效力。也就是说，习惯行为上升到国家正式认可的习惯法了。

需要注意的是，这个“别乞”不能跟氏族贵族妇女名字后缀的“别乞”混淆。如成吉思汗的女儿豁真别乞、阿剌合别乞，克烈部桑昆之妹察兀儿别乞，扎合敢不之女亦巴合别乞，拖雷之妻莎儿黑塔泥别乞，等等。但这些妇女并非部族之长，也并不担任别乞官，似与中原王朝“公主”意思相似。而到了 17 世纪以后的蒙古文文献中多以“别吉”“别姬”来出现，似有“哈屯”（夫人）等意思。

另外，别乞跟蒙古族原始宗教——萨满教有关。以某某别乞命名的萨满亦见于某些史料记载。实际上，13 世纪的时候，这一制度虽被国家所认可，但已经失去了他真正的功能。符拉基米尔佐夫认为：

13 世纪的蒙古人已开始忘却这个制度，氏族长老制已开始失去了自己的意义，这种情况完全符合蒙古社会诸事物的当时状况。④

三、祖先祭祀制

祖先祭祀，蒙古语叫作“斡卜哥德因塔齐剌噶”，是古人对祖先崇拜的产物，也是蒙古族原始宗教萨满教的一个重要的内容。灵魂不灭是萨满教对生命与死亡的世界观。犹如古代匈奴人有如下制度：

岁正月，诸长小会单于庭，祠。五月，大会茏城，祭其先、天地、鬼神。⑤

---

① 〔波斯〕拉施特主编：《史集》，余大钧、周建奇译，第一卷第一分册，商务印书馆 1997 年版，第 308—309 页。

② 《蒙古秘史》第 216 节。

③ 《蒙古秘史》第 216 节，道润梯步译本，第 242 页。

④ 〔苏〕符拉基米尔佐夫著：《蒙古社会制度史》，刘荣焌译，中国社会科学出版社 1980 年版，第 82 页。

⑤ 《史记》卷一〇〇，《匈奴列传》。

《元史·祭祀志》“国俗旧礼”条云：

每岁，九月内及十二月十六日以后，于烧饭院中，用马一，羊三，马湩（马奶酒），酒醴，红织金币及裹绢各三匹，命蒙古达官一员，偕蒙古巫觋，掘地为坎以燎肉，仍以酒醴，马湩杂烧之。巫觋以国语呼累朝御名而祭焉。①

这虽然是元代的情况，但很显然是从蒙古高原游牧民族古老的祭祀传统那里流传下来的。古代蒙古祭祀制度规定，只有本氏族成员才能够参加祭祀，非本氏族人，也就是说非本血统的人不准参加祭祀，即使他是本氏族的亲族。这是氏族社会在力求保持血统关系的纯洁性和权威性，而这种血统关系又是维系着本氏族血亲联盟的重要纽带。但这也意味着，若不让他参加祖先祭祀仪式，就等于是把他从本氏族中驱逐了出去。

《蒙古秘史》第168节载：

孛端察儿又自娶了个妻，生了个儿子，名把林·失亦剌秃·合必赤。那合必赤的母从嫁来的妇人，孛端察儿做了妾，生了个儿子，名沼兀列歹。孛端察儿在时，将他做儿，祭祀时同祭祀有来。孛端察儿殁了后，把林·失亦剌秃·合必赤将沼兀列歹不做兄弟相待……祭祀时逐出去了；后来，做了沼兀列惕姓氏。②

他被怀疑为外人所生，是其他氏族的人，所以没有资格参加祖先祭祀仪式。有时某一个家族的势力衰弱而被氏族其他成员排斥，也不允许其参加祖先祭祀。

《蒙古秘史》有一段情节这样写道：

其春，俺巴孩合罕之妃，斡儿佰、莎合台二人，往行祭祖之礼，时诃额仑夫人行迟而后至，以其后之，诃额仑夫人问斡儿佰、莎合台二人曰：岂以也速该把秃儿已死，谓我子不长？祭祖之祚物中，余胙中，供酒中，何以俾后之也耶？乃至俾视之而食，不唤而徙也耶？斡儿佰、莎合台二妃闻其言对曰：汝有邀而弗与之道欤？汝有遇则食之之理欤？汝有请而弗与之道欤？汝有至则食之之理欤？汝以俺巴孩合罕已死而云然欤？③

---

① 《元史》卷七七，《祭祀志》。

② 《蒙古秘史》，总译，第168节。

③ 道润梯步：《新译简注〈蒙古秘史〉》，第70—71节，第33—34页。明译译作：“那年春天，俺巴孩皇帝的两个夫人斡儿伯、莎合台祭祀祖宗时诃额仑夫人去得落后了，祭祀的茶饭不曾与。诃额仑说：‘也速该死了，我的儿子将来怕长不大么道，大的每的肉胙分了，为甚不与？眼看着的茶饭不与了，起营时不呼唤的光景做了也。’斡儿伯、莎合台二夫人说：‘你行无请唤的礼，遇着茶饭呵便吃，俺巴孩皇帝死了么道，被诃额仑这般说’。”（总译70—71节）

然后对同氏族的泰亦赤兀惕人说“计不如弃此母子于营地而徙之！汝等其勿偕行”而离他们而去，祖先祭祀习惯后来以不同的祭祀方式延续至今。

四、血亲复仇制

血亲复仇制，蒙古语称“斡思·阿卜忽约孙”，它是古代游牧社会相沿已久的习惯，又是一种作为部落首领者的不可推卸的责任和义务。世界上的很多民族在氏族社会阶段都有类似的情况，蒙古也不例外。

古代蒙古人把复仇当作一种世代相传的义务，作为氏族首领者必须履行这项义务。如铁木真和扎木合虽然是安答，但扎木合的弟弟泰察儿抢了铁木真的伴当拙赤答儿马剌的马群。拙赤答儿马剌连夜追上被盗走的马群，杀死泰察儿并将马群赶回。札木合“因为射杀他弟泰察儿，领着他一种并十三部……要与成吉思汗厮杀”。这种例子不胜枚举。

另外，资料表明，复仇所针对的不一定是当事者，还可能是并且只限于是他的亲属或子孙。拉施特谈到，蒙古部落和塔塔儿部落之间有“古老的血仇”。① 《蒙古秘史》第53节载，蒙古部俺巴孩合罕送亲归来的途中被塔塔儿人俘虏，被送到金国后被害。俺巴孩合罕留下了“至秃尽汝五指之几甲，至磨尽汝食指之甲，试报我此仇”② 的遗嘱，要亲族给他报仇。其后继者忽图剌合罕同塔塔儿亦儿坚（人）作战13次，可是未报成这个仇。后来塔塔儿部曾多次进犯他们并毒死成吉思汗父亲也速该把秃儿。铁木真势力壮大以后，终于击溃了四种塔塔儿人，并想起了世仇，于是密与亲族共议：“在先塔塔儿有杀咱父亲的仇怨，如今可将他男子车辖大的尽诛了，余者各分做奴婢使用。”③

血亲复仇是氏族社会的一种普遍现象，随着蒙古高原的统一，诸多的部落都在成吉思汗帝国的统辖之下，逐渐形成了统一的民族共同体，这种古老的习惯也逐渐衰落并消失了，取而代之的是大蒙古国与其他国家民族间的冲突与战争。

---

① 〔波斯〕拉施特主编：《史集》，第一分册第一卷，余大钧、周建奇译，商务印书馆1997年版，第168页。

② 道润梯步：《新译简注〈蒙古秘史〉》，53节，《蒙古秘史》明译译作：“你每将五个指甲磨尽，便坏了十个指头，也与我每报仇。”（总译53节）

③ 道润梯步：《新译简注〈蒙古秘史〉》，第154节。《蒙古秘史》明译译作：“在先塔塔儿有杀父亲的仇怨，如今可将他男子似车辖大的尽诛了，余者各分做奴婢使用。”（总译154节）

五、结安答的约孙

蒙古语安答（Anda），有盟友或同盟者之意。古代蒙古社会有结拜安答的约孙或习惯。因为结拜安答时强调互相信任，所以为安答者要“一性命，不相弃，相依为命”①，而出卖安答的人将受到严厉的惩罚。结安答者可以是两个人，也可以是两个部族的首领。而部族首领结安答往往是从整个部落的利益出发。结为安答的两个部落，在共同御敌的时候，这样的目的便更为明显。如成吉思汗的父亲也速该把阿秃儿和克烈部首领脱斡邻勒罕曾经结为安答。因有这层关系，脱斡邻勒罕助铁木真“聚其溃散之国”。扎答兰部札木合与铁木真幼年曾经两次结过安答。结安答是互相“宣誓”（契合）并赠送礼品。“铁木真 11 岁时，札木合赠铁木真以公狍髀石，铁木真以铜灌髀石交为安答……其翌年春，共射木弓时，札木合赠铁木真以二岁牛角粘合钻孔之鸣镝，铁木真以柏木顶镤头交而为安答”。② 铁木真和札木合后来虽然因争夺统一蒙古高原的权力而成了敌对势力，但事实证明，对乃蛮部和克烈部的两次重要的战役中，札木合虽在敌营，反而鼓励并帮助了铁木真。铁木真即位后，报答其战死的忽亦勒答儿安答子子孙孙“受孤独的赏赐”③。

讲到安答，我们不能不提起古代蒙古社会中普遍存在的另一个阶层——“那可儿”。那么那可儿和安答有什么关系呢？笔者认为，二者之间一方面有很大区别，另一方面又存在一定的相同之处。如上所述，结安答的人可以是两个不同利益集团的人，在发生利益冲突时会反目为仇。而那可儿在蒙古语中是朋友的意思，但是根据文献史料记载，它大多数情况是表示伴当或侍从之意。这就必定涉及隶属问题。古代蒙古的那可儿，首先是氏族、部落首领的战士，同时也是罕、勇士及蒙古草原其他贵族阶级属下的亲兵，大部分那可儿是通过结安答而转变过来的。那可儿自由履行对主人

---

① 道润梯步：《新译简注〈蒙古秘史〉》，第 117 节，第 79 页。明译《元朝秘史》总译谓：“但凡安答呵，便是一个性命般不相舍弃，做性命的救护么道。”（总译 117 节）

② 道润梯步：《新译简注〈蒙古秘史〉》，第 116 节，第 79 页。明译译作：“铁木真札木合两个到豁儿豁纳黑主不儿地面一同下了。想着在前契合时，交换物的意思。又重新亲爱咱，共说了。铁木真十一岁，于斡难河冰上打髀石时，札木合将一个狍子髀石与铁木真。铁木真却将一个铜灌的髀石回与札木合，做了安答。在后春间，铁木真札木合各用小木弓射箭时，札木合将一个小牛的角粘做响稜头与了铁木真，铁木真也将一个柏木顶的稜头与了札木合。两次做了安答的缘故是这般。”（总译 116 节）

③ 《元朝秘史》，总译，第 217 节。

的义务，主人对那可儿有保护和赡养的义务。一般父母将儿子送出去做那可儿，甚至当儿子还在襁褓中，父母就决定要他来干这一行。符拉基米尔佐夫就认为，伴当主要是以战士的资格为氏族和部落首领服役的自由人，类似于亲兵或卫士，虽然有时为本氏族首领服务，但多半还是服务于其他氏族的首领。如扎儿赤兀歹老人在铁木真刚出生时就把自己的儿子者勒蔑送来，将来当铁木真的伴当。而一些氏族和部落首领的那可儿却是他的兀纳罕·孛斡勒（门户奴隶）出身的。有名的木华黎国王就是这样。那可儿的职责是“一心奉事主人，凡外邦得的美女、好马，要献与主人。除此之外，别有心呵，便死”。那可儿有时可以从这一主人被出到另一主人那里，但无论到哪里，都不能做出对现在侍奉的主人不利的事情，否则会受到严厉的惩罚。如札木合的几个那可儿把札木合押送到成吉思汗处，成吉思汗见此情景说：“安可容此犯其本罕之人也？此等人，其能为谁之友乎？”传旨族斩其犯本罕者把他们在札木合面前全部杀掉。

总之，那可儿跟安答还是有区别，所以我们应该区分对待结安答和成为那可儿的性质。

六、古代蒙古婚姻家庭与财产继承习惯法

婚姻是家庭的前提，家庭是婚姻的基础。随着母系氏族社会解体进入父系氏族社会，人类社会的婚姻关系也由群婚制逐步趋向一夫一妻制。婚姻家庭和财产继承等诸情况受社会经济发展状况的制约。进入阶级社会以后，蒙古社会出现了私有财产，家庭的结构和婚姻制度也发生了变化。

古代蒙古社会的婚姻关系基本上是一夫一妻制。据史料记载，孛端察尔以前的蒙古社会基本保持着一夫一妻制，从孛端察尔开始出现了一父多妻现象，但整个蒙古社会几乎从未出现过一妻多夫制。

恩格斯谈道：

这两种婚姻形式，只能算是例外，可以说是历史的奢侈品，除非他们在某一个国家内同时并存，但是大家知道这是没有的事。因此，被多妻制而排斥的男子并不能向因多夫制而成为多余的妇女求得安慰，而且男女的数目不管社会制度如何，迄今又差不多是相等的，所以，不论多妻制或多夫制的婚姻形式都不能成为普遍通行的形式。事实上，一夫多妻制，显然是奴隶制度的产物，只有占据特殊地位的人物才能办到

……多妻制是富人和显贵人物的特权……人民大众都是过着一夫一妻制的生活。①

古代蒙古人的婚姻习惯里，为了保持氏族血统的纯洁性，禁止同一夫系血缘亲族间结亲，同时男性同族的氏族间也不准结亲，这是所谓的族外婚制。符拉基米尔佐夫谈道：

蒙古人自古以来就有记住自己的族源和氏族的习惯。因为他们和其他部落不同，没有可资训诫子孙的宗教和信仰，所以父母对每一个新生的孩子，都讲述祖先和氏族的情况。他们总是守着这样的规矩，直到今天这个规矩还受到他们的尊重。②

据《蒙古秘史》载，阔勒巴儿忽真地面的主人，名为巴儿忽歹蔑儿干有一个女儿，名巴儿忽真豁娃与豁里秃马惕的官人名豁里剌儿台蔑儿干为妻。③ 乞颜氏的朵本蔑儿干娶了豁里秃马惕豁里剌儿台蔑儿干的女儿阿阑豁娃为妻④。孛端察儿也娶了札儿赤兀惕阿当罕兀良合的一女为妻⑤。在古代蒙古社会，订婚前男方再三到姑娘家求婚，订婚时赠送订婚礼品。但这些取决于双方的经济承受能力。史料证明，当时已经有了门当户对的观念。

蒙古婚姻制度中还有去舅家求婚或换婚以及两家人世代结亲的约孙。铁木真的定亲也是到了遥远的斡勒忽纳惕氏族地面⑥。而孛儿帖夫人的翁吉剌惕（弘吉剌）部也跟乞颜部世代做亲。因为翁吉剌惕部德薛禅见也速该后称他为“忽答”，忽答即亲家。定亲叫作“绥勒忽”，参加婚宴叫作“宝兀剌珠儿·亦得忽”⑦约孙。双方定亲后，男方需在女方家住一段时间，甚至生孩子后方可回家。如铁木真定亲后就暂时留在德薛禅家。

古代蒙古社会中还有抢婚的遗风。抢婚制自古就流传在北方民族之中，如也速该把秃儿抢了豁阿思·蔑儿乞部的也客赤列都的诃额仑夫人，与蔑儿乞部结下了深仇大怨。古代蒙古社会还沿袭着自匈奴以来就存在于北方民族的收继婚制度。此外还有母系氏族社会烙印的“招婿入赘”风俗。另外，古代蒙古社会禁止乱搞两性关系，妇女注重贞洁。舅父对外甥居于特别的地位，而外甥在舅家也有特殊地位。对于这一点，

---

① 《马克思恩格斯选集》第4卷，人民出版社1995年版，第56页。

② 〔苏〕符拉基米尔佐夫著：《蒙古社会制度史》，刘荣焌译，中国社会科学出版社1980年版，第38页。

③④⑤⑥⑦ 《蒙古秘史》，第8、10、38、61—66、168、169节，明译译作：“请吃许婚筵席。”

可以从16—18世纪的蒙古法律文献中得到印证，规定外甥偷舅家的东西不受惩罚①。

古代蒙古社会，寡妇不能再嫁，这跟女方的经济利益有关，她一旦再嫁以后，将失去财产继承权，这种情况到了17世纪有所改变。正妻一向地位较高。另一方面，这也跟社会生产方式和劳动力的需要有密切的关系。这是草原游牧民族婚姻家庭观念的一种独特的表现形式。

在父系家长制下的古代蒙古家庭中长子的地位比较高。在处理家庭内部事情上，长子有优先发言权。成吉思汗与儿子们讨论汗位继承时，对长子术赤说："我子内你是最长的，说什么？"② 另外，《蒙古秘史》载"合不勒合罕有七子，长名斡勤巴剌合黑，合不勒合罕因其最长，于百姓内拣有胆量、有气力、刚勇能射箭的人随从他"③。长子也可以被推选当别乞官。而在财产方面，古代蒙古人习惯，父亲的主要遗产由幼子继承。蒙古语称"斡惕赤斤"，即灶君或主人、最小的儿子等意。按照这一习惯，蒙古帝国建立后，成吉思汗把蒙古的"奥鲁④"分给了最小的儿子拖雷。非正妻所生的孩子也同样可以分到财产。

除以上所列几个习惯法外，古代蒙古社会还有作为生产方式的规范古列延⑤制、军事训练意义上的围猎制、对待俘虏方面的习惯等，而符拉基米尔佐夫所谈到的家臣制以及生活禁忌方面的习惯规范，大部分被收录到成吉思汗札撒里面，这里不再一一述说，将在后面的章节中进行考察。

---

① 如《阿勒坦汗法典》《蒙古—卫拉特法典》等法律文献中皆有这方面的规定。另外明人肖大亨《夷俗记》的相关记载可以印证这一点。

②③ 《蒙古秘史》第254、139节。

④ 蒙古语，明代汉译"老小营"，指征戍军人的家属所在。大蒙古国时期，男丁充军出征，家属和童仆按千户在后方或随军从事生产，经营畜群和其他产业，供应前方，称为奥鲁。

⑤ 蒙古语，意为"圈子"。元代汉译"翼"。蒙古游牧行军，以毡帐环绕为营，首领居中，称古列延，是一种生产和军事兼顾的组织形式。

第二章

大蒙古国国家制度

第一节

大蒙古国的建立

13 世纪初，成吉思汗建立蒙古民族共同体和统一的国家之前，蒙古高原上除蒙古部外，其他比较强盛的部落有：塔塔儿、克烈亦惕、汪古惕、乃蛮、蔑儿乞惕、弘吉剌惕（名称后缀惕表示多数）等草原部落和森林部落。其中克烈亦惕部与乃蛮部已经有了初具规模的国家机构，乃蛮部也有了文字。据考古发掘和史料记载，汪古部已有了城池和农业。草原部落多数过着游牧兼狩猎的生活，而西北部的“林木中百姓”诸部则过着狩猎兼游牧的生活。克烈亦部、乃蛮部、汪古部都信仰景教（即基督教聂思脱里派或也里可温教派），各部落的政治、经济、文化、宗教信仰以及社会发展水平并不平衡。

统一前的蒙古高原处在“天下扰攘互相攻劫，人不安生”① 的混战状态。草原诸部多年来互相掠夺和杀戮，严重影响了生产的发展和社会的安定。在群雄逐鹿的动荡年代，蒙古高原上诞生了一位叱咤风云的历史人物。“每一个社会时代都需要有自己的伟大人物，如果没有这样的人物，它就要创造出这样的人物来”，② 他就是蒙古乞颜部孛尔只斤氏贵族后裔铁木真，即后来的成吉思汗。他的出现，结束了多个世纪以来北方草原诸部争雄的政治格局。

铁木真是“合木黑·蒙古国”国主合不勒合罕（汗）的曾孙，乞颜部首领也速该把阿秃儿（1125—1171）之子，生于公元 1162 年（金世宗大定二年，南宋高宗绍兴三十二年）。铁木真 9 岁时，其父也速该把阿秃儿送铁木真去东部的弘吉剌部相亲，按照蒙古传统习俗，把铁木真留在了“忽达”家。也速该把阿秃儿在返回部落的途中被世仇塔塔儿人所害，“过去服从也速该把阿秃儿的其他族人和军队都离开了他的孩子，倒向泰赤兀惕人那边去了”③，从而导致部众离散，乞颜部势力一度衰弱。

---

① 《蒙古秘史》，总译 254 节。

② 《马克思恩格斯全集》第 33 卷，人民出版社 1995 年版，第 178 页。

③ 〔波斯〕拉施特：《史集》，商务印书馆 1997 年版，第 108 页。

少年时代的铁木真随母亲诃额仑·兀真和几个弟弟在斡难河畔历经艰险，饱尝辛酸，艰难度日。同族的泰赤兀惕氏贵族及蒙古高原强部之一的蔑儿乞惕等部也为彻底消灭也速该把阿秃儿的后裔，经常劫掠和欺凌他们。据《蒙古秘史》记载：

泰亦赤兀惕兄弟们，把寡妇诃额仑夫人、幼子等母子们，抛弃在营盘里，迁走了。

妇人诃额仑夫人生来能干，
她抚育幼小的儿子们，紧系其固姑冠，
以腰带紧束其衣，
沿着斡难河上下奔走，
采拾杜梨、野果，
日夜［辛劳］，以糊口，
母亲夫人生来有胆识，
抚育她的有福分的儿子们，手拿桧木橛子，
掘取地榆根、狗舌草，供养儿子们。
母亲夫人用山韭、野韭养育的儿子们，
将成为合罕。
母亲夫人用山丹根养育的儿子们，
将成为法度的贤明者。①

为摆脱困窘处境，铁木真一度投靠势力强大的克烈部首领脱斡邻勒王罕，同时联合少时安答札达阑（又译札只剌）氏首领札木合。铁木真在脱斡邻勒王罕和札木合的帮助下，逐一收复部众，重建以乞颜部孛尔只斤家族为核心的统治集团。尔后，铁木真渐渐脱离札木合安答，独立游牧于克鲁伦河上游，并于1189年（金大定二十九年）被一些乞颜氏贵族和异姓侍从推戴为合罕（汗）。在此基础上，铁木真汗率领其那可儿组成的军队，经过数十年艰难的统一战争，结束了几十个大小部落和氏族的彼此连年混战状况，统一了“毡帐百姓”，于虎儿年（丙寅，1206年），在斡难河源头举行

① 余大钧译注：《蒙古秘史》，74节，河北人民出版社2001年版，第73页。总译74节云：“泰亦赤兀惕兄弟每。将他母子撇下时。诃额仑好胜能事。拾着果子。掘着草根。将儿子每养活了。这般艰难的时分。养的儿子每长成了。都有帝王的气象。”

了忽里勒台，建九脚白旄纛①，即大汗位，号“成吉思汗”，建立了东起兴安岭、西迄阿尔泰山、南达阴山的以克鲁伦河及斡难河流域为政治中心的“也客·忙豁勒·兀鲁思”，即大蒙古国，又称蒙古汗国。

大蒙古国建国后不久，成吉思汗为巩固新建政权而不断发兵剿灭残余的敌对势力。1206年，袭乃蛮不亦鲁黑汗（太阳汗之弟）于沙合水（今蒙古科布多河上游索果克河），擒而杀之。1207年，遣使者招降吉利吉思部，并进一步征服、招降了吉利吉思以北的西伯利亚森林狩猎诸部落。1208年，以此前归降的斡亦剌部为向导，发兵西至额尔齐斯河，击溃蔑儿乞残部。至此，蒙古高原结束了群雄林立、相互攻伐的局面，出现了前所未有的统一局面，各有名号的诸部落，统一在大蒙古国的旄纛之下，按照统一的法律和军事行政组织组合起来，从此一个强大的游牧帝国出现在历史舞台上。

第二节

大蒙古国的国家制度

有关13世纪前后的蒙古社会性质问题，学术界意见分歧较大。尽管如此，通过《蒙古秘史》的记载，我们可以看出，蒙古的氏族制是从11世纪开始解体并向早期国家形态发展。符拉基米尔佐夫指出：“十一至十二世纪的蒙古氏族和原始氏族的生活状态是距离得很远的，我们的资料所描述的古代蒙古氏族和‘氏族’社会完全是另外一种景象。”② 合不勒合罕的“合木黑·蒙古国”到1189年铁木真重建的“蒙古国”以及1206年建立的“大蒙古国”的过程中，完成了由氏族部落到部落联盟，并向国家的过渡，蒙古人的国家制度不断得到完备。尤其是大蒙古国政治法律制度的建设，

① 《蒙古秘史》202节，原文为也孙·阔勒秃·察合安·秃黑（Yesün költü Čaqάan tuq），旁译为“九脚有的白旄纛”，即九尾或九游白纛。《蒙鞑备录笺证》“军装器械”条云：“成吉思汗之仪卫建大纯白旗以为识认，外此并无他旌幢。”据《蒙古源流》记载，成吉思汗同时还建一种“有九只脚的皂纛”，即黑颜色的纛。元代和明代蒙古封建主们，除用“白纛”外，还兼用“皂纛”。今鄂尔多斯市伊金霍洛旗成吉思汗陵所藏皂纛相传是成吉思汗所用之纛。（参见额尔登泰、乌云达赉、阿萨拉图著：《〈蒙古秘史〉词汇选释》，内蒙古人民出版社1980年版，第308页。）

② 〔苏〕符拉基米尔佐夫：《蒙古社会制度史》，刘荣焌译，中国社会科学出版社1980年版，第100页。

对蒙古国家（兀鲁思）的发展、壮大，称雄天下起到了十分重要的作用。

新建立的大蒙古国，面临着蒙古高原各部落政治、经济、文化和宗教信仰的差异以及社会发展水平的不平衡，不仅需要在疆域和政治隶属方面进行统一，也需要在意识形态领域内进行规范。这就是说，从中央到地方，既需要继承蒙古高原古代部落民族的传统，更需要制定适应国家新情况的政治制度，如游牧帝国特色的官制、札鲁忽赤制度、忽里勒台制、斡耳朵制、千户制、怯薛制、别乞制、答剌罕制、奥鲁制等，这些制度都带有浓厚的草原游牧国家的特色。

一、官制

初创时期的大蒙古国除大汗外，主要还有札鲁忽赤（断事官）、万户长、千户长、百户长、十户长等行政官员。

（一）大汗。在大蒙古国，大汗的权力高于一切，是统治集团的最高代表和体现者。他们认为，大汗的权力是“蒙哥·腾格里”（长生天）所赐。古代蒙古人关于大汗政权的历史政治观，无疑是起源于匈奴时代①。大蒙古国国家官职制度，基本上是依据古代先例制定的。大蒙古国的大汗由忽里勒台大会选举产生，大汗及其家族是全蒙古的最高统治者。对于古代蒙古大汗的主权观念方面，托马斯·爱尔森教授做了如下描述：

蒙古人的主权观念，像许多其他欧亚民族一样，植根于神圣的王权观念。在蒙古人自己的模式中至高无上的权力由天神，即草原游牧部落的主神长生天（蒙哥·腾格里）授予一位地上首领。作为天神选定的代表，成吉思汗受到长生天的保护和扶植，后者保证他军事与政治冒险的永久成功。这样，伴随他夺得权力的鸿运就成为天意的表明。死里逃生、危险的及时警告和战场上出乎意料的胜利，都被用来证明成吉思汗是地上唯一的合法君主。……授予成吉思汗并随后传给他的继承人的君主权力在特点

① 前面所述，历史上的匈奴政权的国家机构和制度比较完善。天子单于之下，置左右贤王、左右谷蠡王、左右大将、左右大都尉、左右大当户、左右骨都侯等中央官员。在原有部落的基础上，把全国部落分为二十四部，分别由二十四个“万骑”统管。每部下又设有千长、百长、什长等，各统辖大小部落若干，还有裨小王、相封、都尉、当户、且渠等官属。匈奴国家分三大部分，即左、右翼和中部。左部和右部分别由左贤王和右贤王统辖。单于统辖各部，而且直辖中部，并设单于庭于若干处，设有各类官员。每年会各部落长于单于庭，“校课人畜”，大小各部落均“各有份地”，其长“皆世官”。后来的柔然政权、突厥汗国、回纥王朝亦基本如此。

上是世界性的。……天命与一统天下的主张在众所周知的中国政治原则中也有反映，但在蒙古人整体观念中可以找到完全与突厥人类似的观念。虽然不能排除直接的汉人影响，但似乎更有可能的是蒙古人引进的这些观念，不论其原始出处如何，均是通过突厥人，尤其是畏兀儿作为媒介传入的。而后者对蒙古国家在其形成年代时的影响是非常广泛的。①

（二）札鲁忽赤。大蒙古国和元朝时期的官职。又作札鲁火赤、札儿忽赤、札鲁花赤，蒙古语的音译，汉译“断事官”。他是当时国家最高的司法行政长官。总而言之，蒙古统治者设札鲁忽赤掌管户籍、民政、诉讼等行政、司法事务。建国之初，司法行政事务简易，只设札鲁忽赤总领其事，以分封领民和刑法为主要职掌。随着蒙古向外扩张，版图扩大，各诸王投下都设札鲁忽赤。

大蒙古国时期最著名的两位也可札鲁忽赤（大断事官）是成吉思汗、窝阔台汗时的失吉忽秃忽②和蒙哥汗时的忙哥撒儿③。

据《蒙古秘史》记载，蒙古国最初设札鲁忽赤是在 1202 年铁木真命其异母弟别里古台为札鲁忽赤那颜。1206 年建国时，成吉思汗又命失吉忽秃忽为也可札鲁忽赤，

① 〔德〕傅海波、〔英〕崔瑞德编：《剑桥中国辽西夏金元史》，史卫民等译，陈高华等审校，中国社会科学出版社 1998 年版，第 405—406 页。

② 失吉忽秃忽，大蒙古国首任也可札鲁忽赤，通常称忽秃忽那颜，又译忽都虎、忽堵虎、胡土虎，汉人称他为胡丞相，塔塔儿部人。1196 年，铁木真在斡里札河打败塔塔儿部的战役中抢掠得一幼儿，遂由成吉思汗之母月伦将其收为养子。蒙古建国后，封忽秃忽为千户，并授也可札鲁忽赤官职，掌刑罚词讼及民户分封诸事，凡分与诸王、贵戚、勋臣的民户、所审断的案件以及经他奏准的各项规定，都写在青册上，后人不许改动。1211 年，从成吉思汗攻金。1215 年取金中都，奉命检视中都帑藏。金留守合答奉金币为拜见之礼，失吉忽秃忽不受，尽运所需财物献于成吉思汗，大受嘉奖。1218—1225 年随成吉思汗西征，1221 年率军三万攻花剌子模王札兰丁和也里诸侯灭里可汗，指挥失当，损失惨重。1234 年，窝阔台汗命他为中州断事官，在燕京设立官署，统领诸路政刑财赋，主持中原编籍民户。次年，又奉命将中原汉地民户分封给诸王、贵戚、勋臣。大约 1241 年失吉忽秃忽去职，由西域人牙剌瓦赤接替他主管汉民。

③ 蒙哥汗时的忙哥撒儿，族出札剌亦儿部的分支察哈部。其家族祖孙三代侍奉成吉思汗。忙哥撒儿早年随拖雷屡建战功。拖雷亡后，从拖雷长子蒙哥参加著名的长子西征之役。忙哥撒儿始终忠于拖雷家族，因此得到唆鲁禾帖尼母子的器重。贵由汗时，升任蒙哥藩府札鲁忽赤之长。1249 年，在由宗亲之长拔都召集的阿剌脱忽剌兀之地举行的忽里台大会上，忙哥撒儿力主拥戴蒙哥为大汗，反驳贵由汗遗孀斡兀立海迷失所派使者八剌的提议。1251 年，拔都与拖雷诸子为主的包括部分诸王宗亲聚会怯绿连河大斡耳朵，奉蒙哥登基。窝阔台汗之孙失烈门和贵由汗之子脑忽、哈剌察儿、察合台之孙也孙脱等人密议，率领部属向大斡耳朵进发。蒙哥汗的鹰夫克薛杰因找寻丢失的骆驼时，途遇失烈门和脑忽的队伍，发现他们的车辆辎重中暗藏着大量的兵器，立即驰还报告。忙哥撒儿奉命与诸王旭烈兀等率军包围失烈门、脑忽等人的营帐，并将他们全部押送到大斡耳朵。也可札鲁忽赤忙哥撒儿以酷刑鞫讯反蒙哥汗的窝阔台系诸王和诸将，得宠于蒙哥汗。

主持分封千户。窝阔台汗时，失吉忽秃忽又到中原编籍民户，为诸王功臣划分封邑，汉人称之为“胡丞相”。

大蒙古国时期的札鲁忽赤有以下几个特点：1. 司法行政兼管，二者并重。当时札鲁忽赤总揽全国的刑政（诉讼）、民政、财政（户口、赋税）。入元以后，札鲁忽赤从总揽各种政务的官员变为单一的司法长官。2. 札鲁忽赤也参与军事活动甚至带兵出征。失吉忽秃忽在任也可札鲁忽赤前后随成吉思汗征战过多次，忙哥撒儿在任也可札鲁忽赤前曾经随蒙哥参加过长子西征之役。3. 随着蒙古的对外扩张，大蒙古国的版图日益扩大，扎鲁忽赤按地域分为蒙古、汉地、西域扎鲁忽赤。

札鲁忽赤作为大蒙古国时期的重要官员，在蒙古国的建立和巩固，起到了非常重要的作用，在明清时期蒙古社会也产生了深远的影响。北元蒙古时期札鲁忽赤仍然在蒙古社会扮演重要的角色，地位较高。在准噶尔汗国时期，负责司法的官吏仍叫作札鲁忽赤（札尔固齐），即掌管诉讼之人。

（三）万户长、千户长等地方官吏。大蒙古国刚刚创建时有 3 个万户，95 个千户，稍后又增加了 1 个林木中百姓万户和若干个千户。有关万户长、千户长、百户长、十户长、奥鲁官的情况在下文中论及。另外，蒙古在征服金朝的过程中也保留和仿照金制在中原地区设置了机构和官制。正如宋使赵珙所说，“鞑人袭金掳之制，亦置领录尚书令、左右相、左右平章等官，亦置太师、元帅等”①，对于元朝建立前大蒙古国在中原地区的管理机构及官制在这里不展开讨论。

二、千户制为中心的分封制度的确立

千户的产生。千户是大蒙古国的军事组织和基本行政单位，是大蒙古国一项重要的统治体制，具有军政合一或兵民合一的特点。这是从突厥继承下来的一种社会组织方式。据《蒙古秘史》191 节记载，在鼠儿年（甲子，1204 年）与乃蛮部太阳汗作战前夕，铁木真汗已将其部队按照十户、百户、千户的十进制方式加以编组，委任了千户长、百户长、十户长等各级长官。在此基础上，1206 年大蒙古国建立时，成吉思汗

① ［宋］赵珙撰：《蒙鞑备录》，王国维笺证。

进一步将草原部落编制成95个千户，分别授予随其创业建国的88名勋贵功臣任千户长①，并世袭统领。

千户的统领。千户之上有万户，由万户长统管。当时的五个万户分别为：功臣孛斡儿出（博儿术）被封为右翼万户长，“掌管依傍阿勒台山的右翼万户”（《蒙古秘史》205节），其管辖西边直至阿尔泰山方面的各千户；“众人之上”的国王木华黎“掌管依傍合剌温·只敦山的左翼万户”（《蒙古秘史》206节），其管辖东边抵达兴安岭方面的各千户；纳牙阿为中军万户长（《蒙古秘史》220节）；豁儿赤为林木中百姓的万户长（《蒙古秘史》207节）。每个千户之下设若干个百户，每个百户之下设有若干个十户，并委任百户长和十户长。到后来人口繁殖，散亡百姓的不断归来以及契丹、女真各十个千户的加入，全蒙古国的千户已达129个之多。

千户的组成。每个千户的千户长及组成人员的成分是比较复杂的。千户长由各部贵族、那颜（蒙古语Noyan为官人之意）、门户奴隶、哈喇抽（蒙古语Haracu为平民之意）、库列坚（蒙古语Khürgen有女婿之意，而帝王之女婿则为驸马，此处用意乃驸马）、神职人员巫师（扎阿邻勃）等对成吉思汗建国有功劳的臣民组成。由于多年的战乱和蒙古氏族部落组织的进一步瓦解，多数千户是由不同部落的人混合组成，（他们）或是将“自收集的百姓做千户”，或者“将无户籍的百姓收集着做千户”，或是从各部部众内“抽分”“征调”一部分民众混合组成千户的，② 或者是重新收集

① 《蒙古秘史》记载的95千户长分别为：蒙力克父亲、孛斡儿出、木合黎国王、豁儿赤、亦鲁该、主儿扯歹、忽难、忽必来、者勒蔑、秃格、迭该、脱栾、汪古儿、出勒格台、孛罗忽勒、失吉·忽秃忽、古出、阔阔出、豁儿豁孙、许孙、忽亦勒答儿、失鲁孩、者台、塔孩、察合安·豁阿、阿剌黑、锁儿罕·失剌、布鲁罕、合剌察儿、阔可搠思、速亦客秃、乃牙阿、冢率、古出古儿、巴剌·斡罗纳儿台、答亦儿、木格、不只儿、蒙古兀儿、朵罗阿歹、孛坚、忽都思、马剌勒、者卜客、余鲁罕、阔阔、者别、兀都台、巴剌·扯儿必、客帖、速别额台、蒙可·合勒札、忽儿察忽思、苟吉、巴歹、乞失里黑、客台、察兀儿孩、翁吉兰、脱欢、帖木儿、蔑格秃、合答安、抹罗合、朵里·不合、亦都合歹、失剌忽勒、倒温、塔马赤、合兀阑、阿勒赤、脱卜撒合、统灰歹、脱不合、阿只乃、秃亦迭格儿、薛潮兀儿、者迭儿、斡剌儿驸马、轻吉牙歹、不合驸马、忽邻勒、阿失黑驸马、合歹驸马、赤古驸马、阿勒赤驸马等翁吉剌惕三千户长、不秃驸马等亦乞列思二千户长、汪古惕部阿剌忽失的吉惕忽里驸马等汪古惕五千户长，除森林部落外，成吉思汗任命的蒙古国的千户长，为95千户长。上面提到的88名千户长的情况，参阅余大钧译注《蒙古秘史》第329—344页注释部分和该学者所著《一代天骄成吉思汗——传记与研究》一书，内蒙古人民出版社2002年版，第152—176页。

② 如弘吉剌部、亦乞列思部和汪古部以及斡亦剌惕部。参见《蒙古秘史》202节；《史集》第一卷第二分册，第368页。

“散在各部落”的同族部众而成①。另外，千户的规模大小不一，统辖的户数也大小不等，有的千户管理几千户人众，而有的则不足千户。万户、百户也有类似的情况。

千户的功能。千户制具有两种功能，一方面作为军事单位，千户内15岁到70岁的男子必须一律服兵役，随时遵奉国家的命令，自备马匹、武器，由千户长、百户长带领出征。据成吉思汗《大札撒》规定，无论贵贱，谁都不能免去这项义务。作为万户之下的地方行政单位，千户所属的居民，都要在指定的牧地范围内放牧生产，姓名记入户口青册，不准变动。② 从而达到了要千户内属民“上马则备战斗，下马则屯聚收养”的目的。

大蒙古国具有“家产制国家”的典型特征。成吉思汗及其“黄金家族”（Altan - urogtan）是大蒙古国的最高统治集团。成吉思汗把组编成千户的蒙古人众连同管辖千户的各级那颜当作他和他的“黄金家族”的家产分配给自己的母亲、诸子、诸弟。按照分配家产的惯例，成吉思汗的诸子、诸弟又可以把分配给他们的部众和各级那颜再分配给自己的亲族。他们分得的民户，称为“忽必”（蒙古语 Hubi，有份子之意）。成吉思汗诸弟合撒儿、合赤温、别里古台、铁木哥斡赤斤的封地都在蒙古高原东部，从克鲁伦河、额尔古纳河流域到呼伦贝尔草原，被称为“东道诸王”。长子至三子即术赤、察合台、窝阔台被分封于阿尔泰山以西，称为“西道诸王”。而大部分民户和从克鲁伦河直至阿尔泰山的广袤中心地区则成为父权家长制权力的象征——成吉思汗直接统领，并按照蒙古人的幼子继承③的传统“约孙”，将来由成吉思汗的幼子拖雷继承。分配给诸王的民户同样处于千户、百户的编制之下，其千户长成为诸王的家臣。大蒙古国初期的分封基本限于草原，对新征服的农耕地区则作为国家或成吉思汗“黄金家族”的公有财产，由大汗统一派官治理。

---

① 如伯岳吾部汪古儿、捏古思部纳邻脱斡邻勒的千户就是这种情况。参见《蒙古秘史》213节、218节。

② 志费尼在《世界征服者史》中说：“人们只能留在指定的百户、千户或十户内，不得转移到另一单位去，也不得到别的地方寻求庇护。违反此令，迁移者要当着军士被处死，收容者也要受严惩。”参见志费尼著：《世界征服者史》，何高济译上册，内蒙古人民出版社1980年版，第27页。

③ 现代语中演变为“Othun”，即末子。据《蒙古秘史》记载，幼子被称为“额毡”，有“家主”或“主人”的意思。他是灶炉的守护者，所以被称作“斡惕赤斤”，即灶炉或帐幕的主人，成吉思汗幼弟即被称为“帖木哥斡惕赤斤”。蒙古的幼子继承制度由来已久，从习俗的角度讲，是与蒙古高原古代游牧民族萨满教祭火宗教信仰有关；从法律的角度讲，与家产分配制度息息相关。在古代蒙古社会，未婚子女通常总是与双亲住在一起，婚后，则建立单独的家庭。只有幼子婚后仍留在父母身边，并继承父母的主要财产。

千户长等那颜们对大汗和大汗的宗亲处于绝对从属的地位。他们若犯错误，随时被撤销职务。受封赏的万户、千户那颜们成为封地的主宰者，并且获得世袭的权利，领地内拥有分配牧场、征收赋税、差派徭役、统领军队等大权。部分亲信忠臣还享有参加忽里勒台大会、选举大汗、参与国政的权利。普通牧民由自由民、属民、奴仆等组成，他们是这一等级制度的最低层。他们都被强制地纳入固定的封地之内，承受汗委派的那颜阶层的统辖，深受剥削和奴役。

成吉思汗实行千户制有着深远的历史意义。他超越和突破了古代匈奴、鲜卑、柔然、突厥、回纥等民族建立的强大的国家或部落联盟。这些民族政权组织都是建立在氏族或部族共同体基础之上，并未冲破氏族或部族组织的血缘外壳，相反却通过这种血缘外壳来构筑政权，形成一种“部族联盟国家”①。成吉思汗通过行政手段把各色各样的氏族部落统一于新建立的政权体系当中，逐渐形成了一个新的民族共同体——蒙古民族，成为蒙古高原主体民族。与以往政权相比，具有较高的稳定性，是历史的进步。

成吉思汗建立的千户制基本上杜绝了氏族贵族复辟的可能性，遏制了与“黄金家族”相抗衡的势力。并且克服了以往氏族、部落、部落联盟自由结合的分散性，全蒙古人都在一个统一政权掌控之下，这有利于蒙古社会的发展。过去以部落氏族为细胞的社会组织，现在被十户→百户→千户→万户→大汗的军事行政系统代替，形成了层层隶属的等级阶梯。另外，那颜们从大汗那里分得领户，确立了对属民的领属关系，从而获得了领主身份。固定在土地上的蒙古牧民也因之变成依附人口。

三、怯薛制度的加强与完善

怯薛，蒙古语，是突厥语 Kezik 的音译，怯薛成员称怯薛歹，复数作怯薛丹。轮流值宿守卫之意，即禁卫军。怯薛由来已久，起源于草原部落贵族亲兵，带有浓厚的父权制色彩，后来发展成为封建制的宫廷官僚集团。如辽金时期，蒙古高原各部首领的宫帐都有称为那可儿（伴当、伙伴）的亲兵组成的卫队，兼作各种服役，是一种父权制下的奴仆关系。13—14 世纪的时候，发展成为一种国家政治制度和军事编组方式。大蒙古国和元朝的禁卫军皆称为怯薛。成吉思汗时期给予怯薛很高的地位，尤其

① 张岂之主编：《中国历史·元明清卷》，本卷由郭成康、王天有、成崇德主编，高等教育出版社 2001 年版，第 13—14 页。

是到了元代怯薛成了官僚阶层的核心部分。大蒙古国建立前后，成吉思汗两度对怯薛进行调整和改革，使其进一步加强和完善，并亲自统率。

1204 年成吉思汗征乃蛮部之前整顿军队，将部分贵族及平民子弟充当自己身边的护卫军，称为“怯薛军”。建国以前，怯薛军的规模不大，仅仅是成吉思汗怯薛军的雏形。据《蒙古秘史》191 节记载：

组编了千户、百户、十户之后，又设置了八十名宿卫（客卜帖兀勒）①、七十名侍卫（土儿合兀惕）②、在那里挑选轮番护卫士（客失克田）③ 入队时，选拔千户长、百户长的子弟和白身人（自由民）④ 子弟入队，选拔其中有技能，身体、模样好的人入队。⑤

---

① 客卜帖兀勒，旁译为“宿卫”，为夜间卧宿卫士。

② 土儿合兀惕，旁译为“散班”，《元史》译作“秃鲁花”或“秃鲁华”，为白天值班的卫士。《元史》卷九八兵志解释为：“或取诸侯将校之子充军，曰质子军，又曰秃鲁华军。”“土儿合兀惕”为秃鲁花的复数形式。

③ 客失克田，旁译为“护卫”，《元史》汉籍等译作“怯薛丹”“怯薛歹”，即有“轮流值班护卫士”之意。

④ 原文为“兀图·都鲁因·古文”，旁译为“只那般白身的人”。额尔登泰、阿尔达扎布解释为：“无官职的平民。”（《〈蒙古秘史〉还原注释》，内蒙古教育出版社 1986 年版，第 584 页）余大钧解释为：“无官职的平民或自由人”（余大钧译注本《蒙古秘史》，河北人民出版社 2001 年版，第 294 页）札奇斯钦认为：“大概是指平民中家世清白富有者说的，似乎不是一般的平民”（《〈蒙古秘史〉新译简注并注释》，联经出版事业公司出版，中华民国六十八年，第 261 页）；道润梯布解释为：“老自由人”“老牌的自由人”、自由人即自由民，进而认为，自由民是奴隶主阶级的组成部分，是“无官职的奴隶主”。（《新译简注〈蒙古秘史〉》，内蒙古人民出版社 1979 年，第 181—182 页）泰亦·满昌译作：“平民”（《新译注释〈蒙古秘史〉》，内蒙古人民出版社 1985 年版，第 210 页）另外，蒙古国达木丁苏荣译本译成“平民”或“闲散之人”；日本村上正二先生认为“兀图”是“兀黑图”之误，而“兀黑图”是“氏，素性”之意，认为“都鲁”是突厥语“清白”之意；田清波认为是“闲”即“无官职者”之意；海尼士译作：“身份中等，不好不坏”；小林高四郎译作：“自由人”；符拉基米尔佐夫在《蒙古社会制度史》著作当中以“自由人”的身份进行了探讨。该词在《蒙古秘史》224 节又一次出现，“十户长的儿子、白身人（都里因古兀讷）的儿子被选入时，带伴从（那可儿）者三人、其弟一人同来，从其原居地准备好所骑的马和必需物品前来”，所以“白身人”虽无官职，但有一定经济基础和身份，他们身份要比一般平民高一些，因为他至少有“三个那可儿”，这种条件是一般人所不能具备的。我们从《元史》的记载可以得到印证。据《元史》卷 98，志第 46，兵 1 载：“世祖中统四年二月，诏：统军司及管军万户、千户等可遵太祖之制，令各官以子弟入朝充秃鲁花（即《蒙古秘史》所记“土儿合兀惕”或散班）。”其制：万户，秃鲁花一名，马一十匹，牛二具，种田人四名。千户见管军五百或五百已上者，秃鲁花一名，马六匹，牛一具，种田人二名。虽所管军不及五百，其家富强子弟健壮者，亦出秃鲁花一名，马匹、牛具、种田人同……

⑤ 《蒙古秘史》总译 191 节译作：“立千百户牌子头，设六等扯儿必官，都委付了。又设八十个做宿卫的人，七十个做散班。其选护卫时，于千百户并白身人内子弟有技能身材好者充之。”

进而交代了怯薛军的具体职责和应注意事项。据《蒙古秘史》192 节记载：

箭筒士①、侍卫、轮番护卫、司膳②、门卫③、管战马人（阿黑塔赤）④，白天进入值班，在日落前交班给宿卫，骑自己的战马出去住宿。宿卫夜间让宿卫士卧在帐户周围。应守门的，可轮流站立守门。箭筒士、侍卫在第二天早晨咱们喝汤时，向宿卫说了［后接班］。箭筒士、侍卫、司膳、门卫都要在自己岗位上执事，就位而坐。值班三夜三天后，依例住宿三夜后更替。夜间有宿卫，可卧于［帐庐］周围值宿。⑤

这次编组千户，委派扯儿必，实行 80 名宿卫、70 名侍卫轮流值班制，可以说是怯薛制度的雏形。1206 年，大蒙古国建立时，成吉思汗将怯薛人数扩建至 10000 名，并明确规定了怯薛的职责、挑选轮番卫士的条件、所需物品的征收以及补给办法。成吉思汗宣谕各千户时说：

从万户长、千户长、百户长的儿子和白身人（自由民）的儿子中，挑选有武艺，身体、模样好的人，可到朕处效力的人，进入轮番护卫队。千户长的儿子被选入时，带伴从者（那可儿）十人、其弟一人同来。百户长的儿子被选入时，带伴从者五人、其弟一人同来。十户长的儿子、白身人的儿子被选入时，带伴从者三人、其弟一人同来，从其原居地准备好所骑的马和必需物品前来。来到朕前效力的千户长的儿子及其伴从者十人，所需之物，应从其所属千户、百户征给；如果他有其父分给的家产，或自己有马匹、人夫，则除其私产外，仍应依照朕的规定［从其本千户、百户中］征给其余所需之物。百户长的儿子及其伴从者五人，十户长的儿子、白身人的儿子及其伴从者三人，也依此例，除其私产外，［从其本百户、十户中］征给其余所需之物。千户长、百户长、十户长及众人，听到朕的圣旨而违背者，以有罪论。选为朕的轮番护卫士而躲避者，不愿到朕处效力而以他人代替者，应予惩罚，流放到眼不见的远方。又说："有愿到朕身边效力，愿来朕处学习者，不可阻挡他前来。"⑥

成吉思汗将以前的 80 名宿卫扩充 800 名，后又增加到 1000 名，委派也客·捏兀

---

① 原文为"豁儿臣"（Qor čhin），旁译作"带弓箭的"。

② 原文为"保兀儿赤"（Bagorči），旁译作"厨子"。

③ 原文为"额兀阑赤"（Uüdenči），旁译作"把门的"。

④ 原文为"阿黑踢赤（Aktači）"，旁译作"管马的"。

⑤ 《蒙古秘史》总译 192 节译作："成吉思汗再说：带弓箭的人并散班、护卫、厨子、把门人等，教日里入班来。至日落时。将管的事物交付与宿卫的。出去宿者，若管马的守着马，宿卫的房子周围宿。守门的轮着门口立。至次日抬汤时，却入来管自的事物，每三日一次交换。那管的千百户、扯儿必等，也各委付了。"

⑥ 余大钧译注：《蒙古秘史》，224 节，河北人民出版社 2001 年版，第 371 页。

邻为宿卫长，掌管千人的宿卫队。400名箭筒士由者勒蔑的儿子也孙·帖额和秃格的儿子不吉歹“一同商量着行事”。箭筒士与侍卫分为四班一同轮番进入值班。箭筒士分别由也孙·帖额、不吉歹、火儿忽答黑、剌卜剌合四人率领轮流入值，由也孙·帖额统领。8000名侍卫中的1000名侍卫由孛斡儿出的亲族斡格列·扯儿必管领；1000名侍卫由木华黎的亲族不合管领；1000名侍卫由亦鲁该的亲族阿勒赤歹管领；1000名侍卫由多歹·扯儿必管领；1000名侍卫由多豁勒忽·扯儿必管领；1000名侍卫由主儿扯歹的亲族察乃管领；1000名侍卫由阿勒赤的亲族阿忽歹管领；1000名由阿儿孩·合撒儿管领。1000名箭筒士、1000名宿卫和8000名侍卫组成了10000名轮番护卫士，成为成吉思汗的“大中军”①。这些怯薛白天分四班轮流值班，委派不合、阿勒赤歹、多歹·扯儿必、多豁勒忽·扯儿必为四怯薛长。成吉思汗严格规定了他们的入值误班时的惩罚措施：

进入值班时，一班的长官（怯薛长）②亲自点全其值该班的轮番护卫士，进入值班，三天后换另一班。若轮番卫士中有人误班［未到］，则误班者应受杖责三下的教训；第二次误班，应受杖责七下的教训。若该人身体无病，又未向该班长官（怯薛长）请假，而第三次误班，应受仗责三十七下的教训；这是该人已不愿为朕效力，当流放远方。各班长官（怯薛长）应再三将圣旨宣谕于轮番护卫士们。若未加宣谕，罪在各班长官。既已宣谕，而仍误班，责则罪在误班的轮番护卫士。③

各班长官不可以依仗地位，没有经过大汗的允许，擅自处罚怯薛。若怯薛有违法者，先禀报大汗，当处斩者，由大汗下令处斩，杖责者，“可令其卧倒受杖责”。怯薛长擅自动手责打怯薛，“以杖打的，就以杖处罚于尔，以拳打的，就以拳处罚于尔”。因为在成吉思汗看来，不管是怯薛长，还是怯薛，皆为给他“同等地效力”的。在蒙元一代，统治者们为了维护其统治和个人安危，给予怯薛很高的地位。成吉思汗说：

朕的轮番护卫士的地位，高于在外的各千户长；朕的轮番护卫士的牵从马者（阔脱臣）的地位，高于在外的各百户长、十户长。在外的千户长，若想攀比到与朕的轮番护卫士同等地位互相斗殴，则应惩罚该千户长。④

入班怯薛的顺序、具体职责与1204年初定相比更加趋于完备。箭筒士和侍卫白

① 原文为“也客·豁勒·土棉”，即大中军或中央万户。

② 原文为“客失兀敦·斡脱古思”或“客失昆·那牙惕”。

③ 余大钧译注：《蒙古秘史》，227节，河北人民出版社2001年版，第377页。

④ 余大钧译注：《蒙古秘史》，228节，河北人民出版社2001年版，第377页。

天进入值班，各按各自的职务行事，他们日落之前向宿卫交班，外出住宿。此时，宿卫在大汗斡耳朵外值宿。箭筒士把弓箭、司膳把膳具交给宿卫后外出。在外住宿的箭筒士、侍卫、司膳们，在第二天早晨大汗就餐（喝汤）时，先坐在拴马处等候，并通知宿卫准备换班，等大汗就餐完毕后，即可进入。然后“箭筒士执其弓箭，侍卫执其岗守，司膳司其膳具，各司其职”。日落之后，若有人在斡耳朵前后随意行走，宿卫将其逮捕后，第二天早晨宿卫审问。宿卫来换班时，须交验符牌证件方可进入，交班者则交班给宿卫而出去。宿卫夜间卧于斡耳朵周围。守在斡耳朵门前的宿卫，若见有人夜间欲闯门而入，“可击破其头，砍断其肩”。若夜间有急事来报告者，应先告知宿卫，与宿卫一同站在斡耳朵后面报告所要报告的事。成吉思汗规定，无论何人，不得坐在宿卫之前。未经宿卫允许，谁也不准进入斡耳朵。宿卫值宿时，谁也不准行走。谁也不准从宿卫之间穿行，不准探问宿卫人数。“在宿卫跟前行走或从宿卫中间穿行者，宿卫可逮捕他。有探问宿卫，宿卫可将那人所骑的马连同鞍、辔和他所穿的衣服一并没收”。大汗的亲属也不例外，如成吉思汗的亲信额勒只格歹那颜，夜间在宿卫跟前行走，曾被宿卫逮捕。在众怯薛中，宿卫的地位较高，这是他们工作性质所定，他们任务比较繁重和复杂，他们管理斡耳朵内务、饮食、建立新嫩秃黑（营盘）和宫帐出入等事情。① 与其他怯薛相比，其工作较艰辛，并对大汗要忠心耿耿。所以对有功劳宿卫，命名为吉庆的“老宿卫”②。他们在大断事官失吉·忽秃忽审判案件时一起参加听审，如成吉思汗不出征，他人不得令其出征。

由此可见，怯薛军作为成吉思汗及其蒙元皇室的亲兵，由大汗亲自统率。从人员组成方式和性质来看，这种“质子军”制度，使大汗有效地驾驭和控制各级那颜们。

---

① 《蒙古秘史》第232、233、234节载：“宿卫们照顾宫内女侍官（扯儿宾）、宫女、奴仆（格仑可兀惕、怯怜口）、牧骆驼人、牧牛人、管理宫中帐舆（格儿·帖儿坚），管理纛、鼓、仪枪、器皿。宿卫们掌管宫内饮食，掌管肉食乳饮。饮食如有缺乏，可找掌管的宿卫们。箭筒士的饮食，若未得掌管的宿卫们的许可，不准分发饮食。分发饮食时，先分给宿卫们。宿卫掌管出入宫帐之事。门前守卫的宿卫，站立在宫帐贴近处。宿卫二人入内掌守大酒局。建立宫帐时，有宿卫中的营盘官（嫩秃兀臣）建立。朕等放鹰围猎时，宿卫与朕等同去放鹰围猎，一部分宿卫留下照看车辆。……朕不亲自出征，宿卫不得离开朕出征。这是朕的旨意。如果有人违背这条圣旨，嫉妒宿卫而令出征，则管军的扯儿必（近侍官）有罪。你们要问不让宿卫出征的理由吗？因为宿卫是守卫朕的黄金性命的。放鹰围猎时，［他们与朕等］共同辛苦，还让他们掌管宫帐，又是迁移，又是驻扎，还要掌管车辆。他们守卫朕而宿，这事容易吗？他们掌管帐舆、大营（也客·阿兀鲁黑）的迁移、驻扎，这事容易吗？有这么多繁杂的事，所以不让他们离朕出征。这就是理由！……失吉·忽秃忽审判案件时，由宿卫参加听审。由宿卫保管和分发箭筒、衣甲、器械、弓箭。由宿卫在军马上用网索装行李驮载而行。宿卫女侍官一起掌管、分发缎匹……”（参见余大钧译注本第385—387页）

② 《蒙古秘史》第230节原文为“斡脱古思客卜帖兀勒”。

另外，怯薛地位的提升，大大提高了大中军的纪律和战斗力，加强了大汗及汗斡耳朵的安全。正如成吉思汗所言："从九十五个千户中挑选来的朕的一万名贴身私属轮番护卫士，今后朕的继位子孙要世世代代想到他们，如同想到朕遗留的珍宝，不要使他们受任何委屈，要厚待他们。要把朕的一万名轮番护卫士看作护福之神。"①

四、蒙古文字的创制

成吉思汗《大札撒》是蒙古族第一部有文字记载的成文法典。而文字是一个民族共同体文明程度的体现，是施政以及成文法典得以流传的重要载体。1204年以前，蒙古人尚无文字，《长春真人西游记》的作者李志常谈道："蒙古俗无文籍，或约之以言，或刻木为契。"② 曾经到过蒙古的南宋使臣赵珙于大蒙古国成吉思汗十六年、宋宁宗嘉定十四年（1221）所撰的《蒙鞑备录》一书云：

今鞑之始起，并无文书，凡发命令，遣使往来，止是刻指以记之。为使者虽一字不敢增损，彼国俗也。其俗既朴，则有回鹘为邻，每于两河博易贩卖于其国，迄今文书中自用于他国者，皆用回鹘字，如中国笛谱字也。今二年以来，因金国叛亡，降附之臣无地容身，愿为彼用，始教之文书于金国，往来却用汉字。去年春，珙每见其所行文字犹曰大朝，又称年号曰兔儿年、龙儿年，至去年方改曰庚辰年，今曰辛巳年是也。③

宋绍定五年（1232）随宋使邹伸之到过蒙古的彭大雅的记载和邹伸之第二次赴蒙古时跟着去的徐霆疏证的《黑鞑事略》亦云，"其言语，有音而无字，凡公布法令、遣使往来，皆刻指以记之"④。又《建炎以来朝野杂记》载，"鞑靼亦无文字，每调发兵马，即结草为约，使人传达，急于星火，或破木为契，上刻数画，各收其半，遇发军以木契合，同为验"⑤。

在古代蒙古社会，是以口头方式传达重要的信息，当时叫作"Qelebarih"，即传话或口信。所以徐霆谈道："其俗，淳而心专，故言语不差。其法，说谎者死，故莫

① 余大钧译注：《蒙古秘史》，231节，河北人民出版社2001年版，第384页。
② ［元］李志常著：《长春真人西游记》。
③ ［宋］赵珙撰，王国维笺证：《蒙鞑备录》，国号年号。
④ ［宋］彭大雅撰，徐霆疏证，王国维笺证：《黑鞑事略》。
⑤ ［宋］刘心传撰：《建炎以来朝野杂记》乙集十九。

敢诈伪。"① 其实，他们到达蒙古时，蒙古人已经有了文字，即畏吾体蒙古文。只是没有广泛使用，尤其是涉及中原及南宋的官方文书信札，皆以汉文书写。

最早的蒙古文是改用当时畏吾儿文字母而形成的文字，故现在也普遍叫作畏吾体蒙古文。畏吾儿文是由古代粟特文发展而来的一种拼音文字，自左向右竖写。1204年，成吉思汗灭乃蛮后，俘获其掌印官畏吾儿人塔塔统阿，"遂命教太子诸王以畏兀儿字书国言"②。没有文字的民族，创制一种文字，不是简而易举的事。创制文字必定要适应社会的需要，同时要具备一定的客观条件。成吉思汗建立大蒙古国之初，就确定畏吾儿文为全国通用的文字。使用新创制的文字编纂札撒（法典），发布札儿里黑（命令）、登记户口、书写公文、记录审断案件、碑文以及制定了印章、牌符制度等，从而加强了国家的管理。赵珙谈道："所佩金牌，第一等贵臣带两虎相向，曰虎斗金牌。"③

众所周知，1225 年刻写的《成吉思碑文》（又称《也乡哥石碑》）、贵由汗玺文及 1250 年的《蒙哥汗碑文》的碑文，1240 年成书的蒙古族第一部历史文学作品《蒙古秘史》，以及下文所探讨的《大札撒》的记录、颁布、重新修改等，充分表明了当时蒙古文文字已经达到了独立发展的客观条件和较高的水平。

五、斡耳朵机构的设置

蒙古语"斡耳朵"（Ordu）有宫殿、宫室、宫帐、后宫之意。建成国都哈喇和林城以前，大蒙古国以成吉思汗的汗斡耳朵（汗帐）为军国的政治中心。比较明确的斡耳朵有四个：第一斡耳朵设在克鲁伦河之库迭额·阿剌勒，亦称大斡耳朵，是汗国的政治中心；第二斡耳朵设在撒阿里·客额儿；第三斡耳朵设在土拉河黑森林；第四斡耳朵设在色楞格河支流伊德儿河。国家重要的政治军事决策皆通过忽里勒台大会，在这几个斡耳朵商讨决定。

成吉思汗建国后所创建的斡耳朵，是其私人财产、民户管理机构的一种组织形式，即蒙古大汗宫室事务的职能机构。除指大汗与后妃的"宫帐"外，更主要的是指

---

① ［宋］彭大雅撰，徐霆疏证，王国维笺证：《黑鞑事略》。

② 《元史》卷一二四，《塔塔统阿传》。

③ ［宋］赵珙撰，王国维笺证：《蒙鞑备录》，官制。又据《长春真人西游记》载，成吉思汗遣使臣刘仲禄悬虎头金牌，其文曰："如朕亲行，便宜行事。"其次素金牌曰："天赐成吉思皇帝旨，当便宜行事。"又其次乃银牌，文与前同。

为大汗掌管所占有财产、私属人口的专门机构。大斡耳朵由正妻孛儿帖兀真管领，第二斡耳朵由忽兰合屯管领，第三、四斡耳朵分别由也遂、也速干合屯管领。成吉思汗其余后妃也统属于这四大斡耳朵，大汗的私人财富，分属四斡耳朵。成吉思汗去世后，四斡耳朵分别继承了其财产。

斡耳朵制度一直延续到元代，并逐渐得到完善。元朝忽必烈皇帝曾为成吉思汗四大斡耳朵先后设置四所总管府和一所都总管府，下设提举司、长官司和各种造作局，经办各种农副产品与手工业品，以满足蒙古贵族生活的需要。忽必烈皇帝自己也有四大斡耳朵，也占有大量财富和私属人口。元成宗以后，诸帝的后妃都另设专门机构，主管斡耳朵属下的户口、钱粮、营膳等事。

六、答剌罕制

答剌罕①是古代北方民族一种尊号。授封答剌罕是大蒙古国一项重要的典章制度。韩儒林指出，该制度是蒙古初期，最为尊贵，且非一般功臣所可希翼的。“答剌罕乃漠北历史悠久之官号，始见于蠕蠕，曰塔寒；继为突厥所袭用，曰达干，为专统兵马之武职官号；以后回纥达旦皆沿用之。降至南宋，在五城之地畏吾儿族中，仅成一世袭空名而已。……迨蒙古勃起，其号始贵。蒙古万户千户之设，所以酬有功；而答剌罕之号，则专用以报私恩，大体对可汗本人或其子孙有救命之恩者，悉封以此号。其所享受特权利，中国所重视者，为月脱、宿卫等礼仪。回教史料所乐道者，则免除赋税等实惠。至于九罪弗罚，则东西史籍皆有记载。明代鞑靼官名多因元旧，故答剌罕之授予，仍以报恩为主。降至清代，仅为赏有功者之空衔而已。”② 如同清代皇帝赐予功臣“太子”“太保”“少保”尊号名衔。

① 答剌罕（Darqan），又作达尔汉、打儿汉等。蒙古语，据《蒙古秘史》第51节“答剌罕”，旁注为“自在”；石泰因戛思《波英字典》（F Steingass，A Comprehensive Persian – English Dictionary），1930年，伦敦，第293页。把Tarkhān解释为“自在、免税”等意。清代魏源《元史新编》“语解”认为：“元代征南蛮，募勇捍为先锋，号答剌罕军，即言其纵恣无禁也。”元代刘敏中：《丞相顺德忠献王碑》以答剌罕谓“一国之长，得自由之意，非勋戚贵族不与焉”。参见《元文类》卷二五。《经世大典·序录》“政典军制”条曰：“应募而集者曰答剌罕，此不给粮饷，不入帐籍，俾为游兵，助声势，掳掠以为利者也。”据Kovalevski《蒙俄法字典》，该字有两种意义。一种意思为“工匠、艺人”，一种意思为“免税”。明代王士琦《三云筹俎考》卷二载，鞑靼人于阵前援救台吉者，酬升打儿汉。

② 韩儒林：《蒙古答剌罕考》，载《穹庐集》，河北教育出版社2000年版，第52页。

成吉思汗时代，答剌罕享有特权。他们一方面是各自有千户的千户长，并且“又有功大的官人”。当时，授封的答剌罕仅有失吉忽秃忽①、孛斡儿出②、者勒蔑③、孛罗忽勒④、锁儿罕·失剌、巴歹、乞失力黑⑤、召烈台·抄兀儿⑥等人。至于何人能够胜任答剌罕虽无明文规定，但至少是对成吉思汗或其儿辈有救命之恩者、救援者和从小同甘共苦者可以获此殊荣。按成吉思汗的话来说，“于有恩的人们，给予恩赐”⑦。据《蒙古秘史》记载，授封答剌罕者在所封之地“自由自在驻营［放牧］，直到子子孙孙，可佩带弓箭，可［参加宫廷宴会］享受［宗王般］‘喝盏’礼遇，自由自在，九次犯法不罚”⑧ 的特别待遇，其中“赏以九罪弗罚”的条款是最重要的一项特权。另外，答剌罕还有“进攻众敌，获得财物，可随得随取。杀获野兽，可随杀随取”⑨。韩儒林梳理中西史料、伊斯兰国家史料及蒙古文史料的基础上，将答剌罕享受的特权归纳为八种：

（一）许喝盏；

（二）教带弓箭；

（三）九罪弗罚；

（四）俘获独自有之；

（五）猎获独自有之；

（六）自在下营（即自由选择牧地）；

（七）勿须取得许可，随时可见可汗；

（八）免除赋税。⑩

此外，韩儒林还对第一、二种特权进行了较为详细的论述。

答剌罕制度在西方和伊斯兰教国家比较盛行。伊儿汗国和帖木儿帝国受此封号者不计其数。犹如韩儒林所言，“第八项尤为回教国家所重视”。曾经到达过哈喇和林的

---

① 《蒙古秘史》第203节。
② 《蒙古秘史》第205节。
③ 《蒙古秘史》第211节。
④ 《蒙古秘史》第214节。
⑤ 《蒙古秘史》第219节。
⑥ 《元史》卷一二三，《召烈台·抄兀儿传》。
⑦ 《蒙古秘史》第203节原文为“土撒塔纳莎余儿合勒斡克速”（Tusatan - asoyorghalügsü）。
⑧ 余大钧译注：《蒙古秘史》，第219节，河北人民出版社2001年版，第367页。
⑨ 余大钧译注：《蒙古秘史》，第187节，河北人民出版社2001年版，第282页。
⑩ 韩儒林：《蒙古答剌罕考》，参见《穹庐集》，河北教育出版社2000年版，第39页。

志费尼谈巴歹、乞失力黑二人和与克烈部王汗交锋，在班朱尼河困窘事件时说的话可以印证事实：

答剌罕是这样的人：他们免纳徵课，享有每次战役的虏获物，无论何时，只要他们愿意，他们可以不经许可或同意进入御前。成吉思汗还把军队、奴隶及无数的服饰、马匹和牲口赐给他们。并传诏称：不管他们犯多大的罪，都不得召他们审讯；这条诏令也有效到他们的第九代子孙。现在，这两人有很多后人，他们在各国都受尊敬，在帝王宫廷中极得宠荣。其他参加此战的人，均得到高位，连搭帐幕的、赶骆驼的，也身居显职；一些人成为当今的侯王，另一些人擢升之国之宰臣，名闻全世。①

自成吉思汗以后，答剌罕制度发生了根本性的变化。忽必烈以前，“答剌罕之号，已非用以报恩，仅为赏赉功臣之衔号，质言之，仅以答剌罕部分特权酬某种功业而已，其意义与普通官号无异，较蒙古初兴时迴殊矣”②。此时，被授予答剌罕者除蒙古人外，还有名为乞赤宋忽儿的乃蛮人亦获此号。忽必烈时期，汉人也可以得到该称号，并且所享受的特权也发生了质的变化。元泰定帝以后，答剌罕一号基本上成为权臣必有之官衔，直至元亡。

七、奥鲁制度

蒙元时期的奥鲁制度③颇具特色。它是根据游牧社会特点所采用的既能妥善安置后方，又可以为军队提供补养的一种军事经济制度。随着大蒙古国的不断扩张，奥鲁成了真正意义上的国家制度。奥鲁（阿兀鲁黑，Ahuruq），蒙古语，意为老小营。蒙古军出征，置老小辎重于后方，称奥鲁，即征戍军人的家属所在。大蒙古国时期，男丁充军出征，家属和童仆按千户在后方或随军从事生产，经营畜群和其他产业，供应前方。奥鲁一般由幼子或幼弟管理，这与蒙古人幼子继承制度有很大的联系。如成吉思汗西征时，以中军的后方为大奥鲁，特地委派幼弟铁木格斡赤斤留守。蒙古灭金以后，在江淮以北逐渐形成具有汉地特点的奥鲁制度。在被占领地区置奥鲁官。军户都

---

① 〔伊朗〕志费尼：《世界征服者史》上册，何高济译，翁独健校订，内蒙古人民出版社1980年版，第39—40页。

② 韩儒林：《蒙古答剌罕考》，参见《穹庐集》，河北教育出版社2000年版，第47页。

③ 亦邻真：《亦邻真蒙古学文集》，载《中国大百科全书中国历史元史》辞条，内蒙古人民出版社2001年版，第879页；中国历史大辞典编纂委员会编：《中国历史大辞典》，“奥鲁”“奥鲁总管”“奥鲁总管府”条，上海辞书出版社2000年版，第2923—2924页。

归各路奥鲁官府管领，凡签发丁壮，替换老弱，供应军需，赡养征戍军人老小，处理军户间的民事纠纷等，都有奥鲁官府直接管理，不受地方路府州县管辖。各路奥鲁官自成系统，受枢密院节制。据史料记载，奥鲁官常常贪污受贿，放富差贫，压榨贫苦的军户。后来元朝政府鉴于汉军奥鲁官府对中央集权和地方行政颇多障碍，至元元年（1264）以后逐渐撤销奥鲁官，由地方路府州县长官兼领诸军奥鲁，管理军户。只有蒙古军和色目军还保持单独的奥鲁赤官。到元末，随着元廷的腐朽，官军的衰败，该制度走向崩溃。在对付农民军上，由地方地主武装力量替代了以奥鲁为后方的官军。

八、法律制度

大蒙古国的国家制度中，以成吉思汗《大札撒》法律最为显著。成吉思汗制定的法律记录在“青册文书”上，通过大札鲁忽赤官执行和实施。重大案件由成吉思汗亲自审判，并做出裁决。札撒法典严密地保存在成吉思汗斡耳朵或诸王斡耳朵中。该法律文献今已不存，只残留和流传在部分文献中。成吉思汗《大札撒》作为蒙古族第一部成文法，具有深远的意义。它对治理建构草原帝国各个构件的正常运行，建立横跨欧亚大陆的世界性帝国，打开中断多年的东西方交流，加速蒙古族文明化的进程，提高和加强蒙古族共同体的凝聚力，做出了重要的贡献。

第三章

大蒙古国法律制度

——成吉思汗《大札撒》

第一节

关于成吉思汗《大札撒》

成吉思汗《大札撒》是蒙古族第一部成文法典，它对于了解13世纪前后蒙古社会政治法律制度有着很高的史料价值。学术界依据各类文献史乘所载片段残留史料，从不同角度、不同层面对其进行了文献的、历史的、法学的研究，试图复原其原貌。因史料的严重缺失，这个问题似乎不可能被圆满解决，研究中仍存在着诸多问题尚待讨论。

一、关于“札撒”一词

伊朗编年史家志费尼对统一前的蒙古高原社会状况进行了一番描述：“他们（指蒙古人）有些人把抢劫、暴行、淫猥和酒色看成好勇和高尚的行为。”① 随着大蒙古国的创建和国家机构的逐步完善，成吉思汗针对当时的混乱状况，制定和颁布了札撒黑法令，史称成吉思汗《大札撒》。成吉思汗《大札撒》是成文法②，是蒙古族立法史上的第一部成文法典。波斯史家拉施特在《史集》中这样谈道：

成吉思汗说，凡是一个民族，子不尊父教，弟不聆兄言，夫不信妻贞，妻不顺夫意，公公不赞许儿媳，儿媳不尊敬公公，长者不保护幼者，幼者不接受长者的教训，大人物信用奴仆而疏远周围亲信以外的人，富有者不救济国内人民，轻视习惯（Yosun）和法令（Yasa），不通情达理，以致成为当国者之敌；这样的民族，窃贼、撒谎者、敌人和各种骗子将遮住他们营地上的太阳，这也就是说，他们将遭到抢劫，他们

---

① 〔伊朗〕志费尼：《世界征服者史》，何高济译，翁独健校订，内蒙古人民出版社1980年版，第23页。

② 古代“成文法”具有以下显著特点：第一，它是罪名与刑名二项合一的法律规范，即明文规定何为违法犯罪又当承担何种法律责任。第二，具有法典或准法典的形式，它是由一定数量并依一定形式被编纂而成的法律规范群，而不是零星的法令、法条。第三，常常通过口头或文字形式加以公布，使吏臣知所避就，使法吏有法可依。（武树臣主编：《中国传统法律文化辞典》，“成文法”条，北京大学出版社1999年版，第8页）

的马和马群得不到安宁，他们出征打先锋所骑的马精疲力竭，以致倒毙、腐朽、化为乌有。

铁木真登上汗位以后“以非常严格的札撒为他们建立了秩序”①。

成吉思汗依据古代蒙古约孙、额耶等习惯颁布了法律，称之为“大札撒”。《元史·太宗纪》载：“大札撒，华言大法令也。”②

“札撒（雅萨）”一词是蒙古语抑或突厥语，尚待考证。突厥语发音之 y，在蒙古语中常变作 j。譬如，突厥语“驿站”作 Yam，蒙古语作 Jam；突厥语“法令”作 Yasaq，蒙古语则作 Jasaq。如蒙古语“札儿忽赤”（Jargoqi）在突厥语里作“牙儿忽赤”（Yargoqi）。卫拉特方言中，把蒙古语的 j 音普遍读作 y。“札撒黑”（Jasaq）一词在《蒙古秘史》中，在第 153 节，即铁木真在狗儿年（壬戌，1202 年）秋在答阑·捏木儿格思地方与察合安·塔塔儿、阿勒赤·塔塔儿、都塔兀惕·塔塔儿、阿鲁孩·塔塔儿等四部塔塔儿交战前，第一次以“命令”“法令”“军令”“申令”等意思出现。原文为“札撒黑，鸣诂列勒都仑”，旁注为“军法，共说”。蒙古语“札撒”是“纠正”“治理”等意义的使役动词，其名词形是“札撒黑”。其实，这里所说的“札撒”就是“札撒黑”，只不过是各种文献里译音不同罢了。因为蒙古语决不会用一个使役动词“札撒”来代替名词“札撒黑”的情况。下面看各种辞书及学界对该词的解释：

《鞑靼馆杂学》解释为法度；拉德洛莆编《试用突厥语方言词典》把 Jasaq 或 Jasak 解释为：禁止；决定、决议、命令、法令、法典、法律；罚款、罚金、惩办、处罚；贡、赋、施给；军事纪律。

道润梯步认为，札撒黑有“政令”“惩则”之意。《蒙古秘史》第 153 节里是战场的命令，自然成为军令。做法是：先商量定了，然后宣布，共同遵守，违者罚之。③

额尔登泰等认为，蒙古语 Jasaq 与突厥语 Yasaq 在词义上除决定、决议、罚款、罚金、贡、贡赋施舍外，基本上是相同的，但蒙语还有“政务”“政令”的含义。蒙古语 Jasaq 在清代为一种政治制度名称。在现代蒙古语只有“政务”“政权”“政府”之意。④

---

① 〔波斯〕拉施特主编：《史集》，第一卷第二分册，余大钧、周建奇译，商务印书馆 1983 年版，第 354 页。

② 《元史》卷二，《本纪》2。

③ 道润梯步译注：《新译简注〈蒙古秘史〉》，内蒙古人民出版社 1979 年版，第 125 页。

④ 额尔登泰、乌云达赉、阿萨拉图著：《〈蒙古秘史〉词汇选释》，内蒙古人民出版社 1980 年版，第 294 页。

我们对“札撒”一词进行讨论的时候自然想到成吉思汗命令、成吉思汗必力格等概念。札撒黑、命令（札儿里黑）与箴言（必力格）有什么区别呢?

蒙古语“札儿里黑”（Jarlig），有命令的意思。是成吉思汗下达的圣旨、敕令，还包括颁布的各种行政法令及一般性质的命令。有些场合札撒黑和札儿里黑很难区别，而且札撒黑往往通过札儿里黑来体现，因为蒙古建国后，札尔里黑已经成为一种法律形式。

蒙古语“必力格”（Bilig），其本意为智慧，而文献中多与“苏日合勒”（Sugal）一词一起使用。“必力格·苏日合勒”（Bilig. Surgal）有格言、训言、训诫、箴言等意思。就是成吉思汗对自己的诸子亲属和大臣们所讲的如何做人、如何治理国家、如何带兵打仗方面的训言。其中还有规范蒙古人生产生活方面的言行和富有哲理的格言。必力格的有些内容是有半札撒黑性质的，所以很多学者认为把必力格也放在札撒黑的范围之内。当然，毋庸置疑，成吉思汗“必力格·苏日合勒”的很多内容是17—19世纪蒙古史家们所编造的。有关札撒黑和必力格的区别方面，格·那木吉勒在其《成吉思汗札撒与必力格》一书中做了较详细的论述。①

二、关于《大札撒》颁布时间、修纂等年代问题

札撒从何时开始制定，多数学者认为，应该是在1206年建国大忽里勒台大会上制定颁布的。但史料表明，1206年前成吉思汗曾颁布过若干条札撒的内容。第一次是在狗儿年（1202年），同四种塔塔儿未战之先，铁木真号令诸军：

战胜敌人时，不可贪财。战胜了敌人，那些财物都是我们的，我们共同分配。如果被敌人打退，退到最初冲出去的原阵地，就要反攻；退到最初冲出去的原阵地而不反攻者，处斩。②

铁木真这道军令是针对混战时期部落或部落联盟间在掠夺战争中各自抢夺财物、各自指挥军队随意进退，没有统一管领而颁布的。这一军法条款，后被载入成吉思汗《大札撒》里面了，其意义重大。一方面，改变了以往各部首领各自指挥作战，各自

① 格·那木吉勒编：《成吉思汗札撒与必力格》（蒙古文），内蒙古文化出版社1989年版。

② 余大钧译注：《蒙古秘史》第153节，河北人民出版社2001年版，第209页。《蒙古秘史》明代译作：“若战胜时，不许贪财，既定之后均分。若军马退动之原排阵处，再要翻回力战；若至原排阵处不翻回者，斩。”

抢夺财物或随意进退，没有统一领导的情况，作战时由大汗统一指挥，战利品统一分配，论功行赏。这样，提高了战斗力，组建了一支纪律严明，行动一致，无坚不摧的军队。另一方面，限制了各部贵族的权力，提高了大汗权力，加强了大汗的集中统一领导。据史料记载，1202 年消灭四种塔塔儿的战役中，铁木真汗亲族乞颜部阿勒坛、忽察儿、答力台三名贵族违犯这道军令，抢了财物，据为己有。铁木真使者别、忽必来二人尽夺了他们所得的财物和牲畜。

另一次是在鼠儿年（1204 年），同乃蛮作战前有关组编千户、百户、十户以及委派扯儿必官，组织怯薛时制定了较为详细的“札撒”。《蒙古秘史》第 191 节载：“成吉思汗从阿卜只合·阔贴·格儿起营，到合勒合河的斡儿纳兀地方的客勒贴该·合答驻下，点数自己的人马。每一千人，组成一个千户，委派了千户长、百户长、十户长”。又在那里委派了六名扯儿必官，而且“设置了八十名宿卫（客卜贴兀勒）、七十名侍卫（土儿合兀惕）。在那里挑选轮番护卫士（客失克田）入队时，选拔千户长、百户长的子弟和白身人（自由人）子弟入队，选拔其中有技能、身体模样好的人入队。”①

此次颁布的札撒中还规定：“箭筒士、侍卫、轮番护卫、司膳、门卫、管战马人（阿黑塔赤），白天进入值班，在日落前交班给宿卫，骑自己的战马出去住宿。宿卫夜间让宿卫士卧在帐庐周围。应守门的，可轮流站立守门。箭筒士、侍卫在第二天早晨咱们喝汤时，向宿卫说了［后接班］。箭筒士、侍卫、司膳、门卫都要在自己岗位上执事，就位而坐。值班三夜三天后，依例住宿三夜后更替。夜间有宿卫，可卧于［帐庐］周围值宿。”② 有关这方面，前文曾述及。

这两次制定的有关组织军队以及战时应该遵循的规定，在大蒙古国建立以后一直被沿用，并且有了新的发展。笔者认为，这些规定成为此后大蒙古国建国大忽里勒台上制定千户、怯薛制度的主要依据。

国内外学术界一般认为，成吉思汗《大札撒》是在 1206—1218 年间陆续制定颁布的。持这种观点者，多依据拉施特《史集》所载的“举行了大聚会（1206）……感谢这伟大的恩赐，他于订立完善和严峻的法令（Yasaqha）以后，幸福地登上了汗位”。③ 而另一处则是，1219 年成吉思汗出征花剌子模国前重新制定并修改的史实。

---

① 余大钧译注：《蒙古秘史》第 191 节，河北人民出版社 2001 年版，第 292 页。

② 余大钧译注：《蒙古秘史》第 192 节，河北人民出版社 2001 年版，第 295 页。

③ 〔波斯〕拉施特主编：《史集》第一卷，第二分册，余大钧、周建奇译，中华书局 1983 年版，第 185 页。

“兔年（伊斯兰教历615—616年，1219年），古失鲁克（屈出律）作乱的尘埃平息了，敌人和逆贼们肃清了，成吉思汗对诸子及万户长、千户长、百户长进行了任命和分派。他召集了会议，举行了忽里勒台，在他们中间对［自己的］领导规则（Ain－eye）、律令（Yasa）和古代习惯（Yusun）重新做了规定后，便向花剌子模王国出征了。”① 梁赞诺夫斯基和日本学者羽藤秀利等很多学者都持这个观点。

维尔纳德斯基在其《成吉思汗札撒的内容与范围》一文中谈道：

至于札撒的颁布日期，拉施德（拉施特）和马克利齐两人说是在铁木真征服乃蛮、克烈、蔑儿乞部落之后（1206）召开的大会期间。这种说法看来是可信的。因为就是在这次大会上铁木真正式称帝（大汗）并改用成吉思汗这一新的称号。也是在这个时候奠定了新帝国的军事和行政基础。因而成吉思汗的札撒和训令的编成法典大抵是在这一年（1206）提出来的。蒙古向中国（自1211年起）和突厥斯坦（自1219年起）的扩张终致使蒙古地方汗国转变成为一个世界强国。同时对整个政体进行了改造。中国、维吾尔、波斯的传统曾以此为成吉思汗帝国组织的典范。当时成吉思汗任用了一批中国和维吾尔最有才智的政治家去进行这项工作。可能那时候把札撒的原来译本做了一些修改，以适应扩大了的帝国的需要。札撒的第一次修改可能是在1218年召开的大会上，这次大会批准了对突厥斯坦预定的作战计划。这部法典的修改到1225年才完成。②

奇格认为：“成吉思汗《大札撒》颁布于1206年……后来它经过1210年、1218年两次大忽里勒台的增补，到1225年定型，1227年完成。”③

据《蒙古秘史》载，兔儿年，成吉思汗出征撒儿塔兀勒百姓，即出征花剌子模王国。这里的兔儿年即己卯年（1219）。1218年春，成吉思汗派往花剌子模王国的兀忽纳等使臣及商队450人到达该国边境城市讹答剌城（今哈萨克斯坦南哈萨克斯坦州希姆肯特西北帖木儿）时，被诬指为间谍，除一人逃回，其余全被该城长官亦难出逮捕处死，货物被全部没收。为这事成吉思汗派遣三名使者谴责花剌子模国王马哈谋背信弃义，要求交出凶手。而马哈谋拒绝了这个合理的要求，反而下令杀死为首使臣，将

① 〔波斯〕拉施特编著：《史集》第一卷，第二分册，余大钧、周建奇译，中华书局1983年版，第272页

② 〔美〕维尔纳德斯基：《成吉思汗札撒的内容与范围》，王嫱忠译，余大钧审校，《蒙古史研究参考资料》第18辑，第1页，1981年5月，内蒙古大学蒙古史研究室编。原载《哈佛亚洲学报》卷三，1938年。

③ 奇格：《古代蒙古法制史》，辽宁民族出版社1999年版，第4页。

其余二使臣侮辱性地剔取胡须逐回蒙古。成吉思汗遂决意要征伐该国。此次出征前，成吉思汗举行了一次忽里勒台，而这一年是1218年还是1219年，几个重要文献的记载有所差异。《蒙古秘史》没有交代具体年代。从第254节和第255节的内容来看，似乎举行过一次忽里勒台。因为此次忽里勒台上选定第三子窝阔台为汗位继承人。蒙古选汗、出征等重要事情皆通过召开忽里勒台大会决定。这次忽里勒台的时间，从内容上看，就在1218—1219年间。这段记载在第254节的1218年蒙古使臣被害和第257节出现的兔儿年，即1219年出征为止。而《史集》明确说是1219年举行了忽里勒台。志费尼说："屈出律和脱黑脱罕的骚乱平息后，成吉思汗无需再忧虑他们，这时他整饬和训导他的儿子、大异密和那颜们，及千户、百户和十户，布置两翼和前锋，宣布一条新札撒，并于615年（1218—1219）开始出兵。"①《元史》载："十四年己卯（1219）夏六月，西域杀使者，帝率师亲征，取讹答剌城，擒其酋哈只尔只阑秃。"②

1218年讹答儿城惨案发生后，成吉思汗出征花剌子模王国前，派者别那颜征讨乃蛮和蔑儿乞散部，打败屈出律和脱黑脱阿散部。征讨战争当年就结束，然后者别班师至成吉思汗处。但尚无有关他具体什么时候率兵回到成吉思汗处的信息。很显然，多桑说："蒙古主灭屈出律并其地以后，遂于1218年大会诸王重臣，定策往征摩合末，组织出征之军队。是年终（回历年终）命其弟斡赤斤那颜留守蒙古，自索大军启行。"③ 多桑引用的是志费尼《世界征服者史》一书。这次的忽里勒台是者别那颜回来以后才举行的。回历的年终是蒙古历法的年初，所以这次修订《大札撒》应该是在1218年年底或者是1219年年初，是在出征花剌子模王国前制定的。梁赞诺夫斯基也认为，札撒是1218年最后定型，梁氏是引用了前引拉施特书的那段记载后得出了这一结论的。④ 米儿咱·马黑麻·海答儿的《中亚蒙兀儿史》写道："1219年6月，蒙古大军从克鲁伦河畔出发，越阿尔泰山至也儿的石河畔度夏。"⑤

至于奇格所引用的表述中谈到的1211年有关第一次修改补充《大札撒》方面的

---

① 〔伊朗〕志费尼：《世界征服者史》，上册，何高济译，翁独健校订，内蒙古人民出版社1980年版，第95页。

② 《元史》卷一，《本纪》1。

③ 〔瑞典〕多桑：《多桑蒙古史》，冯承钧译，上海书店2001年版，第94页。

④ 梁赞诺夫斯基：《蒙古法基本原理》，青木富太郎译，《生活社刊》，1943年版，第30页。

⑤ 米儿咱·马黑麻·海答儿：《中亚蒙兀儿史》卷3，新疆社会科学院民族研究所译，王治来校注，新疆人民出版社1983年版。

记载，没有明确说明引自何处，且该段表述也与其认为的1210年第一次修改相矛盾。成吉思汗在羊儿年（1211年）出征金朝，按照大蒙古国的惯例，蒙古大汗每次出征前必须整顿军纪，筹划攻打策略而出台新的部署，制定一些军队的组织规则和军令。不少学者认为，成吉思汗的命令、所有的言语都是札撒法律，这其实是一种不科学的观点。众所周知，成吉思汗凡有战事，都要誓师、祭天、召开忽里勒台大会。在这样的重大活动中，他都要整饬军队、发布命令、分派官员。奇格认为“有的学者把1211年成吉思汗誓师克鲁伦河，祷告于天，请求神助，誓为金人所害的祖先复仇所召开的忽里勒台，作为对《大札撒》的第一次修改补充，也是有道理的”①。多桑《蒙古史》载，1211年3月，成吉思汗发自怯绿连河（克鲁伦河），南侵中国（金朝）。出师以前，登一高山，祈天之助，解带置项后，脱其衣纽，跪祷曰：“长生之天，阿勒坦汗（金朝皇帝）辱杀我诸父别儿罕、俺巴孩二人，脱汝许我复仇，请以臂助；并命下地之人类以及善恶诸神联合辅我。”② 这段文字在《史集》中也有相似的记载。③ 因为多桑也是参考《史集》的基础上撰写了这部书的。而多桑把拉施特提到的斡勒·巴儿合黑译成了别儿罕。当时成吉思汗确实住在克鲁伦河畔的汗帐。接着多桑还谈道：“蒙古汗偕其四子术赤、察合台、窝阔台、拖雷同出兵。汗治军严。依突厥、鞑靼诸民族旧法，分其军为千人、百人、十人队伍。主队者曰千人长、百人长、十人长，万人队曰秃绵，统将领之。汗命由传达军令之秃阿赤传于万人长转达于下。”在这里多桑也没有谈到有关修改《大札撒》的事情。成吉思汗南征前，必定制定了适合于有关同金朝作战的命令或札撒，这是无可非议的。据《元史》记载，成吉思汗南征后，采纳金朝降将郭宝玉的“建国之初，宜颁新令”的建议，制定过《条画五章》。其内容为：

出军不得妄杀；刑狱惟重罪处死，其余杂犯量情笞决；军户、蒙古、色目人每丁起一军，汉人有田四顷，人三丁者签一军；年十五以上成丁，六十破老，站户与军户同；民匠限地一顷，僧道无益于国，有损于民者悉行禁止。④

《条画五章》是为南征战争的需要而议定的临时法规，并且是金朝汉人降将郭宝玉提出来的，应不在札撒范畴之内。

---

① 奇格：《古代蒙古法制史》，辽宁民族出版社1999年版，第35页。

② 〔瑞典〕多桑：《多桑蒙古史》，冯承钧译，上海书店2001年版，第68页。

③ 〔波斯〕拉施特主编：《史集》第一卷，第二分册，余大钧、周建奇译，中华书局1983年版，第359页。

④ 《元史》卷一四九，《郭宝玉传》。

有学者说《大札撒》1225年定型是无非引用了《史集》里的："鸡年（乙酉，1225年）春天，成吉思汗驻扎在自己的斡耳朵里。他在家里度过了那年夏天，颁发了若干英明的诏敕。由于他听得唐兀惕人（指西夏）复叛，便发兵向那里出征"的一段记载。①《蒙古秘史》载，"重新点数了军队"②。维尔纳德斯基说这一年《大札撒》修改完毕，奇格说1227年完成。维氏以1225年成吉思汗颁发的"若干英明的诏敕"为基准，而奇格以成吉思汗的逝世年代为基准。因成吉思汗《大札撒》没有保存至今，所以我们很难做出明确的判断。仅依据我们所能见到的史料上的片段记载来猜测和轻易地下结论，会导致主观臆断的错误。其实，成吉思汗《大札撒》从狭义上来说是成吉思汗所制定和屡次颁布的法令的汇集。从广义上来说，成吉思汗《大札撒》还包括成吉思汗继承者们所制定的法令在内。并且，大札撒并非是只有每次遇到大规模的战争时举行忽里勒台时制定颁布的。按照志费尼所说的那样：

成吉思汗却是凭自己的脑子创造出来，既没有劳神去查阅文献，也没有费力去遵循传统；而有关征服他国的方略、消灭敌军、擢升部署等措施，也全是他自己领悟的结果，才智的结晶……依据自己的想法，他给每个场合制定一条法令，给每个情况制定一条律文；而对每种罪行，他也制定一条刑罚。因为鞑靼人没有自己的文字，他便下令蒙古儿童习写吾吾文，并把有关的札撒和律令记在卷帙上。这些卷帙，称为"札撒大典"，保存在为首宗王的库藏中。每逢新汗登基，大军调动，或诸王会集［共商］国事和朝政，他们就把这些卷帙拿出来，仿照上面的话行事，并根据其中规定的方式去部署军队，毁灭州郡、城镇。③

成吉思汗《大札撒》是成吉思汗建国前和建国后陆续制定和颁布的法律集成，严密地保存在宫中，并记在"青册文书"上，通过大札鲁忽赤官来执行。札撒的有些内容已经在建国前就制定了，并特别重要。而真正作为国家政治法律制度颁布无疑是1206年。至于何时第一次修改，并且有几次修改增补等，笔者看来对成吉思汗《大札撒》的研究并不重要。再说，大蒙古国建国后并非仅仅召开了那么几次忽里勒台，几乎是每年都要召开忽里勒台大会的。成吉思汗的立法活动也并不是现代意义上的立法。因为成吉思汗依据自己的想法，他给每个场合制定一条法令，给每个情况制定一

① 〔波斯〕拉施特主编：《史集》第一卷，第二分册，余大钧、周建奇译，中华书局1983年版，第316页。

② 余大钧译注：《蒙古秘史》第265节，河北人民出版社2001年版，第459页。

③ 〔伊朗〕志费尼：《世界征服者史》，上册，何高济译，翁独健校订，内蒙古人民出版社1980年版，第27—28页。

条律文。应该说成吉思汗《大札撒》是从颁布之日起就不断地增删和完善的过程。

成吉思汗1227年的去世并不是《大札撒》的最后定型。窝阔台汗至蒙哥汗各朝所制定的法律法规都在《大札撒》法律体系的范畴之内。

三、关于学界对《大札撒》的争论

学界至今对《大札撒》是否存在及其文献的性质有着诸多不同的意见。

成吉思汗《大札撒》没有流传至今。现在认为《大札撒》的某些内容是散见于《蒙古（元朝）秘史》《世界征服者史》《史集》《元史》《柏郎嘉宾蒙古行记》《鲁布鲁克东行记》《马可·波罗游记》《长春真人西游记》《詹然居士文集》《蒙鞑备录》《黑鞑事略》《南村辍耕录》（［元］陶宗仪撰）、《埃及志》〔［埃及］马克利齐（1364—1442）著，他搜集整理了29条札撒条文〕、《诸国史略》（〔希伯莱〕把尔赫不列思撰）、《蒙古人史》（〔亚美尼亚〕马加基亚撰）等中外文献史料和17世纪以来的蒙古文历史文献中。另外，还有不少波斯文、亚美尼亚文、阿拉伯文的中亚、西亚史家的著作和印度文著作尚未被蒙古学学界所全面利用。若这些文献著作能够充分利用的话，肯定会发现不少新资料，这会对蒙古学研究，尤其是札撒在中亚等伊斯兰国家的实施情况的了解大有裨益。梁赞诺夫斯基在其著作中汇辑波斯、阿拉伯文史料及西文著作中有关他自己认为“札撒”的记载，共摘录札撒条款36条。

柏朗嘉宾说，“虽然他们没有指导正确为人处世和避免罪孽的法律，然而他们却具有对待罪孽的传统，这都是由他们或他们的祖先想象出来的”①；鲁布鲁克也持基本相同的看法。历史上曾经有过札撒这种法律文献，学界意见基本上一致。并且大家都认为，札撒的原文是用畏吾体蒙古文书写的。有些学者也提出，札撒也许是用畏吾儿文转写，因为成吉思汗斡耳朵中有若干畏吾儿笔帖什（书记员）公事。有些伊斯兰史家说曾经见到过札撒的文字记载的东西。如马克利齐说，《显贵世系》一书的作者阿尔布尔罕是见过札撒的一个人，阿尔布尔罕肯定“札撒”被保存下来了，他说“除去他家和王室以外，没有一个人看见过这本书”。② 马克利齐谈道：

---

① 柏朗嘉宾：《柏朗嘉宾行记》，〔法〕贝凯韩百诗译注，耿昇汉译，中华书局1985年版，第34页。

② 〔印度〕曼苏尔·海德尔：《成吉思汗的“札撒”在中亚的残存》（14—15世纪），索介然译，《蒙古学资料与情报》，1985年第3、4期。

东方各国鞑靼人中最有权威的建设者成吉思汗在打败王汗，掌握主权的时候，制定了若干根本的规则与若干刑罚，都记载在书册上，名之曰《札撒》。此书编纂完成时，汗命将这些法律铭刻在铁板上，作为蒙古人民的法典。虽在汗死后，蒙古人民仍以此法典为准则，直至《札撒》湮灭为止。成吉思汗曾未皈依此国居民等所信仰的任何宗教，读过汗的传记的人，都是清楚的。《札撒》是汗为其子孙所定的必不可犯的法律，其子孙的行动也不敢越出此法律所规定的以外。虔敬皈依真主之阿卜嘎齐阿哈默德奔波尔根哀丁曾说：我曾在巴格达回教学院藏书所中得目睹《札撒》一部。①

对此俄国学者贝勒津进行了批判、否定。他说：

第一，成吉思汗肯定没有将自己的《札撒》刻在铁板上。就是蒙古征服者的脑子里是否出现这种想法，也颇值得怀疑。……我推测，正是由于《札撒》是以蒙古语公布的，所以《札撒》便散失了。因为蒙古人在征服过的土地上以蒙古语公布《札撒》，以其不能理解的语言来著书，当然必归湮灭。第二，马克里兹（指马克利齐）这真主的仆人夸称他曾在巴格达市回教学院正巧看到一部《札撒》，这“仆人”实际是大吹法螺，不然是发生了什么误会。……拉施特是13世纪人（死于1317年），是掌管所有史料与记录的人，他没有见过《札撒》。如果他确实见到过《札撒》，将不仅会口授，纵然不刊布《札撒》全文，也应该拔萃引用。……15世纪的阿卜嘎齐阿哈默德这样的人，究竟怎样在巴格达市得见《札撒》呢？这种偶然性是极少的，是极其缺乏真实性的。②

札撒存在的这一史实，几位编年史学家的著录中都有记载。根据志费尼的记载，成吉思汗每个后裔的宝库中都有札撒的善本。拉施特除引证了札撒上的某些法规外，还在其他一些场合提到札撒的存在。旅行家伊本·巴图塔（1304—1356）说，成吉思汗著过一本被称为“札撒黑”的法律书。③

从有关有无成吉思汗《大札撒》法律的各种猜测中，我们不得不联想到一部已经失传的文献，即曾经在成吉思汗及其后裔宫殿的金匣石柜中密藏的一部叫作《阿勒典坛·迭卜帖尔》（《金册》）的史籍。拉施特编写《史集》时曾经多次参考过，他说：

---

①② 转引自贝勒津：《成吉思汗的札撒》，潘世宪译，《蒙古学研究参考资料》，第18辑，1981年。

③ 维尔纳德斯基：《成吉思汗札撒的内容与范围》，王嬉忠译，余大钧审校，内蒙古大学蒙古史研究室编《蒙古史研究参考资料》第18辑，第1页，1981年5月。

从前，有些伟大的时代人物和学者，曾［向我们］提供过［若干相互矛盾的资料］，或有涉成吉思汗及其著名家族征服寰宇、攻克城堡和统治的情况，或有关蒙古宗王、异密的信仰。……然而［蒙古人和突厥人之］信史，诸代均用蒙古语、蒙古文加以记录，唯未经汇集整理，以零散篇章形式［保存于汗的］金库中。它们被密藏起来，不让外人［甚至不让他们自己的］优秀人士阅读。

很明显，拉施特比较相信《阿勒坛·迭卜帖尔》的记载。他强调说，这部史书所叙述的故事“较近于真实，较可信”。亦邻真认为，汉籍《圣武亲征录》是以《蒙古秘史》为主要史料编纂的。成书后译成蒙古文，传到伊朗的蒙古汗廷，《阿勒坛·迭卜帖尔》就是《圣武亲征录》的蒙译本。① 因为《圣武亲征录》与《元史》一样，里面没有成吉思汗立法方面的蛛丝马迹。若《阿勒坛·迭卜帖尔》是《圣武亲征录》译本的话，对研究成吉思汗《大札撒》来说，意义就不那么重要了。

札撒是什么性质的法律文书，学者们提出了各种各样的观点，是“法律集成”还是“格言集成”？几个世纪以来学界意见并不一致。维尔纳德斯基认为札撒是成文的文件。他谈道：

因为成吉思汗自己不识字，他不得不对他的书记官们口述他认为值得注意的东西。因此当时流传的一定有很多种的札撒、训令文本与零篇。其中可能有官方的抄本，有些则不过是私人的札记。成吉思汗的有些言论一定是为了加载札撒的主体而发的，另一些或许不过是偶然的批示而已。另外，现存的札撒与训令的某些断简零篇的可靠性有可疑之处，札撒是“一个成文的文件”。②

贝勒津针对马克利齐整理的札撒条文，认为札撒不是成文法典。他说“马克利齐的书里有很多可疑之点，引用他的记载，应该特别谨慎”。并且他认为“《札撒》是不成文法，《札撒》决没有写成文书，由轻率的人们的谈话，将民间传话误当成了成文法典，这是可以这样断言的……马克利齐就是这样的人”。③

俄国学者瓦西列耶夫院士认为札撒是法律集成。对此梁赞诺夫斯基进而说：“按照他（瓦西列耶夫）的观点，札撒不是立法文书，跟中国皇帝的格言一样，只不过是成吉思汗的格言集成，他死后公布的东西而已。”波波夫也否定札撒是“立法的记

① 亦邻真：《亦邻真蒙古学文集》载《莫那察山与金册》一文，内蒙古人民出版社 2001 年版，第 383 页。

② 维尔纳德斯基：《成吉思汗札撒的内容与范围》，王嬉忠译，余大钧审校，内蒙古大学蒙古史研究室编：《蒙古史研究参考资料》第 18 辑，1981 年 5 月，第 1 页。

③ 贝勒津：《成吉思汗的札撒》，潘世宪译，《蒙古学研究参考资料》，第 18 辑，1981 年。

录”，认为“如果札撒存在的话，那应该在成吉思汗帝国的直接继承者元朝的立法记录当中被记载”。同时波波夫还发现，1320 年发布的元朝法典《元典章》中适用成吉思汗《大札撒》的条例仅有三处，并且其中仅有一条是跟马克利齐搜集的札撒条文吻合。因此，波波夫这样想象，札撒也就是成吉思汗的训令，其实它并没有成文的形式存在过，而是被口传（或传说）下来的东西，只不过是阿拉伯编年史作家们误传而已。① 梁赞诺夫斯基说：“不管前面所述的札撒是成文法也罢，不是立法规则的集成也罢，这些观点同蒙古人、阿拉伯人、波斯人、亚米尼亚人、罗斯人、中国人的诸多历史文献记录有矛盾。”梁氏认为，“札撒是成文法，并且受到过汉法的影响。亚米尼亚学者贝鲁坛以及马哈基亚也认为成吉思汗《大札撒》是立法的记录”。20 世纪初以来，日本学术界一致认为成吉思汗《大札撒》是成文法，蒙古国学术界也普遍认为是成文法。

目前国内学术界有两种倾向，一部分学者认为，“大札撒”是一部完整的成文法；另一部分学者认为，“大札撒”并不是真正意义上的成文法，如果说成文法，充其量也就是古代习惯法的文字记录而已，或者成吉思汗按照所发生事件的情况而随时制定的处理意见而已等。而按维尔纳德斯基的观点来说，札撒是“没有希望得到解决的”问题。我们仅从马克利齐搜集的若干条法律条文的内容来看，成吉思汗《大札撒》包括军法、行政法、民法、婚姻家庭继承法、刑法、经济法、外交法令以及有关宗教政策方面的内容，其中军法和刑法占据重要部分。

第二节

成吉思汗《大札撒》残存内容浅析

对成吉思汗《大札撒》的残存内容，学界有多种分类。维尔纳德斯基总结志费尼、把儿赫不烈思、拉施特、马克利齐、迷儿哈完（1433—1489）、马加基亚、郎勒斯、珀提等人的记录，将《大札撒》残存的内容分为：（1）国际法；（2）公法，其

① 以上几个观点转引自梁赞诺夫斯基：《蒙古法の基本原理》，青木富太郎译，生活社刊 1943 年版。

中包括最高权力（汗）、国家、义务服役法令、豁免役税特点、军事法令、狩猎法令、行政与行政条例、赋税；（3）刑法；（4）私法；（5）商法；（6）司法；共计六大纲目。①

台湾学者李则芬分为：（1）总纲；（2）国际法；（3）政府及军队；（4）刑法；（5）民法；（6）商法；（7）一般禁令；（8）成吉思汗嘉言录等内容。②

赛熙亚勒从各类文献著录中摘录54条，分6个内容：（1）总法或宪法；（2）朝廷法；（3）军法；（4）民众法；（5）专门法；（6）刑法。③

余大钧分类法尤详，他共摘录71条，分17类内容，并逐一进行解释：（1）行政法令；（2）驿站法令；（3）军事；（4）护卫军法令；（5）围猎法令；（6）赋税法令；（7）徭役法令；（8）豁免赋税、徭役法令；（9）尊崇所有各种宗教的法令；（10）尊重所有各民族学者的法令；（11）对待降顺的各国和城市的法令；（12）刑法；（13）禁忌、习惯法；（14）婚姻与家产继承法；（15）商业法；（16）关于监督实施札撒的法令；（17）关于审判方式的法令。④

此外，格·那木吉拉⑤、金正洛⑥、吴柏春⑦、包勒德巴特尔、垄德坚赞⑧、格·阿开姆⑨等也在其著作中大量地搜集整理各种文献史书所记载的有关成吉思汗《大札撒》和必力格，进行了介绍和分析。奇格重点介绍了成吉思汗《大札撒》的经济法和军法的部分。⑩

成吉思汗《大札撒》中有些内容是继承古代蒙古习惯法中业已约定俗成的内容。有些内容带有浓厚的神权法色彩。多桑谈道：

成吉思汗曾以鞑靼民族之若干迷信订入法律，以为无数毫无关系之事实，可以致

① 维尔纳德斯基：《成吉思汗札撒的内容与范围》，王嬉忠译，余大钧审校，内蒙古大学蒙古史研究室编《蒙古史研究参考资料》第18辑，1981年5月，第1页。

② 李则芬：《成吉思汗新传》，台湾中华书局1970年版。

③ 赛熙亚勒：《成吉思汗传》，内蒙古人民出版社1987年版，第485—503页。

④ 余大钧：《一代天骄成吉思汗——传记与研究》，内蒙古人民出版社2002年版，第532—560页。

⑤ 格·那木吉勒编：《成吉思汗札撒与毕力格》，内蒙古文化出版社1987年版。

⑥ 〔韩国〕金正洛：《千年人物》，〔蒙古〕波·拉赫巴等译，僧格林钦等转写，民族出版社2003年版，第146—158页。

⑦ 吴柏春、郭岩：《蒙古汗国制度》，民族出版社1994年版，第53—93页。

⑧ 〔蒙古〕包勒德巴特尔、垄德坚赞：《蒙古国政治法制传统》，乌兰巴托，1997年。

⑨ 格·阿开姆选编：《成吉思汗智慧赏赐》，莫·额尔敦苏布达转写，哈·苏德那木达尔札审定，远方出版社2005年版。

⑩ 奇格：《古代蒙古法制史》，辽宁民族出版社1999年版，第38—41页。

灾，或致雷击，此其所畏者也。故禁溺于水中，或火烬之上，严禁跨火、跨碟、禁洗涤衣服、应服之至于破敝。①

下面对成吉思汗《大札撒》的某些残存内容进行简要的探讨和解析。

禁草生而攫地；禁遗火而燎荒。

草场是游牧民族赖以生存的保障。游牧社会最主要的生产生活领域是草场，草场是游牧经济得以生存、发展的载体。所以游牧民族从自身的发展出发，有意识地保护草场。大蒙古国建立以后，把这一传统从国家的层面，以行政命令的方式加以确认，有效地防范和维护了草原的人为破坏。成吉思汗《大札撒》依法规定这项措施，时至今日仍有现实意义。

禁于水中和灰烬上溺尿；禁跨火、跨桌、跨碟以及盛食物的各种器皿。禁民人徒手汲水，汲水时必须用某种器具；禁洗濯，洗破穿着的衣服。

北方游牧民族信仰萨满教。萨满教认为，万物皆有灵，对自然现象和动物图腾的崇拜是它的主要内容。蒙古人信仰萨满教始于氏族社会末期。由于当时生产力发展水平的低下，人们对自然现象不理解，认为天、地、山川、河流、日、月、风、雨、雷、草木等和人一样有生命，有意志，从而对它们产生了敬畏和崇拜。通过对这些自然现象的崇拜，求神灵保佑免遭灾难，希望带来福音。蒙古人崇拜火神，人们认为如果触怒火神，就会大祸临头，燃烧的火焰就是火神的化身，所以“禁于水中和灰烬上溺尿；禁跨火”这一习俗相沿已久。古代蒙古人认为，一切东西都是圣洁的，不能玷污；所以有禁止跨盛食物的器皿等规矩，此外，跨越盛食物的器皿，本身也是一种不礼貌的行为。关于不能徒手汲水和禁止在河水中洗衣服等规矩说法不一。有人认为，水是圣洁的，不能玷污；而有的学者认为，一方面是蒙古高原水资源的缺乏，另一方面是与蒙古平民和大量奴隶的衣着有关。② 这种观点似缺乏说服力，也许只是问题的一个方面。

宰食牲畜，须用掏心式，不许砍头，其杀所食之动物，必须缚其四肢，破胸，入手紧握其心脏，如仿穆斯林杀生者，则应如法杀其人。

蒙古人的主要饮食是以畜牧业生产出来的肉类和奶制品等为主。所以宰杀牲畜是生活的一个重要的内容。萨满教认为，人和动物的灵魂在血液里面，所以蒙古人宰杀牲畜时采用掏心式宰杀方式，这样会避免大量流血。另外更重要的一个原因是，宰杀

① 〔瑞典〕多桑：《多桑蒙古史》，上册，冯承钧译，上海书店2001年版，第157页。

② 奇格：《古代蒙古法制史》，辽宁民族出版社1999年版，第273页。

牲畜时，如果血液都流出来了，会影响肉的味道和破坏营养价值，且还是一种食物的浪费。伊斯兰史家的著作中，我们也经常看到穆斯林因触犯该条而处罚的不少记录。

围猎时对怠慢的士兵以及使猎兽逃跑者处以鞭刑或死刑。

狩猎是古代蒙古社会的一项重要的军事训练和经济生产活动。在社会生活中占据重要的地位。一方面，狩猎能够来训练军队，围猎能够提高军队的素质和战术；另一方面，狩猎是畜牧经济的一种补充方式，“凡打猎时，常食所猎之物，则少杀羊”。从冬初头场大雪始，到来年春季牧草泛青时，是蒙古人的围猎季节。围猎是狩猎的一种集体狩猎方式，常以部族为单位联合举行。成吉思汗对围猎制定了若干条款来规范围猎时出现的不良行为。有关狩猎时的规定，在后来的《阿勒坦汗法典》《喀尔喀七旗法典》以及《蒙古—卫拉特法典》中更加详尽了。札撒规定，“狩猎为军事训练之基础”，定为国家制度。

禁打马匹之头面。

在游牧社会，马匹起着举足轻重的作用。马是游牧社会最主要的交通、作战工具。所以保护马群跟保卫政权同样重要。每个人都必须爱惜自己骑乘的马匹。譬如，1640年制定的《蒙古—卫拉特法典》规定：“失误杀马，以同等马赔之，如未吃马肉，主人要一匹大马。”成吉思汗说，一个民族如果不遵守法律就会“马和马群得不到安宁，他们出征打先锋所骑的马精疲力竭，以致倒毙、腐朽、化为乌有”。在《蒙古秘史》中亦有相关的记载。

禁止人们使用未经品尝的任何食物。

这一条规定很可能是跟成吉思汗父亲也速该把阿秃儿给铁木真定亲以后，回来的途中参加世仇塔塔儿人的宴会上吃了放毒的食品被害有关。“禁止人们使用未经品尝的任何食物”是为了提防食物中放毒的一种措施。在古代汉民族的饮酒习俗中也有类似的习俗。

脚踏首领门槛者处死。

在柏郎嘉宾、鲁布鲁克、马可·波罗的游记中经常看到有关脚踏门槛而被斩、罚没其衣服、处罚钱币、被杖惩罚的记载。其原因马可·波罗谈道：“之所以规定这一制定，是因为如果脚踏门槛，被看作要倒运的缘故。”现代蒙古社会中作为一种生活禁忌，也不准脚踏门槛，认为门槛代表这家主人或父权。

通过正在饮食者近旁要下马，不经对方准许也可共餐。

这一条符合游牧社会实际情况，并相沿已久，成为蒙古游牧社会历代约定俗成的生活习惯和待人接物的习俗。

随着大蒙古国领土的扩展和驿站体系的设立、东西方交通的畅通，同中亚的商业贸易活动也日益频繁。因此成吉思汗制定了有关保护通商方面的札撒。

凡以信物取运货物而破产者，仍得以信用取运货物二次，破产三次者处死。

行政和军事组织方面按照匈奴以来的游牧政权传统，规定大蒙古国基本行政单位为千户，已经组合成千户的没有大汗的规定不能更改，并在千户上设立万户，下设立了百户、十户等基层行政组织，确立了千户制度。规定：

要严守十户、百户、千户和万户之规定，不得随意改变。

万户长、千户长和百户长，每年初和年终，两次来受教，归而身体力行，若面从心违，致我令如石落水，如矢入苇，此人不可以典兵。

为了规范社会行为，成吉思汗规定：

如盗他人物，此奴及奴主皆杀，并没收此奴及奴主之妻、子、畜产。受连坐之主，名为段案主。盗窃之物不重要者，杖之。

偷马的人课以罚金或处死，偷骆驼的人处以死刑。

盗马者除必须赔偿外，并课以罚金，不能缴纳罚金者处死。

出于维护奴隶主阶级利益的需要，禁止人民逃亡。成吉思汗《大札撒》规定：

隐藏奴隶，提供衣服饮食的人，处死刑。假如抓住失踪的奴隶时押送给原主。不允许反抗那颜的命令，如果有违犯的人，严加惩处。

婚姻家庭继承制度方面，大蒙古国依法保护合法婚姻。通奸等违背伦理道德的行为受到严厉的惩罚，“对通奸和鸡奸者，有无成婚皆处死”。家庭的财产继承以及贵族家庭妻妾地位上有明确规定，若父亲或兄长死，除亲生母亲以外的亲属都有权分配遗产。这是北方民族自古以来的收继婚现象的遗存。

妾之子亦为合法，要按其夫之规定享有相当的继承权。对财产的分配年长者要多于年少者。正妻之幼子要继承父亲炉灶。

成吉思汗的军法在《大札撒》中占首要地位，蒙古铁骑横跨欧亚大陆建立游牧帝国也是仰仗严明的军律和不折扣地严格执行的军事法规来取得的。成吉思汗《大札撒》规定：

军队编组，采取十进制，分十户、百户、千户、万户。护卫军编组，分宿卫、箭筒士和散班。男子二十以上，皆有服兵役之义务。护卫军战士，从百户、千户及白身人（自由人）子弟中选取有技能强健者任之。大汗不出征，护卫军不能出动，擅动护卫军者处死。十户长、百户长、千户长和万户长不能统率其部属作战者，连同妻子、儿女一并定罪，然后另选他人为长。

怯薛军既是成吉思汗护卫部队，也是成吉思汗政权的武装力量，其地位崇高。统将和士兵，平时要做好战备，一有诏令立即行动，不分昼夜到达指定地点，接受任务。设立驿站，以便迅速得知国内发生的各种事件，出征时沿途设置驿站，有千户承担站役，出备车马。士卒鞍马，武器及日用品自备，缺者罚之。那颜出征须带从马六七匹，士卒二三匹。出师不以贵贱、可带妻奴而行，使其掌管行李，设立毡帐，装卸鞍马，轻重车驮等事。

临阵前，统将必须检阅士卒及其武器装备。交战前，向敌军民宣告“如顺服，则汝等可获善遇或安息；如反抗，则其后果唯有上天知道，非吾人所能预料”。士卒出征逃匿者斩。作战临阵先退者死。作战时，十人中如有一二人逃走，全班之人皆处死。一队中，如有英勇者数人领先出击，其余如不跟进者，处死。每单位，有人被俘，如不能抢救回来，全单位皆处死。被敌击退时，须退之布阵初地，再回头力战，否则处死。战阵中，鸣号收阵以前，擅自偃旗收兵者处死。战斗间隙，要放马于草地饱食，禁止骑乘。士卒擅离所属部队者处死。破敌逐北，见弃物勿取，须待战毕共分之，擅取战利品者处死。

战利品须奉献可汗，皇子、那颜和各级军士，其多寡比例，按地位高低而定。行军、作战中拾取同伙衣物、兵械，不交还失主者处死。不许各级那颜收容他队之人，虽宗王亦不得收容欲叛其首领之人。不经许可，擅给俘虏食物者处死。出军不得妄杀，在敌人投降以前，不得媾和。对于主动来降之敌国、敌镇要宽赦。受处罚之将领，不管有何理由，必须绝对服从。

第三节

成吉思汗《大札撒》的继承与发展

一、成吉思汗后继者与《大札撒》

1227 年，成吉思汗灭西夏。同年 7 月，病情恶化，临终前嘱咐窝阔台、拖雷二子，愿他们齐心协力，尊崇朋友，不得更改札撒。7 月 12 日，成吉思汗病逝于六盘山清水。一代天骄成吉思汗是在统一蒙古高原和扩张领土的战争中度过一生的。《元史》载，他“深沉而有大略，用兵如神”，一生“灭四十国”。是一位杰出的政治家和军事统帅，也是蒙古历史上最有影响的立法者。他把统一蒙古草原的政治追求和灵活机动的战略战术相结合，完成了建立统一国家的历史使命。

12 世纪末 13 世纪初的蒙古社会，在政治、经济上已经具备了保护奴隶主阶级利益、建立统一国家的条件。以成吉思汗为代表的新的奴隶主阶级中，既包括了旧的氏族贵族，也增加了不同氏族部落内的其他各层人氏，使其政权具有更广泛的社会性，为元朝统一中国奠定了政治、经济、军事基础。

成吉思汗去世后，“大约有两年，大位空虚，国中没有君主”①，暂时由幼子拖雷监管朝政。成吉思汗西征前，在大臣们参加的家族会议上指定窝阔台为汗位继承人。1229 年，监国拖雷在成吉思汗斡耳朵主持召开大忽里勒台，商议推举大汗一事，诸宗王和那颜们遵照成吉思汗生前遗嘱，一致同意窝阔台为汗位的合法继承人。

窝阔台即位后，在其二兄察合台的帮助下，着手进行对金朝的战争，同时开展对蒙古统治地区制度的改革。窝阔台汗首先提出要忠实地执行成吉思汗制定的“谁也不得更改”的《大札撒》，“在此以前，凡是成吉思汗颁布的诏令依然有效，保持不变。无论何人在朕即位之前所犯的一切罪行概予赦免”②。为了适应形势的需要，在《大札撒》的基础上，又补充了新的内容。为了保证新旧札撒的实施，规定“但今后若有人胆敢违犯新旧法令、制度，则将受到惩罚和罪有应得的惩处”③，使整个国家纳入了依法治理的轨道。

《蒙古秘史》第 278—279 节详细地记述了窝阔台汗时期怯薛制度的完善和赋税法的改革。怯薛制的改革主要是人员变动。而赋税法的些改革措施则直接减轻了百姓们的负担，如规定“每年让百姓从每群羊中，缴纳一只二岁羊做羊汤。每百只羊，缴纳一只羊，救济穷人们”“可由各处千户出母马挤奶，让挤马奶人放牧，让管营盘人经常出来代替放牧马驹人（兀纳忽臣）”，等等。

在库仓管理方面，制定了“宗王们聚会，朕应给予赏赐，要把缎匹、银锭、箭筒、弓、铠甲、器械装入仓库，派守库人看守。从各地挑选管库人、管粮米人看守”。为百姓们的生计和发展畜牧业制定“分给百姓营地（嫩秃黑）和水，使他们有驻扎的

---

①②③ 〔波斯〕拉施特主编：《史集》，第二卷，余大钧、周建奇译，商务印书馆 1983 年版，第 28、31、31 页。

营地，各千户中选取管营地人（嫩秃黑臣）。为使百姓能住得宽敞，派察乃、委兀儿台两个管营地人为首，在旷野里挖掘水井”。为不让往来的使臣行程中延迟和百姓劳累受苦，在成吉思汗时期的驿站的基础上，“由各处千户，派出札木臣（驿站人）和马夫（兀剌阿臣），在各处设置驿站”。建立了从汗斡耳朵经察合台汗国，远至拔都金帐汗国相连接的驿站体系。规定各千户须自备人和马，每隔五程设一站赤，人员二十名，以供来往使臣使用，“盖以通达边情，布宣号令”①。这些措施极大地推动了东西交通的畅通和商业贸易的往来。

太宗六年夏五月，窝阔台汗在达兰达葩之地，举行忽里勒台，发布了新札撒：

凡当会不赴而私宴者，斩。诸出入宫禁，各有从者，男女止以十人为朋，出入毋得相杂。军中凡十人，置甲长，听其指挥，专擅者论罪。其甲长以事来宫中，即置权摄一人，甲外一人，二人不得擅自往来，违者罪之。诸公事非当言而言者，拳其耳；再犯，笞；三犯，杖；四犯，论死。诸千户越万户前行者，随以木镞射之；百户、甲长、诸军有犯，其罪同。不遵此法者，斥罢。今后来会诸军，甲内数不足，于近翼抽补足之。诸人或居室，或在军，毋敢喧呼。凡来会，用善马五十匹为一羁，守者五人，饲羸马三人，守乞烈思三人。但盗马一二者，即论死。诸人马不应绊于乞烈思内者，辄没与畜虎豹人。诸夫人制质孙燕服不如法者及妒者，乘以驿牛徇部中，论罪，即聚财为更娶。②

窝阔台汗执政时期，执行札撒的时候非常严厉。《蒙古秘史》载：“驿站备用的骟马、[给使臣的] 分例的羊、挤奶的母马、驾车的牛、车辆等，若比朕所规定的缺了一根短绳就没收其家产之半入官，若缺少了一小段车轴，也没收其家产之半入官。”

此外，窝阔台汗非常灵活地运用《大札撒》，对待陷入贫困的人尤其宽容。执政之初，窝阔台汗多次表明他救济贫苦百姓的缘由：

朕的父亲成吉思汗辛苦建立了国家，因此不能让百姓受苦，要使他们安安顿顿地享受幸福。朕坐在汗父现成的大位里，不能让百姓受苦。每年让百姓从每群羊中，缴纳一只二岁羊做羊汤。每百只羊，缴纳一只羊，救济穷人们。③

拉施特的《史集》卷二第三部分《记窝阔台汗及其卓越品德和性格，他所宣示的训言，他所颁降的卓越谕旨和诏敕，以及发生于他的时代的一些事》中详细记载了窝

① 《元史》卷一〇一，《兵志》。
② 《元史》，《本纪》2。
③ 《蒙古秘史》第280节。

阔台汗治理国家、处理各种事物的方式方法，赞扬能够按照事情的真实情况来酌情审断各类事件，使大蒙古国一度出现社会稳定、繁荣昌盛的局面。

1241 年窝阔台汗去世。其长子贵由远征尚未归来，于是，由其妃乃马真（名脱列哥那）摄政。她“未与宗亲们商议，便狡诈地擅自夺取了国家政权”①，摄政时间达五年之久。她执政期间，帝国朝政出现了很多不良现象。这时候成吉思汗的《大札撒》遭到废弃。由于法度不一，诸王“人人都向四方派遣使臣，滥发诏旨牌符，他们私下结党，各自为政”②，使大蒙古国朝纲混乱，濒于崩溃境地。此时还发生了成吉思汗胞弟斡赤斤那颜起兵事件，虽被制止，但已成为成吉思汗“黄金家族”内部矛盾的肇端。

关于继承人人选，窝阔台汗曾经指定其子阔出的儿子失烈门为汗位继承人。但是脱烈哥那合屯违背其生前的愿望，让自己的儿子贵由即位，出任大蒙古国第三任大汗。1246 年 7 月，诸王及那颜们召开大会，准备推举汗位继承人。但是，在“拔都和宗亲们未到前，脱烈哥那和异密们就以自己的权力立了贵由为合罕（汗）”③。贵由的即位，为“黄金家族”日后的内部纷争埋下了隐患。

贵由即位后，“执法严酷”“正如他的父亲［窝阔台］合罕恪守他的祖父的札撒，不允许对他的法做任何更改，他也恪守札撒和他自己父亲的诏令，只对偶有冗繁和缺略之处略作删改，并避免更改致讹”。④但这些做法已经改变不了窝阔台汗去世以来造成的混乱局面。另外他还下令，“凡盖有窝阔台合罕玺印的诏书，可以无需经他亲自批准就可以再次签署认可”⑤。这项法令对汗权的巩固极为不利，助长了诸王割据势力，各自为政，法度更加松弛。

1248 年，贵由汗在迁移斡耳朵至叶密立·忽真的途中病逝。由其妻斡兀立海迷失与众大臣共同治理朝政。1249 年，在金帐汗国拔都汗的支持下斡兀立海迷失摄政。这时，皇族内部的矛盾已公开化。在拔都的提议下，决定在库跌阿剌勒召开忽里勒台，讨论推举新汗，以拔都为首的术赤后裔诸王、拖雷后裔诸王为一方的势力同窝阔台后裔诸王、察合台后裔诸王为一方的势力展开了激烈的斗争。1251 年 6 月，在拔都的军事威胁下，左右翼诸宗王参加在库跌阿剌勒召开的忽里勒台大会，窝阔台后裔势力被

①④⑤ 〔波斯〕拉施特主编：《史集》，第二卷，余大钧、周建奇译，商务印书馆 1983 年版，第 209、224 页。

②③ 〔伊朗〕志费尼：《世界征服者史》，上册，第一卷，何高济译，翁独健校订，内蒙古人民出版社 1980 年版，第 285、295 页。

镇压，最终立拖雷子蒙哥为大蒙古国大汗。

贵由汗死后，成吉思汗《大札撒》被废弃，诸王滥发札儿里黑（敕令），随意往各地派遣使者，征收赋税，造成法度不一，政出多门，财政混乱的局面。这种局面严重影响了国家的统一和汗权的巩固。当时到过哈喇和林的志费尼谈道：

贵由汗死后，诸王滥发札儿里黑；他们经商营利，把额勒赤（使者）派到世界各地去。而且贵人和贱民通过充当斡脱①以求得保护，子民逃避沉重的负担。皇上（蒙哥汗）现在下诏，从成吉思汗、合罕（窝阔台汗）、贵由汗及其他诸王的时期以来，被他们当中任何一人保留在属于他的省份中的一切札儿里黑和牌子，应当交回，此后诸王如不首先咨询朝中的总管，不得颁发和宣写任何关于财务的敕令。至于较重要的额勒赤（使者），他们不得使用十四匹以上的兀剌黑（乌拉指驿站的车马）；他们应从驿站到驿站，不得进入他们无特殊勾当的村子或城镇；而且他们不得取用超过每人定量的粮草。再者，因压榨和勒索的实施超过了极限，特别是农民被临时赋课的征收搞得倾家荡产，乃至他们谷物的产量尚不到向他们征收的赋税的一半，所以他下命叫所有的斡脱和财政、行政总管在他们和百姓打交道时应自我节制。每人应视其等第和物力，按照估定交纳派给他的数字，例外的是那些因成吉思汗和合罕的法令而被蠲免了赋课之扰者，即：穆斯林中的大赛夷和优秀的伊玛木；他们称为也里可温的基督徒中，僧侣和学者；偶像教徒中，他们叫作脱因的教士、著名的脱因们；还有在所有这

① 斡脱，蒙古语 Ortoq 的音译，蒙元时期经营高利贷商业的官商。徐元瑞《习吏幼学指南》谓："斡脱，谓转运官钱，散本求利之名也。"又称斡脱为"见賚圣旨、令旨，随处做买卖之人"。从成吉思汗时期起，蒙古贵族就提供本银，委托中亚木速蛮商人经营商业，发放高利贷，从中收高额息银。当时这种官商有"黄金绳缆"（Altan argamji）之称。大汗以及诸王、公主、后妃都各自设置斡脱，获取巨利。其经营的商品很大一部分是金银等奢侈品。蒙古初期，高利贷的年息为百分之百，次年息转为本，又复生息。有很大的掠夺性盘剥，当时称为"羊羔息"。如一锭银十年之后，竟能本利共合 1024 锭。蒙元时期的"斡脱"危害性很大。蒙古汗廷曾经规定，斡脱被盗或抢劫而一年之内不能破案，由当地居民代偿，就作为债务，迫令纳"羊羔息"。斡脱钱债使许多民户甚至一些地方官吏破产，陷入典卖妻孥还不足以偿债的境地，造成严重的社会问题。根据耶律楚才的建议，规定钱债"子母相侔，更不生息"，即不论欠债多久，全部利息最终不得超过本银的百分之百。蒙哥汗时期，曾令孛阑合剌孙专掌斡脱。元朝建立之后，皇室、妃主、诸王的斡脱不断发展。政府为持有圣旨、令旨的官商专立户籍，称为斡脱户。忽必烈皇帝时期，前后曾设诸位斡脱总管府（至元四年，1267）、斡脱所（至元九年，1272）、斡脱总管府（至元二十一年，1284）等机构，掌管斡脱事务。在地方，也前后设有斡脱局、斡脱府等官衙。斡脱扰民害政，曾废止各类机构，但作为一项重要的剥削收入的来源，不久便恢复，而且扩大了经营范围和权限，还发展到了远洋海外。斡脱商人的特殊经营，得到了朝廷的特殊庇护，给他们提供了种种特权。元代，斡脱高利贷商业的盘剥始终是官府、皇室和诸王诈取人民膏血的手段之一，也是造成元代尖锐社会矛盾的根源之一。（参见亦邻真著：《亦邻真蒙古学文集》，内蒙古人民出版社 2001 年版，第 892—893 页。）

些种类的人中，那些年老和无力谋生者。①

蒙哥即位后，对窝阔台汗国和察合台汗国参与反对拔都汗和蒙哥汗的那些宗王们进行严厉的惩罚。与此同时，及时调整政策，如推行法令，巩固汗权，发展经济，对各种宗教给予宽容政策，使蒙古社会渐趋稳定。

如蒙哥汗制定减轻农民赋税的措施：

中原地区和河中地区，规定一个大财主被征收十一个的那（货币单位），如此按比例降至仅交一个的那的穷人；在呼罗珊，规定富人交十个的那，穷人交一个的那。对忽卜绰儿（牲口税）的规定是，倘若一个人拥有一百头某个种类的牲口，他要交一头，不及百者免交。举凡有逋欠赋税之地和欠下它们的农夫，将不交纳这些逋欠，也不得向他们征收它们。②

蒙哥汗把成吉思汗颁布的《大札撒》作为他统治大蒙古国的法律准则，使“群臣擅权，政出多门”的混乱局面基本结束，保障了法制的统一性；宗王、贵戚和各级那颜经商营私、行贿受贿的腐败现象基本被制止，恢复了汗国的正常统治秩序。蒙古高原混乱局面逐渐地趋向稳定，曾一度荒废的札撒再次成为规范国家政治生活和调整社会关系及社会生活的有效武器，发挥其固有的作用。政治社会的安定带来了经济生产的正常运行。大蒙古国及几个汗国之间的关系也暂时进入缓和状态，东西方之间的驿站体系也得到恢复，带动了大蒙古国与中亚、西亚和欧洲国家间的商业、文化交流。取消斡脱，对商业贸易的繁荣清除了障碍，使征服南宋、统一中国有了稳定的大后方。

二、成吉思汗《大札撒》对被征服地区的影响

成吉思汗建立大蒙古国的时候，将汗国的右翼作为“合比”（分子）分封给自己的诸子，把左翼作为“合比”分封给诸弟。随着大蒙古国爆炸性地对外扩张，在汗国的西方形成了术赤后裔的拔都金帐汗国、察合台的察合台汗国、窝阔台后裔的窝阔台汗国、拖雷后裔的旭烈兀伊儿汗国。

成吉思汗分封的目的是为了巩固“黄金家族”内部的和睦，使汗国上下同舟共济，相互协助，以征服全世界，彻底消灭自己的敌人。但西方诸汗国自诞生初期就表

①② 〔伊朗〕志费尼：《世界征服者史》，下册，何高济译，翁独健校订，内蒙古人民出版社1980年版，第701、702页。

现出了离心倾向。随着窝阔台汗的逝世，各汗国与中央国家，宗族间的纷争日显突出，导致了元朝时期东西部宗藩王叛乱。虽然蒙哥汗在位时期，各汗国承认大汗的宗主权，但事实上已经分成两大政治势力。金帐汗国的拔都汗在蒙哥汗的授权下控制西方诸汗的军政大权，蒙哥汗则控制着东部地区。蒙哥汗去世后，金帐汗国和察合台汗国完全独立；忽必烈皇帝去世后，伊儿汗国也成为独立的国家。诸汗国之间常因掠夺发生战争，其内部又为争夺汗位纷争不断，逐步分裂成若干新的政权，国家力量在内耗中迅速被削弱。此外，由于通过武力征服创立的政权历来比较脆弱，再加上蒙古人在政治上统而不治的占领方式和游牧文化自身的弱点，使得各汗国大部分被伊斯兰世界同化，逐步消亡，仅有察合台后裔的叶尔羌汗国和帖木儿后裔的莫卧儿帝国延续时间较长。

大蒙古国初期，西道诸王的汗国都依照成吉思汗制定的《大札撒》治理国家。尤其是涉及国家高层领域中选举新汗、军队出征等重要事项都需要按照札撒法令行事。若蒙古本土举行大忽里勒台会议，诸汗王都须赶往参加。若违犯《大札撒》的规定，蒙古本土的大汗随时派遣使者惩罚，不得违犯，正如《大札撒》所规定，“受处罚之将领，不管有何理由，必须绝对服从”。

察合台汗国的创建者察合台是成吉思汗诸子中最熟悉成吉思汗《大札撒》的人。成吉思汗曾经说：

凡是极想知道札撒、必力格和如何守国的法规的强烈愿望的人，就去追随察合台。①

志费尼也谈道：“察合台掌‘札撒’和法律，既管它的实施，又管对那些犯法者的惩处。”② 窝阔台汗即位后，制定札撒时常向察合台咨询。察合台统治中亚期间，强行推行札撒，引起伊斯兰教徒普遍的反感，所以在伊斯兰史学家的笔下他总是被描绘成专横、残忍且凶暴无理的人。

金帐汗国（术赤兀鲁斯）又称青帐汗国或钦察汗国。该汗国经过术赤，拔都父子两代人的扩张，疆界东自额尔齐斯河，西至第聂伯河，东北到保加尔，南至克里木和北高加索，东南包括花剌子模北部和锡尔河下游的多民族国家。拔都统治时期把伏尔

① 〔波斯〕拉施特主编：《史集》，第二卷，余大钧、周建奇译，商务印书馆1983年版，第172页。

② 〔伊朗〕志费尼：《世界征服者史》，上册，何高济译，翁独健校订，内蒙古人民出版社1980年版，第321—325页。

加河地区作为政治中心，首都为拔都萨莱城（今俄国伏尔加河下游阿斯特拉罕市）。金帐汗国是一个封建君主国家。军队在国家机构中占据极为重要的地位。依照大蒙古国军队组织形式，组建了由封建上层子弟组成的军队——怯薛军。军权与民权密不可分，金帐汗国由札鲁忽赤官专管法律。

拔都作为成吉思汗的长孙，在中央汗国中有很高的地位，在汗国的政治军事决策中起着决定性作用。拔都从小在蒙古本部成吉思汗身边长大，故熟谙成吉思汗《大札撒》。后来他在治理国家时，一直忠实地执行《大札撒》法令。

我们从当时欧洲旅行家柏朗嘉宾等的游记中，可以看到有关拔都以《大札撒》法令治理国家的记载，如罗斯（俄罗斯）米歇尔公晋见拔都汗时因拒绝从两堆火中走过，并拒绝跪拜成吉思汗像而被杀。① 此外柏朗嘉宾在金帐汗国看到了鞑靼人禁止把刀等锋利东西插进火内，禁止用刀从锅中取肉，禁止在火旁舞动斧子、用马鞭触及箭支、捕捉或射死雏鸟，禁奶或食物倒在地上、幕帐内撒尿、脚踏王公幕帐的门槛等禁令，这些都是成吉思汗《大札撒》中所规定的法条，若违反则受到严厉的惩罚。《金帐汗国兴衰史》的作者谈道：

在上层社会信奉伊斯兰教及蒙古政权伊斯兰教化之前，有关蒙古人本身的案件的诉讼程序完全以札撒（蒙古非成文法）为依据。在伊斯兰教化时期，当一部分案件归伊斯兰法典执掌者处理时札撒在某些场合下仍在民事方面起作用。②

伊儿汗国的情况也大致相同。马哈麻·伊宾·忻都沙·纳希彻瓦尼在《答思秃儿哈的卜》一书中引用了三份委任某人为札鲁忽赤长的敕令。据敕令的内容，伊儿汗国设立依据札撒判案的札鲁忽赤官。这一职位通常委任有势力的蒙古贵族担任。敕令中指出，这个人足以担当根据札撒判案的札鲁忽赤，他对双方争执的判决应公正，不得有陷害、欺凌、使用暴力等行为。③

蒙古势力在中亚地区趋于衰微的时候，出现了自封成吉思汗的跛子帖木儿汗重新统一中亚的势力。他建立了庞大的帖木儿帝国，建国后又强制推行成吉思汗《大札撒》法令，试图依靠《大札撒》的权威治理国家。

帖木儿在回历673年和他的弟兄发生汗位之争时，库克真合屯引用忽必烈皇帝的话说：

---

① 柏朗嘉宾：《柏朗嘉宾蒙古行记》，耿昇译，中华书局1985年版，第34页。

②③ 〔苏联〕格列科夫、雅库博夫斯基：《金帐汗国兴衰史》，余大钧译，张沪毕校，商务印书馆1985年版，第109页。

谁了解成吉思汗的教导最好，谁应该即汗位。

于是诸王都背诵了札撒，由当场的长者们裁决，结果帖木儿背诵得最好，因此被选作可汗。从这里我们可以清楚地看出，札撒还是具有相当的权威性和影响力。

第四节

成吉思汗《大札撒》的性质和特点

直到今天，学术界对蒙古早期国家社会形态的意见分歧仍旧比较大，这个问题一直争论了近三百年，至今难以得出一致的意见。马克思主义学说中关于五种社会形态理论，能否适用于蒙古社会，也成为讨论这一棘手问题的焦点。学术界从不同的角度出发，提出了奴隶制说、奴隶制过渡到早期封建制说、封建制说诸多观点。

社会形态的变迁往往是由生产力和生产关系的变化所决定的。对法学研究来说，较早期的社会形态里所产生并遗留下来的习惯或有些习惯法内容，甚至影响以后的各个社会形态下产生的成文法律内容。因为任何一种文化现象是从它存在的社会母胎里产生出来的。比如，蒙古法当中的“禁草生而攫地；禁遗火而燎荒；禁于水中和灰烬上溺尿；禁跨火、跨桌、跨碟以及盛食物的各种器皿”“禁打马匹之头面”等内容变成为一种风俗习惯一直流传至今。

蒙古社会特殊的环境、特殊的社会形态下制定颁布的札撒法律具有特殊的内涵和社会功能。它代表成吉思汗为首的统治阶级的意志和利益。《大札撒》是大蒙古国——这一游牧军事帝国的灵魂。《大札撒》是大蒙古国的政治、经济、军事等一系列国家行为得以实施的法律保障，也是大蒙古国国家统治机器正常运行的总纲领。成吉思汗《大札撒》是以游牧生产为主，狩猎为辅的生产方式为经济基础的，直接服务于草原贵族阶层的游牧民族法律。具有汗权高于一切，严明的军律，严格维护统治阶级的私有权，赏罚分明，刑罚严峻等鲜明的特点。

成吉思汗《大札撒》既有严厉的一面，同时也有较中原法律和伊斯兰法律宽容的一面。多桑在文中记录了成吉思汗曾对诸将领和诸子告诫说过的一句话：

将校有犯罪行为的时候，不要滥加刑。因为他们尚未成年而且是有职位的人。他们若是犯了罪，先来问朕，朕如果不在时，可以听取众人的议论，依照法律来处罚。

希望你们，在定罪的时候，犯了罪的人要认罪，受到刑的人能认识到他所受到的刑罚是依据法律规定的，不是因怨恨偏见而定的，你们要努力。①

这是草原游牧民族法律的一大特点，这一传统延续到17世纪，在《蒙古—卫拉特法典》中，蒙古法的宽容精神达到了顶峰。这是蒙古族单一的、淳朴的游牧经济结构在人们意识形态中的一种反映。

还应该注意到的是，宗教信仰对古代蒙古人的法律习惯和法律制度的影响。英国学者梅因在其《古代法》一书中认为，“一切法源于宗教”。而《大札撒》与蒙古族原始宗教——萨满教息息相关。《大札撒》立法的指导思想是“汗权高于一切”，蕴含着神权法思想。萨满教的理论充斥着成吉思汗的思想意识，萨满教的自然崇拜、万物有灵论、祖先崇拜等内容在《大札撒》里占据重要地位。尤其是成吉思汗对长生天的崇拜和对长生天坚定的信念，是他一切行为的准则。

成吉思汗《大札撒》作为一部成文法典——蒙古人真正意义上的国家初创阶段的法律来说，还不够完备，也并不成熟，还没有系统化和规范化。随着大蒙古国统治范围的不断扩大，以草原游牧文化为底蕴的《大札撒》法律，与其他法文化发生冲突，在中原地区和西域，自然而然地失去了它的绝对权威和价值。这样说并不是否定蒙古统治集团入主中原后元朝的法律中的“旧例”，也不是否定蒙古统治者在伊斯兰国家强行推行的《大札撒》。但可以看到，除岭北地区完整地实施《大札撒》以外，在其他被统治地区的司法实践中，《大札撒》法令日渐衰微。

成吉思汗《大札撒》作为蒙古民族的第一部成文法，其意义深远。它对治理建构草原帝国各个构件及其正常运行，建立横跨欧亚大陆的世界性帝国，打开中断多年的东西方交流的局面，以及加速蒙古民族文明化的进程，提高和加强蒙古民族共同体的凝聚力，发扬民族精神，做出了重要的贡献。但我们也不可忽略成吉思汗《大札撒》的时代局限性。《大札撒》有其落后、消极和残忍的一面。尤其是《大札撒》中的军法和刑法方面的若干内容，给被占领地区的人民带来了严重的灾难，对本民族的劳动人民来说也是极其沉重的负担。

---

① 〔瑞典〕多桑：《多桑蒙古史》，上册，冯承钧译，中华书局2004年版，第205页。

第五节

大蒙古国时期司法审判制度

为有效贯彻和实施《大札撒》法律，大蒙古国在中央设置了也客札鲁忽赤那颜（大断事官）。成吉思汗任命他的义弟失吉忽秃忽为最高札鲁忽赤。此前，断事之任由其异母弟别勒古台负责，当时尚没有札鲁忽赤这一名称。《蒙古秘史》里的“札鲁忽赤”的原文为“古儿，迭额列因，札鲁忽”，旁注为“普，上的，断事”。“札鲁忽”有“诉讼”的意思。蒙古语“札鲁忽赤”是“诉讼者”或“管理诉讼者”之意。《蒙古秘史》第203节对札鲁忽赤职权明确规定：

如今初定了普百姓，你与我做耳目，但凡你的言语，任谁不许违了。如有盗贼诈伪的事，你惩戒着，可杀的杀，可罚的罚。百姓每分家财的事，你科断者。凡断了的事，写在青册上，以后不许诸人更改。

在这里可以看出，断事官有至高无上的权力。札鲁忽赤为大蒙古国最高行政长官，其具体职权是掌管百姓的分配和对犯罪的判决。大蒙古国时期实施札鲁忽赤制度，蒙古入主中原后，行政和司法实践当中仍沿用札鲁忽赤制度。

上面提到了“青册”。那么“青册”是一部什么样的文书呢？《蒙古秘史》原文为“阔阔，迭卜帖儿，必赤克”，旁注为“青，册，文书”。伯希和认为，“青册”是在白纸上用蓝墨水一类的东西写的“户籍簿”。余大钧认为，这是蒙元文献上称作“青册”或“户口青册，为用墨写的黑字写在白纸书册上的登记户口的户籍册，青即黑之意。① 道润梯步译本第227页注释中则认为，这里所说的“青册文书”，也不似《元史》《元典章》和《通制条格》等法制书上所说的“户口青册”，而似是指大事记之类的记载历史事件的史书而言。笔者赞同后一种说法。这个青册既是记载着军国的大事，又是记载着成吉思汗札撒的文书。而后多年失传，我们至今无从得知其真实的面目。

成吉思汗规定，失吉忽秃忽审判案件时，由宿卫参加听审。在大蒙古国发生大案

---

① 余大钧译注：《蒙古秘史》，河北人民出版社2001年版，第347页。

件时，往往由成吉思汗亲自断案审理。但是，这方面的史料是十分缺乏的。

成吉思汗曾经说过："想要精通札撒、规矩、法律和必力克（训言）的人，就到察合台处去。"① 因而在大蒙古国初期，成吉思汗命令他的次子察合台监督札撒的施行。据《世界征服者史》载："次子察合台掌札撒和法律，既管它的实施，又管对那些犯法者的惩处。"②

大蒙古国审判方式和程序方面仅看到了两份史料：

至于他们的法律……当两个人决斗时，没有人敢干涉，那怕父亲也不敢帮助儿子。但受害的一方可以向主子的宫廷申诉，申诉后伤害他的人，被处以死刑。但必须毫无耽误地马上采取行动，受害者必须把（伤害）他的人俘囚送去。除了当场被抓住或者自己认罪外，他们对任何人不施大刑。当有人被许多人控告时，他们折磨他到他招认。他们对杀人罪施以极刑……③

大蒙古国时期，札鲁忽赤官注重审判的公正。拉施特《史集》记载有关大断事官失吉忽秃忽决案时的情况："他（失吉忽秃忽）决断公正，给过犯人很多帮助和恩惠；他屡次反复说：'不要因为恐惧而招认！'他对罪犯说道：'不要害怕，说实话！'我们从断事官们的辩论中知道，从那时起直到现在，无论在蒙古斯坦或其所属各地区境内，他断案的方式方法的原则，奠定了判决的基础。"直至蒙哥汗时期，大蒙古国断事官们仍遵循这一审判态度和方式。

为使供述有效，需要三个证人。

大蒙古国时期，札鲁忽赤官对审讯颇为重视。审讯重视口供，同时也重视证据。犯人所供事情，也许是逼供或有误，为避免出现偏差和误判，审判现场至少有三个证人来证明。有关审理案件时"证人"的作用，到了明清时期，在蒙古社会司法审判制度中更为完备。

据文献记载，大蒙古国时期受理案件的司法程序主要有以下几种形式：

（1）检举。战争中违反纪律或把战利品据为已有者，通过证人检举揭发后受到严厉的惩罚，黄金家族也不例外。检举人揭发的事情若属实，将受到奖励，若属于诬

① 〔波斯〕拉施特主编：《史集》第一卷，第一分册，余大钧、周建奇译，商务印书馆1983年版，第174页。

② 〔伊朗〕志费尼：《世界征服者史》，上册，何高济译，翁独健审校，内蒙古人民出版社1982年版，第44页。

③ 〔美〕W. W. Rockhill（柔克义）译注：《鲁布鲁克东行记》，何高济汉译，中华书局1985年版，第219页。

告，将受到惩罚。

（2）自首。犯罪人到自己那颜那里或断事官那里自首，会得到减轻处罚。

（3）告到断事官那里或被告到上司那里。若情节不严重，断事官按照札撒的相关规定酌情处理。若涉及重大问题，断事官或被告人的上司必须向成吉思汗报告，并听从大汗的处理决定。

（4）直接告到成吉思汗面前。因为札撒规定“不能阻拦告状者”。状告人直接可以找成吉思汗告状，成吉思汗一直鼓励这种直接告状行为。

大蒙古国时期有无监狱，史料没有记载。实施法律的原则是“必须有确凿的证据，或者罪犯自己所供认以外，不能判罪。假如罪犯妄图掩盖他的罪行的时候才可以拷问”①。刑具主要有木枷、鞭子、木棍（杖）、刀等。成吉思汗《大札撒》在刑法方面的规定比蒙古族任何一个历史时期的法律法规都严厉。刑罚实施的最高处罚为死刑。大蒙古国时期的刑罚分别有：（1）杖刑；（2）劈刑；（3）鞭刑；（4）以拳头捶打耳朵；（5）用毡子包裹闷死；等等。

成吉思汗《大札撒》是蒙古民族用法律手段治理国家的开端，也是刚刚形成的蒙古民族共同体文明化的显著标志。从蒙古族立法史的角度上来说，它是蒙古法制史的基石，对后来制定的《阿勒坦汗法典》《喀尔喀七旗法典》《蒙古—卫拉特法典》《喀尔喀吉如姆》以及清代诸“蒙古例”等诸多法典律令的制定和颁布起到了借鉴作用，并成为必须遵循的基本原则。这些法典律令的精神有着内在联系，是一脉相承的。

---

① 〔俄〕米·伊·伊万宁：《铁木真帖木儿用兵论》，内蒙古人民出版社 1987 年版，第 260 页。

第四章

元朝时期的蒙古法制

第一节

元朝的建立

1259年，大蒙古国主蒙哥汗攻打南宋合州（今四川省合川县）时，伤逝于前线。此时，其弟忽必烈正率军队与南宋宰相贾似道相持于鄂州，另一个弟弟阿里不哥留守国都哈喇和林，代掌国政和镇守漠北诸军的兵权。蒙哥汗生前没有安排汗位继承人，他去世后，大蒙古国统治集团内部再一次爆发了内讧，进而忽必烈和阿里不哥就汗位继承人问题展开了激烈的斗争。

大蒙古国建立后，成吉思汗制定了《大札撒》法典。而对汗位继承这样重要的事情，似乎没有立法。与以前的草原游牧政权一样，大蒙古国的汗位继承没有固定次序，所以自窝阔台汗去世以来纷争不断。汗位纷争的根本原因，在于蒙古建国前氏族军事民主制的残余影响。国家虽已诞生，但最高统治者的世袭制度并未完全发展成熟，仍带有氏族部落首领公选制的痕迹，形成一种“世选”继承方式。在世选方式下，即使前任大汗已有遗命指定了汗位继承者，也仍然必须经由诸王、贵族的“忽里台”（忽里勒台）会议推选确认，才能正式即位。① 忽必烈闻蒙哥阵殁消息后，采纳谋士郝经②建议，与贾似道缔结密约，迅速归北方，于次年四月，在开平召开忽里勒台大会，即位称汗，建元中统。阿里不哥也于此前后在哈喇和林召开忽里勒台大会即汗位，一时间一国出现了二君的局面。

阿里不哥据有蒙古本土，按照蒙古传统的幼子守产习俗和忽里勒台推选即位原则，在政治上占有一定优势，但兵力、物资与对方相比均明显不足。忽必烈方在蒙哥汗时期就开始经营汉地，得到了中原士大夫和汉族军阀的拥戴，还有塔察儿等“东道诸王”的支持，不论兵力还是物资供应，都比较充足。中统五年（1264）7月开始，

---

① 张岂之主编：《中国历史·元明清卷》，本卷由郭成康、王天有、成崇德主编，高等教育出版社2001年版，第22页。

② 郝经（1223—1275），泽州陵川（今属山西）人，字伯常。金亡后徙河北。蒙哥汗（宪宗）时，入忽必烈府邸，条陈数十事，甚受信任。中统元年（1260），以翰林院侍读学士使南宋，告世祖即位，并商和议，被贾似道扣留于真州（今江苏仪征）十余年。被留之日，以著述为事。至元十二年（1275）归元，寻病卒。

双方经过四年的内战，阿里不哥兵败归降，以忽必烈的胜利而结束。

忽必烈最终控制了漠北地区，他作为蒙古国唯一大汗的地位也得到了确认。此外，忽必烈成功地平定了山东军阀李璮之乱，并因势利导，着手解决世侯割据的问题。在忽必烈至元前几年，他陆续制定了一系列措施，主要内容有：在地方实行兵民分治；罢世侯子弟为官；停止世侯世袭；立官吏迁转法；定易将之制，使将不擅兵。这些措施从根本上结束了金末以来北方军阀割据的局面，恢复了中原王朝传统的中央集权制度，使忽必烈对汉地的统治更加巩固。① 这在蒙元历史上，具有划时代的政治意义。

从 13 世纪中后期开始，横跨欧亚大陆的大蒙古帝国开始走向分裂。事实充分表明，通过军事征服建立起来的帝国，实际上只是一个缺乏统一经济基础的政治联合体。至元元年（1264），忽必烈打败阿里不哥后召开的忽里勒台会议的失败表明，过去统一的大蒙古国已经不复存在，取而代之的是，除了忽必烈以汉地为中心建立的元朝外，就是各自独立发展的钦察（金帐）、伊儿、察合台、窝阔台四大汗国。忽必烈及其子孙名义上仍被尊为成吉思汗的正统继承人，即“一切蒙古君主之主君”，所以元王朝是各汗国的宗主国。中国典籍中将四大汗国的统治者称为“西北诸王”，把他们置于“宗藩”的地位。

纵观蒙古国分裂的原因，一方面是自成吉思汗、窝阔台汗去世以后，黄金家族内部长期存在的离心趋向；另一方面是，忽必烈即位后蒙古国统治重心的南移，致使大蒙古国国家政治中心与西道诸王相距更远，这个原因加剧了分裂的进程和速度。与此同时，一个历代中原王朝模式的中央集权官僚制王朝——元朝出现在历史舞台上。

灭金后，刚刚入主中原地区的蒙古统治集团对汉地的管理混乱，且对农业生产认识不足。起初，他们对中原地区极力推行掠夺政策。很多人认为“虽得汉人，亦无所用，不若尽去之，使草木畅茂，以为牧地”②。更有些军功贵族“强籍新民以为奴隶”③，强占民田，“不耕不稼，谓之草场，专放孳畜”④。针对这种情况，忽必烈进行了一系列改革。与前几位大汗相比，忽必烈受到过更多的汉文化熏陶。史载，忽必

---

① 张岂之主编：《中国历史·元明清卷》，本卷由郭成康、王天有、成崇德主编：高等教育出版社 2001 年版，第 31 页。

② 苏天爵：《元文类》卷五七。

③ 《元史》卷一七〇，《雷鹰列传》。

④ 《续文献通考》卷一。

烈帝“思大有为于天下，延藩府旧臣及四方文学之士，问以治道”①。在争夺汗位的过程中，他看到了以前蒙古大汗“武功迭兴，文治多缺”的政治弱点，领悟到中原汉地对他巩固权力所起到的重要作用和意义，所以主动改变草原本位的蒙古主义，积极改汉制，用汉法，进而提出来了“宜新宏远之规”和“祖述变通”的立国方针。在长期受异族统治，华夷之分意识基本淡薄且饱受战乱之苦，渴望安定的汉族士大夫阶层来看，“今日能用士，而能行中国之道，则中国之主也”②。忽必烈正是适应他们所要求的新主。于是“一时贤士大夫，云合辐凑，争进所闻”，劝忽必烈“附会汉法”“行中国事”。

忽必烈即位之初，大蒙古国有计划地吸收、采用前代中原王朝的一系列典章制度和统治经验。如建立年号、国号以及礼仪制度；③ 建置中央集权的官僚机构；④ 定都燕京（今北京）；⑤ 实行重农政策；⑥ 尊崇儒学⑦等方面推行了“汉法”。这些措施，

---

① 《元史》卷四，《世祖本纪》一。

② 《元史》卷一六〇，《徐世隆列传》。

③ 忽必烈皇帝即位之初，采用中国传统的王朝年号纪年，定年号为“中统”。1264 年，复改年号为“至元”。至元八年（1271）十一月，取《易经》“大哉乾元”之义，定国号为“大元”。元朝之名，由此正式确立。忽必烈帝仿照中原仪制，下诏在燕京设太庙祭祀祖先，制定供节日、庆典使用的朝仪。

④ 1234 年，大蒙古国灭金国政权后，在统治中原方面，起初根据具体情况沿用一些金朝旧制，但无一定之规。忽必烈即位后，仿金制，建立了一整套中央到地方的官僚机构。中央设中书省掌政事，为宰相机构，下辖吏、户、礼、兵、刑、工六部，处理具体行政事务。又设枢密院掌军事，御史台掌监察。在地方，初设立十道宣抚司，下辖路、府、州、县。后来统一设置行省作为地方大行政区，行省与路之间又设有宣威司。地方监察则由提刑按察司负责。该司后更名为肃政廉访司。

⑤ 忽必烈即位仪式是在他的藩府所在地开平（今内蒙古锡林郭勒盟正蓝旗境内）举行的，并在此处设立了中书省。中统四年（1263），以开平府为上都，至元元年，将燕京为中都。随着对中原统治的稳定和深化，至元三年（1266）底，开始对燕京进行重修和扩建，至元九年（1272），定新都城之名为大都，亦称汗八里。“阙庭”和国家枢纽机关正式从上都迁入新都。成为陪都的上都起着联络中原与漠北的纽带作用，并每年四月至八九月间元朝皇帝赴上都避暑。另外，原大蒙古国旧都哈喇和林，自忽必烈即位起只成为地方机构的治所。

⑥ 忽必烈时期开始转变以往蒙古贵族对农业的不重视态度，在中央设立大司农司，专管劝导、督查农事，又将“户口增、田野辟”规定为考核官吏的首要标准。下诏招集流亡人员，鼓励垦荒，发展屯田，兴修水利，禁止抑良为奴。至元七年（1270），颁布立社法令，将以前农村中自发出现的社组织加以统一推广。以自然村为单位，原则上每 50 家立为一社，由社众推举年高通晓农事、家有兼丁者担任社长，免除差役，专门负责劝农、组织农民协作互助，各社并设立义仓以备荒。朝廷还汇集历代农学著作，删繁撮要，编成《农桑辑要》一书，颁行全国，用以指导农业生产。

⑦ 忽必烈即位后，下诏儒户免除部分赋役，在中央设立国子学，以儒学教育贵族子弟，地方设立诸路提举学校官，重建地方官学教学体系。

奠定了中央集权王朝的基本框架。在这一基础上，元朝发动了灭南宋、统一全国的战争。双方经过长达六年的战争，南宋灭亡，元朝统一了全国，“舆图之广，历古所无”。其疆域，“北逾阴山，西及流沙，东尽辽左，南越海表”①。

元朝的统一，结束了自唐末以来的多个政治势力并存的分裂割据局面②，促进了国内各民族和各地区的经济、文化的交流，形成了多元化的政治、经济、文化格局，恢复了中西方长期中断的交通，加强了中外文化交流和经济贸易，更重要的是促进了蒙古民族自身的发展。

第二节

元朝的国家机构

元朝是中国历史上以蒙古贵族占据主导地位的统一的多民族国家。它在原来草原游牧政权机构的基础上，经过“援唐宋之古典，参辽金之遗制”而折中形成了一套新型的由中央到地方，具有二元特色的中央集权国家政权体系。

一、中央机构

元朝在中央设立了中书省、枢密院、御史台。三者构成了元朝国家机构的重要支柱。据《元史》载，忽必烈“遂命刘秉忠、许衡酌古今之宜，定内外之官。其总政务者曰中书省，秉兵柄者曰枢密院，司黜陟者曰御史台”③。确立了中央实行行政、军事、监察三权分立的机构体制，又先后添设大司农、国史院、集贤院、宣政院、太史院、通政院等中央机构。

① 《元史》卷五八，《地理志》序。

② 自从唐末藩镇割据以来，先后出现了五代十国的并立，辽、宋和金、南宋、西夏、蒙古、高昌、大理、吐蕃等政权并存的局面。这种相互争夺的分裂局面，长达三四百年之久。

③ 《元史》卷八五，《百官志》序。

（一）中书省

为提高政府运行机制，废除唐宋以来的门下、中书、尚书三省并立制，只设一个中书省。由一省代替三省，标志着唐宋以来分权制的终结，从多轨辅政制转变为单轨辅政制。中书省在元代中央各机构中最有权力。该机构“辅弼朕躬，总理庶政”①，是元朝设在中央的最高行政机关。元代中书省的长官为中书令，“惟皇太子立，必兼中书令”②，故常以皇太子兼任。不过实际上是一种虚衔。中书省的实际权力是由左右丞相、平章政事、左右丞、参知政事等人掌握。中书令下之左右丞相为正宰相，总领省事、右丞相多以蒙古人担任。其下设平章政事二人、四人或五人不等，其职“掌机务，贰丞相，凡军国重事，无不由之”③。其下设左右丞各一员“为副宰相，裁成庶务，号左右辖”④，参知政事二人，“副宰相以参大政，而其职亚于左右丞”⑤。这些官员实际上是分掌宰相的职权，故统称之为宰执，在“政事堂”共同议事，办理政务。凡涉及朝廷大政、军国重事，经诸宰执共同讨论提出方案后，上奏皇帝裁决。该省繁杂的文牍由所设右司、左司分管的九房四十八科的郎中、员外郎、都事等官执掌，在此还特设蒙古必阇赤以掌蒙文案牍。

中书省统辖吏、户、礼、兵、刑、工六部，其他凡与政务有关的寺、监、卫、府事务也通由中书省管理。

元代六部的组织、职能与前代基本相同。据《元史·百官志》载，各部职责分别为：

吏部掌天下官吏选授之政令。凡职官铨综之典，吏员调补之格，封勋爵邑之制，考科殿录之法，悉以任之。该部编制是置尚书三员，正三品；侍郎二员，正四品；郎中二员，从五品；员外朗二员，从六品。事务人员，又有主事三员，蒙古必阇赤三员，令史二十五人，回回令史二人，怯里马赤（译史）一人，知印二人，奏差六人，蒙古书写二人，铨写五人，典吏十九人。⑥

户部掌天下户口钱粮田土之政令。凡贡赋出纳之经，金币转通之法，府藏委给之实，物货贵贱之值，敛散准驳之宜，悉以任之。设户部尚书三员，正三品；侍郎二员，正四品；郎中二员，从五品；员外朗二员，从六品。事务人员，又有主事八员，

---

① 《元典章》卷二，《圣政》1。
② ［元］陶宗仪撰：《南村辍耕录》卷二二，皇太子署牒，中华书局1997年版，第29页。
③④⑤ 《元史》卷八五，《百官志》1。
⑥ 《元史》卷八五，《百官志》1，《吏部》。

蒙古必阇赤七人，令史六十一人，回回令史六人，怯里马赤（译史）一人，知印二人，奏差三十二人，蒙古书写一人，典吏二十二人，司计官四人。①

礼部掌天下礼乐祭祀朝会燕享贡举之政令。凡仪制损益之文，符信简册之信，神人封谥之法，忠孝贞义之褒，送迎聘好之节，文学僧道之事，婚姻继续之辨，音艺善供之物，悉以任之。设礼部尚书三员，正三品；侍郎二员，正四品；郎中二员，从五品；员外朗二员，从六品。事务人员，又有主事二员，蒙古必阇赤二人，令史十九人，回回令史二人，怯里马赤（译史）一人，知印二人，奏差十二人，典吏三人。②

兵部掌天下郡邑邮驿屯牧之政令。凡城池废置之故，山川险易之图，兵站屯田之籍，远方归化之人，官私刍牧之地，駞马牛羊鹰隼羽毛皮革之征，驿乘邮运抵应公廨皂隶之制，悉以任之。设兵部尚书三员，正三品；侍郎二员，正四品；郎中二员，从五品；员外朗二员，从六品。事务人员，又有主事二员，蒙古必阇赤二人，令史十四人，回回令史一人，怯里马赤（译史）一人，知印二人，奏差八人，典吏三人。③

刑部掌天下刑名法律之政令。凡大辟之按覆，系囚之详谳等，悉以任之。设刑部尚书三员，正三品；侍郎二员，正四品；郎中二员，从五品；员外朗二员，从六品。事务人员，又有主事三员，吏属则蒙古必阇赤四人，令史三十人，回回令史二人，怯里马赤（译史）一人，知印二人，奏差二人，书写三人，典吏七人。④

工部掌天下营造百工之政令。凡城池之修浚，土木之缮葺，财物之给受，工匠之程式，铨注局院司匠之官，悉以任之。设刑部尚书三员，正三品；侍郎二员，正四品；郎中二员，从五品；员外朗二员，从六品。事务人员，又有主事五员，蒙古必阇赤六人，令史四十二人，回回令史四人，怯里马赤（译史）一人，知印一人，奏差三十人，蒙古书写一人，典吏七人，司程官四员，右三部照磨一员。⑤

除六部外，元朝中央机构还设有诸种府、院、监、寺。大宗正府掌上都、大都蒙古、色目人与汉人相争事；通政院掌置驿以给使传事；匠作院掌承造器皿、服饰事；秘书监掌历代图籍、阴阳禁书事；司天监掌历象之事；武备寺掌缮治兵器、兼典受给事；太仆寺掌受给马匹、造作案辔事；尚乘寺掌上御案辔舆辇、远方马匹事；大司农司掌农桑、水利、学校、饥荒之事；宣政院掌管宗教和民族事务等。六部和上述诸种

---

① 《元史》卷八五，《百官志》1，《户部》。
② 《元史》卷八五，《百官志》1，《礼部》。
③ 《元史》卷八五，《百官志》1，《兵部》。
④ 《元史》卷八五，《百官志》1，《刑部》。
⑤ 《元史》卷八五，《百官志》1，《工部》。

府、院、监、寺，名义上都隶属于中书省。中书省对他们的各项政务，都有权从中进行协调与督导。

元代的中书省职权从草拟诏书机构转变成为执行政务的机构，标志着集权政治的高度强化。变化本身进一步强化机构的操作意识，提高了权力，适应了元朝长期统治的不稳固局面，为对地方布施政令和高度集权制提供了更多的可行性①。

（二）枢密院

枢密院是元朝在中央设置的最高军事机关。蒙古统治集团入主中原以前，没有专门设置总领全军的军事机构，而由大汗与宗王各自统领兵民，四怯薛协助处理事务。忽必烈即位后，沿袭唐、宋、金旧制，于中统四年（1263）设立了枢密院，专掌全国兵马机密军务。在皇帝直接统领下，具体行使对内对外用兵、“委付”各级将领、调遣各种军队等职权。枢密院最高长官为枢密使，由皇太子兼任。设置之初，设副使二员，下设佥枢密院事一员。至元七年（1270），增设同知枢密院事。至元二十八年（1291），又增设知枢密院事，此后基本编制是知院六人、同知四人、副使二人及佥枢密事、同佥书、院判等名额不定的属官，主要官员由蒙古贵族担任。

该院的职掌范围很广，不仅掌理军机，且管宫禁宿卫及武官人事等事项。为避免中书省与枢密院分掌文武之事，互不相涉的弊端，元朝使中书省牵制枢密院，形成了中书省平章政事与枢密院共商国事的局面，有意识地削弱了军权，使枢密院变成执行军务机构。

元朝在中央设立枢密院外，还设有行枢密院。它是枢密院在地方设置的军事分支机构。分为两种：一种为大征伐而设，称作行院，即行枢密院，官无定员，征战结束，机构也相继撤销。二是为一方一事而设，冠以地名，称某处行枢密院。后来随着事态的变化成为常设机构。行枢密院的职掌，以管军民课税、交钞、屯田、军官升迁等。在不设行中书省的地区，代行中书省掌理地方政务。元朝在全国新设了 14 个行枢密院。

元朝皇帝对军事机密的控制极其严密，不仅军机重务汉人不得与闻，即便是蒙古

① 唐进、郑川水主编：《中国国家机构史》，辽宁人民出版社 1993 年版，第 332 页。

贵族军将也少数才能够知道。① 并在军中设立断事官，专门负责审判有关军事犯罪案件。②

（三）御史台

中国古代王朝的中央监察机构是御史台。自秦至宋，御史台设御史大夫和御史中丞为正副长官，掌全国从中央到地方的监察，并参与重大案件的审理工作。元朝在至元五年（1268）七月，始设与前朝有所不同的独力职权的御史台机构。元代御史台还附设二院：殿中司和察院。殿中司由两名正四品殿中侍御史统领，“凡大朝会，百官班序，其失仪失列，则纠罚之”，即主管纠察朝廷百官。察院由三十二名正七品监察御史组成，专“司耳目之寄，任刺举之事”③。还设有御史、经历、都事、照磨、书吏等若干事务人员。

元朝御史台设御史大夫二人，从一品，御史中丞二人，正二品，为正副长官，掌纠察百官善恶及政治得失。在大夫、中丞之下，设侍御史二人，从二品；治书侍御史二人，正三品。元朝对监察御史采用权力重、品位低、赏赐丰厚的政策，这不仅体现了朝廷对监察机构的重视，也有利于调动各监察机构工作的积极性。这样，有元一代低品级的监察御史巡行各地，对地方兴廉除弊产生了积极的影响。另外，元朝还仿行辽、金之制，在中央置御史台的同时，地方设置了行御史台。至元二十八年（1291）将至元六年（1269）所设的诸道提刑按察司改为诸道肃政廉访司，以内八道直隶御史台，江南十道隶于江南御史台，陕西、云南诸道隶于陕西行御史台，共计22台。

据《元典章》载，肃政廉访司主管“弹劾行中书省、宣威司及以下诸司官吏奸邪，非违，磨刷案牍行省，宣威司委行台监察，其余官府，并委提刑按察司（即肃政廉访司）”。除此之外，还兼领农桑、巡行郡县等事，所以它既是一个地方监察机构，同时也是处理地方政务的一级地方政府。无论是中央还是地方的监察机构的重要官员原则上都由蒙古贵族担任。《元史·太平传》载：“故事，台端非国姓不以授。”但也有色目人和汉人担任监察御史④。

---

① 据《永乐大典》卷二六〇八，《宪台通纪·照刷枢密院文卷》载：“天下军马总数目，皇帝知道，院官里头为头儿的蒙古官人知道；外处行省里头军马数目，为头的蒙古省官每（们）知道。”

② 《元典章》卷一一，《吏部》5载：“军官犯罪，行省咨枢密院议拟，毋擅决遣。”

③ 柯劭忞：《新元史》卷五七，《百官志》3。

④ ［元］陶宗仪撰：《南村辍耕录》卷二，《置宪台》，中华书局1997年版，第24页。

除以上三个中央机构之外，元代宣政院是元朝掌管全国佛教事务并统辖吐蕃地区的中央机构。至元元年（1264），元朝始设总制院，至元二十五年（1288）改为宣政院。宣政院掌释教僧徒及吐蕃诸族之事。若有大征伐，则会枢密院议之①。宣政院副使，必以僧侣为之；师臣以下官员僧俗并用。宣政院的职官，最初由国师八思巴②领院事并负责全国释教事宜。而掌握实际权力的是名为院使的职官，由朝廷大臣和僧人充任其职。其余从属职官的配备，宣政院有权自行议授。

有元一代，宣政院有很多特权，因其特殊职权所决定，其职掌的范围也较广，包揽了行政、司法、军事、宗教等各方面。其地位与中书省、枢密院、御史台不相上下，共同构成元朝中枢机构，并且宣政院是对唐朝的宣政殿这一事务性机构的完善，开创了中国历史上管理少数民族事务和宗教事务机构的先河。

二、地方机构

大蒙古国建立之初，成吉思汗把所属军民按万户、千户、百户、十户为单位编制，各设万户长、千户长统辖，均为世袭贵族。蒙古在灭金的过程中，曾派官进驻燕京，负责中原的刑名和财赋事宜，汉人官员袭金朝旧制，称之为行尚书省事，中统三年（1262）前后，燕京行尚书省合并于中书省。

元朝建立之后，疆域版图空前扩张。大蒙古国时期的千户制已经不能适应高度发达的中原农耕地区。元朝为了加强被征服地区的有效控制，在全国范围内推行中央集权，避免重蹈宋朝内重外轻的覆辙，以中书省分驻地方，已呈趋势，行中书省是为适应新的统治方式的需要而产生的。

---

① 柯劭忞：《新元史》卷五八，《百官志》2。

② 八思巴（1235—1280），又作发思八、巴合思八。藏文的音译，意为圣者。吐蕃后藏萨迦人。族名款氏，本名罗追坚参。藏传佛教萨迦派首领，元代第一任帝师。中统元年（1260）十二月，元世祖忽必烈即位，以八思巴为国师，赐玉印，统领天下释教。至元元年（1264），领总制院事，统辖全国释教僧徒及吐蕃地区军政事务。受忽必烈皇帝之命，创制蒙古新字事宜，作为官方文字。至元二年（1265），返萨迦，监临卫藏地方军政机构创设事宜。四年，设拉让，置本钦，统领西藏13万户，僧俗并用，军民兼摄。五年，返中都，奏上所制蒙古新字（八思巴字），六年二月颁行，遂升为“帝师”“大宝法王”。十三年，抵萨迦，后卒于萨迦地方。著有《彰所知论》等书约30余种。

行省，即行中书省①、行尚书省②的简称。省是中央行政机构。元代中枢权力集中于中书省，行中书省本是中央派出处理地方政务的行政机构，不是地方机构，后来常设不废，就成为地方机构，于是为了与中央机构有所区别，其正式名称改为某处行中书省，以免外重内轻之嫌。元朝在全国共设十一个行省。

对元代行省制度研究方面，青木富太郎③、前田直典④、松田孝一⑤、大岛立

① 行中书省：官署名。简称行省、省。元中央以下一级政区名称，地方最高行政机构。元以中书省总理全国政务，因幅员辽阔，除直接管辖腹里地区和宣政院统辖的吐蕃之外，于诸路重要都会多处设行中书省以分管各地。世祖、武宗朝曾短期设尚书省主政，行中书省也几度改称行尚书省。此制渊源于魏晋以来的行台。隋有行台省，金设尚书行台省。蒙古沿金制，有征伐之役，设行省分任军民之事，如燕京等处行尚书省事，但未有定制。中统、至元间，始分立行中书省，作为中书省的分司派出机构。因事设官，官不自备，行省丞相皆可以宰执行某处中书省事系衔。其后，渐成为常设性地方行政机构，凡该地钱粮、兵甲、屯垦、漕运、军国重事无不领之。先后所设的行中书省有陕西、甘肃、辽阳、河南江北、四川、云南、湖广、江浙、江西、岭北等十处。各行省下统路、府、州、县，距行省治所远处又设宣慰司等作为派出机构。后定制每省置丞相一员，从一品，但未常置，间或有分置左右丞相者；平章政事二员，从一品；右、左丞各一员，正二品；参知政事二员，从二品，甘肃、岭北二省各减一员；郎中二员，从五品；员外郎二员，从六品；都事二员，从七品；另有掾史、蒙古必阇赤、回回令史、通事、知印、宣使等，各省设员不一。行省下设机构有检校所、照磨所、架阁库、理问所、都镇抚司等。元又于高丽置征东行省，但该省全由高丽国王主其事，与内地诸行省性质不同。除此以外，又曾设立专主征伐之行省，如用兵外国时所设日本行省、安南行省（交趾行省）、占城行省等，系所征国名。又有授权某省征伐某国所设，如荆湖占城行省，皆临时建置，事毕即罢。元末农民起义爆发，元政府为镇压农民军，先后于中书省辖境的济宁（今山东巨野）、彰德（今河南安阳）、冀宁（今山西太原）、大同等地设中书分省，以及淮南江北行省、福建行省、山东行省、广西行省及福建江西行省。而元末农民起义军也仿其制，立行省为地方行政机构。如天完政权之江南行省、汴梁行省、陇署行省；宋政权之江南行省以及朱元璋所置江西行省、湖广行省、江淮行省、江浙行省等。（邱树森主编：《元史辞典》，山东教育出版社2002年版，第286页）

② 行尚书省：官署名。蒙古灭金后，以中州断事官统领中原诸路民政事，设燕京等处行尚书省。世祖即位后，中统、至元间，分立行中书省。至元二十四年（1287），改行尚书省，寻复如旧。至大二年（1309），又改行尚书省，二年复如旧。行尚书省职掌同行中书省，掌国庶务，统郡县，镇边鄙，与都省为表里。秩从一品。每省置丞相一员，从一品，但往往缺置；平章政事二员，从一品；右丞一员，左丞一员，正二品；参知政事二员，从二品，甘肃、岭北二省各减一员。下置左右司，设郎中二员，从五品；员外郎二员，从六品；都事二员，从七品。行尚书省辖检校所、照磨所、架阁库、理问所、都镇抚司，与行中书省同。（邱树森编：《元史辞典》，山东教育出版社2002年版，第287页）

③ 〔日〕青木富太郎著：《元初行省考》，载《史学杂志》51编4号、5号，1940年。

④ 〔日〕前田直典：《元朝行省的成立过程》，载《史学杂志》56编6号，1945年。

⑤ 〔日〕松田孝一：《云南行省的成立》，载《立命馆文学》1980年7期。

子①、谭其骧②、陈得芝③、李治安④、刘如臻⑤、村上正二⑥、丁昆健⑦等学者进行了系统和详尽的研究。

元朝皇帝为了北部、西部和东北部、南部的安全，设置了岭北行省、辽阳行省、云南行省、征东行省等机构。其中岭北行省和辽阳行省尤为重要，因为这里是守旧的藩王所控制之地，他们强烈反对忽必烈推行的汉法政策。所以，在蒙古故地，早在忽必烈时期，在这一地区为全面行使皇权，曾派皇子和亲信大臣镇守和林，于至元九年（1272）设立和林转运司⑧，约十年后又改置和林宣慰司都元帅府，作为中书省的派出机构⑨。元武宗即位后，罢和林宣慰司，于大德十一年（1307）置和林行省，皇庆元年（1312）改为岭北行省，只辖和宁一路。其所统辖地区包括大漠以北以西广大地区，该省为控制漠北之地的军民政务起了积极作用。岭北行省的辖区内，仍然保留着“千户制”的行政组织，除了和宁路与称海宣慰司两处由朝廷命官管治外，其他各地基本由”千户制”的各级那颜管辖，因此不设州县以下行政建置。

在元朝地方机构中，行枢密院和行御史台的职掌显得非常重要。行枢密院（简称行院）如前所述是中央枢密院的地方派出机构，其主要职责是督军事，具体管理各地

---

① 〔日〕大岛立子：《元朝湖广行省的统治》，载《东洋学报》第66卷，1985年。

② 谭其骧著：《元福建行省建置沿革考》《元陕西四川行省沿革考》，分别载于《禹贡》2卷1号，1934年；3卷6号，1935年。

③ 陈得芝：《元岭北行省建置考（上、中、下）》，原载《元史及北方民族史研究集刊》第9期（1985年）、第11期（1987年）、第12期（1989年）、第13期（1989年）。又见陈得芝著：《蒙元史研究丛稿》，人民出版社2005年版，第113—200页。

④ 李治安的《元代分封制度研究》（天津古籍出版社1992年版）和《行省制度研究》（南开大学出版社，2000年）二部专著堪称国内该领域研究元代行省制度的姊妹篇。尤其是后一部著作对元代行省制起源与演化、行省机构组织与圆署分领制、行省与地方财政、行省提调军事、行省统辖所属地方官府和司法刑狱、行省的屯田、漕运、驿站、工匠造作等职司、行省与乡试、行省官员的任用、迁调和人员构成、行省与朝廷的关系、行省制的派生物——行御史台、河南江北行省、湖广等处行中书省、江西行省、行省等属下的分治机构——宣威使司、管民官之首——路总管府、散府与诸州、亲民官——县官、元代行省制的特点与历史作用等方面进行过详尽的论述。此外，该学者《元代政治制度研究》（人民出版社2003年版）一书也对元代中央政治制度、地方行政与监察制度、投下与蒙古诸王制度、中央与地方关系及其他方面进行了考述。

⑤ 刘如臻：《元代浙江行省》，载于《元史论丛》第6辑，中国社会科学出版社1997年版。

⑥ 〔日〕村上正二：《阿姆河等处行尚书省考》，载于《北方文化研究》第2辑，1967年3月；《元朝に行中書省と都鎮撫司について》，载于《加藤博士還曆紀念東洋史集說》，1941年。

⑦ 丁昆健：《元代行省制度之形成及其职权》，台湾私立中国文化学院史学研究所博士论文（打印本）。

⑧ 《元史》卷五八，《地理志》；《元史》卷五，《世祖纪》2。

⑨ 《元史》卷一六九，《刘哈剌八都鲁传》。

军需的兵马车船等物资，掌握战时兵将功过赏罚等事项，并严格按照谕旨执行枢密院的派遣。但多数行枢密院并非常设机构，而是战时等特殊情况下临时临事所需而设，任务结束后便被罢废。①

行御史台简称行台或外台，是御史台（内台、中台）设在地方一级的派出机关。忽必烈皇帝于至元五年（1268）建御史台后，迁都于大都。而上都的官衙便成为皇帝巡幸时随从御史台官员的理事官邸，所以有时称之为上都御史台，后来便发展成行御史台。该机构的主要职责是按照行御史台所有合行条画行使“掌弹劾”“司黜陟”等纠察之权。据《元典章·台纲一》载，该机构依据条画“弹劾行中书省、宣慰司及以下诸司官吏奸邪非违”行为和纠察诸正官、管军官、诸色官的失职和违纪行为。另外，纠察并协助平反冤错案件，制止“私置牢狱”，负责“保举为治有方”的官员，纠察贪暴及不胜任者。元代朝对御史台官吏的要求很严，并对各级御史制定了严格的奖惩制度。元朝先后设置了四处御史台②。后仅留“江南行御史台（简称南台）”和“陕西行御史台（简称西台）”两个行御史台，直辖于中央御史台，行使监察权。

元朝在行中书省下设置了路、府、州、县（郡）四级地方行政机构，有的省在路之上还设有宣慰司道。路、府、州三级都可辖县，路、府两级又可在辖县的同时兼辖领县的府、州。县以下最基层的社会组织为乡、村、里、社。此外，元朝为了处理某些特殊地方或对待特别情况，还设置了宣慰司、宣抚司、安抚司、诏讨司、肃政廉访司、儒学提举司等专门机构来处理中央与地方上的军政联系、农桑财经、地方军民两政和戍边、镇压和招抚降反、诉讼断狱、掌握教学事务等诸项政务。

---

① 《元典章》卷三四—三六，《兵部》1。

② a. 江南行御史台，至元十四年（1277）诏立。其台署先在扬州路（治今扬州），后移于建康路（治今南京）。b. 河西行御史台，至元十九年（1282）初诏立，台署治永昌，主管畏吾儿部民及当地民众。c. 云南诸路行御史台，至元二十七年（1290）设，台署设于中庆路（今昆明）。d. 陕西行御史台，元成宗大德元年（1297）四月“移云南行御史台于京兆，为陕西行台”，台署设在奉元路（治今西安）。

第三节

元朝的立法及其法律形式

一、元朝的主要立法

蒙古贵族管理被征服的汉地方面，成吉思汗时期主要以《大札撒》法典的相关规定来治理。1212 年，为适用于新征服的金朝北部地区，成吉思汗积极采纳了金朝降将郭宝玉提出的《条画五章》。《条画五章》虽颇简单，但在统治汉地方面起到了一定的作用。随着金朝的灭亡，《大札撒》法典的很多内容不能适用于与草原游牧文化截然不同的中原地区。因此，窝阔台汗在位期间，中原统辖区沿用了金朝泰和元年（1201）制定的《泰和律》①。《元史·刑法志》载：

元兴，其初未有法守，百司断理狱讼，循用金律，颇伤严刻。②

金《泰和律》与唐律别无二致，只不过是条目有所增损而已。1271 年以前，凡治理北方的汉人、女真人、契丹人刑名之事，大体参用《泰和律》以定罪，再按一定的折代关系量刑。

针对这种状况，忽必烈从中统三年（1262）开始下令制定法律条格。至元八年（1271）十一月，忽必烈颁布了当时尚书省奏定的条画的同时，下诏："泰和律令不用，休依着那着。"③ 禁止使用《泰和律》后，"由简易除繁苛，始定新律"。④ 经 20

① 金章宗承安五年（1200）诏令修订法律。次年泰和元年（1201）修成。包括：一、《泰和律义》，凡 12 篇，563 条，篇目结构一遵唐律，并加注疏，阐释疑难，是律文与律书的合刊；二、《泰和令》，凡 20 卷，包括官品令、职员令、祠令、户令、学令、选举令等 29 篇；三、《泰和敕条》（又称《新定敕条》），凡 3 卷，包括制敕 95 条、榷货 85 条、蕃部 39 条；四、《泰和格式》（又称《六部格式》）凡 30 卷。泰和二年五月颁行国中，（武树臣主编：《中国传统法律文化辞典》，北京大学出版社 1999 年版，第 95—96 页）。

② 《元史》卷一〇二，志 50，《刑法志》1。

③ 《元典章》卷一八，《户部》4，婚姻·官民婚·牧民官娶部民。

④ 《元史》卷一〇二，志 50，《刑法志》1。

年的准备，至元二十八年（1291），颁布了何荣祖编纂的元朝第一部法典《至元新格》。这是一部元初法令类编，原书已佚，故这部法典今已不存。从《通制条格》和《元典章》中可以看到其96条内容。《新元史》卷一〇二载有其部分刑律条令。《永乐大典》卷一九四二还存有关于站赤（驿站）之法一条。《至元新格》包括公规、选格、治民、理财、赋役、课程、仓库、造作、防盗、察狱等“十事”。所载大致取一时所行事例，编为条格而已。《元史·世祖本纪》载：“二十八年五月，何荣祖以公规、治民、御盗、理财等十事，辑为一书，名曰至元新格，命刻版颁行，使百事遵守。”① 元朝建立后很长一段时间之后才出台第一部法典，原因很多。胡祗鹬说：

法之不立，其原在于南不能从北，北不能从南。然则何时可定乎？若莫南自南北自北，则法自立矣。以南从北则不可，以北从南尤则不可。南方事繁，事繁则法繁，北方事简，事简则法简。以繁从简，则不能为治；以简从繁，则人厌苦之。或南北相关者，各从其从重者定罪。若婚姻，男重而轻，男主而女宾，有事则各从其夫家之法论；北人尚续亲，南人尚归宗之类也。②

元朝的法律南北异制，难以划一。所谓的“南”，就是原南宋统治地区，所谓“北”是原金朝统治地区。北方因循的蒙古旧制多于南方，而南方基本上实行南宋的旧制。有元一代，将蒙古法与汉法纳入一部统一的法典中，显然很困难。因为司法的实施过程中，蒙古军人“自行相犯，婚姻、良贱、债负、斗殴词讼、和奸、不系官兵捕捉者”，多由达鲁花赤③“按本俗法归断”，凡“干碍人命重刑、利害公事、强切（窃）盗贼、印造伪钞之类”④，蒙古达鲁花赤必须参与裁判。这对汉法的推行带来了障碍，也是元代汉法不彻底性的根源。新颁布的《至元新格》“虽宏法大纲，不数千言”，所以有些时候断案时无法律条文可循，对诉讼断狱带来了很大的困难，无法“兼容并蓄”汉法和蒙古法。在这种情况下，元朝政府又陆续编纂了若干部法典。

据《元史》载，元成宗大德三年（1299）三月命何容祖更定一部《大德律令》

① 《元史》卷一，《世祖本纪》。

② 《紫山大全集》卷二一，《论治法》。

③ 达鲁花赤：元官名。又译答鲁花赤、答鲁合臣，蒙古语 Daruqachi 的音译，意为镇守官，汉译宣差。蒙古国时始置，为所在地方、军队和官衙的最高兼治长官。蒙古统治集团征服了很多民族和国家，除委付这些地区的统治人物治理之外，还在各主要地区、城镇、非蒙古军队均置达鲁花赤监临，掌实权。达鲁花赤之长则称也可达鲁花赤。入元以后，多数行政机构和非蒙古军队及各路府州县等均设达鲁花赤。元廷规定，各路达鲁花赤必须由蒙古人或出身高贵的色目人担任。

④ 《元典章》卷三九，《刑部》，“刑制·刑名”。

的律书。“四年二月，成宗谕何荣祖宜早定律令良法，荣祖言所择者三百八十条，一条有该三四事者，成宗谕古今异宜，不必相沿，但取宜于今者。”《大德律令》是一部元成宗时期法令汇编。律书告成后，让“元老大臣聚听之”，结果被斥为“讹舛甚多”① 而未能颁行。元仁宗（1312—1320）时，“以格例条画有关风纪者，类集成书”②，格例即规则条例。1315 年修定的《风宪宏刚》是一部关于纲纪、吏治的法典，仍未能颁行。

元朝的法律体系，主要是由以条格和断例形式颁降的单行法构成的。这种立法形式有一个很大的弱点，即随着岁增月积，颁降的格例越来越多，必然出现繁杂重出，罪同罚异的情况，这就为各级官吏任情挟私、高下其手开了方便之门。③ 为改变这类弊端，便于全国各级官吏检索遵行，仁宗皇帝下令以《风宪宏刚》为基础，“大概纂集世祖以来法制事例”，将历朝颁发的法令文书斟酌损益，类集折中，汇集成书。后经英宗朝（1321—1323）增删审核，至治三年（1323）颁行了《大元通制》。这是一部有关国家政治法程各部类单行法的汇编集或法令类编。该律典由拜住、完颜纳丹、曹伯启、普颜、王约、孛术鲁翀等编纂。

《元史·英宗本纪》载：“格例成定，凡二千五百三十九条，内断例七百十七，条格千一百五十一，诏赦（制诏）九十四，令类（别类）五百七十七，名曰大元通制，颁行天下。”④ 该书集元世祖以来的法令，仿金《泰和律》例，编为 2539 条，其中断例 717，条格 1151，诏赦 94，令类 577。分名例、卫禁、职制、祭令、学规、军律、户婚、食货、十恶、奸非、盗贼、诈端、诉讼、斗殴、杀伤、禁令、杂犯、捕亡、恤刑、平反、赎刑 21 类。这部法典恢复了某些肉刑，采用了新的酷刑，表现出野蛮性和残酷性，而且规定了蒙古统治者享有种种特权。现仅有条格残本传世，故题名《通制条格》。残存条格共 22 卷，646 条，包括户令、学令、选举、军防、仪制、衣服、禄令、仓库、厩牧、田令、赋役、关市、捕亡、赏令、医药、假宁、杂令、僧道、营缮等 19 项，为研究元行政法规和典章制度的原始资料。

就编纂的体例来说，《大元通制》的“制诏”相当于宋的“敕”或金的“敕条”；“断例”则有两种含义，一是“断案通例”或“科断通例”，也就是“划一之法”律；

① 《元史》卷一六八，《何荣祖列传》。

② 《元史》卷一〇二，《刑法志》1。

③ 韩儒林主编：《元朝史》上册，人民出版社 1986 年版，第 325 页。

④ 《元史》卷二七，《英宗本纪》。

二是“断案事例”或“科断事例”。

至于“条格”，如前所述，即与唐、金的“令”相同，但也包含“格”和“式”的内容。标志着元朝的法典基本上已经定型化了。“其于古律，暗用而明不用，名废而实不废”① 是其一大特点。原书早已散失，仅存该律书当中的条格部分散卷，名为《通制条格》。现存国内的是明朝写本的残卷，是研究元代法制史的珍贵文献。

《大元圣政国朝典章》（简称《元典章》）是一部元至治二年（1322）以前元朝法令文书的分类汇编。全书分诏令、圣政、朝纲、台纲、礼部、吏部、户部、兵部、刑部、兵部、工部10大类，共60卷，记事至延祐七年（1320）为止。又增附《新集至治条格》，约刻布于至治三年（1323）。分国典、朝纲、礼部、吏部、户部、兵部、刑部、兵部、工部共9大类，不分卷，记事至至治二年为止。各大类下有门、目，目下列举条格事例，共81门，467目，2397条。所用资料皆原始文牍档案，其文字体例是蒙古语语序，因而形成了独特的蒙古语汉文直译吏牍文体，其书写采着方式更是独特的“自由奔放”式。《元典章》并不是元廷正式颁行的专门法典，而是地方政府仿照《唐六典》编纂的元朝制度法令的大全，汇集了至元以来直至英宗至治三年（1323）有关的政治、经济、军事、法律以及圣旨、条画等诸多方面的内容。该法典的内容，对研究元律来说，与《通制条格》同样具有史料价值。

元明宗至顺元年（1330）开始编修的《经世大典》律书，于次年五月告竣，全书共880卷，目录2卷，附公牍1卷、纂修通义1卷。它是沿袭《元典章》的体例编订的一部律令式的法典。除一些新增的内容外，许多方面同《元典章》相同。原书已失传，残存内容在《永乐大典》等文献史乘中零星记载。其编制近取《大元通制》和《元典章》，远效周礼之六官，仿唐六典之制。②

元朝政府于至正六年（1346）四月又颁布了一部《至正条格》。其性质与《大元通制》相同，似是对《大元通制》的修改和补充，编纂情况和内容不详。据《四库全书总目》，此典分27目，有“诏制”150条，“条格”1700条，“断例”1059条。

① 吴澄：《大元通制条例纲目后序》，见《草庐吴文正公全集》卷一九。

② 韩玉林主编：《中国法制通史（元）》，第六卷，法律出版社1999年版，第20页。

二、元朝的法律形式

元朝法律规范的表现形式，主要包括诏制、条格、断例三种。《元史·刑法志》载："元兴，其初未有法守，百司断理狱讼，循用金律，颇伤严刻。及世祖平宋，疆理混一，由是简除繁苛，始定新律，颁之有司，号曰《至元新格》。仁宗之时，又以格例条画有关于风纪者，类集成书，号曰《风宪宏纲》。至英宗时，复命宰执儒臣取前书而加损益焉，书成，号曰《大元通制》。其书之大纲有三：一曰诏制，二曰条格，三曰断例。凡诏制为条九十有四，条格为条一千一百五十有一，断例为条七百十有七，大概纂集世祖以来法制事例而已。"行政方面的诏令事例称为条格，司法方面的判例称断例。现存的元代判例除《通制条格》收入的外，在《元典章》中还收录了不少元代的断例和案例。从这两种文献所载断例看，有些是经朝廷批准的司法判例，也有些则是由朝廷根据有普遍意义的典型案件抽象出来的格例。"断例"，有两层含义：其一是"断案事例""因事立法，断一事而为一例"，就是各级政府对案件所做的判决（即判例）；其二是"断案通例"，有些判例为中书省做出（或由中书省等认可）可供类似案件判决时作为依据的，便成为"断案通例"。元代在司法实践中广泛适用断例，"断例则因事立法，断一事而为一例者也"。由于断例、条格都是因事立法，日积月累，数目不断增多，显然不能适应治理元朝这样一个领土广大、事务复杂的国家的需要。因此，至元英宗时，将能够适用的条格、断例汇编成册，合为《大元通制》。《大元通制》的"条格"，相当于令并包括格和式。条格中经过皇帝亲自裁定、作为圣旨或圣旨附件中的条文而公布的法令，叫作"圣旨条画"。其条格是按照唐宋令典的体例进行编集，共27篇：《祭祀》《户令》《学令》《选举》《宫卫》《军防》《仪制》《衣服》《公式》《禄令》《仓库》《厩牧》《关市》《捕亡》《赏令》《医药》《田令》《赋役》《假宁》《狱官》《杂令》《僧道》《营缮》《河防》《服制》《站赤》《榷货》，共1151条。现存《通制条格》仅有其中19篇，大体上是一事一例，或者一事一令，主要用以处理民事纠纷和刑事案件。现存《通制条格》中，收录判例共30条，其中户令类判例12条，田令类判例4条，赋役类判例2条，捕亡类判例3条，赏令类判例2条，杂令类判例7条。

"各依本俗法"是产生元朝法律内容多元性的根本原因。元朝的法律一方面"附会汉法"，充分吸收中原历代王朝的政治法律制度；另一方面，坚持"祖述变通"，尽可能地保留蒙古旧制。因而形成了以蒙汉统治阶级联合意志为核心，用民族压迫掩盖阶级压迫为实质的南北异制，以及蒙古旧俗与金制唐律、回回法等相交融，而中原传统法系为主体的多元法律并行不悖的具有独特内涵的法律文化。

第四节

元朝法典中的蒙古法因素及其原因

元朝虽然在短短几十年内颁布了若干部法典，但始终没有制定出一部蒙古、汉、回回各民族通用的统一的律典。尤其对管理入主中原地区的蒙古人方面，多适用蒙古族以往遵循的成吉思汗《大札撒》为法律依据，在司法过程中，蒙古法的比重仍然较大。随着生活环境和生活方式的改变，对汉地生活的蒙古人中，有些固有的习惯法内容，已被淡忘。比如札撒中规定的“禁洗濯、洗破穿著的衣服”等习惯内容已经失去了约束力量。

大蒙古国时期的札鲁忽赤官制度在元朝的政治制度中仍然被沿用。大断事官的职责主要有两项：一是掌管民户的分配；一是审断刑狱、词讼、掌握司法之权。起初蒙古诸王、驸马等“诸侯王及十功臣”的领地里均设有断事官。他们“凡事干其城者，各遣断事官自司，听直于朝”①。而到至元二年（1265）设大宗正府，大断事官始专主宗正府②，治蒙古公事并兼理刑名。凡诸王驸马投下蒙古、色目人等所犯一切公事，汉人奸盗诈伪、诱掠逃奴等事均归其掌管。至元九年（1272），规定该署只理蒙古人公事。大宗正府所领断事官品级比中书省和诸王封地内的断事官地位高。元仁宗

① 姚燧：《平章政事忙兀公神道碑》，见《元文类》卷五九。

② 宗正府：官署名。又称大宗正府。大蒙古国初创时，以札鲁忽赤为断事官，治天下刑政。至元二年（1265）置大宗正府为官署，专掌治理诸王、驸马、投下蒙古及色目人刑名词讼、汉人奸盗诈伪轻重罪囚及其他杂务。九年，治理蒙古公事。仁宗时，一度去“大”字。皇庆元年（1312）以有关汉人刑名归刑部。泰定元年（1324）复命兼理。致和元年（1328）以上都、大都所属蒙古人并怯薛军站色目及汉人相犯者归其决断，其余路、府、州、县汉人蒙古色目词讼悉归有司刑部掌管。初置札鲁忽赤十员，也称宗正。后员数屡有增减，多时至三四十员，从一品。下属有郎中、员外郎、都事等。

时下令："罢诸王断事官，其蒙古人犯盗诈者，命所隶千户鞫问。"① 延祐年间，诸王投下的断事官有所增加。有关元朝时期断事官制度方面，李涵进行了较详细的研究。②

元朝对军队的组织方面，还是沿用北方历代游牧民族十进制，以十户长、百户长、千户长、万户长来管理军队，对军队首领的考核要求也基本上类似于成吉思汗《大札撒》的规定。至元二十六年（1289）八月，枢密院议拟"禁约诸军例"中规定："管军万户、千户、百户人员，例降虎符，金银牌面，子孙世袭。如遇征进，有护奇功者，优升重赏。比之民官，朝廷宠赐不为不重。当宜守职尽心，整治士卒，常切听候调用，竭忠报国出力，以副委任。如能治军有法，守镇无虞，甲仗完备，差役均平，军无逃窜，已上事备者，许本管上司荐举到院，体覆是实，以凭闻奏，下次擢用施行。"③

大蒙古国时期，实行宗教信仰自由政策。《大札撒》规定，对于各种宗教，不舍此求彼，不尊此求彼，一视同仁，不分彼此；免征托钵僧、诵古兰经者、法官、医师、学者、献身祈祷与隐遁生活者的税租和差役。

元朝政府也容许各种宗教的传播，并优待教士，免除寺院的一些服役负担。尤其是元政府与吐蕃萨迦派的关系日益密切，吐蕃僧人受到朝廷的信任，享有特权。萨迦派僧侣与元朝皇帝自忽必烈帝与八思八建立施主与福田关系以来，历代元帝与萨迦派名僧间的关系相沿未断。元廷与吐蕃地方政府的关系通过萨迦派来维持并互相利用，一方面对统一多民族的国家的巩固起到了积极作用；另一方面过度优宠和滥赐带来了政权的极大腐败。《元史·刑法志》载："至于西僧岁作佛事，或恣意纵囚，以售其奸宄，俾善良者喑哑而饮恨，识者病之。"④ 这也是元室衰微的一个重要原因。

元朝时期婚姻家庭与财产继承方面，蒙古人仍然保持固有的习惯。史料记载，"成吉思汗皇帝降生，日出至没，收尽诸国，各依风俗"，⑤ 对婚姻家庭的组合，不强求划一，允许依照不同民族的风俗与习惯行事。至元八年（1271）定制，"诸色人同类自相婚姻者，各从本俗法"。依照札撒规定，蒙古男人可以一夫多妻，蒙古人可以

① 《元史》卷二五，《仁宗本纪》1。

② 李涵著：《蒙古前期的断事官、必帖赤、中书省和燕京行省》，《武汉大学学报》，1963年3期。

③ 《大元通制条格》卷七，《军防》。

④ 《元史》卷一〇二，志50，《刑法志》1。

⑤ 《元典章》五七，《刑部》19。

遵循古来已久的“收继婚”制度。汉人“有妻更娶妻者”予以禁止，“蒙古人不在此例”①。《大元通制》中没有唐宋旧律中有关婚姻关系解除方面的“七出”和“义绝”的规定，表现出蒙古传统法律思想顽强地抵御着汉族封建礼教的冲击。而《元典章》则沿袭了这一规定。继承财产方面，“依其本俗法”。例如寡妇或无子之家的女子，均有继承权。

元朝法典中明确规定，禁止偷盗牛马羊等牲畜，若违者处一赔九之罚；宰杀牲畜效法蒙古法；禁止私宰牛马；禁杀母羊；禁宰羊羔；禁杀孕兽；设置禁猎区，对某些动物飞禽进行保护。这些措施对发展畜牧业生产和保护环境，保护野生动物方面起到了积极作用。

元代刑法思想上，沿袭游牧民族法律的宽容的法制精神。成吉思汗《大札撒》中明确主张“宽刑慎法”，尤为人命关天的死刑判决比较慎重，刑罚有度。以往一般认为，以武力得天下，刑罚一定残酷。通过研究元朝的法典律令和管窥元朝近百年的司法实践，其实不然。元朝制定法律时把金律中的笞刑和杖刑减三，叶子奇说：“元世祖定天下之刑，笞、杖、徒、流、绞五等。笞杖罪既定，曰：天饶他一下，地饶他一下，我饶他一下。自是合笞五十，止笞四十七。合杖一百十，止杖一百七。天下死囚，审谳已定，亦不加刑，皆老死于囹圄。自后惟秦王伯颜出天下囚始一加刑。故七八十年之中，老稚不会睹斩戮，及见一死人头，辙相惊骇。可谓胜残去杀，黎元在海涵春育之中矣。”② 因此《元史·刑法志》记载：

盖古者以墨、劓、剕、宫、大辟为五刑，后世除肉刑，乃以笞、杖、徒、流、死备五刑之数。元因之，更用轻典，盖以仁矣。世祖谓宰臣曰：“朕或怒，有罪者使汝杀，汝勿杀，必迟一二日乃覆奏。”斯言也，虽古仁君，何以过之。自后继体之君，唯刑之恤，凡军国有疑狱，必遣官覆谳而从轻，死罪审录无冤者，亦必待报，然后加刑。③

明初的史家总结有元一代刑法时说：“其得在仁厚，其失在乎缓弛而不知检也。”④法度较松弛的情况下容易出现各种弊端。对此，《元史·刑法志》指出：“然其弊也，南北异制，事类烦琐，挟情之吏，舞弄文法，出入比附，用谲行私，而凶顽不法之徒，又数以赦宥获免。”⑤

---

① 《通制条格》，“户令”。

② ［明］叶子奇撰：《草木子》，中华书局1997年版，第64页。

③④⑤ 《元史》一〇二，《刑法志》1。

第五节

对元代蒙古法制的几点思考

从中国几千年历史发展来看，国家的统一和疆域的奠定离不开中原，也离不开边疆，而且与聚居在边疆地区的各个民族有着直接的关系。从元朝建立到退出中原，其统治达百年之久。以往一种观点认为，少数民族统治中国，就意味着社会倒退和国家灭亡。

今天的中国是中国历史上的各民族共同创建的，经过多个世纪的冲撞与融合，才形成统一多民族的国家。所以“国家灭亡”过于强调汉族王朝“正统”观的倾向，这不符合历史发展规律。元朝是蒙古族以武力取得对全国的统治的王朝。其征服战争本身有巨大的破坏性，这是其消极的一面。另一方面，游牧文明与农耕文明本身的差异也很大，因社会发展水平的不平衡和政治法律制度的不同，必然造成一种暂时的“倒退”现象。事实证明，入主中原前的蒙古族的国家制度较为落后，仅仅处于国家的雏形阶段，这跟已经有了几千年文明历史的中原文明不可相提并论。但游牧文明的开放性和包容性，在经过较短暂的适应阶段后，得到淋漓尽致的发挥。草原游牧文化吸收和融会其他文明的先进因素，从而形成丰富多彩的多元化文化。正如历史学家戴逸教授所说，中华文明有两个渊源，即内地农耕文明与北方游牧文明，两者在中华文明史上缺一不可。

随着学术研究的深入，学术界对元代二元化政治法律制度有了新的了解，认识到只强调“倒退”是片面的。但直至今日，仍有人对元朝的统治印象不佳。学术研究应采取历史的态度和辩证的方法。对待历史问题应该根据时间和空间的不同，分阶段、分地区地进行观察。

元朝对中国历史发展的功绩大于其消极的一面。国家空前的统一，对中国疆域的形成奠定了基础。民族的融合带来民族关系的新发展，对统一多民族国家的形成注入了新鲜血液。

蒙古统治集团在中原地区站稳脚以后，改变以往的屠戮和掠夺态度，积极适应时代潮流，制定合乎社会经济发展的政策措施，大力发展农业、手工业和商业贸易，为科学技术的发展提供了良好的条件。在大部分地区，战争的创伤逐渐得到恢复。忽必烈皇帝重视农业，为“使百姓安业力农”，鼓励生产，设立司农司，专掌农田水利事业；又有司农司编了一部《农桑辑要》，颁行天下，传播农业知识。马可·波罗描写当时的商业贸易的繁荣情况，“汗八里（大都）城之贸易发达户口繁盛”，城内“百物输入之众，有如川流之不息。仅丝一项，每日入城者计有千车”。有元一代，政策宽容，这是中国历代封建王朝未曾有过的。其思想开放、刑罚宽松、兼容相顾的宗教思想具有深刻的影响。

当然，封建的元王朝的统治并非完美无缺。元朝的统治也是在蒙古族和中西方诸多民族的血与泪、残暴与毁灭的基础上建立的。元朝的统治有许多落后的地方。因阶级和民族偏见的局限性，元朝统治者把全国民众分成蒙古人、色目人、汉人、南人四等，在政治上和法律上存在严重的不平等。这种民族歧视和分化政策不仅加剧了民族矛盾，也是后来元朝被推翻的直接的因素之一。

元朝的民族压迫政策，在其法律制度上有着明显反映。

元朝的法律是不平等的，从中央到地方的各级官吏，“其长则蒙古人为之，而汉人、南人贰焉”①。并且汉人、南人不可以通过“怯薛”途径入仕途。“诸汉人、南人投充卫士，总宿卫官辄收纳之，并坐罪”②。但较早投降于蒙古的北方人有所不同。科举考试制也明显不公平，“试蒙古生之法宜从宽，色目生宜稍加严，汉人生则全科场之制”③。刑罚上，实行“罪同罚异”，明确规定，“蒙古人殴打汉人儿，不得还报，指立证见于所在官司陈诉；如有违犯之人，严加断罪”④。同样是汉人斗殴，对汉人则“严加禁约”。对盗窃犯，“窃盗初犯刺左臂，再犯刺右臂，三犯刺项，强盗初犯刺项”⑤。而蒙古人初犯者，不在刺字之列。若“审囚官辄将蒙古人刺字者，杖七十七，除名，将已刺之字去之”“诸色目人犯盗，免刺科罪”⑥。汉人入狱，“昼则带镣居役，夜则入囚牢房”，囚粮由“亲属供给”；而“蒙古人处犯死罪，监禁依常法，有司毋得拷掠，仍日给饮食”⑦。正如前面已经提到过的那样，元朝时期，司法机关的设置

① 《元史》卷八五，《百官志》序。
② 《元史》卷一〇二，《刑法志》1。
③ 《元史》卷八一，《选举制》1。
④ 《通制条格》卷二七，《杂令·蒙古人殴汉人》。
⑤ 《元典章》卷三五，《兵部》2，《军器》。
⑥ 《元史》卷一〇四，《刑法志》3。
⑦ 《元史》卷一〇三，《刑法志》2。

与处罚的宽严不同造成了严重的阶级矛盾和民族矛盾。

元朝蒙古统治阶级自我为中心的法律思想，是与其长期的征战生涯分不开的。从成吉思汗大帝国的建立到元朝的大一统，蒙古人的势力威震四海，这必然导致蒙古人的优越感。进而这种“唯我独尊”的倾向侵蚀政治社会各个领域。

元朝的法典律令是中华法系的重要组成部分。郝经说：

以国朝之成法，援唐宋之故典，参辽金之遗制，设官分职，立政安民，成一代王法。①

国内以往对元律的研究不够重视，我们应该正确地评价元朝法律在中国法制史上应有的地位。元朝统治者按照社会政治经济的实际情况，制定了一些切实可行的法律制度。它发展了唐律，并摈弃了唐律中的有些已经没有用处的“具文”。元律有很大的弊端，故而后人评论“无法可守”。元朝的立法、断狱量刑，都以因时临事而陆续颁发的有关文书为依据。这些文书，一部分以诏制的形式，绝大部分以条格和断例的形式颁行全国。条格中经过皇帝亲自裁定、作为圣旨或圣旨附件中的条文而公布的法令，叫作圣旨条画；此外它还包括中央各主管部门颁发的各式训令。条格中有不少是属于具体处置各种个别事件的指令性文书，在形式上与划一的法规面目大异。②

① 郝经：《立政议》，《陵川集》卷三二。

② 韩儒林主编：《元朝史》（上册），人民出版社1986年版，第323页。

第五章

16 世纪末至 17 世纪初蒙古法制

第一节

元廷北迁后的蒙古社会

元朝末年，社会矛盾、阶级矛盾、民族矛盾日益加剧。从元惠宗妥欢帖木儿执政中期开始，朝纲混乱，全国各地纷纷爆发农民起义。1368 年（元惠宗至正二十八年、明洪武元年）闰七月二十六日，明将徐达率领北伐军攻陷通州，逼近大都（今北京）。二十八日，惠宗妥欢帖木儿召淮王帖木儿不花监国，庆童为左丞相，同守大都，自己则携后妃、太子，在怯薛侍卫的保护下，于夜半开健德门北奔上都（今内蒙古正蓝旗东）。八月初二，明军攻破大都城，宣告元朝在中原地区统治的结束，中国历史从此进入了南北对峙格局的新的“南北朝”时期。

明朝初期，北迁的元廷时刻想着恢复对中原的统治，仍以正统王朝自居，称自己为“大元”。另外，刚刚取得中原统治权的明廷最初称北迁的元廷为“元”或“前元”“故元”，当时以明太祖朱元璋为首的明朝统治集团也承认曾是元朝的臣民。而自明成祖朱棣始，明廷为了与退居故地的元蒙政权争夺中原正统地位，避讳“大元”或“元”这个国号，而改用“鞑靼”这一历代中原王朝对北方游牧民族通用的泛称来称呼该政权。学术界对这一时期蒙古政权的称谓观点分歧较大，众说纷纭，尚未达成共识。①

元廷北迁后近两个世纪，蒙古内讧不断，符拉基米尔佐夫称为蒙古文化的“黑暗时期”。相关研究成果表明，这两个世纪几乎没有留下任何有关法律文献和立法的记载，所以 14 世纪末至 16 世纪中叶以后的蒙古法制是空白的。故而只能以 16 世纪末至 17 世纪初蒙古社会政治、宗教、法律改革作为历史背景来进行研究。具体地说，就是从图们札萨克图汗制定“大法规”到 1640 年《蒙古—卫拉特法典》颁布之前的这一历史阶段，故本章取名为“16 世纪末至 17 世纪初蒙古法制”。

元廷北迁初期，明朝和蒙古政权双方从各自利益出发，为夺取全国的统治权，进

① 大体有封建割据时代的蒙古、明代蒙古、北元、大蒙古国、蒙古汗国、四十万蒙古国时期诸说。

行了数十年的战争。战争双方各有进攻、防御，经过秦晋之战、应昌之战、沉儿峪战役、和林之战以及捕鱼儿海之战等一系列战争，形成了长期对峙的局面。明朝方面意识到，彻底击败故元势力并非易事，从而将进攻战略改变为防御战略，在边境设卫所防御，并施以羁縻政策安抚蒙古。蒙古方面，长期的战争使得大汗的主力消耗殆尽，权威大为衰微，不但未能恢复对中原的统治，反因内讧迭起，沦为各部封建主互相争霸、夺权割据的工具。

随着汗权的旁落，蒙古又从地域上被分为东蒙古（汉籍作鞑靼）和西蒙古（汉籍作瓦剌）两大政治势力。

明洪武二十一年（1388），明朝与蒙古交战捕鱼儿海，蒙古脱古思贴木儿汗战败后北走和林的途中，被阿里不哥后裔也速迭儿杀害，也速迭儿夺取汗位。自此，忽必烈、阿里不哥、窝阔台后裔诸王争夺汗位和争取黄金家族内部统治权的斗争不断发生，蒙古的统治中心也被经常转移。

15世纪初，东、西蒙古开始了长达一个世纪的内讧，西蒙古因远离明蒙战场，没有受到战争的创伤，势力逐渐强大，成为对明朝和东蒙古封建主集团最大的威胁。瓦剌部也先太师在明英宗正统十四年（1449），经过土木堡战役，活捉明朝英宗皇帝，从而名震一世。也先辅佐蒙古脱脱不花汗期间，蒙古地区的畜牧经济有所发展，汗权也得到了加强，蒙古部出现了重新统一的迹象。也先1453年即蒙古大汗位。这一举措与蒙古传统的黄金家族正统观发生激烈的冲突，加上其某些不当政治措施，使得其统一蒙古各部的愿望落空，自己也被杀身亡。也先汗被杀后蒙古又重新进入混乱状态，直到达延汗“中兴”为止。

蒙古封建集团的内讧充分标明，随着黄金家族势力的衰弱，尤其是作为其代表的大汗权力的旁落，给异姓封建贵族势力的滋长提供了政治舞台。因而明代蒙古历史上演绎了一场大汗、吉囊为首的异姓黄金家族和太师为首的异姓权臣间的斗争。

由于达延汗的统一，蒙古内部的混战状态暂时告一段落，蒙古高原出现了短暂的和平景象。到15世纪中期蒙古大汗直接统治下的部众形成了六大部落集团（六万户①），整个蒙古地区形成了瓦剌、蒙古左右翼六万户、科尔沁兀鲁思（好儿趁兀鲁思或波罗好儿趁）、兀良哈三卫以及赤斤卫、哈密、沙州等八卫的分布情况。经达延

① 明代蒙古六万户（土绵）分左右翼。左翼三万户由察哈尔万（察罕儿）户、喀尔喀万户、兀良罕（兀良哈）万户来组成；右翼三万户由云谢部万户、土默特万户、鄂尔多斯（阿儿土斯）万户来组成。

汗有效的政治措施，黄金家族长期旁落的神圣地位和绝对权威得到空前的恢复，维护了蒙古民族的内部团结和统一。

自达延汗以后，蒙古社会内部相对稳定，社会生产有了较大的发展，特别是畜牧经济的发展，推动了蒙古封建主南下，希望与中原农耕民族开展贸易进行和平互市的愿望。但因为明朝方面的不信任和保守政策，使这一愿望受到阻碍，终于导致双方互动干戈，发生了1550年的“庚戌之战”（或称“庚戌之变”），明朝被迫签订城下之盟。之后经过土默特部阿勒坦汗的努力，蒙古与明廷的和平贸易终于实现。

达延汗分封六万户对重新树立黄金家族的权力有积极的一面，但也为新的割据势力的滋生提供了机会。16世纪中后期，右翼土默特万户阿勒坦汗势力不断强盛，其他各地方势力也开始崭露头角，蒙古再度出现封建割据状态，大汗权威受到威胁，大汗的权力开始削弱。蒙古大汗虽然名义上号称“四十万蒙古”共主，但实际上已经有了变化，仅是察哈尔汗而已了。1549年蒙古大汗达赉逊库登被迫东迁辽东一带。1558年图们札萨克图汗（又作土蛮札萨克图汗）继位，他企图重新树立大汗的权威并统一蒙古各部，进行了政治改革，但未能扭转汗权旁落的局面。

第二节

蒙古政治法律改革和图们札萨克图汗《大法规》

一、黄教的传入和蒙古政治法律改革

16世纪末17世纪初，蒙古社会掀起了一场政治改革。这一次的变革是以西藏宗教的引进和传播为历史背景的。

16世纪的卫藏地区，藏传佛教格鲁派（俗称黄教）迅速发展，受到藏传佛教其他教派的排斥和打击。16世纪后半叶，格鲁派面临存亡危机。因此，格鲁派上层极力寻找有力的政治势力的支援。正当此时，蒙古在经历了长期的封建割据的动荡年代之后，渴望和平，向往安定的心理状态，为具有和平色彩的藏传佛教格鲁派在蒙古地区的传播提供了可能。

蒙古右翼土默特万户阿勒坦汗自 1559 年开始进兵青藏高原，为藏传佛教格鲁派传入蒙古地区创造了机会，进而恢复了蒙藏之间中断了二百余年的政治、宗教文化联系。

16 世纪 60 年代，右翼鄂尔多斯万户的库图克图彻辰洪台吉首先皈依了格鲁派。1571 年，西藏格鲁派首领索南嘉措派高僧阿兴喇嘛到蒙古地方，向阿勒坦汗讲经说法，劝导他接受佛法，皈依三宝。欲借助佛教威严，号令众蒙古的阿勒坦汗采纳了阿兴喇嘛的建议，准备在蒙古兴建佛寺，迎请格鲁派教主索南嘉措。从 1574 年起，阿勒坦汗多次派出使者邀请索南嘉措来蒙古传教。1578 年，阿勒坦汗和索南嘉措在仰华寺，蒙古名察卜（齐雅勒寺）进行了历史性的会面，召开法会，举行了隆重的入教仪式。据史料记载，法会上，索南嘉措与阿勒坦汗互赠名号。

在仰华寺法会上，鄂尔多斯万户库图克图彻辰洪台吉代表蒙古政界宣读了《十善福法规》，规定废除萨满教信仰，正式接受格鲁派教义。此后，格鲁派寺院在蒙古地区纷纷建立，其教义也得到了迅速的传播。蒙古大汗图们札萨克图汗也曾专门派人邀请索南嘉措前去传教。到了 17 世纪初，蒙古大汗林丹汗还组织大量人力将《甘珠尔经》译成蒙古文。而漠北喀尔喀万户的阿巴岱汗则亲自到呼和浩特拜见索南嘉措，获"瓦齐尔巴尼汗"名号。喀尔喀的其他大贵族也大力扶持藏传佛教的传播。1620 年格鲁派教义传入科尔沁地区之后，卫拉特高僧内齐托音在奥巴洪台吉等蒙古贵族的支持下进行了大力传教活动。17 世纪初，卫拉特蒙古和硕特部首领拜巴噶斯迎请栋科尔呼图克图到西蒙古传教。在拜巴噶斯的影响下，各部领主在 1616 年纷纷入教，并各派一个儿子到西藏出家为僧。这样，藏传佛教逐渐成为全蒙古共同的宗教信仰，并深深地影响了蒙古人的政治、社会和文化生活，尤其是藏传佛教"政教合一"的政权建构体制对蒙古社会产生了巨大的影响。

16 世纪末，明蒙关系趋于缓和。蒙古社会内部也趋于内乱平息。随着黄教的传播，各地方割据势力为了其内部的稳定，十分注意协调与周边地区的关系。为共同抵御外来势力的侵略，积极寻找盟友，从而出现了地区之间互相联合的情况。蒙古各部统治者利用新引进的黄教来巩固自己的地位，炫耀势力。从右翼各部到左翼以及遥远的卫拉特、科尔沁等地在政治、经济、宗教、法律、文化领域纷纷进行了一系列改革，其主要内容之一就是颁布法律，编纂法典，取得了显著的成效。

在这种政治环境下，蒙古社会产生了几部重要的法律法规，其中较大影响的有蒙古大汗图们札萨克图汗制定的《大法规》（失传）、蒙古土默特万户阿勒坦汗制定的

《阿勒坦汗法典》、1639年前喀尔喀万户三汗七旗诺颜共同商定的《喀尔喀七旗法典》（又称《白桦法典》）和卫拉特联盟《旧察津毕其格》（残缺）等。这些法律文献对我们研究这一时期蒙古社会内部结构、法律文化、思想意识、诉讼断狱等提供了珍贵的资料来源，并且对1640年《蒙古—卫拉特法典》和18世纪《喀尔喀吉如姆》的编纂提供了资料来源。

二、关于图们札萨克图汗《大法规》

在蒙古文化的“黑暗时期”，因割据战争、社会混乱、游牧社会文化传播载体不足等多种原因，蒙古族没有一部文献史料能够得以完整保存。所以我们只能从明代汉籍和16世纪末叶以后编纂的蒙古文文献中模糊地了解这一段历史的蛛丝马迹。

明代史籍中，蒙文史料对蒙古内部情况有较详细的记载，且自成系统。而汉文史料对蒙古记载不多，即使是有限的记载也是多有偏颇之处。汉文史料虽有诸多缺漏，但对于研究明代蒙古史来说，仍是不可或缺的珍贵文献。由此看来，蒙汉文史料应该互相补充，互为印证，才能勾勒出更为全面的明代蒙古历史真面目。

元廷北迁后的近200年间，有关蒙古法制方面的资料几乎是空白。即使是萨冈彻辰在《蒙古源流》中追述了图们札萨克图汗改革以及制定法律的情况，但具体内容并没有被记录流传。在这段时期内，蒙古政权以什么样的法律调整蒙古社会的内部问题，以及《大札撒》法律在国家政治和司法实践中的地位、作用等问题因为史料的缺乏，无从得知。

日本学者羽藤秀利曾这样描述：

大元帝国改名为“北元”了。蒙古民族又回到《大札撒》所产地的漠北了。这虽然像是返回了《大札撒》的血统观念之中，然而时代已非《大札撒》的时代，无论在主权性质方面、民族的精彩性格方面、复杂的社会结构方面，蒙古民族社会都已经不是昔日的形态了。挽救这个社会历史命脉而登场的，宿名地落到了佛教文化身上。这是因时代变化保障蒙古社会今后长期的历史适应性的最根本的作用，也正是它给予蒙古文化深远的影响力。从此，《大札撒》日益理想化、观念化，最后落的只是历史的偶像了。这对于当时的社会领导者的法意识来说，只不过表现为一种制度新法的行动而已。①

羽藤秀利的分析是比较恰当的。因为元廷北迁后在很长一段时间内还保留着大都时期的行政体制，从而使得元朝的法典律令至少在北元流动政权中仍有一定的影响，并保留了相当一段时间。元代岭北地区一直使用《大札撒》法律，塞外蒙古大众不易接受中原汉法，再加上退出中原的元廷已非昔日之元朝，使得元朝的法典律令很快就从蒙古人的法律观念中消失。随着时间的推移和环境的改变，没有能够有效地结合汉法与蒙古法的元朝法律必然会逐渐衰竭，这是历史的必然。法度的松弛必然会影响政权的有效运行，蒙古 1368 年以后的 200 多年的动荡政治局面说明了这一点。

目前我们所掌握的史料中，只有刘佶的《北巡私记》记载了有关元朝统治者退居漠北后，监察御史徐敬熙向元惠宗的十条建议。

元惠宗至正二十八年（1368）十二月十三日，监察御史徐敬熙条陈十事：

一戒酒；一勿令宫掖干预政事；一选将；一宰相非入，请择贤者、能者；一明赏罚；一严军律；一汰军中老弱；一征兵西北诸藩；一征饷于高丽；一开言路。②

对这样的正确建议，元惠宗是否采纳，史书上没有明确的交代，只说了“其言殊切直，上不罪之也”③。

另外，据清代喀喇沁人罗密所著《蒙古孛儿济吉特氏族谱》记载，扶持达延汗，在重新统一蒙古做出过卓越贡献的满都海彻辰哈屯（又称满都海赛音哈屯）于 1481 年征瓦剌部胜利后，给瓦剌人颁布了一道训令。训令称：

房舍不得称殿，称宅；冠缨不得过四指；居常许跪，不许坐；食（肉）许啮不许割；改乌苏克（酸奶）之名为扯格。其部众以食肉用刀跪请，许之，余悉如令。④

这道训令比较简短。有学者认为，这是一则具有浓厚的文学色彩的传说，如果作为史料，未免有些牵强附会。但从训令的内容我们可以看到当时人们对加强黄金家族的权威、削弱异性权臣势力、渴望统一与和平生活的强烈愿望。

1557 年蒙古打来孙库登汗死，次年，子图们（又作土蛮）即位，史称札萨克图汗。《蒙古源流》载：“于丙子年三十八岁时拜见了系结大刀的噶儿麻喇嘛，皈依佛门，聚集起六万户人众，制定了大法规（蒙文原文为 Yeke. Caγajaedkheged，即制定

---

① 〔日〕羽藤秀利：《蒙古法制史概论》，潘世宪译，第 50—51 页，载《蒙古学参考资料》第 24 辑，1982 年。

②③ 刘佶：《北巡私记》，载薄音湖、王雄编辑点校：《明代蒙古汉籍史料汇编》第一辑，内蒙古大学出版社 1993 年版，第 4 页。

④ 罗密：《蒙古孛儿济吉特氏族谱》（蒙古文），博清额重纂本。

大法典、大法规、大札撒等意，清译作政令）。”①

而这次制定大法典的具体内容，蒙汉文文献均没有记载。《蒙古源流》也仅仅记载了图们札萨克图汗行政改革的一项内容，即他选五位执政大臣来辅佐政务，以便协调各万户，加强统治。图们札萨克图汗：

指令左翼万户中察罕儿（察哈尔）［万户］的那木大·黄台吉、罕哈（喀尔喀）［万户］的威正·速不亥、右翼万户中阿儿秃斯（鄂尔多斯）［万户］的忽图黑台·切尽黄台吉、阿速［部］的那木答拉·合落赤那颜、土蛮（土默特）［万户］的纳木歹·扯力克黄台吉这几个人执掌法规，以“札撒黑图合罕”之名扬名四面八方，使广大国家政局太平，从女真、捏流、答吉兀儿三种部族处收取贡赋，以莫大的幸福满足国民。②

从有关图们札萨克图汗制定大法规治理蒙古的史料来看，似乎多年松弛的法度重新进入国家的政治生活，这是元廷退居漠北以来未曾有过的新现象。当时蒙古社会趋于稳定，实现了局部的统一，这也是近两个世纪以来被战乱、政乱所摧残的人们的愿望。图们札萨克图汗顺应了这一时代的需求，进行了政治改革，因而，图们札萨克图汗受到了17—18世纪的蒙古史家的高度赞扬。

关于制定法典的年代，史籍没有明确的记载。对比蒙汉文史料，图们汗于乙亥年（1539）出生，二十八岁戍午年（1558）即汗位，应该是明嘉靖三十七年。史料提到的制定大法典的“丙子年”沈曾植在《蒙古源流笺证》中认为是明万历四年，即1576年。③ 所以该法典至少是1576年或1576年以后制定的。

蒙古右翼土默特部阿勒坦汗于1559—1560年征战青海、西藏的过程中，接触了西藏商人和喇嘛。1566年其侄孙鄂尔多斯万户库图克图彻辰洪台吉进兵西藏，胜利班师时，将一些西藏喇嘛带回蒙古。1571年，西藏阿兴喇嘛又来到阿勒坦汗处，劝说阿勒坦汗邀请格鲁派教主索南嘉措喇嘛。明万历六年（1578），索南嘉措与阿勒坦汗在青海湖东南岸新修建的仰华寺举行会谈，蒙古正式接受黄教。图们汗曾于“丙子年三十八岁时拜见了系结大刀的噶儿麻喇嘛”，噶儿麻喇嘛即藏传佛教噶玛噶举派的僧人。1578年仰华寺会谈以后，除黄教以外的其他教派都受到排斥，黄教势力在蒙古各部逐渐取得了主导地位。

---

①② 萨冈彻辰：《蒙古源流》卷六，乌兰著：《〈蒙古源流〉研究》（以下简称乌兰译文），辽宁民族出版社2000年版，第360页。

③ 沈增植：《蒙古源流笺证》。

《图们汗法典》是 1576 年和 1587—1593 年间分两个阶段制定的。因为图们汗的五位执政大臣中没有提到阿勒坦汗的名字，而有“土蛮（土默特）万户的纳木歹扯力克黄台吉”的名字。虽然阿勒坦汗势力比蒙古大汗强大，但他并不是全蒙古的大汗。如果这个时期阿勒坦汗在世的话，五位大臣中肯定有他的名字，而不会有纳木歹扯力克黄台吉来代表（土默特）部。纳木歹扯力克黄台吉是阿勒坦汗嫡长孙，1587 年继父辛爱黄台吉袭封为第三代顺义王。所以图们汗政治改革也是 1587 年后进行，与此同时制定了法律。另外，萧大亨《北虏风俗》中的记载也可从侧面证实法典的制定时间是在阿勒坦汗去世之后。《北虏风俗》记载，“夫治盗之法，曩时有盗若牛羊驼马者，止罚七九或三九之数耳。今新法一行，且剜其目，断其手，仍罚一九之数。即盗一马尾，法犹截一指也”。《阿勒坦汗法典》对窃贼的惩罚只有以“九”为基数的牲畜处罚，而没有“剜其目，断其手”等残酷的肉刑，譬如,“盗去马尾，罚牲畜三九”等。所以“曩时”的法律或者指的是《阿勒坦汗法典》，或者指的是图们汗于 1576 年制定的《大法典》，而“新法”则指图们汗在 1587 年后制定的法典。

第三节

《阿勒坦汗法典》考论

阿勒坦汗（1507—1582），明代汉籍作俺答、俺探、俺滩，是达延汗第三子巴儿速孛罗的次子，右翼三万户土默特（土蛮）万户的首领。起初阿勒坦汗常与长兄衮必里克吉囊共治右翼，衮必里克吉囊去世后，阿勒坦汗成为右翼三万户的实际控制者，势力逐渐强盛。他依仗势力，从打赉孙库登汗索得索多汗号，史称索多格根阿勒坦汗。隆庆议和后，被明朝封顺义王。阿勒坦汗奋斗一生，促进了右翼三万户与明朝的互市贸易关系的正常化，发展地区经济，建立库库和屯（呼和浩特）城，引进藏传佛教。对他一生的业绩，蒙、汉、藏文文献都有记载。

阿勒坦汗以武力征服蒙古诸部的同时，在其统治后期，开始借助宗教的权威制造舆论，抬高自己的地位，欲称霸“四十万蒙古”。1578 年，在仰华寺法会上，阿勒坦汗将格鲁派领袖索南嘉措比作元朝忽必烈帝的帝师八思巴喇嘛的化身，赠给他“圣识一切瓦齐尔达喇达赖喇嘛”的尊号。索南嘉措认为阿勒坦汗是忽必烈皇帝的化身，赐给他“转千金法轮咱克喇瓦尔第彻辰汗”的名号。阿勒坦汗试图借助藏传佛教格鲁派势力，并以元朝忽必烈皇帝自喻，以期达到号召蒙古诸部，完成统一的目的。但在割据地方的蒙古封建领主势力的顽固阻挠下，阿勒坦汗未能实现其政治愿望。

随着阿勒坦汗政治地位的不断提高，开始削弱察哈尔大汗为首的其他封建势力，协调统治阶级内部矛盾，缓和同下层阿勒巴图之间的关系，消灭萨满教信仰，弘扬黄教，试图建立神权国家。在此背景下制定的法律被学术界称为《阿勒坦汗法典》。

一、《阿勒坦汗法典》整理情况

目前所能见到的《阿勒坦汗法典》文本是藏文手抄本。原文是用什么文字撰写的，国内外学术界有两种观点，一种观点认为，原文是用蒙古文撰写的；另一种观点认为，原文是用藏文撰写的。因各种文献鲜有记载，所以无法断定最初是用何种文字记录下来的。

该藏文手抄本是由原德意志联邦共和国学者R·O·梅塞泽尔在英国利物浦博物馆发现的。他将原文刊布于波恩大学中亚研究所的《中亚研究集刊》1973年第7期。R·O·梅塞泽尔发现的藏文手抄本是藏文手写体文本，难以辨认。为辨认释读方便，蒙古国学者沙·比拉请熟谙藏文的甘丹寺罗布桑楚勒德穆喇嘛，转写成藏文楷体字后，于1975年又将藏文原文用拉丁字母转写，并译为基里尔蒙文，发表在蒙古国《科学院通讯》第3期，后又收入《蒙古人民共和国历史、文化、编纂学诸问题》一书。他认为，因藏文译文翻译不怎么好，故难解之处颇多。奇格和鲍音又以沙·比拉的蒙译本为蓝本转译为汉文，分别发表在《内蒙古地方志通讯》1983年第4期和《土默特史料》第16辑。苏鲁格依照藏文复印件翻译成汉文，发表在《蒙古学信息》1996年第1、2期。

沙·比拉的译文，将藏文原文分条，共12部分114条。奇格的汉译是转译沙比拉译文，只不过把结束语“尊上明主十三法终”一语另立一条，“以足‘十三法’之数”① 而分13部115条。苏鲁格把藏文《阿勒坦汗法典》复印件按照顺序进行了翻译，没分类立项，共138自然段。该译文比较忠实于原文，故本文引用的《阿勒坦汗法典》（以下简称《法典》）皆参照苏鲁格译文。

苏鲁格认为“沙·比拉的蒙译本，将藏文原文的顺序全部打乱，将本来为前后相

① 奇格：《古代蒙古法制史》，辽宁民族出版社1999年版，第92页。

衔的词句随意拆散，分别列入自己所设的12个部分，使他人难以了解《法典》的原貌和进一步深入研究”，又说：“暴彦奇格（指奇格）的汉译本基本上遵循于沙·比拉的蒙文译稿，但因沙·比拉的译文不顾藏文词序的逐字对译，个别理解错误之处在所难免。宝音（指鲍音）的汉译本则随意性很大，他在注释中指责暴彦奇格的译文‘出入太大’，其实他本人的译文既不符合藏文原文，也不符合蒙文译文，很多译句都是凭主观臆断幻想出来的。”①

关于《法典》的颁布年代，奇格认为是1578—1582或1572—1582年间。从《法典》中的“孛（男萨满）、额土根（女萨满）占卜、作法者，［被占卜或作法之人］死，杖一，罚牲畜九九；未死，免杖，罚牲畜九九”内容来看，法典是1578年仰华寺法会上或其后制定的，因为在此之前，在蒙古社会，萨满教有神圣不可侵犯的地位，从《法典》的某些规定来看，已经对萨满教的有些“不法”“或众”行为采取了有力的禁止措施。纵观《法典》的内容，除文首的两个自然段“序言”以外，几乎没有关于保护黄教利益的痕迹。蒙古人后来制定的几部法典，都有专门保护黄教利益的条款。

《法典》“序言”中说：

而今之政教二法规，佛教戒规之帛结如不坏金刚，世间法律如牛轭大金山，遍及广大国土的政教二法规之中，法律系统中之大小法律条款都是按照怎样妥当就怎样制定的。汝等做了蒙古四十部落之首领，尔等五首领及一切大、小鄂托克［之官员和民众］应铭记于心，倘若不铭记或排斥、藐视之，则必将按照阎魔狱主之指令，以政教二法规严厉制裁。故一切人等都要明确地铭记于心。要知道，不真正顺应［政教二法规］而各行其是者，无不变作罗刹女的眷属，必被永久镇压。

从上述史料来看，似乎有两套法律，这“法律系统中之大小法律条款”中的大法和小法，以我之见，大法指的是阿勒坦汗制定的《十善法典》，小法则有关调整世俗社会方面的法律法规，即现在称为《阿勒坦汗法典》的这一部分。奇格认为，“大法”指的是图们汗制定的法典，“小法”指的是阿勒坦汗制定的法律。

另外“汝等做了蒙古四十部落之首领，尔等五首领及一切大、小鄂托克［之官员和民众］应铭记于心”，上述“蒙古四十部落”，应该认定为“四十万蒙古”，即蒙古本部。“四十万蒙古”名义上的首领应该是居蒙古察哈尔万户的图们札萨克图汗，阿勒坦汗只不过是势力雄厚的土默特万户地方首领而已，不可能被称之为“蒙古四十部

① 苏鲁格译注：《阿勒坦汗法典》，载《蒙古学信息》1996年第1期。

落之首领”。另外，“尔等五首领”，好像是指图们汗时期的五位“执政”大臣。如果这样推断的话，这部法典好像是专门给“四十万蒙古”制定的一部法典，从口气上和序言的第一自然段看，这部法典是三世达赖喇嘛索南嘉措在阿勒坦汗的要求下制定的。而且他制定的仅仅是《阿勒坦汗法典》中的宗教法规部分。对此《蒙古源流》和《阿勒坦汗传》的记载可以印证。

该序言有可疑之处，如“尔等五首领”可以有两种猜测，一种是除土默特万户以外的五个万户首领来理解，但此时兀良罕万户已经在阿勒坦汗的打击下解散；按照另一种猜测，这“五首领”真的是指图们汗时期的“五位执政大臣”的话，则此抄本的“序言”部分很可能是后人所加。因为图们汗任命五位执政大臣的时候，阿勒坦汗已经去世，而代表土默特万户的则是1578年才继承顺义王位的阿勒坦汗孙木歹·扯力克黄台吉。另外，“序言”内容颇相似西藏古代法律书《十六法典》（藏巴第悉噶玛丹迥旺布时期制定）和《十三法典》（五世达赖喇嘛时期制定）的前言部分，值得进一步探究。

二、《阿勒坦汗法典》与《十善福经教白史》

研究《阿勒坦汗法典》必定会涉及《十善福经教白史》，简称为《查干图克》或《白史》。此书名可追溯到元代吐蕃僧人蔡巴衮嘎多吉著的一部《白史》，内容上也宣传通过佛教“十善”的理论治理“政教合一”的神权国家。“十善”即佛教所宣传的身三善：不杀、不盗、不淫；语四善：不妄语、不恶口、不两舌、不绮语；意三善：不贪、不嗔、不邪见。部分学者认为，蒙古历史文献《白史》是一部13世纪忽必烈皇帝制定的有关元朝国家体制的典章制度方面的典籍。

1981年留金锁把《查干图克》整理注释出版时命名为《十善福白史册》；奇格认为，《白史》是一部律书，必须突出其法典的内涵，所以译作《十善福经教正典》；鲍音认为，应该叫作《十善法典》，并翻译成汉文。

据载，蒙古右翼鄂尔多斯万户封建主库图克图彻辰洪台吉（1540—1587）觅得一部《白史》。库图克图彻辰洪台吉是蒙古左右翼六万户中首次倡导政教二道的人。他得到古本《白史》后，与元代维吾儿人必兰那失威征固什“古籍”相校核，重新编纂了一部《白史》。[①] 因此，学术界普遍认为必兰那失[②]“古籍”和库图克图彻辰洪台吉觅得的《白史》是元代《白史》的原稿，而我们现在所能见到的是库图克图彻辰洪台吉修订后的《白史》。

国内外《白史》有多种手抄本。内蒙古社会科学院图书馆现有八种手抄本。1981 年由留金锁整理、校对、注释出版。除留金锁外，蒙古国学者沙·比拉在其《蒙古史学史》一书中进行了较详细的研究。俄国学者扎木察拉诺夫于 1910 年从鄂尔多斯伊金霍罗获得一手抄本，1936 年撰写了《十七世纪蒙文文献》一文，首次介绍了《白史》，该手抄本现在俄国原列宁格勒东方研究院。部分研究者认为《白史》的编纂者是忽必烈皇帝，成书于 13 世纪，是忽必烈皇帝时期的元朝施政纲领性文件。而鲍音则认为，《白史》并非 13 世纪作品，也不是忽必烈所作，而是库图克图彻辰洪台吉等人为传播黄教而假托忽必烈名义撰写的一部伪书。[③] 据《白史》的序言，此书是“忽必烈转轮王制定”并颁行，成书年代为“至顺元年”[④]。至顺即元文宗图帖木儿年号，至顺元年是 1333 年。这样一来，这个政治纲领是忽必烈逝世四十年后才汇集编纂成书的。本书的中心思想是有关政教并行的政治法律观。汉文史籍和波斯文史书中都没有提到过《白史》，唯喀尔喀史家噶尔丹的《宝贝念珠》记载着有关四季筵宴方面的内容，与《白史》的记载较相似。

那么，《法典》与《白史》有什么关系呢？笔者认为，这两部律书是同一部法典的宗教法规部分和世俗法规部分。《白史》是《阿勒坦汗法典》的指导思想。土默特封建主们自从与西藏僧侣集团开始接触以后便着手进行这项宣传工作。西藏阿兴喇嘛来蒙古以后，给阿勒坦汗等宣讲六字真言、八关斋戒等佛教基本常识，并通过“不杀生，不取不与之物，不行不净之事，不出妄语，不误食非时之食，不饰花涂香，不和声作乐，不坐高床”[⑤] 等佛教理论来渲染教义。这一过程中，库图克图彻辰洪台吉扮演了重要角色。

当然，此时的蒙古人不可能忘记有关忽必烈和八思巴喇嘛间的那段历史，这为欲称霸全蒙古的阿勒坦汗提供了历史的和理论的依据。《白史》给蒙古政权提供了一个建立“政教二道”神权国家的模式，“政教二道”即教权之律《咒》《经》；皇权之法

---

①④ 留金锁校注：《十善福白史册》，内蒙古人民出版社 1982 年版。

② 畏吾儿人，元大德六年（1313）受灌顶，被赐必兰那失卫正国师名号，善多种文，蒙译多部汉、藏、印度文佛经，元至顺二年（1331）封国师，次年因事被诛。

③ 鲍音：《论〈十善法典〉是部伪托之书》，《内蒙古师大学报》，1994 年第 4 期。

⑤ 珠荣嘎译注：《阿勒坦汗传》，内蒙古人民出版社 1990 年版，第 85 页。

"和平""幸福"。阿勒坦汗和索南嘉措互相以"转世论"来封尊号充分说明，蒙古人自古信仰的萨满教已经不能满足统治阶级的政治需要治国理念，而这时有系统理论和深奥逻辑的佛教登上了历史舞台。与萨满教"天命思想""天赋汗权"相对应，索南嘉措宣布了佛教的"转世论"与"佛授转轮王权"于阿勒坦汗，即宣称阿勒坦汗是转轮王成吉思汗、忽必烈汗的转世，他的转世是佛的旨意。黄教把阿勒坦汗同成吉思汗、忽必烈汗联系在一起，不仅以宗教的神秘色彩让阿勒坦汗非嫡长的汗位继承合法化了，而且在保留蒙古民众对成吉思汗崇拜的同时，剔除了"天赋汗权""嫡长继承"的传统观念，以完整的宗教理论为阿勒坦汗争夺蒙古大汗权铺平了道路。阿勒坦汗欣然接受了这种有利于其称霸"四十万蒙古"的理论，并且效法忽必烈皇帝实行政教二道平行的政策，颁布了推行黄教的法律——《十善法戒》，确立了黄教的统治地位。与此同时，阿勒坦汗根据蒙古封建等级制度，还规定了相应的黄教上层僧侣享有与蒙古贵族同等的政治待遇，并免征赋税。阿勒坦汗为实现他的政治抱负，下令禁止萨满教的法事活动，尊奉黄教，尊敬喇嘛成为全民的义务。

三、《阿勒坦汗法典》主要内容

（一）关于阿勒坦汗宗教法规

萨满教是蒙古人的原始宗教。大蒙古国时期，成吉思汗及其继承者虽然实行各种宗教信仰自由、平等的政策，但还是把萨满教作为国教，其地位高于其他宗教信仰。

元朝时期，蒙古与吐蕃通过萨迦派建立了施主与福田的关系，随之佛教传入了蒙古地区。但当时萨迦派仅仅在元朝宫廷和上层贵族社会中有较大的势力，而在民间影响甚微。元廷北迁后二百年间蒙古与西藏中断了往来，与吐蕃宗教势力也失去了联系，蒙古人的思想意识又重新被萨满教的世界观所主导。将近两个世纪的混乱社会状态告诫统治阶级，必须依托强有力的思想武器才能达到政治上和精神上的统一，才能有效地奴役劳动人民。在1578年仰华寺法会上，阿勒坦汗依靠索南嘉措的帮助，"参酌从前吐蕃的三转轮王、蒙古的忽必烈薛禅皇帝时期的旧典章，创立了十善法规"①。

---

① 《蒙古源流》第7卷，乌兰译文，第430页。

萨满教教义原始落后，只着眼于现实的吉凶祸福，也是蒙古“天命汗权”传统的忠诚维护者，在他们看来，大汗才是全蒙古的统治者。随着大汗权威的衰微，“造恶作孽，血肉相残”的社会现实让人们感到困惑，使得人们开始对长生天的“天命观”信仰产生了动摇。从自身的利益出发，首先想改变这种思想禁锢的是右翼三万户以阿勒坦汗为首的封建领主们。怎样才能把“血浪涌动的大江化作乳江澎湃的澄海”①呢？正在这时候，藏传佛教的格鲁派（黄帽派）登上了历史舞台，蒙古历史进入了与以往截然不同的发展轨道。藏传佛教的传入并非偶然，而是历史的必然。《阿勒坦汗法典》是这一时期典型的历史产物。

首先，索南嘉措规劝阿勒坦汗取缔萨满教。阿勒坦汗“焚毁歪道谬误之翁衮（Ongun）、察里格（Chalig 萨满教的神像），使愚昧之孛额（Buge）、乌达干（Yitugan）衰落消亡（男巫、女巫）”②，这项决议受到与会各色人众的赞同。

萨满教具有残忍野蛮的陋习，譬如有血祭和殉葬人、牲畜等仪式。蒙古人死后，不分贵贱，均以自己的妻子、仆从、马畜等做陪葬品。《北虏风俗》载：“死之日，尽杀其所爱仆妾、良马，如秦穆殉葬之意。”③

在仰华寺法会上，在三世达赖喇嘛索南嘉措的指引下，阿勒坦汗等蒙古贵族规定，“自今而后，不得任意以马匹为牺牲，而应施之于僧伽，共祈冥福。对死者不得杀生殉葬。倘仍杀人如昔，依法处死。若杀马畜，则没收其家财”。蒙古社会自古以来人死后，制作翁衮来替代亡者，每月初八、十五、三十日三次宰杀马牛以为血祭。年年月月因供祭而宰杀很多牲畜，实际上严重影响畜牧业的发展和增加了民众的负担。所以法律规定：“从今而后投翁衮于火，岁月供祭，永远不得杀生。违者取其所杀家畜数之十倍罚之。如不交翁衮投诸于火，则共同毁其家。”供奉翁衮之位，以智能六臂玛哈噶拉（大黑天神）佛像代替。《北虏风俗》记载，“其幕中恒祀一佛像，饮食必祭，出入必拜”，《法典》规定，“每年、每月坐禅斋戒，持守八节之斋戒”。供祭的时候“除三白餐（酪、乳、酥油三奶制品）外，不得再以血肉祭”。为结合蒙古的风俗习惯，把初八、十五、三十日改成“斋戒日”，斋戒的三日“禁止杀生，打猎”。阿勒坦汗的这项改革比较成功，“诸俗虽仍其旧，独葬埋杀伤之惨，颇改易焉”④。

---

① 《蒙古源流》第7卷，乌兰译文，第429页。

② 《阿勒坦汗传》，第117页。

③④ ［明］萧大亨：《北虏风俗》，《埋葬》。

藏传佛教的传播起初并不顺利，时刻遇到来自萨满教的挑战。《蒙古源流》记载，阿勒坦汗曾染上重病，在他外表的形体衰缩、内里的气脉还没有绝尽的时候，满官嗔—土蛮的那颜和大臣们私下商议说："这佛法有什么益处？既然不能有益于这位合罕的黄金性命，那么今后又能对别的事有益吗？这完全是喇嘛们的骗人行径。现在就除掉这些僧人吧！"① 这场风波直到三世达赖喇嘛在蒙古地区的代理人满珠锡里呼图克图手下的一名僧医医治了阿勒坦汗的疾病之后才得以平息。因此阿勒坦汗和库图克图彻辰洪台吉二人在这件风波之后，"相继反复多次地宣讲佛法的功益，并相互许愿设誓：为了今后不致残毁佛法、迫害僧众，愿将誓言记入史册，以弘扬佛法"②来表示坚决取缔萨满教和信奉黄教的决心。

藏传佛教势力从在蒙古地区站稳脚跟和顺利传教的目的出发，给僧侣制定了若干条戒律。他们规定："僧众若违教规而娶妻，则以教法令以黑灰涂其面，责令逆转寺庙三匝，逐黜以惩之。"乌巴什（Obsi）、乌巴三察（Obsincha）等世俗弟子若违教规而杀生，则照"前法惩处而后没入官"。比丘、乌巴什等"若饮酒，则将其所有抄没分与众人"。

阿勒坦汗宗教法规的一项很重要的内容是以法律的形式承认僧侣的地位。"绰儿只（Qorji）们的地位与黄台吉（Qong-taiji）同；蓝咱巴（Rabjamba）、噶卜出（Gabju）等与台吉同；格隆等与塔布囊（Tabunang）、欢津（Qonjin）、太师、宰桑（Jaisang）同；比丘、尼姑、乌巴什、乌巴三察等与王领属民相同"。在依法维护僧侣利益方面，规定"对所有四种僧众免派征战、狩猎的差役，免除贡赋"。在人身权益方面，僧侣享有特权，规定"对待四种僧人，遇有俗人以手触碰，或是辱骂、或是搂抱……"，但由于《蒙古源流》在此处的记载遗漏和脱文，所以当发生这种情况时的处罚，无法得知。但参照藏文史书《胜教宝灯》的相关记载"如殴打喇嘛及僧伽，则毁犯者之肢臂"来看，惩罚肯定不轻。

（二）《阿勒坦汗法典》的主要内容

O·R·梅塞泽尔发现的《阿勒坦汗法典》藏文手抄本的序言部分主要涉及依法保障达赖喇嘛的神圣地位和阿勒坦汗的政治权威，弘扬"政教二法规"的缘起，以及明确法律所维护的对象和遵守此《法典》的各阶层人们。为维护封建统治者的利益，

①② 《蒙古源流》第7卷，乌兰译文，第433、434页。

序言中规定，若谁违犯此法规“必被永久镇压”。而除去手抄本的前面两个自然段和最后一个自然段之外，均是有关民事、刑事、宗教、行政方面的法规条例。《法典》规定了有关人命、人身伤害、盗窃、婚姻家庭、治奸、主仆关系、丧葬、传染疾病、救护牲畜、保护环境与野生动物、救援、保护使者、禁止逃亡等内容。每一条款都具体规定了惩罚办法和赔偿数额。

1. 有关人命和人身伤害罪方面的法律规定

在有关人命案的惩罚上，《法典》一改过去大蒙古国时期“杀人偿命”的刑事处罚规定，而以罚畜来赎罪。《法典》规定“杀人者，打三组，罚头等牲畜一九，执为首者一人，或罚头等牲畜一五，执为首者一人，二人同案，执为首者一人”。虽然罚畜抵罪是游牧社会审判制度的一个特点，但此前的成吉思汗《大札撒》中并没有明确的记载。在罚畜的数量上，以九畜和五畜为基数，按案件的轻重和实际情况来加倍处罚。《法典》明确规定，处罚时“马二匹、牛二头、羊五只为一九；马牛合二，羊三只为五畜”。

对于性质内容不同的人身伤害案件，《法典》有着具体的规定。

对于父母杀害子女，《法典》规定，“杀害子女或养子女者，凶手若系亲生父母，杖之，罚牲畜五九。凶手若系养父母，罚牲畜四九和骆驼一峰。被杀害者若系女孩，凶手从军，罚骆驼等九畜”。

而对于纵火造成火灾并造成死亡或伤害的案件，《法典》按照轻重予以不同的惩罚。规定“失火致人死亡者，罚牲畜三九，并以一人或一驼顶替；烧伤他人手足者，罚牲畜二九；烧伤眼睛，罚牲畜一九；烧伤面容，杖一，罚五畜”。

在过失致人伤亡方面，《法典》规定“以人、骆驼、马、衣物等顶替。受害人系有功德者，则多罚”。嬉戏中因无意使人“致死、致盲、致断齿、致失去性功能，按参与嬉戏的人数罚马。肇事者，罚牲畜三九，执一人或一驼顶替”。而在伤害较严重的情况下，处罚也相对较重。如“致人手足残废者，罚牲畜九九，执一人。若手足无残废痊愈，则罚五畜，并酬医者”。

除外，《法典》对于特殊类型的伤害案件有着特殊的处理办法。对于涉及汉族人的伤害案件规定，“杀死管理财务之汉仆，或致其器官残废者，以五畜及一人赔偿。若被杀者系官吏之差役、好家仆，则依蒙古惯例处置”。这里指的“蒙古惯例”是对蒙古人的处置方法，意思是汉仆中的“官吏的差役和好家仆”，可以享受“蒙古惯例”的待遇。《法典》中有一条规定特别强调，“出生在蒙古人家的女孩或男孩被杀害，杀害者若系意识混乱或眼有毛病者，其父母免杖，罚牲畜九九”，但若是汉人的子女被杀害，估计不享受此“蒙古惯例”，需另案对待。对于“恶棍、奴仆杀人，窃贼偷盗”等事件，予以“没其一切积储、食物和财产，最好不要怜悯，不杀则有碍法律尊严”。为避免精神错乱的人伤害无辜，法律规定“遇到疯子，擒拿并捆绑后送来者，赏一匹马”，如神经错乱的人（疯子）杀人，“赔偿九畜和骆驼一峰”。另一处则这样规定，“疯子杀人，赔偿九畜”。对狗、疯狗、公骆驼、种马、种绵羊、公山羊等非人类致人死亡者，与“精神错乱者（疯子）杀人之处罚同”。

《法典》中重复之处、脱文之处或量刑上同罪异罚情况时有出现，这很可能是手抄本之笔误。譬如，致死案和致断齿案的惩罚中就存在同样罚畜或顶替的情况。《法典》规定，嬉戏中“致他人手、足断裂者，以一人顶替，并酬医者”“致人眼瞎者，杖一，罚牲畜九九，给受害者赔一人或一驼。致人牙齿断裂者，罚牲畜三九和一人或一驼（顶替）”。因此，在没有得到《法典》的善本之前，对其进行系统的划分并不科学，仅能按照现有抄本内容进行简单的分类。

2．有关打架斗殴方面的法律规定

为安定社会秩序，阿勒坦汗制定了若干条专门处置打架斗殴事件的法律法规。如二人斗殴，其中揪断对方的头发、胡须者，并且对方无过错，罚五畜。蒙古人自古以来就忌讳用手或某物触及别人头部。1640 年前的卫拉特旧《察津毕其格（法典）》明确规定：“卡尔梅克人（卫拉特人）格斗时，乱揪别人的辫子便构成犯罪。因为辫子属于王公所有，是表示恭顺的象征。但是，如果是没有梳成辫子的头发，谁揪也不受处罚。因为没有梳成辫子的头发是属于个人的并不视为王公所有。”这方面的规定在《喀尔喀七旗法典》《蒙古—卫拉特法典》和《喀尔喀吉如姆》中皆有。若斗殴的双方同等相打，若处罚。斗殴的过程中，使对方受伤而失去性功能者，杖一，罚牲畜九九。用锋利尖状石或锋利尖状木击人者，罚一人、一驼和一马为首之九畜。用鞭、拳、脚、土块或石打人者，罚五畜。若系对方前来挑衅，则不予处罚。在打架斗殴的过程中“无故加入两个人的斗殴并帮助一方，致对方死亡者，其罪行和处罚与杀人者相同”。在“进行调解的中间人被杀，杀人者，向被害人家属赔偿牲畜九九和一人。未动手者，免杖，罚牲畜九九，向被害人家属赔偿一人或一驼”。

3．有关治盗方面的法律规定

蒙古社会向来对盗贼的惩治较严厉，所以《法典》规定，“杀死窃贼者，不受处罚。若放走窃贼，则罚羊二只”。如果“窃贼用箭射人，无论射中还是没射中，皆罚牲畜九九，并以一人或一驼顶替”。取用窃贼杀吃剩留的食物也被视为违法，受到“罚五畜”的处罚。法律规定，窃取财物、马、牛者，亦执为首者一人。罚牲畜九九的案子，如果是穷人犯案，没收其所有财物，被盗之物无论是耗损了还是完好的，都要追究。

《法典》在对于盗窃行为的年龄划分上区别对待，十岁以下不以盗窃行为对待，十岁以上才以盗窃罪论处。盗窃活物者，罚活物；盗无生命物者，罚无生命物。另外，对刚来一年的汉人家仆偷盗东西，不按窃贼对待；已来两年者，取回被偷的东西；如果已来三年者，按盗窃论处。这很可能是给刚来到蒙古地区的汉人一个适应环境和了解蒙古法律的充足的时间的办法。

《法典》对盗窃的惩处规定特别详尽，几乎包容了游牧社会生活的各个领域。详尽程度与《蒙古—卫拉特法典》基本相似。①

《法典》规定：盗窃蒙古包的门，罚牛一头和绵羊一只。盗窃多少根椽子，罚多少只绵羊。盗取马鬃，罚九畜。盗取马尾，罚牲畜三九。盗取牛尾，罚五畜。盗取骆驼秋毛，罚马、牛合二。盗取骆驼拌脚索，罚马二匹。盗取［骆驼］鼻绳，罚马一匹。盗取绵羊毛、辔索、缰绳者、罚羊若干只。盗取马的三腿绊，罚马三匹。盗取马的前腿绊，罚马二匹。盗取牛的前腿绊，罚牛二头。盗取牛鼻绳，罚牛一头。随意饮家宅或库房中之酒、酪浆、乳、酸奶者，按［偷饮者的］人数每人罚五畜。盗窃旅途中之军队的途中食品者，罚牲畜三九。盗窃旅途中之军队的绳索者，罚马三匹。盗窃营地之绳索者，罚马二匹。若询问过，属于长官的错误，则不予处罚。盗窃火镰、锉刀、纯质（金属）矛枪、铁盾、银嚼子、铁炉、头盔、手剑、狐皮、弓箭囊、腰袋、帽尾缨子、料袋、褡裢等物品者，罚五畜。盗窃大盆、碗、木勺、夹子、铜壶、斗篷、毡子、雨具、黄狗皮大氅、山羊皮大氅、皮条辔索、鞭子等，罚九畜。盗窃匣子、梳子、抓挠儿、镊子、毛笔、竹笔、项环等，罚绵羊一只。盗窃木锤、扇子、兽皮垫子、扯绳，罚绵羊一只。盗窃箭、熊面具、帽翎三物，罚马、牛、羊三畜。盗窃铠甲服、貂皮大氅、“克斯蒙（Khesemun）”大氅及任何一种昂贵的猛兽皮大氅，罚牲畜六九，赔偿一人或一驼。盗窃靴子、上等裤子、马褂、被褥、西方的青蓝色或红色旱獭皮大氅，罚牲畜六九。盗窃马鞍，罚牲畜六九。无论盗窃何重马袋，罚马一匹。盗窃马衬，罚牲畜三九。盗窃金碗、金帽、银碗者，罚牲畜六九，

---

① 《蒙古—卫拉特法典》中有13条有关这方面的规定。《阿勒坦汗法典》的内容过之而无不及。

赔偿一人或一驼。盗窃金银者，盗窃大块的，罚牲畜六九；盗窃小块的，罚牲畜三九。盗窃铜碗，罚牲畜二九。盗窃马褡裢，罚绵羊二只。盗窃铜嘀子，罚牲畜二九。盗窃银项环，罚牲畜三九。盗窃铜项环，罚牲畜一九。盗窃铅或锡铁项环，罚绵羊一只。

通过《法典》所规定的这些内容，可以了解当时的民俗习惯和生产生活的基本状况。譬如《法典》对于取用非人为死亡的牲畜的肉也有相关的规定，“取掉入水中，陷入泥淖或被狼咬死之死［畜］肉者，应给牲畜的主人赔偿。取狼吃剩下的骆驼肉者，罚牛一头”。这一方面是方便失主辨认失物，另一方面也反映出当时蒙古社会私有制的高度发展和法律对于私有财产的有力保护。

4. 有关治奸和妇女权益方面的规定

明人萧大亨在《北虏风俗》中说：“夷俗以奸为最重，故其处治为最严。”①《法典》规定：“男女搞不正当的性行为者，罚牲畜七九；已染梅毒者，［加］罚九畜，杖一；勾引少女为奸者，罚牲畜九九，杖一。”游牧社会妇女的地位几乎与男人相等，是因为妇女在游牧生产生活中起到了重要的作用，所以妇女地位在法律上也得到了保护。《法典》规定：“拉扯妇女的被褥者，罚牲畜三九。致妇女流产者，按［怀胎］月数，每月罚九畜。男人揪妇女头发者，罚牲畜五九，扯破衣服者，罚五畜。调戏妇女，扯破妇女的衣服者，罚马、牛。男子用尖状土块、木、石打妇女者，罚牲畜三九；鞭抽、拳打、脚踢者，罚九畜。”

在阶级社会，等级森严，不同等级的人，在法律上受到不平等的待遇。古代蒙古社会将人划分为汗、诺颜（那颜）、好人、中人、贱人、奴隶等若干等级，相应的，妇女也按照婚姻情况分为若干的等级。如“辱骂诺颜或诺颜夫人者，罚牲畜二九。辱骂好人的夫人者，罚五畜。辱骂出身卑贱的妇女者，罚马一匹。辱骂出身卑贱转变为尊贵夫人者，罚马二匹。拒绝供给好人的夫人食物、睡铺者，罚马一匹。拒绝供给饮料者，罚山羊一只”。

5. 有关婚嫁方面的法律规定

当时蒙古妇女在婚姻方面，与同时期的明朝妇女相比，比较自由，并且受到平等的法律保护。《法典》规定，“将清白女儿身许配恶棍之家，或父母强迫女儿嫁人者，处罚其父母。父母以各种方式逼走女儿者，罚牲畜九九。女儿逃回家，不受处罚。许

① ［明］萧大亨：《北虏风俗》，“治奸”。

诺给男方之女子，女婿依约赴订婚酒宴途中死亡者，其女子归女婿之父；虽许诺，但未举行订婚酒宴者，其女子之去向，由女方父母决定”。萧大亨谈道：“夷中嫁娶，唯以两性相欢，男女年相若者，遂尔配合，乌睹所谓媒妁哉。”①

6. 有关传播恶疾方面的法律规定

在古代蒙古地区，患恶疾一般指患痘疮。其实，因为气候的原因，患痘疮的人并不多，但一旦得了痘疮，则视为恶疾。“其地寒，患痘者少，视内地若火宅，不肯久留，虑患痘也”②。患恶病至他人家宅，传染他人疾病并致死者，杖一，罚牲畜九九；虽传染疾病，但未致死者，罚牲畜三九；未传染疾病者，罚备有鞍之马一匹；传染疾病致他人眼瞎者，杖一，罚牲畜九九。

萧大亨说：“最忌者无过于痘疮。凡患痘疮，无论父母兄弟妻子，具一切避匿不相见，调护则付之汉人。如无汉人，则以食物付之他所，令患痘者自取之也。至若夫妻之患痘也，必俟闻雷声然后相聚，不闻雷声，即终年避匿如路人然。”③这是因为蒙古地区缺乏医药卫生条件所致，另一方面，也与萨满教信仰有关。而黄教传入蒙古地区后，“禁忌犹甚，凡事皆守僧之戒，毫不敢违”④。

7. 有关丧葬方面的法律规定

萨满教认为，人的灵魂是依附在人体里永远不灭的，既使人的肉体死了，其灵魂以不同的形式仍然存在。所以古代蒙古人特别重视丧葬仪式。藏传佛教传入蒙古地区后，以“轮回论”取代了萨满教的“灵魂不灭论”，使人们更加坚信灵魂的存在。《法典》规定：“由送葬之处返回，进入他人家宅者，按［进入家宅的］人数罚马；触动、抓握死人之尸骨者，应驱邪，否则，罚牲畜九九；盗窃随葬之何物与盗窃活人之何物同罪；放走祭祀之马者，罚九畜；转移尸体、祭祀之马者，罚牲畜三九。”

8. 有关额勒赤（使者）的法律规定

在古代蒙古社会，使者起着举足轻重的作用。传递政令，侦探敌情，征收贡赋，审断案件、联络各土蛮（万户）、鄂托克（Otog）间的军政事宜皆由使者来传达。使者按其任务的不同，分为朝廷使者、普通使者、侦察使者几种。《北虏风俗》载：“凡命下之日，有抗违不奉行者，辄罚千马百驼，虽台吉在所不赦也。允凡所过地方，俱

① 萧大亨：《北虏风俗》，“匹配”。

②③④ 萧大亨：《北虏风俗》，“禁忌”。

有应付马匹，如我驿递。若奉差人员至，有抗违不奉行者，辄罚牛羊五头。"① 因此，使者的权益受到法律的保护。

《法典》规定，朝廷使者带二贤者、二侍从随行；殴打使者，罚五畜；如使者先动手，则不予处罚。为保护使者的人身安全，规定"用箭或用刀砍使者，罚牲畜一九，并以一人或一驼顶替。用鞭、拳、脚殴打朝廷使者、普通使者或侦察使者，罚五畜和一马"。乘骑使者之驿马者，罚物品二件；拒绝供给驿马者，罚马一匹；驿马死亡应予赔偿。盗窃使者的马褡裢，罚马一匹。同时，为防止使者滥用权力，欺压百姓，专门规定，"使者在马群和家宅前不下马，而驰至马群和家宅后面下马者，罚马；若系紧急、重要任务，则不为使者之过失。若非执行紧急、重要任务则根据其驰过马群和家宅距离的远近不同罚马"。这是因为，蒙古的习俗"马必远系他所，系近幕下者，亦罚其乘来之马"②。谎称使者，按窃贼论处。

9. 有关人们行为规范方面的法律规定

阿勒坦汗为整顿社会秩序，欲以崭新的姿态统治蒙古大众，因而要求人们从衣食住行到言谈举止，都要遵循法律所规定的规范。《法典》规定，与恶意之人同谋者，罚牲畜七九。以谎言陷害人者，按参与制造谎言的人数罚马。若系玩笑所致，则罚九畜。男子的衣服破烂者，罚马一匹。又因帽子在蒙古人的服饰观念中非常重要，与头面是同等概念，所以规定自己行走中帽尾断开者，罚牲畜三九；与他人同行中帽尾断开者，罚牲畜一九；帽带断开者，罚绵羊一只。对妇女规定，"妇女口出秽语，扑打男子者，罚牛一头"。

因为无故驱赶草场上的畜群，会导致畜群散失或遭到狼等肉食动物的威胁。所以在游牧社会，恶意地或无缘无故地驱赶草场上的畜群是件非常不道德的行为，直至今天，仍然禁止这种无礼行为。《法典》规定，"无故驱赶畜群者，驱赶五头牲畜远弃之者，罚马一匹；驱赶四头者，罚牛一头；驱赶三头者，罚绵羊一只；驱赶二头者，罚山羊一只，驱赶一头者，免予处罚；驱赶不固定之马群者，驱赶十匹以上者，按每十匹罚马一匹；驱赶十匹以下者，罚牛一头；无故驱赶骆驼者，按被驱赶的骆驼群中的驼羔计算每峰驼羔罚牛一头"。

牲畜的印记是这个牲畜所属的标记，是该财产隶属于谁的最有效的证明。各个地方的牲畜印记都有所不同，游牧民族通过印记来判断牲畜的所属。这样，若畜群走失

---

①② ［明］萧大亨：《北虏风俗》，"敬上"。

或牲畜被偷盗就很容易被发现。毁改牲畜的印记，属于侵犯私人财产的行为，在游牧社会，这种行为在道德上也受到谴责。《法典》规定，“毁改［牲畜的］印记者，罚牲畜三九”。在畜牧业生产方式下，畜群是主要的经营对象，择良种是改良和更新品种的最重要的途径。所以种畜受到重视。《法典》规定，“经询问后阉割雄畜生殖器者，不予处罚。未询问者，罚五畜。给种马、公骆驼、雄黄牛、种绵羊、公山羊去势者，罚牲畜三九”。另外，因嬉戏使牲畜落水并致死者，罚牲畜三九。

10. 有关保护野生动物、狩猎方面的法律规定

元朝的法典律令中，制定了有关保护野生动物的法律，尤其是保护孕兽是蒙古法的传统。忽必烈帝在至元二十四年（1287）二月曾下令：“禁畏吾地禽兽孕孳时畋猎。”① 自忽必烈帝以降，元朝诸皇帝都对保护野生动物下过敕令，规定了很多禁猎区，禁止捕猎野猪、鹿、獐、兔等动物和天鹅、鹚鸬、鸭、鹘、鹤、鹌鹑、鹰、秃鹫等飞禽。《法典》继承了元代法律中的这一精神，并使其更加完备。

《法典》规定：偷猎野驴、野马者，罚以马为首之五畜；偷猎黄羊、雌雄狍子者，罚绵羊等五畜；偷猎雌雄鹿、野猪者，罚牛等五畜；偷猎雄岩羊、野山羊、麝者，罚山羊等五畜；偷猎雄野驴者，罚马一匹以上；偷猎貉、獾、旱獭等，罚绵羊等五畜；偷取鹞之翎、岩雕之翎、鹫之翎、罚牲畜二九；凡偷取水禽之翎、肉者，罚马一匹。但是“捕杀小的或中等的鱼、鸢、大乌鸦、喜鹊等，不受处罚”。

狩猎在蒙古社会生活当中，起着很重要的作用，一方面是对畜牧业生产的补充，另一方面则有着军事训练的重大意义。《法典》为保护狩猎者的利益，规范狩猎规则，规定：“盗取他人套住的野兔十只，罚绵羊一只；盗取五只，罚山羊一只；盗窃黄羊网、鸟网者，罚牲畜三九；盗窃兔套者，罚牲畜一只；盗窃地弩、夹子、套索等此类物品者，罚五畜；盗窃捕兽器、拉网等此类物品者，罚马、牛。”

11. 有关救人、救牲畜、救物品方面的法律规定

成吉思汗《大札撒》规定，战争中同伴受伤时，其他人应全力以赴救助，否则所有人将受到严厉的惩罚。阿勒坦汗结合时代特征和蒙古社会的实际情况，对救死扶伤事制定了明确的规定，救人者依法受到奖励，以此来鼓励人们行善积德，改善社会的风气。

《法典》规定：“从火、水中救出蒙古人者，赏马二匹；救出汉族家仆，赏马一

---

① 《元史》卷一，《世祖本纪》。

匹；救出一般汉人，赏绵羊一只；救出劣等汉人，赏牛一头；救助并携带来迷路的儿童者，赏好马一匹；若系女孩，赏上等好马或踝马一匹。”在游牧社会，男子在战时是战士，和平时期是生产劳动者，每个男子平时也必须随身携带武器，以便随时被召集迎战，所以盔甲、手剑、弓箭等武器跟战士同样重要。另外，明朝对蒙古的禁金属政策，造成蒙古地区缺乏制造武器的铁，故而武器倍受重视。《法典》规定，“从火、水中抢出盔甲、手剑者，赏马一匹”。

除此之外，阿勒坦汗还制定了救助牲畜的详细规定和奖励牲畜的数目。《法典》规定，从河流、沼泽和火中救出骆驼者，每救出一峰骆驼赏上好绵羊一只；救出牛群者，赏牛一头；救出马、牛者，赏山羊一只；救出马群者，赏马一匹；救出羊群者，赏上好绵羊二只；从沼泽中拽出多少骆驼，赏多少匹马；救出马、黄牛者，每救出一匹或一头马或黄牛，赏绵羊一只；从风、雪、雨中救出羊群者，可以从每群羊中取上好绵羊一只；救出被狼驱赶之羊群者，可以从每群羊中取上好绵羊二只。

12. 有关逃亡方面的法律规定

在封建社会，逃亡现象普遍存在。逃亡是多种原因所造成，如战阵中逃亡、无法忍受封建剥削而逃亡、统治阶级内部矛盾而投奔他人逃亡、犯罪后为逃避惩罚而逃亡等。据史料记载，当时，明朝汉人逃到蒙古地区和因蒙古统治阶级内部矛盾和贫困原因导致蒙人逃亡到明朝的事情时有发生。《法典》规定，“长官叛逃，其部属中之任何人都可以召集人追赶；逃亡之汉人杀人，其罪刑与其他杀人罪相同；携带逃亡者一同逃走者，应赔偿”禁止逃亡现象。

《阿勒坦汗法典》是蒙古土默特万户为首的右翼三万户的地方性法规，旨在以法推行“政教并行”政策，虽然只是在局部地区推行，并未实施于整个蒙古地区，但对蒙古社会发展，具有重要的历史意义。《法典》维护了当时蒙古社会的封建统治，同时对于安定社会秩序，保护人们的生命财产安全，起到了良好的作用。可以说，《法典》是了解16世纪蒙古社会的一面镜子。

（三）《北虏风俗》记载的印证和补充

明人萧大亨（1532—1612）历任山西参政、宁夏巡抚、宣府巡抚、宣大山西总督，在明朝北部边疆要职多年，颇了解蒙古的情况。其所著之《北虏风俗》是研究明代蒙古社会生产、风俗习惯、诉讼断狱不可缺少的珍贵的汉文史料。从中可以窥见图们札萨克图汗《大法规》的某些内容，并且从萧大亨提供的蒙古法制方面的信息中，又可以补充《阿勒坦汗法典》所没有涉足的地方，如诉讼和听讼程序。

1. 有关治奸方面的印证

《阿勒坦汗法典》规定，“有不正当性行为和奸淫，罚七九或九九牲畜，并杖一”。

《北虏风俗》载：

如酋首之妇有与散夷奸者，廉知之，即以弓弦缢死其妇矣。凡奸夫之父子兄弟，止存一人，余尽置之死。若妻女、若帐房诸畜产之类，尽给之各散夷。……若散夷中有奸其妇者，唯以奸夫置之死。如奸夫预知而逃避者，则禀其酋长，罚畜产以七九之数。其有因奸而私相奔逃者，被获则持其妇以归，而奸夫之罚亦如之。至于奸其室女者，父母获之，则痛责其奸夫，送至妇家，俟其死。如夫家置之死，则止，不然，则罚以九九之数。若贫不足以九九者，则尽以其妻奴足之。若窃其女而逃奔他所者，获则罚亦如之，且罚其女之父母以七九。若父母有不知情者，必令之誓，然后恕之。①

该记载与《阿勒坦汗法典》的规定互为印证。

2. 有关治盗方面的补充

萧氏谈道：

夫治盗之法，曩时（指阿勒坦汗时期或更以前）有盗若牛羊驼马者，止罚七九或三九之数耳。今新法一行，且剜其目，断其手，仍罚一九之数。即盗一马尾，法犹截一指也。至畜产走失有收获者，酋首知之，虽二三年外，犹令人执旗（偏）［遍］部落中访之。自首者则恕如隐昧不白其事，事发，仍剜其目，断其手……唯外甥盗母舅之物，则置之不稳……奴盗主财，即断一指矣，且罚及得财者。计畜之牝牡而重轻其罚，大抵得牝者罚六九，得牡者，罚三九也。盗战具，则罚三九。盗田禾，则未收者三九，已收者六九也。盗为途人所获，则尽以所盗之物给之，贵其能获盗也。②

图们汗时期不仅罚畜，而且出现“断其手、剜其目、断一指”等残酷的肉刑。这种处罚在《阿勒坦汗法典》中没有规定，这也许是图们汗为加强其统治而规定。

3. 有关审判程序方面的补充

《阿勒坦汗法典》没有关于审判程序方面的内容，而萧氏的记录则补充了这一点。当时蒙古政权的官制中，也有札鲁忽赤这一官职，但其地位远远不如蒙元时期的断事官。他们地位较低，案件的诉讼审判皆由汗和吉囊洪台吉等大贵族审理。有时汗直接会派遣某台吉和使者执行诉讼断狱事。《北虏风俗》载：

---

① ［明］萧大亨：《北虏风俗》，“治奸”。
② ［明］萧大亨：《北虏风俗》，“治盗”。

如两台吉不和，虏王则令诸台吉理其曲直。曲者则罚牛羊以千计、驼以百计，皆以与众台吉也。如散夷不和，则听台吉处置。其富者先奉以羊酒，然后诉其事，曲直已分，则令曲者为直者奉酒。次日，直者亦还敬，遂相欢如故也。如甚曲者，则罚。罚不过牛羊数头，即坐于曲者名下，以供赏赉之资。其有致人于死者，则杀其人于抵命。其人已逃，则尽掠其家财男女而后止。若两妇相争，致于伤命，酋首必先诘之曰……遂以此妇与死妇之夫。①

另外，在财产的继承上，长子或幼子继承家产，女子嫁出去后，没有分家产的权利，但虽聘人而未嫁，可以分到一部分。如果无子女，其家产和妻子归所辖的台吉。养子如果养父母在世时，到所管的台吉处登记，并且“应差者”，可以继承家产。

阿勒坦汗是蒙古达延汗之后在蒙古史上又一位影响深远的政治首领和军事首领。在他的努力下，漠南地区的社会、政治、经济、思想和文化都发生了巨大的变化。他继承了蒙古法制的固有传统，并且结合土默特地方的实际情况，制定宗教、世俗方面的法律法规，结束了元廷北迁以来的“政教秃废”局面。他的改革措施带来了局部地区的安定和繁荣，促使蒙古图们札萨克图汗进行政治改革，制定《大法规》。在蒙古法制史上，阿勒坦汗也做出了重要的贡献，《阿勒坦汗法典》对蒙古后世立法和法典编纂模式影响深远。

第四节

《白桦法典》及其主要内容

蒙古六万户之一喀尔喀（又作罕哈）万户属蒙古左翼万户，因其驻牧在哈拉哈（喀尔喀）河两岸而得名。喀尔喀万户由“十二鄂托克喀尔喀”组成，分“内五鄂托克喀尔喀”和“北七鄂托克喀尔喀”两大部。“内五鄂托克喀尔喀”南下后，“北七鄂托克喀尔喀”成了哈拉哈河两岸地区的主要居民。喀尔喀是达延汗第十一子格埒森札札赉尔洪台吉的属地。

土默特阿勒坦汗迎请格鲁派索南嘉措喇嘛，传播黄教，制定法律，采取政教并行

① ［明］萧大亨：《北虏风俗》，“听讼”。

的政治措施，对喀尔喀蒙古影响很大。喀尔喀万户诺诺和台吉长子阿巴岱台吉决定信奉佛教。于是，他1581年开始派人去土默特迎请黄教喇嘛，到喀尔喀传教。阿勒坦汗派萨玛拉囊苏喇嘛去阿巴岱台吉处，宣传佛法。① 1585年在哈喇和林遗址旁修建额尔德尼召，弘扬佛教。

1586年，阿巴岱来土默特会见达赖喇嘛，向达赖喇嘛奉献了“用貂皮制成的皮帐和数以万计的财务，甘心情愿地尽情倾听了经文”。达赖喇嘛在阿巴岱台吉的再三要求下赐予他“佛法大瓦只喇合罕”（佛法大金刚汗）的称号。② 喀尔喀始称汗号，自阿巴岱始。阿巴岱汗回喀尔喀后，烧毁萨满的翁衮像，多处修建黄教寺院，在七旗内大力推广佛教，深得人心，为其政治改革奠定了基础。在这样的政治背景下，产生了《白桦法典》。

一、《白桦法典》的发现和研究现状

《白桦法典》是蒙古左翼喀尔喀万户封建主们为了加强内部团结，共同御敌，传播黄教，寻求政治稳定而携手制定的一系列法律文书。

1970年，苏联和蒙古人民共和国游牧社会古代城市联合考察队在蒙古学者Kh.普日来和苏联学者沙卜库诺夫的带领下，在蒙古人民共和国境内布拉干省达西策林苏木附近的哈喇布合遗址的一座佛塔中，发现了一批大小不一（74cm～145cm等）的白桦树皮上书写的文书。从所反映的内容来看，有佛典、佛教和萨满教的各类经典、文学作品、文字表和法律文献。

据说，发掘时这批桦皮文书很整齐，里页背页都有文字，里页标以页码。经研究，其中三件白桦树皮上誊抄的法律文献手抄本是喀尔喀四旗、六旗、七旗封建主们通过会盟，于16世纪下半叶至1639年间制定的18个法律文件所组成。因为是喀尔喀七和硕（旗）联合制定的法律，蒙古学者把这些法律资料命名为《喀尔喀七旗法典》，汉译时因其特点，有人把它称之为《白桦法典》《白桦典章》《桦皮律》和《桦树皮律令》，本文采用了《白桦法典》这一名称。

因法典是较晚发现的，所以对该法典的研究不及《蒙古—卫拉特法典》和《喀尔

① 善巴：《阿萨拉格齐史》（蒙古文），巴·巴根校注，苏和校订，民族出版社1984年版，第127页。

② 《蒙古源流》第7卷，乌兰译文，第437页。

喀济如姆》等蒙古法律文献的研究。

蒙古国那楚克道尔吉院士在其 1973 年撰写的《喀尔喀新发掘的珍贵法律文献》一书中，详细的介绍了 Kh. 普日来他们发现的这部法律文献。Kh. 普日来 1974 年和 1976 年分别出版了三件法律文献，并转写成拉丁字母，进而发表了研究见解。在 1974 年出版的《关于政治、社会经济的若干信息》中，他归纳了和硕；鄂托克与牧地；集会；财产；畜牧；手工业；狩猎；喀尔喀统治阶级；官吏；喀尔喀人民阶级几个方面；并对白桦法典所反映的重要思想做了简要记述。在《人名、地名、年代考证》中，对该法典问世时的固有名词和年代、有关法典的编纂者、编纂地点等进行了考证。日本学者二木博史 1979 年以《白桦法典》为题，撰写了硕士学位论文。其中《关于白桦法典》一文，1981 年在东京外国语大学亚非语言文化研究所学报《亚非语言文化研究》上发表并收录在二木博史《蒙古的历史与文化——蒙古学论集》① 一书中。该文是到目前为止有关《白桦法典》研究方面的权威之作。作者指出了 Kh・普日来研究中的不足之处，进而对《白桦法典》的编纂时代、刑法体系、社会构造等方面进行了研究。奇格引用那楚克道尔吉整理的资料，在其《古代蒙古法制史》一书中对《白桦法典》做了介绍。图雅从历史文献学的角度，对该法律文献进行了较深入的研究。②

二、《白桦法典》的主要组成部分

《白桦法典》由以下 18 部大小法规所组成：

（一）六旗法典

阿巴岱汗时期所制定，年代不详，首页散失，仅剩 85 条。

（二）额尔亦黑、额尔德尼洪台吉法典

大概在 16 世纪末某年 5—6 月间制定，是阿巴岱汗继承者额尔亦黑汗在额尔德尼洪台吉帮助下完成的，共 16 条。

（三）水兔年法典

1603 年，由以昆都伦楚琥尔诺颜（又称图蒙肯赛因诺颜）为首的众多诺颜制定，

① 〔日〕二木博史著：《蒙古的历史与文化——蒙古学论集》、呼斯勒译，内蒙古人民出版社 2003 年版，第 6—44 页。

② 图雅：《桦树皮律令研究——以文献学研究为中心》，内蒙古大学博士学位论文。2001 年。

共 14 条。

（四）木龙年法典

1604 年 9 月 19 日，由以土伯特哈丹巴图尔台吉为首的诺颜们制定，共 6 条。

（五）铁猪年小法

1611 年 6 月制定，制定者不详，共 10 条。

（六）水牛年小法

1613 年四旗首领共同制定，共 7 条。

（七）公母虎年四旗小法

1614 年 1 月 8 日四旗首领制定，共 1 条。

（八）公母虎年赛汗庙法典

1614 年 1 月 8 日彻辰哈屯、图蒙肯诺颜、却图台吉等在赛汗庙制定，共 10 条。

（九）母虎年小法

1614 年 1 月 25 日制定，由以土谢图汗（衮布多尔吉）和岱青昆都伦楚琥尔诺颜为首的喀尔喀诺颜们制定，共 5 条。

（十）母虎年秋季法

1614 年 9 月 1 日制定，主要制定者为昆都伦楚琥尔诺颜，共 6 条。

（十一）火龙年小法

1616 年 5 月 1 日四旗大小官员在昆都伦楚琥尔诺颜庙制定，共 8 条。

（十二）龙年秋季小法

1616 年 7 月 15 日制定，共 4 条。

（十三）龙年一部法典

1616 年 10 月 15 日，共七条。

（十四）蛇年庙规

1617 年，由以昆都伦楚琥尔诺颜为首的大小诺颜制定，共 4 条。

（十五）经教法规

1620 年由土谢图汗为首的四旗诺颜们制定，共 9 条。

（十六）猴年大法

其制定年代学术界目前有 1620 年和 1608 年或 1596 年几种说法，由“汗阿海”（Hagan – ahai）为首的诺颜们制定，共 93 条。

（十七）小法

年代不详，制定者不详，共1条。

（十八）兔年大法

1639年制定，现仅存一页，内容无法得知。

三、《白桦法典》的主要内容

从《白桦法典》的内容来看，是有关喀尔喀各旗会盟、诺颜们之间的关系、防御敌人、维护社会秩序、保护喇嘛教、刑事法规、民事法规以及规范风俗习惯等方面的法律规定。

16世纪中后期以后，蒙古地区形成了几个大势力集团。各势力集团之间和集团内部的各鄂托克间，解决利害关系或共同商议大事，采取联合军事行动时，通过“丘尔干”（会盟）会议决定。这是蒙古封建割据时期蒙古政治的一大特点。

《白桦法典》规定，诺颜们严格遵守会盟的约定，延会者受到罚畜的处罚。“迟到三日，罚马十匹、驼一峰”，明知故犯，“罚马百匹，驼十峰”。如果军事会盟时迟到，“没收诺颜的铠甲及全鞍马”。如果某一旗犯错，派两名使者前往相商。如果不向使者认错，大家共同前去杀其汗，分其兀鲁思。哪一个旗袒护错者，罚马千匹、铠甲百领、驼百峰，分给前去的各旗使者骑乘。

为防止诺颜之间相互杀害，法典规定，处死杀人者，分其兀鲁思，一半分给受害者家属。挑拨诺颜间的关系者，处死，如果是诺颜的亲信，罚铠甲一领，马八匹，如果是平民，处死。诺颜诬陷平民，以驼为首罚三九。

16世纪，在古代千户的基础上形成了鄂托克这一地缘行政组织。诺颜不能危害自己的鄂托克，若危害罚马三十匹。各鄂托克不能随意迁徙游牧，鄂托克的诺颜们不能分割鄂托克而居。

《白桦法典》军事法规方面的规定，颇似成吉思汗《大札撒》的相关条款。其规定，知道大敌进犯而不报，斩其身，没收其家财。迎战中，汗本人逃跑，罚马千匹、驼百峰、铠甲百领，其他黄金家族人和塔布囊们也同样受到处罚。平民逃跑，连同铠甲罚马四匹。无铠甲罚马二匹。战斗中救助汗，可赐封“达尔罕”。如果丢弃不管本汗而归，斩其身，没收其家财。丢弃战友而归，罚甲一领、驼一峰、马二匹。不得杀俘虏，杀者罚驼一峰。

法律禁止偷盗行为。对偷盗的处罚非常详细，与《阿勒坦汗法典》规定略同。处罚从一匹马到罚九九牲畜等不同。

法律禁止打架斗殴。作为汗主，互相间打架或出刀等尖状物，罚畜千计，罚驼百计。斗殴所致的不同伤害，按轻重不同惩罚。误伤致死女人罚一驼一马，若孕妇，加罚一驼一马。牲畜致人死亡，牲畜主人受到以人顶替或罚畜的惩罚。

喀尔喀七旗间的各类事务，皆有使者前往联络，使者的权利受到法律保护，但使者也不能滥用职权。详细规定了“乌拉”（驿马）事。喀尔喀有三种乌拉，即抗敌用乌拉，诊治诺颜疾病用乌拉，调解诺颜之间的矛盾、纠纷用乌拉。这就是所谓的“古儿本兀亦勒 Gurban - uile”（三件大事）。除此之外还有不少名义的小乌拉，提供乌拉是属民不可推卸的义务，一定要保证，否则受到处罚。但法律规定，除依法制定的乌拉外，诺颜们随意摊派的乌拉，平民可以不提供。

牧民缴纳“舒思”（汤羊、整羊）是蒙元时期以来一直沿用的一种赋税制度。法律规定，诺颜的身份地位不同而缴纳的舒思数额不同，不缴纳舒恩则罚一五到三九等不同程度的处罚。

喀尔喀七旗形成以后，明确了领地。各旗的属民，不得随意越界游牧或逃亡。法典明确规定，抓捕逃亡者，送回原来的诺颜处，追捕者受不同程度的奖励。各旗诺颜，发现逃亡者，有义务追捕，否则被处罚。

佛教传入喀尔喀以后，其发展速度非常迅猛，各旗封建主在自己的领地内修建寺庙，诵经做佛事。寺庙逐渐发展成为各地方政治中心的趋向出现，各旗鄂托克会盟、制定法典大部分情况下都在寺庙法会上制定。

除土谢图汗衮布多尔吉外，昆都伦楚琥尔（图蒙肯）是当时七旗诺颜当中很有影响的台吉，不少法典是在他的组织下制定的。在喀尔喀地区佛教史上出现“红黄之争”时，他坚决信奉黄教，被达赖喇嘛赐与赛因汗号，四世达赖喇嘛圆寂时，曾经去过拉萨参加善后事宜。信奉萨迦派的却图台吉也经常参与立法活动。

为保护黄教，制定了从汗到平民遵守的法规。规定，“汗主破坏寺庙，七旗共讨之。平民破坏寺庙，杀其人，没收全部财产。任何人不能抢掠寺庙的财产”。随着寺庙的增多，社会上喇嘛和苏末沁（寺庙属民）阶层人数俱增。进而牧民的负担加重，他们必须缴纳双重赋税。一方面给寺庙提供舒思和乌拉，违者处罚。如断苏末沁的舒思，罚一匹马。苏末沁的乌拉要给两匹马。不是寺庙的使者，不能骑用寺庙的乌拉等。另一方面，牧民要给世俗封建主提供沉重的各种赋税和服兵役、劳役。

法律也给喇嘛阶层制定了相关戒律。班第们如犯戒律、偷盗，在其手上做印记后，赶出庙门；托因（贵族出身的喇嘛）的乌拉二匹，舒思二只，若多吃舒思，罚一匹马。喇嘛如有诺颜的敕令而行，不许断其乌拉、舒思。邀请来的喇嘛和使者，要骑三匹马。邀请的班第与使者，骑二匹。如住宿，吃一只舒思，中午不给饭食。如玷辱佛身，以喇嘛法惩治。不准打喇嘛，同时喇嘛、班第也不准打人，违者要罚畜。

法律对保护妇女的权益方面也做了详尽的规定。揪女人的头发，罚三九；揪女人的帽缨，罚一九；揪男人的帽缨，罚一马。殴打女人使之堕胎，怀胎几个月，罚几九。后来的《蒙古—卫拉特法典》继承了这一立法传。勾引女人，罚一九。拐走他人之妻，如原男人同意其归家，则无事，若不同意，罚二别儿克。“别儿克”一词是蒙古法制史上新出现的刑罚单位。一别儿克含驼、马、牛、绵羊、山羊五畜。女人钻男人的被窝，罚三九。

《法典》给我们提供了了解古代蒙古家庭婚姻生活的新的信息。法律规定，婚姻需要证婚人，无证婚人不许结婚。姑娘 20 岁，经请示自己的诺颜后才准嫁人。从这里我们可以看出，当时法定婚龄是 20 岁。诺颜的姑娘 20 岁后，要告知附近的其他诺颜，才能嫁人。诺颜如吃了定婚彩礼，又把姑娘另嫁他人，娶之人犯法，要把姑娘归还给原定婚人。诺颜之间互相争抢订婚彩礼，七旗将订婚礼品分成两半，收罚十户人，千头牲畜。诺颜们如把公主嫁给塔布囊后又嫁给另一位公主，头一个公主连其陪嫁归塔布囊之父，不给后嫁公主陪嫁，如给陪嫁，罚马十匹、驼十峰。七旗诺颜给塔布囊嫁公主，两位中只能嫁一人。平民的订婚礼物被汗夺取，罚此汗铠甲一领或驼一峰。汗已给自己的公主订婚，但又把公主嫁给别人，罚畜五十，再加五别儿克。如未订婚，澄清事实后，归还所罚牲畜。

为保护草场，法律规定，失放荒火者，罚一五。发现者，吃一五。荒火致死人命，以人命案惩处。

保护野生动物方面规定，不许杀野骡，杀者犯法。赶回雨中跑失、狼祸跑散的牲畜者，百羊中吃一。除外，《白桦法典》为研究古代蒙古司法审判程序也提供了新的史料。首先《阿勒坦汗法典》中缺少有关证人方面的内容，而《白桦法典》则有比较详细的规定。《法典》规定，定罪需要证人，没有证人，不能处罚。证人不能做假证，不能诬陷他人。如果做假证罚一九，如果提供的证明准确，“证人吃（得到）一九或吃一百只之一五牲畜”的奖赏。参与审判的诺颜们不得逼证人，若逼证人随官指证，诺颜负其责，如不对，罚牲畜二九。此外，《白桦法典》对于审判案件的诺颜也有着一定的约束。按照蒙古的惯例，审案一般情况下参与多名诺颜，不允许诺颜单独办案。诺颜单独判错案件，罚办案的诺颜以驼为首一五。从 17 世纪蒙古文文献的记载可以看出，黄金家族的大贵族犯罪，一般在成吉思汗八百室前跪拜后进行案件审理。一般台吉犯案，应在大汗的授权下，派遣使者处理案件。

《白桦法典》是继《阿勒坦汗法典》之后的一部承上启下的法律文献。1640 年制定的《蒙古—卫拉特法典》就吸收了很多《白桦法典》的内容。《白桦法典》的制定时间较长，大概前后用了 60 余年，而且内容比较分散，所以没有像《蒙古—卫拉特法典》那样系统。从民事法规的角度看，《白桦法典》比以往任何一部法典都有进步，而且详细。但从刑事法规的角度看，它的惩罚过于严苛，有失蒙古法的“宽严适中”精神。在《阿勒坦汗法典》中废除了死刑，而在《蒙古—卫拉特法典》中，除对国家的安全带来严重威胁的罪行外，也没有死刑的规定。但是在《白桦法典》中动辄杀头，罚畜更是以千百计。尽管如此，我们仍然可以从《白桦法典》丰富的内容当中看到 16 世纪末到 17 世纪中叶喀尔喀的社会、政治、经济、宗教文化的梗概。

15 世纪中后期达延汗统一大业，结束了蒙古社会长期以来的内讧、战乱、割据状态，大汗的权力前所未有的提高，这有利于推动蒙古社会的进步和发展，客观上为 16 世纪末叶开始的蒙古政治、宗教、法律改革铺平了道路。而达延汗左右翼分封措施，又存在消极的影响，给蒙古社会带来了新的割据局面，大汗权力再度旁落。蒙古各部首领为得到全蒙古的统治地位，剔除黄金家族“嫡长继承”正统观，打破萨满教“天命汗权”思想而积极探索，寻找取得霸权的各种途径。正在此时，藏传佛教登上了历史舞台，直接干预蒙古政治，改变了蒙古人的政治观和思想意识。黄教的“转世论”，突破了萨满教“天赋论”，这有利于各封建统治者的利益和各自发展势力。蒙古封建统治者们频频向西藏达赖喇嘛处求得赐号，寻找前世，以便从政治上取得合法地位。与此同时，大汗政权也为挽救其旁落的汗权和政治统治，采取了有力措施。可以说，16 世纪末蒙古政治改革的核心是引进黄教、统一思想、制定法律、治理社会、建立一个强有力的统一国家。在这种背景下，从代表蒙古正统的图们汗开始，土默特部阿勒坦汗、喀尔喀封建主们以及卫拉特联盟封建主们制定了法律，这些法律法规对蒙古社会的稳定和发展起到了积极的作用。

第六章

《蒙古—卫拉特法典》体系的形成

第一节

16—17 世纪中叶的卫拉特蒙古

卫拉特蒙古是蒙古族的主要组成部分之一。卫拉特是 Oyirat 一词的汉语音译。元代时将其译作“斡亦剌惕”“斡亦剌”“外剌”“外剌歹”等。明代译作“瓦剌”。清代至今，汉文史籍中常译作“卫拉特”，也有译写为“额鲁特”“厄鲁特”，或称之为“西蒙古”。厄鲁特或额鲁特其实是卫拉特蒙古诸部落中古老的部落之一 Ögeled 的汉语音译，清代有些文献中常用厄鲁特、额鲁特来指称整个卫拉特，这是不确切的称呼。西蒙古是相对东蒙古而言。而外国一些著作还往往将卫拉特称之为“卡尔梅克”。

卫拉特先民斡亦剌是《蒙古秘史》所记载的“槐因亦儿坚”，即“林木中百姓”中的一个森林部落，居住在谦河（今叶尼塞河上游）一带，操蒙古语，以狩猎为主，也进行畜牧业、采集和捕鱼。他们“人数众多，分为许多分支，各支各有某个名称”①。13 世纪初归附成吉思汗并建立联姻关系。当时“林木中百姓”在行政上分成四千户，成为成吉思汗长子术赤的属民。后来拖雷夫人梭鲁禾忒尼将自己在阿尔泰山和兀良罕、吉利吉思地区的领地分封给其子阿里不哥后，该部落成为阿里不哥的属民。元朝在 1307 年建立岭北行省后，归岭北行省管辖。

13 世纪中期至 14 世纪初阿里不哥、海笃等叛乱时，斡亦剌部一部分站在叛乱者一方西迁，一部分从叶尼塞河上游迁到阿尔泰山一带游牧。元廷北迁后，因明蒙战争和蒙古内讧，很多蒙古部众为躲避战乱，来到斡亦剌等森林部落中杂居。② 直到公元 1500 年，卫拉特统治集团处处维护蒙古大汗的利益。随着蒙古大汗为首的黄金家族权威的旁落，卫拉特异姓贵族阶层的势力逐渐强盛。明朝永乐皇帝初年，卫拉特和蒙古本部分裂。经过妥欢太师和也先太师父子经营，卫拉特势力达到鼎盛时期，时常威胁明朝和蒙古各部。1453 年（明景泰四年）也先统一蒙古诸部，称大元田盛（天圣）可汗，建号添元（天元）。1454 年，因统治阶级内部矛盾，也先被杀，卫拉特势力日

---

① 《前揭书》《史集》第一卷第一分册，193 页。

② 伦布彻林：《蒙古布里雅特史》，托忒文手抄本。

趋衰微。其后经过东蒙古达延汗和土默特万户阿勒坦汗屡次兴兵征讨，卫拉特部被迫逐渐西迁。

16 世纪初，卫拉特的主要活动地区东至坤奎、札布罕河以东的哈喇和林一带，西连额尔齐斯河，北至唐努山，南抵察合台后裔诸王的领地。16 世纪中叶，兀良罕万户在漠南蒙古阿勒坦汗等封建主的六次征讨下瓦解后，喀尔喀万户格埒森扎后裔向西发展，占据兀良罕万户地，进而不断向西推进，占据卫拉特所属的坤奎、札布罕河流域以及唐努山、萨彦岭一带的牧场。卫拉特被迫迁居到额尔齐斯河和鄂毕河中上游以及叶尼塞河上游地区游牧。从此以后，卫拉特和喀尔喀右翼之间的矛盾不断深化，互动干戈，时战时和，直到 17 世纪中叶共同商定《蒙古—卫拉特法典》为止。

关于卫拉特联盟的形成时间以及各个阶段组成部分的变化，目前学术界众说纷纭。据巴图尔乌巴什图们的《四卫拉特史》、噶旺沙拉布的《四卫拉特史》、无名氏《四卫拉特史》《蒙古溯源史》《土尔扈特诸汗史》等托忒文文献和蒙汉文史籍对比研究，卫拉特似曾有过三次程度不同的联盟。大约 15 世纪中期开始，出现了看似松散，实际上相当稳固的联盟。到了 16 世纪末 17 世纪初这一联盟的形式更加明显，此时的成员包括和硕特、准噶尔、杜尔伯特、土尔扈特、辉特、额鲁特、巴噶图特等部，其中准噶尔、和硕特、土尔扈特、杜尔伯特四部最强，习惯上以“四卫拉特”来概称卫拉特各部。

卫拉特蒙古的社会组织主要由兀鲁思、鄂托克、昂吉、集赛、爱玛克、阿寅勒、和屯组成。

15—17 世纪，封建大领地被称为兀鲁思，含有国家的意思。兀鲁思的首领称之为汗或洪台吉。

15 世纪后半期以后卫拉特社会逐渐出现了鄂托克这一社会组织，由若干鄂托克组成兀鲁思，从而代替了蒙元时期的万户、千户组织。鄂托克是当时卫拉特基本的社会和经济单位，它是在古代千户的基础上演变而来的。由在一定地域内游牧的阿寅勒组成。这些阿寅勒不是以血缘纽带，而是由以地缘单位为基础的亲族结合在一起形成的。因此，鄂托克必须以占有一定的游牧地区为前提，地缘关系是组成鄂托克的最重要的条件，没有游牧于鄂托克之外的蒙古人，每一个卫拉特人必须属于某一鄂托克。在军事方面，每一鄂托克按规定应提供千人的部队，所以又称为和硕，和硕与鄂托克往往相互混用。所以鄂托克是社会、经济、军事合一的单位。① 卫拉特有新旧24个鄂托克，有些鄂托克是按一定的专业组成的，如乌鲁特（由铁匠组成）、库图齐纳尔（负责汗的设营事务）、阿尔塔沁（专司绘塑佛像）等。

除鄂托克外，还有昂吉（Anggi，分支、部分、队伍等意）这一同鄂托克性质基本相同的社会组织（这是一个行政单位，与17世纪初卫拉特内讧时期形成的临时军事组合——左右两个昂吉有本质的区别）。据《准噶尔全部纪略》载，“鄂托克为其汗之部属，昂吉为各台吉之户下”。鄂托克和昂吉的游牧地以及对兀鲁思的服务方面，据清人文献记载：“鄂托克游牧之地环于伊犁，昂吉游牧之地又环鄂托克之外。准部一切贡赋及重大差务则鄂托克承输。若零星供给，合二十四鄂托克、二十一昂吉均输焉。”②

17世纪初，黄教传入卫拉特地区后，出现了专门管理宗教事宜的机构——集赛（Jisa）。“初为五集赛，后增其四，成九集赛，亦领以宰桑，略如鄂托克之制”。③

爱玛克是彼此有亲族关系的家族集团。游牧于同一地区（努图克）的同族阿寅勒集团称之为爱玛克，它是近亲家族的结合，是由渊源于一个共同祖先的人们结合而成。在东蒙古，爱玛克的组织比较明确。几个爱玛克可以组成一个鄂托克，或者大爱玛克可以单独组成一个鄂托克。鄂托克与爱玛克的区别仅仅是有无血缘关系上。而阿寅勒是组成爱玛克的最基本的单位，阿寅勒是同姓或近亲组成的同一个努图克上游牧的，以禹儿惕（斡耳朵，即帐幕、蒙古包）为核心的蒙古社会最小生产单位。他们以和屯的方式游牧。“卫拉特人的这种和屯是以长老（Aha，即哥哥，一般指某一群体中的年龄最大的人或有威信的人）为首领的共同宿营的和共同游牧的氏族的一部分或近亲集团”④，也就是由相近血统关系联系在一起共同进行游牧和管理事务的家庭集团。

所以，卫拉特联盟的社会组织是兀鲁思—鄂托克（昂吉）—爱玛克—阿寅勒（和屯）来组成。⑤ 兀鲁思、鄂托克的诺颜们进行丘尔干，决定卫拉特联盟内外事宜。

卫拉特联盟从社会阶级结构上来看，由诺颜阶层和阿拉特（Arat）阶层组成。从

---

① 《卫拉特蒙古简史》编写组编：《卫拉特蒙古简史》，上册，新疆人民出版社1992年版，第266—267页。

②③ 《西域图志》，卷二九，《官制》1。

④ 前引《蒙古社会制度史》，第266页。

⑤ 有关鄂托克、昂吉、集赛的详细情况参见《西域图志》外，还可以参考田山茂《清代蒙古社会制度》第63页；《卫拉特简史》（上册）第267—273页；巴岱、金峰、额尔德尼整理注释《卫拉特历史文献》第131—133页。

《蒙古—卫拉特法典》中，我们能够清楚地看到当时社会各个阶层的情况。世俗封建领主有汗、珲台吉、台吉、宰桑、图什墨尔、扎尔固齐、德墨齐、阿尔巴齐宰桑、收楞额、阿尔班尼阿哈等大小封建主；宗教封建主有呼图克图、大喇嘛、陀音等。庶民阶层按其生产资料占有情况的不同而分若干阶层。大致分为阿拉特、哈喇出（Harchu）、哈喇里克（Harlig）。若详细分，白赛音昆（Sain - khun，上等人）、敦达昆（Domda - khun，中等人）、阿达克昆（Adag - khun，贱人）、哈喇昆（Hara - khun，一般人）、恩衮昆（Engin - khun，平民）、默德勒（Medel，属下人即家仆）、奇塔特（Hitat，汉人）或默德勒孛斡勒（属下奴隶）和沙比纳尔（Sabinar，寺院属民）等不同称呼、不同性质、不同义务的阶层组成。

其中赛音昆阶层属于富人，塔布囊（驸马）、赛特（臣僚）、达尔罕（自由人）等经常从这一阶层产生。敦达昆是封建领主征用实物的主要对象。阿达克昆是征用劳役的主要对象。这两个阶层是军队的主要来源。每一个阶层都有对上一个阶层提供阿勒巴（贡赋和服役）的义务，由生产资料的占有状况决定阿勒巴的轻重。提供阿勒巴的人称为阿勒巴图。从称呼上可以看出对领主的人身依附关系。史料表明，封建领主可以任意处置自己的属民。在兀鲁思内的土地、牧场、牲畜等都公开和隐蔽地为领主所掌握，个体牧民有使用权而没有支配权。

卫拉特被迫西迁后，失去了相当广阔的牧场，因人口和牲畜的不断增长，造成了游牧领地相对紧张的局面，各部之间因争夺牧场而经常发生内讧。又时常受到来自喀尔喀右翼阿勒坦汗一系的威胁。为开发新的领地，求得生存与发展，解决彼此之间的矛盾，联盟首领们采取了一系列对内措施。

卫拉特联盟建立了丘尔干制度。丘尔干是蒙古语会议、会盟等意，类似于古代蒙古社会忽里勒台制度。丘尔干是贵族会议，由卫拉特各部贵族参加，共同商讨内外大政，协调内部关系，组织对外战争等事宜。

卫拉特联盟丘尔干并非常设机构，各部共同推荐一到二名部落首领当盟主。前期盟主一直由从东蒙古科尔沁迁徙过来的哈撒儿后裔的和硕特部封建主担任。17 世纪 20—30 年代，卫拉特联盟内部力量对比发生了变化，尤其是准噶尔部巴图尔珲台吉的势力迅速增长，打破原来和硕特封建主为盟主的状态。据托忒文史料记载，卫拉特联盟封建主们通过丘尔干决定，为寻求新的牧场和发展，为妥善解决矛盾，1628 年土尔扈特部首领和额尔勒克率土尔扈特大部和一部分和硕特部、杜尔伯特部民，越过哈萨克草原，远徙至额济勒河（今伏尔加河）下游。紧接着卫拉特联盟首领和硕特部顾实汗1637年率领部众和部分其他部落卫拉特人占据青藏高原，建立了和硕特汗廷。这时候的卫拉特联盟是由和硕特部额齐尔图台吉和准噶尔部巴图尔珲台吉共同治理时期。卫拉特联盟的领地空前的扩大，为建立准噶尔汗国奠定了基础。

16世纪后半叶，黄教传入东蒙古地区。蒙古社会开始盛行“政教并行”的政治改革，其主要措施之一是制定法律。因地域的缘故，西蒙古的这项改革措施比东蒙古地区较晚。但值得一提的是，1640年大法典制定前，卫拉特联盟曾有过地方法规，其依据是目前学术界所已知的，后来被称之为旧《察津毕其格》的法典残片8条，但也有一些学者对其真实性提出过质疑。

17世纪初，深入传播到东蒙古的西藏黄教势力也需要卫拉特的支持。于是卫拉特联盟封建主们，积极引进和倡导藏传佛教，消除萨满教的影响，皈依佛门，成为虔诚的佛教徒。黄教的传入在西蒙古社会起到了重要的作用，如统一思想和行动，增强内部团结，消除因争夺牧场、属民而酿成的隔阂、矛盾等。在这一过程中，咱雅班第达呼图克图起过重要作用。他从土虎年（1638）到水虎年（1662）的24年中，在东起青海，西迄斋河（今乌拉尔河），南至裕勒都斯草原，北达额尔齐斯河流域，足迹遍及卫拉特地区，而且一度至喀尔喀传教。①

17世纪初，中国国内外政治形势发生了很大的变化。1616年，努尔哈赤建立了后金政权（女真语作爱新固伦），势力逐渐强大，蒙古东部科尔沁兀鲁思等几个部落不久归降于后金。后金三征察哈尔国后，号称四十万蒙古大汗的林丹汗败亡，导致1636年内蒙古十六部四十九个封建主归附满洲，蒙古的势力大为削弱。新建立的清朝逐渐与和硕特汗廷、喀尔喀三汗和部分准噶尔贵族取得了联系。清朝的扩张对卫拉特联盟和喀尔喀蒙古形成了直接的威胁，清朝的领土扩张使兵戎相见只不过是时间问题。

此时对卫拉特和喀尔喀领土觊觎多时的沙皇俄国，开始侵略我国北部边疆。他们对蒙古各部首领采取各种卑鄙措施的同时，还以武力相加，侵占了大量的蒙古牧民游牧地。他们在已占领地区建立军事据点，掳掠和驱逐当地居民，挑起内战，煽动蒙古部落臣服俄国，奴役蒙古人民。面对沙皇俄国的侵略行径，卫拉特和喀尔喀首领率各部人民进行了坚决的抵抗。他们武装反抗的同时毅然拒绝侵略者的政治、经济方面的无礼要求，揭穿侵略者的种种阴谋，维护了领土和主权。

---

① 参见拉德纳巴德拉：《咱雅班第达传》和《卫拉特蒙古简史》（上册）所列的《咱雅班第达行程表》，新疆人民出版社1992年版，第62—64页。

在来自外部势力的步步进逼下，蒙古、卫拉特的封建主协商，加强内部团结，共同抵御外敌入侵，调整内部纷争，决定制定共同的法律，维护统治。《蒙古—卫拉特法典》就是在这种内忧外患的情况下，由喀尔喀、卫拉特僧俗统治阶级共同制定颁布的。

第二节 《蒙古—卫拉特法典》的制定及其他问题

一、铁龙年丘尔干

喀尔喀、卫拉特封建主们在准噶尔部额尔德尼巴图尔珲台吉（名和图克沁）和喀尔喀札萨克图汗素巴第（或者其子诺尔布）的积极倡导和共同努力下，1640 年 9 月初（英雄铁龙年仲秋第五吉日），举行了丘尔干会议。有关会议的组织者和地点，学术界尚有意见分歧。宫胁淳子认为，大会是在札萨克图汗的提倡下在喀尔喀召开的①，符拉基米尔佐夫亦持这种观点②，以兹拉特金为首的多数学者认为，1640 年丘尔干和法典是在塔尔巴哈台举行和颁定的③，中国学术界普遍支持此观点；道润梯布认为，会议是在塔尔巴哈台的玛尼图渡口地方召开④；金峰等认为，此次丘尔干是在 1640 年阴历八月初五在准噶尔巴图尔珲台吉努图克（领地），即从喀尔喀至四卫拉特的路岔额尔齐斯河的玛尼图渡口召开的⑤；迪雷科夫认为，大会是在塔尔巴哈台的乌兰布日嘎举行的，《蒙古人民共和国史》亦持这种观点；叶尔达提出了此次会议和法典是在当时准噶尔政治中心和布克赛尔故城一带的新观点⑥。

① 〔日〕宫胁淳子：《最后的游牧帝国——准噶尔部的兴亡》，晓克译，内蒙古人民出版社 2006 年版。

② 〔苏〕符拉基米尔佐夫：《蒙古社会制度史》，刘燦俊译，中国社会科学出版社 1980 年版。

③ 〔苏〕兹拉特金：《准噶尔汗国史》，马曼丽译，商务印书馆 1980 年版。

④ 道润梯布校注：《卫拉特法典》，内蒙古人民出版社 1985 年版。

⑤ 巴岱、金峰、额尔德尼：《卫拉特历史文献》，新疆人民出版社 1987 年版。

⑥ 叶尔达：《关于准噶尔汗国及其斡耳朵》，《卫拉特研究》，2005 年第 3 期。

会议由札萨克图汗为首的七鄂托克喀尔喀诺颜们、巴图尔珲台吉、额齐尔图台吉为首的卫拉特诺颜们以及蒙藏黄教僧侣参加。占领青海的顾实汗和远在伏尔加河流域驻牧的和鄂尔勒克也率其两个儿子参加了会议。

但尚无资料证明这次王公会议是如何筹备和怎样进行的。除了共同通过《亦克察济》（大法典）以外，无从得知其他的事项。从法典的内容来看，此次会议上讨论了一些很紧迫的问题。譬如怎样巩固政权、双方如何联合共同御敌、怎样处理逃亡、扩展领地等诸问题。《卫拉特蒙古简史》一书认为，“这次会议正处在顾实汗等人进军西藏的前夕，因此不能排除在这次会议上曾就进军西藏的问题进行过讨论并达成过某些协议的可能性”①。

这次丘尔干总共有多少人参加，尚无确切记载。依据《蒙古—卫拉特法典》前言中记载署名情况，参加会议的有3位（一说4位）呼图克图，26位（一说27位）诺颜，共29位。迪雷科夫认为参加了32位诺颜和呼图克图。② 法典前言中署名的3位呼图克图为恩振仁布齐（又称音赞仁布齐）、昂吉·合比·满珠室利、阿穆巴·希第·满珠室利。参加会议的喀尔喀、卫拉特诺颜依次是额尔德尼札萨克图汗（素巴第或诺尔布，不详）、土谢图汗（衮布）、乌巴什达赖诺颜、达赖洪诺颜、车臣诺颜、岱青洪台吉、叶勒登诺颜、墨尔根诺颜、额尔德尼洪台吉、戴本洪台吉、腾格里陀音、墨特赤台吉、博额耶尔登、阿尤希哈丹巴图尔、额尔德尼巴图尔珲台吉、昆都仑乌巴什、顾实汗、鄂尔勒克台吉、舒库尔戴青、额尔登台吉、岱青和硕齐、额齐尔图台吉、莫尔根岱青祖克尔、彻辰台吉、莫尔根诺颜、达马琳等。

有学者认为，在法典前言中署名的只是当时有威望和有影响的人，事实上参加会议的绝不止是他们，相当多的代表人物参加了这次会议。因为法典前言中至少没有提到喀尔喀七鄂托克宗教领袖哲布尊丹巴呼图克图和卫拉特咱雅班第达呼图克图。有关咱雅班第达没有被署名，《卫拉特蒙古简史》认为，“因为当时他离开西藏到卫拉特不过一年多时间，他在卫拉特的宗教活动刚刚开始，影响尚不大，所以未在法典前言中署名，这是可以理解的。但是种种迹象表明，咱雅班第达参加了这次会议”③。有学者认为，被提名的这29名宗教和世俗封建主都有全权代表的资格，而当时哲布尊丹

---

①③ 编写组：《卫拉特蒙古简史》（上册），新疆人民出版社1992年版，第69、68—69页页。

② 〔苏〕迪雷科夫：《大法典——十七世纪蒙古封建法的古文献》，转引自马大正摘译，民族译丛，1984年5期。

巴和咱雅班第达还没有这种资格。①

二、法典的名称问题

法典的名称，自从帕拉斯搜集整理托忒文手抄本法典以来，很久以来一直没有固定的名称。根据法典抄本前言中“都沁杜尔本二部诺颜制定了大法典”的记载，应称为《大法典》。另外，巴图尔乌巴什图们的《四卫拉特史》上也说“亦克察济”。想必当时把1640年的法典都叫作《大法典》。随着法典对学术界的重视，目前学术界对法典有几种命名：

（一）《都沁·杜尔本大法典》，“都沁”（四十）指大漠南北的东蒙古，即蒙文史书所记载的“都沁图们蒙古”（四十万蒙古），“杜尔本”指卫拉特蒙古，即“杜尔本卫拉特”（四卫拉特）。蒙古文献习惯上“都沁·杜尔本”来泛称全蒙古，故称《都沁·杜尔本大法典》。以前曾有学者把法典前言中提到的“都沁·杜尔本和叶尔（二部）的诺颜”（四十·四二部的首领）一句错误地理解为，本次会议上参加了四十四名封建主或四十四部，② 现在这种错误观点已经被纠正。

（二）《喀尔喀—卫拉特法典》，因为这次会议是由喀尔喀蒙古和卫拉特蒙古双方封建主联合召开会议商定的，所以有此称呼。

（三）《蒙古—卫拉特法典》，因为当时大漠南北的蒙古部落通称蒙古，为区别于卫拉特，喀尔喀单独也被称为蒙古。另外法典第一条“无论何人破坏此政权，如杀掠、抢劫大爱玛克、大兀鲁思，蒙古卫拉特联合起来，擒斩其身，没收其全部财产。擒杀者得其财产之一半，另一半两方共分之”条款来看，如此称呼也是合乎情理，并且目前学术界亦倾向于该称谓。

（四）《卫拉特法典》，长期以来学术界普遍所接受的一种称呼。这是因为，一方面，此法典是在卫拉特的领地上制定的，从法典的内容看，比起喀尔喀地区，它较适合于卫拉特地区。另一方面，从法典制定之日起，卫拉特社会严格遵照法典来调整内外关系，自觉维护法典的精神。准噶尔汗国（政权）建立以后，成为国家大法，并有所更新。远在伏尔加河下游的土尔扈特汗庭也一直使用该法典，并使其进一步发展。

---

① 金峰：《四卫拉特联盟》，载《卫拉特历史文献》，新疆人民出版社1987年版。

② 持这种观点的多为俄国早期研究法典的学者们，如列昂托维奇、戈尔通斯基等，他们的误解一直影响到梁赞诺夫斯基。

（五）新《察津毕其格》，这是为区别于1640年法典以前的旧《察津毕其格》而言的称呼。

（六）《1640年法典或铁龙年大法》，因为此法典是铁龙年（1640）制定的，所以有此称呼。

（七）《卡尔梅克法典》，因为手抄本是从卡尔梅克获得，故有此称，国外学术界多有这样称呼。

三、法典的抄本、译本和研究状况

蒙古族的习惯法和成文法是研究古代蒙古社会制度和生活习俗的重要史料。法典最初应是当时通行的回鹘式蒙古文书写的。① 1648年咱雅班第达创制托忒文后，才有了托忒文文本。回鹘式蒙古文原本早已失传。目前，法典的文本有几种，差异也较大。率先搜集整理和研究《蒙古—卫拉特法典》的是俄国学术界。

土尔扈特部首领和鄂尔勒克参加1640年会议后，将法典带回伏尔加河下游，作为土尔扈特汗庭的法典。18世纪中期至19世纪前半期，可以说是俄国学术界和探险家研究土尔扈特历史的开端。当时一些学者或征服官吏到伏尔加河流域土尔扈特人地区进行实地考察，并据此写成一批著作，就土尔扈特游牧社会的历史、经济、社会制度、文化等方面都做了探讨和研究。其中巴库宁、米勒、菲舍尔和帕拉斯等学者做出了重要的贡献。我们现在能见到的文本主要有：

帕拉斯（Ptersimonpallas）本。在帕拉斯1776年由德国约翰格奥尔格弗莱舍出版社出版的《蒙古民族历史资料集》（Sammlungen historischer nachrichtenuber die mongol-iseoon volkerschften）德文版第一卷第194—218页中刊登了法典托忒文抄本。该书作者1768年至1774年受俄国女皇叶卡捷琳娜委托，赴俄国的亚洲地区进行考察研究。他在书中大量利用亲身调查材料，对当时留居于伏尔加河的土尔扈特人的历史、法律、社会习俗做了详尽叙述。他在卡尔梅克期间首次发现托忒文抄本，为法典的研究者们提供了史料来源。国内，邵建东、刘迎胜以《内陆亚洲厄鲁特历史资料》之名，翻译成中文。② 法典最早俄译本是1776年刊登在《莫斯科大学俄罗斯自由协会试作

① 见戈利曼：《1640年蒙古卫拉特法典的俄文译文和抄本》，载《蒙古文集》，莫斯科1959年版。李佩娟汉译文载《新疆大学学报》，1983年第2期。

② 帕拉斯：《内陆亚洲厄鲁特历史资料》，邵建东、刘迎胜译，云南人民出版社2002年版。

丛刊》第3卷上以《蒙古和卡尔梅克族法规译文》的标题发表。第2版是在1828年刊登在《北方档案》第2期和第3期上，以及刊登在同年出版的《祖国之子》第1册和第2册上。

俄国学者列昂托维奇根据宾特科夫斯基的抄本，出版了俄文新译本《古代蒙古卫拉特或卡尔梅克民族制定的法规》(《论俄国异族人的法律史：古代蒙古卡尔梅克人或卫拉特刑法条例》)，1879年在敖德萨出版。

俄国学者戈尔通斯基俄译本《1640年蒙古卫拉特法典，附噶尔丹珲台吉的补充敕令和在卡尔梅克汗敦杜克达什时代为伏尔加河的卡尔梅克民族制定的法规》，1880年，圣彼得堡出版。戈尔通斯基对敦杜克达什补充法规的研究，为我们研究土尔扈特游牧于伏尔加河下游时期的社会结构、阶级关系、管理体系和宗教情况等方面提供了重要的资料。

俄国学者古尔梁德在《自上古至十七世纪的草原法》(1904年，喀山版)中介绍了法典。

蒙古法专家梁赞诺夫斯基的《蒙古民族习惯法研究》《蒙古习惯法之研究》《蒙古法基本原理》系列成果都对法典进行了研究。

1956年内蒙古师范学院整理了《卫拉特史资料(托忒文)》，以油印本的形式发行，其中就有《蒙古—卫拉特法典》和敦杜克达什法规的残本。

日本学者田山茂是专攻蒙古社会制度史的学者。其1954年出版的《清代蒙古社会制度》一书附录中，作者根据帕拉斯的德文译文，将《蒙古—卫拉特法典》和《敦杜克台什的补充法规》译成日语，并加以注释，这是对上述法典和补充条款的第一次完整的介绍。内蒙古大学潘世宪在翁独健的推荐下，从1964年开始翻译，后因故辍译，最终1984年译成中文。因有些地方日译者理解错误而导致了汉译文本的质量。但对国内介绍法典和研究法典，起到了抛砖引玉的作用。在此基础上，田山茂完成了《蒙古法典研究》(日本学术振兴会，1967年，东京)的专题研究蒙古传统法律典籍研究成果。

苏联学者C·Д·迪雷科夫《大法典——十七世纪蒙古封建法的古文献》为命名的法典专题研究成果于1981年在莫斯科出版。他在这本著作中把托忒文本撰写成旧蒙文，又翻译成俄文。对几种抄本和他人的研究成果进行了较详细的论述并且给学术界提供了很多有价值的信息。

科特维奇和戈利曼在他们的著作中都肯定俄国有五种抄本。而迪雷科夫说，他就看到了四种抄本。俄国现有四种托忒文文本，一种保存在莫斯科中央国家古代文书档案库卡尔梅克全宗中；有三种保存在列宁格勒（圣彼得堡）。其中两种保存在苏联科学院东方学研究所列宁格勒分所手稿部，一种保存在列宁格勒大学东方学系图书馆手稿库。科特维奇认为所有的抄本都是残本。他写道：

据俄国档案材料记载，在卡尔梅克诸汗牙帐附近札尔固帐幕内，保存了一份写在带花纹的白缎上的各种法规的全文，但是在卡尔梅克人内讧时期，这份法规已丢失，根据敦杜克达什说，他不得不在草原上到处搜寻法规的抄件。①

对此迪雷科夫认为：

绝不能从科特维奇的看法中得出：流传到现在的法典的卫拉特文抄本都是残本。相反，对这些抄本进行比较研究后，我们有根据推断，我们现在所掌握的《大法典》的几种抄本是《1640年法典》的全文。……事实上，除去呼和浩特有缺漏的文本外，所有四种卫拉特文抄本，都以同一项条款为结尾，该条款宣称，偷盗锅或三脚铁架应根据所盗物的质量罚盗贼一定数量的牲畜。要知道这些抄本并不是完全相同的副本，何况是在不同的地方发现的。其次，在所有这四种抄本中，紧接着这项条款后都是噶尔丹珲台吉的第一项敕令，只有两种抄本中没有他的第二项敕令。如果第197条款（迪雷科夫分成197条）的法典结尾已丢失，那么怎么会在所有四种抄本中保留的都是噶尔丹第一项敕令？在第197条款后，不曾有过其他任何条款。②

新疆学者额尔德尼把托忒文本法典以《卫拉特大札撒》的名义刊登在新疆《汗腾格里》杂志1981年4期上，引起国内蒙古史学界的极大反响。后1982年第4期《蒙古语文》杂志上转写成回鹘体蒙文。

内蒙古社会科学院墨日根巴特尔把该院馆藏托忒文文本转写成回鹘体蒙文。

内蒙古社会科学院道润梯步校对《汗腾格里》刊登的文本、墨日根巴特尔转写本和迪雷科夫转写本等三种文本，以《卫拉特法典》的名义校注出版（1985年由内蒙古人民出版社出版）。道氏本虽然有些词句、历史事件等方面未免有误解和错误的判断，但到目前为止，尚认为是个较好的一种蒙古文校注本。

宝音乌力吉、包格以道氏校注本作为蓝本，校注了《蒙古—卫拉特法典》，2000

① 科特维奇：《有关十七世纪—十八世纪与卫拉特人交往的俄国档案文献》，圣彼得堡1919年版，第一册，载《蒙古文集》，第141页。

② 《厄鲁特蒙古封建法的整理和研究》，马大正摘译自〔苏〕迪雷科夫著：《大法典——十七世纪蒙古封建法的古文献》（莫斯科1981年版）一书之绪论，《民族译丛》，1984年第5期。

年由内蒙古人民出版社出版。

奇格撰写《古代蒙古法制史》时，除主要参考了道氏本外，还参酌了内蒙古社会科学院臧托忒文《卫拉特法典》文本。

从18世纪末开始，学者们对法典进行搜集、整理、注释、翻译成各种文字。对法典的研究，俄国的学术界做出了重要的贡献。国内对法典的研究较晚。清代学者虽然对西域历史、社会做过详细地论述并多部著作诞生，但对卫拉特社会内部关系等方面的记载却不多。

从20世纪80年代开始，随着学术界译介国外学术成果的增多，国内也开始研究《蒙古—卫拉特法典》。其中道润梯步、潘世宪、奇格、马汝珩、马大正、成崇德、白翠琴、马曼丽、冯时锡、罗致平、加·奥其尔巴图等学者从法典的史料来源、历史背景、性质、指导思想、基本内容、分类、结构、制定者等不同的角度介绍和研究了该法典。

除此之外，语言学学者们从语言学和研究卫拉特方言目的出发，解释法典的有些字、词和纠正前人研究中的有些错误注释。这方面道·巴图扎布、布仁巴图、纳·巴德玛、策·巴图等学者做了很多有意义的研究。

纵观国内外对《蒙古—卫拉特法典》的研究，在历史学、文献学和语言学方面取得了一定的成就。但是从法学研究的角度去归纳、分类、解析的作品不多。

蒙古族在各个历史时期制定和颁布的法典，对研究古代蒙古社会关系和生活习俗提供十分可贵的资料。我们通常利用的编年史材料对蒙古社会内部情况等很少涉猎，它主要阐述蒙古地方与外界发生的历史事件。而法制史资料正好补充这一缺陷。随着民族法学和蒙古法制史研究领域的拓展和深入，《蒙古—卫拉特法典》的研究会不断完善，进而取得更好客观公允的成就。

第三节

《蒙古—卫拉特法典》主要内容

一、关于旧《察津毕其格》

在探讨1640年法典以前，肯定会涉及到帕拉斯《蒙古民族历史资料集》中记录的八条有关通奸（第1—4条）、财产分配（第5条）、侮辱行为（第6条）和妇女地位（第7、8条）法律规范方面的残片。

旧《察津毕其格》约于15世纪至16世纪上半叶制定，全文已失传，现在保存下来的，仅仅是帕拉斯搜集到的片断记录。前面加“旧”字是为了与1640年制定的《蒙古—卫拉特法典》相区别。其形成年代，学术界持不同的看法。分歧的焦点是法典条款中的有关喇嘛教的规定，即“与僧侣之妾通奸，完全不受处罚”一条。这一条可能是17世纪初黄教刚刚传入时制定的。

卫拉特地区何时开始传入佛教，尚未明确。东蒙古16世纪后半叶佛教的传入，一定程度上会影响卫拉特地区。据托忒文文献，大约是卫拉特联盟盟主和硕特部拜巴噶斯汗于1616年召开的一次丘尔干上，决定引进藏传佛教。但是在此之前，已经有西藏僧人在卫拉特地区活动的痕迹。因为，1604年被迎请到喀尔喀的察干诺们汗（又说迈达里呼图克图）不久就曾到过卫拉特。史料证明，1616年丘尔干上卫拉特诸颜们决定引进黄教时，他已经在卫拉特了。①

佛教第二次传入蒙古时，除了黄教以外，还有其他的派别也到蒙古地区传教。所以传播过程中曾经出现过“红黄之争”。萨迦、噶玛等红教僧侣可以娶妻生子，而黄教的教规是决不允许的。佛教传入蒙古以后的几个世纪的发展情况来看，黄教寺庙集团严禁喇嘛娶妻生子。但有意思的是，1640年法典中也有一条“骂成家的班第，罚一马，动手打，罚双马”的规定。所以旧《察津毕其格》的有关喇嘛教的规定是比较可信的。

列昂托维奇认为，旧《察津毕其格》是卫拉特联盟形成初期的产物，在15世纪制定和颁布的。② 田山茂认为是“15世纪到16世纪前半叶”。③ 奇格认为，田氏判断有误，应该是1616年以后，因为这个时期黄教尚未进入卫拉特地区，有关对僧侣的规定不符合时代。④ 冯锡时和成崇德认为，约于15世纪至16世纪上半叶编纂。⑤

---

① 巴图尔乌巴什图们：《四卫拉特史》，托忒文手抄本。

② 转引自梁赞诺夫斯基：《蒙古法の基本原理》，青木富太郎译，生活社刊1943年版，第50页。

③ 田山茂：《清代蒙古社会制度》，潘世宪译，商务印书馆1987年版，第231页。

④ 奇格：《古代蒙古法制史》，辽宁民族出版社1999年版，第111页。

⑤ 编写组：《卫拉特蒙古简史》（上册），新疆人民出版社1982年版，第284页。成崇德著：《十八世纪中国与世界——边疆民族卷》，辽海出版社1999年版，第45页。

笔者赞同后一种观点，因为这样分期比较合理。因为所谓的旧《察津毕其格》并非1640年法典那样就通过一次丘尔干来制定的，而是元廷北迁后，卫拉特的统治者们在几次的卫拉特联盟形成过程中，通过丘尔干陆续制定和颁布的。

法典大部分内容是蒙古社会古来约定俗成的习惯法内容。跟《阿勒坦汗法典》《喀尔喀七旗法典》的相关条款相比较，有些内容基本相似。《阿勒坦汗法典》也禁止揪别人的头发，规定“男人揪妇女头发者，罚牲畜五九”。前面曾提过旧《察津毕其格》也规定，“卡尔梅克人格斗时，乱揪别人的辫子便构成犯罪。因为辫子属于王公所有，是表示恭顺的象征。但是，如果是没有梳成辫子的头发，谁揪也不受处罚。因为没有梳成辫子的散发是属于个人的，并不视为王公所有”。古代蒙古以往的法律条款中虽有不准揪别人的辫子的规定，但为什么这样会犯罪，并没有做出解释。而旧《察津毕其格》对此做出了明确的答案。就是已经“梳成的辫子的头发”，实际上是代表人身依附关系，“没有梳成辫子的头发”是不受法律保护的。

法典规定的有关通奸方面的内容，较成吉思汗《大札撒》和图们汗《大法规》宽容了许多。对此不少学者为法源问题而伤脑筋，其实这并不奇怪。因为随着人类社会不断向前发展，有些落后的、野蛮的、稀奇古怪的陋俗会被时代所淘汰和摈弃。除僧侣之妾通奸不受处罚外，法典规定“与王公的夫人通奸被抓住时可拿出牝山羊及山羊羔各一只作为赔偿；一般通奸，奸夫拿出四岁马一匹给奸妇之夫，奸妇应拿出三岁马一匹给审判官；捉到私自跑到自己女奴隶那里来的人，可扣留他所带的钱、马及其他一切持有物之后，予以驱逐。女奴隶不受处罚”。

对子女的财产分配方面，法典规定，“青年人可以长到自己可以独立生活的成年人时，立即脱离他父亲的权力控制，按照他的要求分给一部分畜群，去过完全独立的生活，可以直接为王公服务”。蒙古社会自古就有幼子继承父亲的大部分财产，留居其身旁共同生活外，其余子女都另立门户的规定。

蒙古法的重要特点之一，是依法保护妇女的地位。这与游牧民族社会中妇女在生产劳动中所起到的地位有关。蒙古妇女经济上是相对独立的，所以她们在法律上受到保护。这在男尊女卑的中原封建农耕社会生活中是绝对不可能的事情。这也是游牧民族法律与中华法系法律的区别之一。法典规定，“妇女如果坐帐篷里自己的坐位上（即入门的右侧、灶炉的后面、家长卧床跟前的座位）的话，她骂客人，甚至向客人投掷柴块或家具，谁也不能用手触及她；但是，这个妇女如果是在争执中一旦离开她的座位，走出帐篷，这种特权便消失了，她对客人的打骂便应受处罚；妇女到王公跟前请求免除自己或其家族的处罚时，从尊重妇女的原则出发，轻罚一般全免，重罚减半”。

旧《察津毕其格》的有些内容还反映在1640年卫拉特法典当中，有的在实际生活中已被修改或废止。

二、《蒙古—卫拉特法典》的主要内容

1640年法典原文没有分条款。因此，研究者们按照内容的区别和自己的理解，把法典的原文归纳成若干项和分若干条款。帕拉斯德文版把它分为130条，列昂托维奇俄文本分为150条，戈尔通斯基俄文本分为121条，道润梯步校注本把它分为120条。宝音乌力吉和奇格基本遵循了道润梯步条款。道氏把法典的内容分成27项，奇格分成26项，宝音乌力吉等分成34项。

《蒙古—卫拉特法典》（以下简称《法典》）的内容特别丰富，涉及面之广，蒙古族任何一个时期的法典无法比拟。它是17世纪中期蒙古、卫拉特社会的一个缩影，尤其是了解卫拉特社会生活的一部辞书。

《法典》的法源大体上相沿古代蒙古社会一直遵循的约定俗成的风俗习惯以及图们汗《大法规》《阿勒坦汗法典》，1639年之前的《白桦法典》等成文法典和法典中经常出现的“以前的法”，即旧《察津毕其格》。《法典》是在这些法律文献的基础上适应当时的实际情况而编纂、制定的。

《法典》一开头就有一首崇敬佛教，虔诚叩拜黄教创始人宗喀巴以及黄教两位高僧达赖喇嘛和班禅喇嘛的赞美诗。然后是参加本次会议的恩振仁布齐呼图克图能“为众生做成善业”祈求词。这无疑是17世纪蒙文文献的一种编撰模式。这足以说明黄教在蒙古地区传播的深入和被广泛接受。第二段记述了参与本法典的蒙古卫拉特的29名僧俗贵族。第三段开始进入正题，即法典有关行政、民事、刑事、宗教、诉讼、审判以及相应的处罚条款。

（一）有关蒙古、卫拉特政权以及调解各部关系方面的法律规定

1636年，漠南蒙古归附清朝以后，蒙古的政治中心转移到漠北和漠西蒙古地区。这种情况并不偶然，因为在此之前，蒙古各部在内政外事上相对独立，并且各部间也有历史上酿成的不同程度的旧隔阂、仇恨和新矛盾。林丹汗的败亡，漠南蒙古的归附

清朝，对喀尔喀、卫拉特封建主们来说是不得不思考的新问题。于是双方感觉到了政权巩固的重要性。

1640 年蒙古、卫拉特会议的议题之一就是巩固政权，调解内部关系和矛盾，一致对外。这是双方需要解决的首要问题。所以法典特别强调破坏政权方面的内容，规定“无论何人破坏此政权，如杀掠、抢劫大爱玛克、大兀鲁思，蒙古、卫拉特联合起来，擒斩其身，没收其全部财产。擒杀者得其财产之一半，另一半两方共分之”。

双方以法律的形式规定，不能无端地互相“争夺边界，进入小爱马克或和屯”。若违犯“罚铠甲百领、骆驼百峰、马千匹作为赔偿，并应归还所掠之物”，并且对有公务的人的处罚比平民严。

共同御敌，防御可能发生战争的事情也是本次会议的一个重要内容。双方规定，大敌当前时，有互相通报敌情的义务。对明知通报而没有出兵的相邻部落的大诺颜，处罚铠甲百领、骆驼百峰、马千匹作为赔偿；如果小诺颜不来，处罚铠甲十领、骆驼十峰、马百匹。若入侵者是大规模的敌人时，不通报的话，受到“永远流放其子子孙孙，斩杀其人，夺其一切”的严厉惩罚。而不通报一般强盗来犯，仅没收其一半的牲畜。

发生骚乱（包括外敌侵略所造成的骚乱和内部骚乱）时，集合到诺颜处，听到消息而不来，受到前面提到条款惩罚。如果路远而造成的迟到情况，酌情处理。对放走强盗而造成的损失，不同阶层的人负有不同的责任。《法典》规定，“谁放走强盗，没有追回被抢的马群，罚没其牲畜、财产的一半。如死了人，按照习惯顶替。追回的人死，由丢失者之兄弟以一别尔克顶立。看见、听到而不追赶，如是赛因库蒙，罚分其牲畜、财产之半；如是顿达库蒙，罚一九；如是毛库蒙，罚一五”。

1640 年会议上解决的还有一项重要议题是有关逃亡问题。17 世纪卫拉特联盟内讧时期和喀尔喀卫拉特双方战争时期，很多部落为逃避战乱，移居到他处。这一问题一直是双方的敏感问题，若不合理解决会影响双方的联合导致新的矛盾的出现。

为解决这一棘手问题，双方协商后得出了一个解决方案，即“从火蛇年（1617）到土龙年（1628），在蒙古的巴儿虎、巴图特、辉特被蒙古融合，在卫拉特的巴儿虎、巴图特、辉特被卫拉特融合。此外之人，该归喀尔喀的归喀尔喀，该归卫拉特的归卫拉特。如有人不予归还，按占有之人数计，向占有者每人罚马二十匹、驼二峰，连同占有者本人一起归还所属方。与绰克图①一同进卫拉特的人如逃回喀尔喀，要归还给卫拉特”。

进而双方不再发生类似的情况和避免接受对方的逃亡者，规定：“不论谁那里来了逃亡者，罚其财产、牲畜之一半。然后送交其主人。如逃亡者杀了人，以大法罚畜八九，给证人一九。如收容之诺颜作梗阻拦，不听处罚、不给牲畜，罚此诺颜铠甲百领、驼百峰，卫拉特、喀尔喀平分。”

也就是说，由一方诺颜名下逃出投奔另一方，应当送还；从喀尔喀逃出的投奔者应给还喀尔喀；从卫拉特逃出的投奔者应还给卫拉特。双方亲属也应彼此送还逃亡者。《法典》还规定：“从别人那里来的人，从哪儿来的回到哪儿去。其投靠的诺颜如给其生活资助，要给他靠本人劳动所得牲畜的一半。”如杀外地寻名而来的逃亡者，罚五九。如送还给其主人，有几个箭袋要几匹马。如抓捕外逃的逃亡者，除其人外，其财产、牲畜对半分。如根本不交出逃亡者，以法惩处。其真假要通过证人证实。如无证人，逼审其爱马克首领。

（二）有关保护黄教利益方面的法律规定

蒙古、卫拉特联盟皈依黄教后，先后都依法取缔了萨满教，积极推广黄教。萨满教受到限制，黄教利益受到法律保护。

《法典》规定，谁如请乌都干（女萨满）、孛额（男萨满）做法事，没收邀请者之马和罚来做法事的乌都干的马，看见之人如不依法没收，罚他的马；谁如看见翁衮，要取走，其主人如拦阻不给，罚要他的马。萨满行巫诅咒上等人，罚一五；诅咒下等人，罚马二匹；以黄鸟、阿兰雀、狗等行咒，罚马一匹；以阿拉克山之蛇、其他种类之蛇行咒，罚箭二支。如无箭，罚刀一把。

相反，黄教僧侣的生命财产受到保护，若违犯法律规定，不管是汗、洪台吉都受到惩罚。规定“如杀掠、抢劫寺庙喇嘛所属爱玛克，罚铠甲百领、驼百峰、马千匹，更有特殊者处罚伊克黑卜”。学术界对“伊克黑卜”是何等程度的处罚，尚未弄清。

喇嘛阶层有特权，他们不缴纳赋税，汗、诺颜等不能向他们征用乌拉。《法典》

---

① 指喀尔喀绰克图洪台吉（1581—1637），又作却图，史称楚库尔绰克图台吉或库苦诺尔绰克图汗。是喀尔喀格埒森扎的第三子诺诺和威征的第五子巴阿赉子。在喀尔喀地区积极推广黄教，后因政见不同而导致喀尔喀内讧，率领部众迁居青海，占领青海，1637 年被顾实汗的卫拉特联军打败身亡。

规定“向喇嘛、班第们征用乌拉骑乘，罚牛一头。骑用拴有敬佛鬃尾的马匹，罚一马。如系乌拉赤抓给的，所罚之马向乌拉赤要，如系使者自己骑的，向使者要”。

《法典》还规定，骂绰尔济等，罚九九；骂诺颜的巴克什喇嘛，罚五九；骂格隆，罚三九，动手打，罚五九；骂乌巴什、乌巴三察，罚马一匹，动手打，根据打之程度处罚。僧侣受到保护的同时，他们的属民（沙比纳尔）也受到比其他人特殊的保护。规定，危害或杀戮喇嘛属下的上等人，赔五个人；下等人赔两个人。然后《法典》的制定者们，很有把握地说“没有人违犯此条”。

这充分说明，黄教教义已经深入人心，有效地控制了当时宗教信仰领域。如果谁人违犯此规定，大诺颜罚驼十峰、马百匹；墨日根、岱青、楚库尔一级别的诺颜，罚驼五峰、马五十匹；小诺颜罚以驼为首的三九牲畜；塔布囊、执政的四图什墨尔，罚以驼为首二九牲畜；各鄂托克的赛特、图什墨尔罚以驼为首一九牲畜。

另外，对僧侣也制定了相应的限制措施，规定“托因人随意犯戒，罚其财产、牲畜之一半”。

（三）有关乌拉和使者的法律规定

如前所述，在古代蒙古社会使者起着举足轻重的作用。大敌当前时通过使者来传递敌情。各部之间举行会盟时派遣使者来通知各部。除公事外，大小僧俗封建主的私人事情，都有使者来传递消息。所以，蒙古社会使者是一个特权阶层。使者大体上履行三种“兀亦勒”（Uile，事情），即政教两大事和大诺颜和哈屯治病事。

乌拉是指为公事而准备的车马，有专门的乌拉赤来管理。乌拉是属民对国家必须履行的义务。有关使者、乌拉方面的规定，在清代《喀尔喀法规》中更加具体。到了清代，已经发展成台站的形式，有了专职人员从事这项工作。

《法典》对使者使用乌拉方面有详细的规定。规定“供给无权的衙穆图人使用乌拉，要区分为政教而行的情况。如为大诺颜、阿嘎（诺颜夫人）患重病，如为抗击大敌而行的使者，要给乌拉。要是有人不给乌拉，罚九九”。没有公事的使者不能随便骑乘乌拉。规定“无公事的使者要从自己的爱马克使用骑乘。如从别处寻找骑乘，罚三岁母牛一头。如在本日乌拉赤不请示畜主而提供乌拉，罚绵羊一只。如隔宿过了一夜，罚三岁母牛一头”。

不能冒充使者进行欺诈。《法典》规定，“如谎称使者骑用乌拉、吃舒思，罚一九，或杖责五下，罚一五；违犯两者的一项，罚一五”。从游牧社会人烟稀少的特点出发，对使者的吃住有特殊的规定。规定“远行的使者中午吃饭或过夜时，吃一只羊。如多吃，罚其马。使者远行马瘦，如有人不给换马，罚三岁母牛一头。不准过夜，罚三岁母牛一头。无子女的妇女不准使者住宿罚其棉坎肩。如其找理由强行辩解，逼罚之”。有关“无子女的妇女不准使者住宿”方面，道润梯步和奇格都做了解释。①

另外《法典》还给使者规定“使者答应出使而不走，罚一九。指令给使者及其从者骑乘而不给者，犯连带罪罚双马。使者往来各地间不要喝酒。喝酒者，受到“塔布喇胡”惩罚。如系诺颜给酒，可以喝。对“塔布喇胡”一词，道润梯步解释为“罚一五”，而策·巴图解释为“拘禁数日，减、断饮食惩戒喝酒的使者”。②

（四）有关保护统治阶级利益的法律规定

《法典》是一部维护封建统治秩序和保护封建领主利益的法律法规。其法律条文中有很多有关保护大小封建主阶层特权的规定。平民不准打骂领主，不能断大诺颜的舒思和破坏诺颜的猎场。规定“如骂大诺颜，没收其全部财产和牲畜。骂雅穆图职官、塔布囊，罚一九，动手打，罚五九。骂小诺颜、小塔布囊，罚一五。动手打，如打的重，罚三九，如打的轻微，罚二九。骂乞雅（侍卫）、收楞格，罚一匹马、一只绵羊，如动手大打，罚一九，轻微打，罚一五”。

《法典》还规定，职官诺颜们、塔布囊们、赛特、小诺颜、小塔布囊们、得木齐、收楞格这些人，不能随意打人，随意大打，罚一九；中打，罚一五；小打，罚一马。但是这些赛特在法律的实施过程中，根据主人的旨令为护法打人，无罪，打人后致死亦无罪。从这里可以看出，《法典》有鲜明的阶级性。

狩猎是蒙古社会自古以来的一种军事训练性质的集体活动。《法典》规定“猎手破坏诺颜们的猎场，以驼为首罚一九；未破坏者无事”。

早在蒙古汗国时期，窝阔台汗确立有关提供舒思方面的规定后，这项赋税制度一直延续至古代蒙古社会各个阶段，封建统治阶级的这项特权一直受到法律保护。《法典》规定，“如断大诺颜的舒思，罚九九；断职官诺颜、塔布囊的舒思，罚一九；断

---

① 道润梯步校注：《卫拉特法典》，内蒙古人民出版社 1985 年版，第 56—57 页。奇格著：《古代蒙古法制史》，辽宁民族出版社 1999 年版，第 119 页。

② 策·巴图著：《商榷道氏〈卫拉特法典〉校注本中的某些词语的错误解释》，《语言与翻译》，1997 年第 4 期。

小诺颜、小塔布囊舒思，罚马一匹；若多吃舒思，罚小诺颜、小塔布囊马一匹；以午饭、晚饭之名吃舒思，罚马一匹”。

（五）有关人们道德行为规范的法律规定

《法典》旨在建立一个良好的社会秩序和安定的社会环境。《法典》以法律的形式明确师生、父母与儿女、夫妻间的关系，人们必须遵守法律，不能违背伦理道德。对殴打自己的老师、父母、岳父母、妻子等行为受到法律的制裁。《法典》规定，“任何人如大打教育自己的老师、自己的父母，罚三九；中打，罚二九；小打，罚一九。大打自己的妻子、岳母、岳父，罚三九；中打，罚二九；小打，罚一九；大打者责打三十下；中打者，责打二十下；小打者，责打十下”。

另外，《法典》规定，父母错打儿女或父亲打儿媳等都是犯法，“如父亲教育儿子、母亲教育儿子而责打，无事。若错打，大打者罚一九；中打，罚一五；小打，罚马一匹。父亲打儿媳，大打罚二九，中打罚一九，小打罚一五”。以法保护妇女权益，这在封建社会是一种难能可贵的进步现象。

《法典》规定：“断女人的发穗，罚一九。堕女人之胎儿，有几个月罚几九。抓摸女人的乳房，吻嘴，触摸阴部，罚一个媵者（Yinji，分物品媵者和女仆媵者）。触犯十岁以上的女孩要受处罚。触犯十岁以下的女孩不受处罚。以邪淫的眼看女人和女孩，以牙齿咬伤在脸上或其他地方留下印记，罚一五。触犯虽无事，但要五头畜之半。”

《法典》规定：“如与歪心人勾结，给其提供骑乘、肉食，罚七九。其逃亡前，在别人家存放物品、牲畜，存放者藏匿不交公，罚三九。”以防止这类事情的发生。禁止戏要致别人的牲畜死掉。规定：“因戏要而致死牲畜，以其质量定立，罚要其乘马。如不是因戏要致死，对两人通过审断决定其处罚。”

《法典》还采纳了蒙古社会古代某些习俗，作为成文法的内容。成吉思汗《大札撒》也明确规定，路人不经过主人的允许，直接可以食用饮食物品。在《阿勒坦汗法典》中也有类似的内容。这是因为蒙古地区人烟稀少而造成的，若不给路人和使者饮食，会导致渴死或饿死的。此规定相沿已久，直至今日。《法典》规定，“不给远行口渴的客人马奶酒喝，罚绵羊一只。但如客人抢酒喝，罚其带鞍匹”。

《法典》还规定，“破坏包帐，罚一匹马。灶上插木棍，如是诺颜的灶，罚六九。如是阿勒巴图的火灶，罚一九”。对“破坏包帐”方面，前章提到的《阿勒坦汗法典》的规定更详细。蒙古人崇拜火神，“灶”是火神的载体。所以在“灶上插木棍”是对火神的不恭敬和对该户主人的不尊重。蒙古人认为，对火神的亵渎，会导致各种各样的灾难。

（六）有关人命案

《法典》除对危害国家安全和侵夺“兀鲁思”“鄂托克”等重大情况时“杀其身，罚没其全部财产”外，不轻易杀人，对死刑特别慎重。《法典》主要以罚没财产顶替杀人偿命。为什么出现这种情况，学术界各抒己见。有的认为，这是蒙古社会皈依佛教有关。因为佛教戒律禁止杀生。有的认为，这是因为一方面蒙古历史发展和社会性质发生了变化；另一方面，蒙古地区人口稀少，劳动力不足的缘故，等等。①

《法典》对于儿子杀害自己的父母或父亲杀害自己的儿子方面，规定：“儿子杀自己的父母亲，谁看见都要抓捕送交诺颜，并以一别尔克为首吃一九，除杀人者其身外，其他财产分予众人。如父亲杀了儿子，除其本人外，没收其全部财产。”

当时社会上有大量使用奴隶的现象。奴隶大部分是家奴。《法典》中的奴隶来源不明，可能有以下几种情况：犯法的人，被罚没全部财产后变成奴隶；杀人者或严重致人残废者到被害者家里当奴隶；生活上穷困潦倒者变成奴隶；战争中的俘虏或逃亡者。对男女奴隶，《法典》称呼不一样，男奴隶叫“昆孛斡勒”（Khun - bogol），女奴隶叫“额么孛斡勒”（Eme - bogol）。奴隶是社会最低层的人们，他们在法律上受到不平等的待遇，尤其是女性奴隶地位更低。但是《法典》规定，主人不能随意杀戮奴隶，若杀害奴隶，受到罚畜的惩罚。规定：“如杀了自己的男奴隶，罚五九；如杀了女奴隶，罚三九。”

《阿勒坦汗法典》和《喀尔喀七旗法典》对疯子（精神病患者）、疯狗致人死亡都有明确的规定。《法典》也规定：“疯子杀人，罚其家财之半或者罚畜五九，要据其家境而定。但死者因一路上做坏事害人而被杀，无事。”“疯狗咬畜致死，从其主人五头牲畜中罚要一头。如咬人致死，赛因库蒙（上等人）罚一九，顿达库蒙（中等人）罚七头，毛库蒙（即阿达克库蒙，贱人）罚一五”②。

---

① 道润梯步校注：《卫拉特法典》，内蒙古人民出版社 1985 年版，第 15 页。

② 古代蒙古社会把人分成三个等级：“赛因库蒙”直接翻译是“好人”的意思，实际上是“上等人”的意思，主要由诺颜等贵族阶层组成；“顿达库蒙”即“中等人”；“毛（阿达克）库蒙”即“平民”或“贱人”。有关这方面的内容前文中亦出现过。

在游牧社会牲畜致人死亡的事情时有发生。针对这一特殊情况《法典》规定："有主的牲畜在山沟致死人，如是赛因库蒙的，以一别尔克为首罚一九。顿达库蒙的，罚一五。毛库蒙的，罚一别尔克。如是无主、无人牧放的牲畜致死人要其中一头牲畜。"不过《法典》明确规定，走失的公驼、公牛、公马致人死亡时，不赔偿。这是因为公驼、公牛、公马对畜牧业生产繁殖，起着非常重要作用的缘故。但是"散畜致死人，与山沟里无主畜致人死亡同样处理。乘马致死人，与有主牲畜致人死之同样处理"。

对于狩猎和战斗中过失杀人，《法典》规定："战斗中误杀自己人，证人如证明确属误杀，罚一九，如不是误杀，罚三九；猎人失手杀人，按杀人罪之半以前法罚之。"这里所说的"前法"就是战斗中过失杀人时的处罚条款惩罚的意思。另外，在狩猎时过失伤害方面也制定了详细的处罚规定："损伤人的六器官，罚一别尔克加五九；折损拇指、食指，罚二九加一五；折损无名指，罚一五；小指，罚三只牲畜。失误伤人而治愈，罚一别尔克加一九；少量出血，赔一五；损坏衣服，罚一匹马。"狩猎用的明努或暗弩等致人死亡时，《法典》规定"以明弩伤人致死，以一别尔克顶立，如未死，无事。以暗弩伤人致死，罚三九；伤人未致命而康复，选罚好马一匹。偷下地弩人们不知而致死人命，罚五九。没致死而康复，罚一五"。

戏耍而致对方死亡也应属于过失杀人。《法典》规定："如因以戏耍而死人，有多少人罚多少马。罚家里大人一别尔克。两人途中嬉戏而死人，罚一九。致死人而隐匿，罚三九。"从"罚家里大人一别儿克"的规定看，小孩子戏耍而致对方死亡也应该受到惩罚。

《法典》没有规定有关诺颜杀死属民和属民杀死诺颜时怎样处理的条款，而有"杀了自己遗弃之妻，罚五九；妻子如果杀了别人的妻子，以杀人的习惯法处理；或者割其耳朵，把她给别人，但只能从女人、牲畜二者之间选一"的规定。

在《法典》中，处理有些案件时，经常按"黑布"（Heb，约孙或习惯）来处罚的现象，但没有明确这习惯指的是什么时候的法律习惯，一定是蒙古固有的习惯法。"黑布"分"大黑布"和"小黑布"，一个"黑布"具体处罚多少头牲畜，《法典》没有明确的规定，譬如，对故意纵火恶意报复致人死亡时有"如杀赛因库蒙，要进攻而杀之。如杀顿达库蒙，罚三十别尔克、三百头牲畜。如杀阿达克库蒙，罚十五别尔克"的按照"大黑布"惩罚的规定。

（七）有关财产分配、婚姻家庭的规定

财产的分配方面，《法典》规定："父亲按习惯法（黑布）给自己的儿子财产。如父亲穷困，五只牲畜中要一只。"萧大亨也说："财产的继承上，长子或幼子继承家产，女子嫁出去后，没有分家产的权利，但虽聘人而未嫁，可以分到一部分。如果无子女，其家产和妻子归所辖的台吉。养子如果养父母在世时，到所管的台吉处登记，并且'应差者'，可以继承家产。"父亲把财产分配以后，如果生活困难，已经独立的儿子们同样要帮助父亲解决，即《法典》所规定的"五只牲畜中要一只"。

《法典》对婚姻家庭方面有很多的规定。对不同阶级的人婚嫁时的彩礼因经济状况不同而异。《法典》规定："职官诺颜们、塔布囊们的做亲家的牲畜（彩礼）数三十别尔克，一百五十匹马，四百只绵羊。小诺颜、小塔布囊们的牲畜彩礼数十五别尔克，五十匹马，一百只绵羊。陪嫁的物品和媵者要根据所给的牲畜数而定。如要减少，亲家两方自愿办理；四十户得木齐（四十户长）姑娘的牲畜彩礼数，要五峰驼，二十五头大畜，四十只绵羊。陪嫁物要给长袍十件，短袍二十件，马鞍、马嚼、大皮袄、棉坎肩各一件，马二匹。如有媵者，要以骆驼回谢。陪嫁的物品，要据其质量给回谢礼；二十户收楞格要的牲畜彩礼要四峰驼、二十头大畜、三十只绵羊。陪嫁物给五件长袍、十五件短袍、一匹马、一峰驼。娶家要根据陪嫁物品的质和量给回谢礼。乞雅们的牲畜彩礼与收楞格同；敦达库蒙（中等人）的牲畜彩礼，三峰驼、十五头大畜、二十只绵羊，陪嫁物驼马二、四件长袍、十件短袍。娶家要根据物品质和量给回谢礼。阿达克库蒙（贱人）的牲畜彩礼，二峰驼、十头大畜、十五只绵羊。陪嫁物给马一匹、一峰驼、大皮袄、棉坎肩、马鞍、马嚼。"

《法典》规定，姑娘法定婚龄为14岁，姑娘直到20岁还不嫁人要受到处罚。各阶层的人婚礼上食用的牲畜也有明确规定，不得僭越自己的阶层食用牲畜。得沁（四十户）的得木齐每年给四户人家帮助娶妻的任务，这对拿不出彩礼的人解决成婚有很大的帮助。已经订婚的姑娘不得毁婚约。

《法典》规定："要迎娶十四岁以上的姑娘。十四岁以下的话要报告得木齐、收楞格。谁要违犯此规定，要将其姑娘不要牲畜彩礼给别人；四十户得木齐的婚礼食畜，三头大畜、四只绵羊，顿达库蒙的，二头大畜、三只绵羊；阿达克库蒙的，一头大畜、二只绵羊；每年每一得沁要四户人家之子娶妻。有儿子的十户人家，要帮助一户娶妻。帮助之家如给了大畜，要回一件长袍。如给了绵羊，要回一件短袍。但不许要姑娘的衣裳。如不帮助成家，罚四十户得木齐二峰驼、五匹马、十只绵羊；每一得沁

每年要制作二副盔甲，如不制作，罚马、驼各一；年已二十岁的姑娘还未过门，要向婆家催说三次，如仍不娶，向诺颜报告另嫁别人。如不报告另嫁别人，以习惯法原定婚主向姑娘的父亲要回牲畜彩礼；结婚后姑娘死亡，要给陪嫁物。如未结婚死亡，彩礼牲畜两家对半分。如陪嫁物给了头盔，以一五畜返换。铠甲、腕甲、以驼为首还一九。如给了火枪，还一五畜；订婚的亲家有法律约束，无订婚的亲家无法律约束，如女家的父母把姑娘另嫁别人，赛因库蒙的，罚五九驼，顿达库蒙的，罚三九驼，阿达克库蒙的，以驼为首罚一九。原婚约主要回彩礼牲畜和他的女人。如其父母不服此罚，查其父母是否清白无罪，以法罚三倍。这项罚畜向另嫁之女婿取要，姑娘的父亲吃女婿给的彩礼牲畜；收容没有婚约的姑娘，罚赛因库蒙七头牲畜，顿达库蒙五头，毛库蒙一峰驼。”

离婚的妇女可以再嫁。以往是如果妇女丈夫去世后改嫁或离婚后再嫁，没有财产继承权，多因为有这种的规定，妇女一般不再婚。《法典》规定，“对于迎娶别人遗弃之妻者，如果是赛因库蒙的女人，要给一别儿克加一九迎娶，顿达库蒙的女人，给一五，阿达克库蒙的女人，给一马一驼迎娶”。《法典》规定，再婚的女人可以得到一部分财产。

对于破坏已婚人家的家庭行为，《法典》规定：“如收容赛因库蒙之妻，以驼为首罚九九。收容顿达库蒙之妻，以驼为首罚五九。收容阿达克库蒙之妻，以驼为首罚三九。携别人之妻私奔，要其丢弃之妻和牲畜。其兄弟要用迎娶时所给牲畜数赎回。如无兄弟，其爱马克族属兄弟以一九赎回。在爱马克无兄弟之人，交诺颜处理。”

收养是人类社会组成家庭的又一种方式。《法典》明确规定：“养子愿意去生父那里，可以只身带儿子去。养女可以在养母家。养女之亲生父母要想女儿回去，九岁以上需给九头牲畜。如其养父母不善，只给九头牲畜之一半。十五岁以上的，要在养父母家。结婚时养父母和亲生父母各收彩礼之一半，给相同数量的陪嫁物。”

（八）有关战斗中的法律规定

封建统治阶级为争夺牧场和财富经常发动战争。另外，沙皇俄国对卫拉特、喀尔喀领土的长期挑衅和侵略面前，双方在军事上必须采取有力的措施以抵抗外侵。前面已经提到过战斗中过失杀死自己人的规定。为鼓励英勇作战，《法典》规定：“谁拼命杀敌，杀一男人，可要其女人。杀穿铠甲之人，要其铠甲，后到之人可要其腕甲或头盔中之一件，再后之人以到之先后分取。被杀之人如一无所有，以前法处理。”这里所说的“前法”规定，战斗中杀死一无所有的人以后，因为被杀的人没有财产，所以只能“要其女人”，《法典》中没有有关既没有财产又没有妻子时怎样处罚的规定。

《大札撒》对战斗中救死扶伤，互相协助方面做了严格的规定。《法典》也规定“拼命救出被敌击溃逃跑之人，连同铠甲要二匹马。救出受敌围困之人，从总缴货物中要一别尔克加一九。抗敌中忽突赤（马夫）死亡，经请示诺颜，如有缴获物，以一别尔克加一九顶立”。对战利品据为己有行为，《法典》规定：“行军作战清缴战利品时，先到之人要拦截马匹，最后要将所获牲畜交公，收缴者要一九。如有三日而不缴，罚一五，跟随者也有罪。”

在有关战场上的奖惩方面，《法典》规定，大诺颜从战场上逃跑，罚铠甲百领、驼十峰、五十户人、马千匹；岱青、楚库尔级别的诺颜逃跑，罚铠甲五十领、驼五十峰、二十五户人、马五百匹；小诺颜罚铠甲十领、驼十峰、十户人、马百匹；塔布囊阶层、执政的四图什墨尔若逃跑，处罚铠甲五领、驼五峰、五户人、马五十匹；鄂托克图什墨尔罚三别儿克、三户人、马三十匹；旗手、号手的惩罚跟塔布囊、图什墨尔同，先锋诺颜的惩罚跟鄂托克图什墨尔同，并且没收其甲胄，使其穿“其葛德格”（妇女的内衣）；额尔克腾（有职位的人）、恰（侍卫）处罚一户人、头盔为首一九牲畜；普通骠骑兵（鲁卜齐图）罚以甲胄为首的四匹马；装兜兵（都拉噶图）罚铠甲、三匹马；甲胄兵（德格埒胡亚克图）罚铠甲、两匹马；普通人罚弓箭、一匹马；如果奴隶从战斗中逃跑使其穿“其葛德格”。《法典》还规定，如果在战场上救出诺颜（也包括塔布囊、图什墨尔），奖励救出诺颜的人在和硕里做“达尔罕”。若把自己的诺颜弃之不管，杀其身，夺其一切。从战场上悄悄溜走的人和战斗中逃跑者的区别，要有证人证明。

（九）有关失火、荒火、防火方面的法律规定

成吉思汗《大札撒》有“禁遗火而燎荒”的规定。人为的或自然火灾对人们的生命财产带来严重的灾难。尤其是对依靠大自然的游牧生活影响更大。“逐水草而牧”的蒙古民族，因经常迁移。迁移时若不灭掉遗火，会导致火灾的发生。《法典》规定：“如有人灭掉已迁出的努秃黑（营地）之火，向遗火人要一只绵羊。”

《法典》还规定了从荒火中救出人、畜群、物品等东西的报酬额度。从草原荒火或水中救出将死之人，要一五畜。在草原荒火或水中想要救助他人而死去，以驼为首要一九。骑乘死亡，以一别尔克顶立。救出孛兀勒（奴隶）、头盔、铠甲这三种，各

要一匹马。如救出甲士及其铠甲，要一匹马、一只绵羊。如救出帐篷及物品，要一匹马、一头牛分而吃之。从草原荒火中救出几群牲畜，群数多，要二群，群数少，要一群，要不同季节决定而分取。《法典》没有《阿勒坦汗法典》那样对于见死不救时受到如何处罚的规定。对于恶意的放火致人死亡，"以大法处理"，至于"大法"（大黑布）指的是哪一部法典，尚不清楚。规定："因报复而放草原荒火，以大法处理。如杀赛因库蒙，要进攻而杀之。如杀顿达库蒙，罚三十别尔克、三百头牲畜。如杀阿达克库蒙，罚十五别尔克。"

（十）有关偷盗的处罚规定

蒙古社会对于偷盗行为自古就有严厉的惩罚措施。对偷盗的惩罚胜过杀人放火的处罚。《法典》对禁止偷盗行为的条款很多，奇格统计有 13 条。① 包括对偷盗驼、马、牛、羊等牲畜；军械如头盔、铠甲、腕甲、火枪、扎枪、剑、箭、箭袋；各种质地的衣服、首饰、马鞍、马绊等骑乘用具以及偷窃游牧生活中不可缺少的锅瓢斧钎必需品等。

《法典》对偷盗骆驼的处罚最严，偷骆驼罚十五九，然后依次是偷骟马十九，騍马八九，偷牛、两岁马、绵羊三种牲畜罚六九，一九里包括骆驼。在此前的蒙古法以九为基数处罚时，九畜中不包括骆驼。被盗人不能谎报被盗数目，如果谎报，也受到"罚谎报数目的一半"的处罚。对于外甥偷盗舅舅家的东西，《法典》也遵循蒙古古代法律的规定，认为不构成犯罪，但《法典》跟以往的法律条款不同的是，舅家依法索要赔偿。

（十一）有关治奸方面的规定。

古代蒙古社会对不合法的两性关系有严厉的惩治。从《法典》的内容看，有明显的变化，对这种非婚姻关系，虽然予以不同程度的处罚，但客观上已经有所默认这种行为，所以惩罚也比以往较轻。规定："男、女相好（通奸），如两人情愿，女人罚四头牲畜，男人罚一五。如女人不是自愿，而系被迫，男人罚一九。如是女奴，罚男人一匹马。如女奴愿意，无事。如姑娘不愿意而与之睡觉，罚二九。如愿意罚一九。"可以看出，《法典》对已婚女人、女奴和未婚姑娘遭到这种情况时的规定有所不同。

---

① 奇格：《古代蒙古法制史》，辽宁民族出版社 1999 年版，第 126 页。

另外，《法典》还规定了“奸牲畜者，谁看见，谁要其人和牲畜，罚畜主及其他参与者一五畜”。不知出于何种缘故罚畜主，各类史料鲜有记载。

（十二）对于打架斗殴方面规定

打架时拉架人不能偏袒一方。如果“两人斗殴中有人偏袒一方而致死人命，罚一别尔克加一九，有几人偏袒罚几匹马”。根据打架时使用的凶器的不同，致对方伤害的轻重，做出不同的惩罚条款。规定：“以利剑大劈、大搅、大砍，罚五九。中劈、中搅、中砍，罚三九。小劈、小搅、小砍，罚一九。如指向人，罚一马。如有人夺下其利剑，可要其剑。如制服其人，要一匹马。以木、石大打，罚一别尔克加一九。中打，罚一匹马、一只绵羊。小打，罚一头三岁母牛和他的随身物品。以拳、鞭大打，罚一五。中打，罚一匹马、一只绵羊。小打，罚一头三岁公牛。”

为针对打架所造成的衣服和其他物品的损坏现象，《法典》规定：“如毁坏大皮袄，罚二岁马一匹，毁坏帽缨、发辫，罚二五畜。毁地弩，罚绵羊一只、马一匹。向人脸上唾吐沫、扔土、打马头、扯衣大襟、犯赛特的乘马等加起来，罚一匹马、二只绵羊。如犯其中两项，罚一匹马、一只绵羊。如犯其中一项，罚带羔绵羊一只。”因嬉戏伤人眼、齿、手、腿，经治疗痊愈，无事。但不予理会，罚一五。

（十三）有关债务方面的法律规定

债务是一项很重要的民事法律责任问题。《法典》制定以前的蒙古几部法典，几乎没有涉及有关债务的处理条款。《法典》规定，有关债务，要与证人去三次讨要。讨要前要向收楞格（税收官）报告。如收楞格偏袒欠债人不给，罚其乘马。如不报告而讨债，废除此债务。如不报告夜里去讨要，罚一九。布喇台什时期所欠的债务要废止。女人拿着酒、绵羊前去借的，废止。如借的多，要一半。这里提到的布喇台什是卫拉特联盟盟主哈喇忽拉的父亲，《法典》的主要制定者之一额尔德尼巴图尔珲台吉祖父。生卒年代不详。蒙古社会甥舅关系一直是非常特殊，《法典》规定“外甥对舅舅家的人无债务”。

（十四）有关救出人、牲畜和走失牲畜的法律规定

关于救助，《阿勒坦汗法典》有明确规定。1640 年法典也制定了相应的条款，如“治活上吊之人、新生儿、生病之人，原来答应给什么就要给什么。如不曾答应，给

一匹马”。“旅行者在途中打猎丢失马匹步行时，谁给予帮助送其回家，要一匹马”。“儿童骑马马惊脱镫时，救助者要一匹马”。

草原上的牲畜经常被狼群赶跑和其他人为的和自然灾害等原因走失。为发展畜牧业，保护畜群，《法典》规定，救助被狼赶跑的羊群，不救助，罚活羊和死羊，十只以下要五只箭。被狼咬死的羊，（失主认领前）不能吃，如果吃了，罚三岁母牛。从狼群中救出马，要一只绵羊。对走失的牲畜，收留者在失主认领前，报告收楞格或通告众人，予以保护，不能据为己有。失主也不能诬陷他人。对跑失之牲畜，收留者三宿后通知大家可以骑用。不到日子（三宿）而骑用，罚三岁母牛一头。若是已打印的，罚一九。若是剪鬃尾的，罚一五。若是通告大家后骑用，无事。抓到离群之牲畜要交给收楞格。收楞格交给贺日格（审判官）。抓捕者要与收楞格一同交给贺日格。如不交给，罚双马。如藏匿，罚一九。如把离群之畜给远方之人，以偷盗之习惯法惩处。如给近处之人，罚三九。在野外得到离群之死畜不通知大家而吃食，罚七头牲畜。跑到远方之畜，失主有证据证明而索要，失主要回好畜，买主留下次畜。抓取离群之畜者，如牧养一年，留取其繁殖的僚畜之半。一年以后，由自己的公马、公牛、公驼配种所生之仔畜全部归其所有。抓取牧养离群畜二头，不能吃留一头，十头以上吃留二头，九到十头以上吃留一头。把别人丢失的牲畜说是自己的而要走，罚一五。诬陷别人偷盗而抢夺丢失之畜，后来知道他以诬陷而抢夺，要判其罪。畜主要把其诬陷所吃之畜全部收回。对母畜，收留者除海达格母驼、栓马绳上跑掉的母马、新生仔的牲畜以外不可以随意挤奶，如挤奶，罚三岁母牛一头。

从泥淖中救出骆驼，要一头三岁母牛。救出马，要一只绵羊，救出牛，要五只箭。救出绵羊，要二支箭。

（十五）有关狩猎方面的法律规定

前面已经谈到过有关狩猎时过失杀人或伤人的情况。对围猎时的规范方面规定：“谁如破坏打猎，并行站立，并行骑走，罚马五匹。三次错跑路线，罚其乘马。二次错跑，罚绵羊一只。一次错跑，罚箭五只。”对杀死已训成之猎鹰，“罚一匹马”，《法典》没有杀死猎狗方面的规定。

狩猎所准备的地弩经常伤人畜以及致死的事情。《法典》规定：“散弩致死什么牲畜，以同等牲畜顶替。如是明弩，无事。”地弩猎获物，归其主人。明弩之猎获物如别人吃了，要以此物赔偿，只赔一只。如是散弩之猎物，罚一五。

（十六）有关司法审判程序方面的规定

卫拉特社会，似有“札尔忽”的审判机构。由札鲁忽赤、贺日格、收楞格等官吏组成。审理案件时，必须有证人。诉讼时，原被告双方必须同时到达札尔忽，如不同时到达法庭，不予审理。诉讼人要带好证人去法庭说三次要求审理。如被告人不来，要与使者前去罚其乘马。两位罪人在诉讼中，如被告反诉原告，废止此案。如反诉有证人，可以审理。《法典》规定，证人如果正确地证明被偷盗的牲畜和财产，从罚畜中吃一九，并根据物品情况给予奖赏。“女奴不能做证人”。但不知什么原因，女奴“如拿来骨和肉，可以做证人”。

对偷盗者觅踪三审理。觅踪时与赛因格日赤（好证人）一起追查到底，以罚处理。如没有赛因格日赤，继续审查。最后找到盗窃者住户之踪，要逼其牧户长处理。如牧户长不管，为找回丢失的东西，找到盗窃者之家以法惩处。牧户长到鄂托克赛特处报告。鄂托克赛特到诺颜面前汇报。牧户长虽然清白，但因“管理不善，罚一别尔克加一九”。

第四节

《蒙古—卫拉特法典》的补充与延续

1670 年卫拉特联盟盟主绰罗斯贵族家族内部发生内讧。巴图尔珲台吉的继承者僧格被异母兄所弑，导致远在西藏当喇嘛的僧格之弟噶尔丹还俗返回卫拉特部。噶尔丹于 1671 年初继承洪台吉之大位，五世达赖喇嘛赐其“博硕克图汗”称号。噶尔丹经过几年的发展，基本上控制了卫拉特各部。几年的内部战争使卫拉特联盟出现了混乱局面。噶尔丹博硕克图汗为加强统治，贯彻 1640 年制定的《蒙古—卫拉特法典》精神，为适用于新情况，在《法典》的基础上，补充《法典》的不足而颁布了两项法令。学术界称之为《噶尔丹洪台吉第一项补充敕令》和《噶尔丹洪台吉第二项补充敕令》。

一、关于《噶尔丹洪台吉敕令》

第一项补充敕令于 1676 年前后颁布，共 10 条。敕令的主要内容有收集已散失的部众、扶助贫困者、关于鄂托克、爱玛克的组织方式、禁止逃亡、偷盗以及有关诉讼审判的规定。在诉讼审判方面，规定除正规的审判官外，其他人所做的判决无效。不论何种诉讼，如带证人告三次而不予审理，不论对错，对札鲁忽赤都要进行处罚。平常札鲁忽赤断案不能在札尔忽外进行。札鲁忽赤不上缴乌日古格（诺颜的庭帐，此处指类似法庭的审判地点）的德吉（审判费用），罚其双分德吉。札鲁忽赤三次断错案，要撤其职务。敕令还废除了巴图尔珲台吉时期马年（1654）前的债务。并且规定，马年以后的债务有证人的话，可以讨要，如没有证人，予以废除。

第二项补充敕令是准噶尔部统一天山南路以后，为处理维吾尔地区所面临的新的社会问题而发布的。大概颁布于 1678 年，共 5 条。其内容包括：对札鲁忽赤的规定、关于蒙回之间的离婚、安抚被统治的和屯人（维吾尔人），允许被统治的维吾尔人有一定的司法自主权。

诉讼审判方面，针对过去没有统一的法律规范，经常出现错判现象而对札鲁忽赤们土马年（1678）正月初一制定了“谁承担了诉讼案件，就要自己作主审理。如不能明断、吃贿赂、出大错，没收其所吃财物，抓其人，撤其职。对于厄鲁特蒙古人和维吾尔人之间的案件，谁对谁错要通过审理弄明白。札鲁忽赤们诉讼时不要以钱行贿，如有人行贿，看见的人要其人以及财物。如有人暗地行贿，罚双分。”维吾尔人之间的案件由维吾尔札鲁忽赤审断。尼仑札尔忽（大诉讼）由这里的大札鲁忽赤审理。

《敕令》规定：“与厄鲁特人结婚的维吾尔人，如愿意离婚，给予审理离婚，与其他维吾尔人一样对待。如为了离婚找各种理由把错误加在厄鲁特人身上的话，不能随其愿而批准离婚，要维持原来的婚姻。这种两族关系事，由大札尔忽审理。”

噶尔丹洪台吉两项《敕令》对我们研究准噶尔汗国时期的诉讼审判制度和 17 世纪的西域民族关系提供了珍贵的资料。

二、关于《顿罗布喇什补则》

《顿罗布喇什补则》是 17 世纪前叶迁徙到伏尔加河下游地区游牧的土尔扈特汗廷法律。该法规是对 1640 年法典的补充和修订。编纂年代大约在 1741 年 7 月 31 日之后至 1758 年 2 月 20 日之前的十余年间。① 由绕迥巴罗布桑、绕迥巴桑结嘉措、巴勒登噶布楚、阿布格隆、隆力克乔日吉、昂旺桑结等六位上层喇嘛和土尔扈特汗顿罗布喇

① 马汝珩、马大正：《飘落异域的民族》，中国社会科学出版社 1991 年版，第 144 页。

什为首的僧俗众人制定、编纂的。

土尔扈特西迁以后一直跟卫拉特联盟保持着政治、经济、军事方面的联系。后来他们跟清朝和西藏来往不断。1640 年的喀尔喀卫拉特会议时，土尔扈特首领和鄂尔勒克率其子参加了会议并参与了《法典》的制定。他们回去时把《法典》带回了伏尔加河下游的汗廷，然后一直奉行。① 西迁后，土尔扈特的政治状况、生活习俗、社会风气、宗教信仰等各方面都发生了许多变化。

土尔扈特首领顿罗布喇什执政期间（1741—1761），为巩固汗国统治秩序与维护民族独立，在原来奉行的 1640 年法典的基础上，做了多方面的补充与修订，制定了适应新历史条件所需要的法规《顿罗布喇什补则》。原文由托忒文书写，托忒文抄本藏于苏联科学院东方研究所藏《卫拉特法典》抄本之中。②

俄国对《顿罗布喇什补则》的研究较早。俄国学术界对手抄本进行了整理、注释、翻译、研究，并出版。其中戈尔通斯基的研究最为突出。他 1880 年译注出版的《1640 年蒙古卫拉特法典》一书中，以《在卡尔梅克汗敦杜克达什（即顿罗布喇什）时代为伏尔加河的卡尔梅克族编订的法规》为名，连同噶尔丹的两项敕令的托忒文本，作为该书的附录全部译注。

顿罗布喇什修订新法方面的原因，《卡尔梅克诸汗简史》给了答案：

原来由四十部和四部团结制定的大法典，对卫拉特蒙古的生存很适用，但卡尔梅克离别卫拉特年长日久，风俗习惯变了，染上原来没有的种种恶习，需要新的法规补充。③

西迁的土尔扈特汗廷与俄国当局经常发生冲突。上面提到的史料中不难看出，新法规的制定，还与俄国法律对卫拉特法典的影响、渗透以及土尔扈特汗廷从故土带回来的传统法律对异民族法律的抵制有很大的关系。西迁后土尔扈特人在俄国境内在起初是相对独立的。后来随着沙皇俄国势力的不断扩张，俄国对汗廷的各种事务经常插手。把土尔扈特汗廷推向前所未有发展的阿玉奇汗（1642—1724）从 1670 年开始执政以后，“本民族案件审理事项只归他一人掌管”，凡汗国内部各兀鲁思之间的重大案

① 《土尔扈特诸汗史》，托忒文手抄本。

② 普契柯夫斯基：《苏联科学院东方研究所所臧托忒文〈卫拉特法典〉抄本三种》，余大钧译，《蒙古史研究参考资料》新编第 24 辑，第 42—44 页。

③ 希·诺尔布汉译稿：《卡尔梅克诸汗简史》，转引自《飘落异域的民族》，中国社会科学出版社 1991 年版，第 144 页。

件，“都由汗亲自审讯”。① 所以托忒文《土尔扈特诸汗史》记载，阿玉奇执政的50年间从来没有向俄国称臣附会，行政司法上一直保持独立地位。

阿玉奇去世以后，俄国对土尔扈特汗廷加强政治控制的同时，司法领域“对卡尔梅克人犯罪的审讯也开始插手干涉”②。双方法律方面的冲突主要集中在有关人命案和偷盗两类犯罪行为的处理上。众所周知，1640年法典的一个特点是不轻易做出杀人偿命的决定，而用牲畜或其他财产来顶立。土尔扈特汗廷也一直执行这一精神。阿玉奇子沙克杜尔扎布曾提议：“对于杀死俄罗斯人和卡尔梅克人的案件，最好按照共同商议规定罚款，而不要处以死刑。”③

但是俄国方面，对处理土尔扈特人的案件是，强行推行俄国《法典大全》的规定来处罚。俄国政府通知顿罗布喇什汗“凶杀案不再用罚款的办法，而应处之以刑法，并流放出去服官役”④。对偷盗方面规定，处之以刑讯，施以鞭笞、烙、钳等残酷的刑罚手段。顿罗布喇什前任汗顿罗卜旺布执政时曾经提出过“俄国做的使人屈辱的裁判，我们是不会听从”⑤ 的决定。看来，当时土尔扈特人很难接受俄国的法律。这种情况下，有必要颁布一种能适合当时双方情况的规定。因此，1736年10月8日，顿罗卜旺布把一份卡尔梅克法典大全送往彼得堡。⑥

顿罗布喇什执政后，又向俄国提出制定新法规问题。俄国政府于1742年8月31日致阿斯特拉罕省长塔吉舍夫的指示中命令：“按顿罗卜旺布和敦罗布喇什的要求，制定审理卡尔梅克人和俄罗斯人之间案件的法律；同意两类主要案件规例为：凶杀案按俄国法律论处，偷盗案则处之以罚款和刑罚。”⑦

对此，戈尔通斯基谈道：

> 这样以来，伏尔加河卡尔梅克人的生活状况和条件，以及俄国政府对他们的关系的改变所引起的。当时俄国政府已扩张其势力于卡尔梅克人的内政，并使其服从于俄国政权。⑧

以后的事实证明，俄国政府确实按照上述情况那样去做了，就因为这样，发生了18世纪后半叶人类历史上最后一次大规模的民族大迁徙——1771年土尔扈特回归故土的壮举。

---

①②③ 诸夫列托夫：《卡尔梅克人》，第63页，转引自《飘落异域的民族》，145页。

④ 诸夫列托夫：《卡尔梅克人》，第63—64页，转引自《飘落异域的民族》，145页。

⑤⑥⑦ 诸夫列托夫：《卡尔梅克人》，第65页，转引自《飘落异域的民族》，145页。

⑧ 戈尔通斯基：《1640年蒙古卫拉特法典》，转引自帕里莫夫：《卡尔梅克族在俄国境内时期的历史概况》，许淑明译，徐滨校，新疆人民出版社1986年版，第55页。

《顿罗布喇什补则》（以下简称《补则》）由两个部分组成：一部分是对1640年法典的修改，一部分是对该法典的补充。

《补则》的内容比较广泛，对宗教教规、司法审判制度、文化教育、抵御外敌等诸多方面做了详细的规定。

道润梯步校注《卫拉特法典》时把附录中《补则》分成53条。奇格基本依照道氏版本进行翻译，并分成18项内容。马汝珩、马大正在《飘落异域的民族》一书中分三大类进行了较详细的研究。

《补则》增加保护黄教利益的内容的同时，制定《僧侣法》，依法约束僧侣阶层。禁止僧侣违犯宗教法规，禁止出家人喝酒和淫乱贪色，违反者受到不同程度的处罚，严重的除名或服役。不能殴打喇嘛，僧侣依法遵守宗教戒律，表扬勤奋好学的僧人。托音必须穿袈裟而行。世俗人员也应尊重宗教戒律。要执行八个季节的仪规，每月三号要禁守戒律。如违犯，按当事人的不同阶层，罚30戈比（钱）或10戈比，并打面颊3下或5下。包括赛特为首当事的大小官员也在活佛面前不能失礼，不能触犯苏力德山（祭祖之山）。

《补则》对抗击外敌方面的规定，比《蒙古—卫拉特法典》更加详细，内容包括受到外敌侵略时紧急报告、迎敌、按时到达军事约定地点、有关战利品以及分配等。

《补则》对教育方面，为了保留土尔扈特蒙古人自己的传统与文化，无论是贵族，或是平民，其子弟都必须接受教育，学习本民族的文化。规定，“赛特（官员）们的儿子如不懂蒙古文，罚其父四岁公马一匹，并把孩子送给老师，教他学习。官吏之子，如不懂蒙古文，罚其父四岁公绵羊一只。一般人之子，不懂蒙古文，罚其父十五戈比。要把其子向以前一样送交老师，让他学习。孩子到了十五岁还不懂蒙古文，要依法处理”。

《补则》对诉讼审判方面的内容非常广泛。为整顿社会秩序，维护封建统治秩序，在审判制度方面通过立法来执行司法活动的正常运行。对夜宿、宣誓、抢劫、足迹、逼审等做了详细的规定。执法人员一定要大公无私，不能偏袒诉讼双方任何一方。若违犯，“人们可当众耻笑和羞辱之；再犯，同样处之；三犯，则停止其审判职务”。审理过程中，证人起重要的作用，证人不能说谎言。

对盗贼案件的惩处更为突出。有权势者也不能偏袒盗贼。《补则》有一个较明显的新内容就是，在司法审判实践中有了体罚。如对盗窃者“重笞五十，带脚枷一个月，并于双颊烙以印记；再犯，同样处之；三犯，将其卖至库班和克里木”。这很可能是受到了俄国法律的影响。对外国人的东西也不能偷盗。奖励告发者，惩处隐瞒者。

除此之外，《补则》还涉及了有关债务、内政外交、乌拉、使者、证人、抢劫、丢失马匹、逃亡、救助牲畜、习俗、走失的牲畜的处理、禁打牲畜等诸多内容。

《补则》是了解、研究18世纪伏尔加河土尔扈特汗廷的一个重要法律文献。从法规的条文中可以看到土尔扈特社会的大概面貌。《补则》对具体案件的处理上比1640年法典更为详细，除体罚的规定以外，有很大的进步。

噶尔丹洪台吉两项敕令和《顿罗布喇什补则》是《蒙古—卫拉特法典》的有机的组成部分，是《蒙古—卫拉特法典》的延续，它们共同形成了富有民族特色的卫拉特法典体系，成为18世纪《喀尔喀吉如姆》以及清代蒙古立法的主要法源。

第五节

卫拉特司法审判机关和司法官员

一、司法审判机构

卫拉特蒙古部的政权机构，虽然不像中原王朝统治机构那样完备、周密，但却有一套简易的组织机构行使着国家政权的职能，这是由其游牧的生活方式所决定的。因蒙古社会有四季轮番游牧的流动性较大的特点，游牧民族政权的结构体制较简单。司法审判机构在国家各个职能部门中占据重要的地位，起着枢纽所用。司法审判机构属法学领域的法律设施范畴。法律设施是保障法律得以产生并加以实施的一系列工作机构的通称。社会越发达，法律设施也会越完善。是保障立法、司法等法律实践活动得以正常进行的客观条件。在17—18世纪卫拉特蒙古社会中，丘尔干会议、乌日古格（帐幕）、札尔忽（法庭）具有司法审判机构的职能。另外，不可忽略的是，各部汗诺颜的牙帐经常起到处理重大案件的临时司法审判机构的作用。

准噶尔汗国建立之前的卫拉特联盟不定期会盟时候的丘尔干会议主要解决卫拉特

各部所发生的重大事件，它具有临时审判机构的功能。如协调联盟各部内部矛盾、稳定社会秩序、对外关系、内外军事行动、立法等大事件。而乌日古格和札尔忽机构则具有常设的民刑案件审理机构的特点。在《法典》中，各类案件由哪个衙门①来审理，没有明确交代，而《噶尔丹洪台吉第一项补充敕令》（以下简称《敕令1》）第7条规定明确了乌日古格是司法审判机构，在《顿罗布喇什补则》第23条中也出现了某级审判机构为乌日古格的记载。大乌日古格是指汗诺颜的大帐或殿帐。经常充当最高法庭，执行一些大案要案。另外，还有札尔忽的司法机关，有尼伦札尔忽（中央法庭）、也客札尔忽（大法庭）、札尔忽（一般审判）机构之分。其中，土尔扈特汗国札尔忽机构各项制度更为完备。17世纪初，土尔扈特西迁伏尔加河流域后，成立了札尔忽的议事机构，由8名贵族组成，他们被称为札鲁忽赤。尼伦札尔忽是汗国最高权力机关。土尔扈特汗管理国家的机构，它既是汗的议事会，又是汗国的最高司法机关。他们由汗从他的亲信和定期轮换的地方封建统治者的代表中委派。曾在土尔扈特汗国长期生活过的巴库宁在《卡尔梅克民族记述》中谈道：

这个扎尔戈（札尔忽）每年春天和秋天在上述代表出席下，决定什么地方给某个诺颜及其兀鲁思过夏和过冬，经汗批准后，通过那些代表告知他的诺颜，这样不会常有争端。②

……

用他们的话说扎尔戈，用我们的话说法庭。他通常设在汗的住所附近，在一个单独的帐篷里，由汗最信赖的重要宰桑（Jaisang，鄂托克首领）参加，其中往往有一两名汗能信得过的喇嘛。照他们古老的习惯，其人数不超过八人。准噶尔汗和主要领主——他们称之为“叶赫诺颜”，即大王公的札尔忽中，也往往保持这个人数……全卡尔梅克族的管理事宜，都要由这个扎尔戈来决定。并在这个机构中起草汗给卡尔梅克领主们的有关……公开事务的指令。初稿提交汗核准，然后誊清并盖上汗的大印，它保存在汗最信任的一个首席宰桑那里。③

通过以上记述可以了解到，札尔忽每年召开两次会盟，时间是春季和秋季。主要是依法划定诺颜和兀鲁思的草场，协调汗国内部关系。主要组成人员包括汗的亲信世

① 因《法典》里经常出现“衙穆图人”，即在衙门当差的人。当时在卫拉特统治机构中有各类衙门。故此处用了“衙门”一名称。

②③ 〔苏〕伊·亚·兹拉特金：《准噶尔汗国史》，马曼丽译，商务印书馆1980年版，第376、398页。（原文在《俄国对外政策档案》（卡尔梅克卷宗），1630—1736年，第119/1号，la卷，第140张）

俗贵族宰桑和一两名喇嘛，定员基本上是八名。札尔忽对诉讼进行审理，对特别重大的案件和法官间意见不一的判决才呈交汗审批。由此我们可以推断，卫拉特联盟时期和准噶尔汗国时期司法审判机构组织的基本概况。需要指出的是，土尔扈特汗庭札尔忽机构一直维持到1762年渥巴锡（顿罗布喇什汗子）执政时期。因沙皇俄国政府加强对汗国的政治控制而改组札尔忽，① 削弱了汗的权力。

各级法庭都要收取一定数量的诉讼费用，称为“乌日古格的德吉”②。“德吉”的蒙古语原义为饮食礼节中食品的第一份，是为敬天地或敬祖先的部分，而卫拉特司法实践中将其引申为诉讼费用。至于各类案件收取多少费用，目前所掌握的资料没有明确记载。

二、卫拉特司法官员——札鲁忽赤

官制是政权机构的一个重要组织制度。它反映了当时政权的性质和实施统治的具体手段。司法官制是法律制度史研究中的重要内容。有关17—18世纪时期卫拉特蒙古的司法官吏的称谓、职掌方面，《嘉庆重修一统志》中的《新疆统部》（卷五一六）、《西域图志》中的《官制》（卷二九）、《风俗一・政刑》（卷三九）有简要介绍外，卫拉特法典系统中的几部法律文献中也有零星的记载。

札鲁忽赤（又作札儿忽赤、札鲁火赤、札鲁花赤、雅尔忽赤），蒙古语 J̌arquci，

---

① 据帕里莫夫：《留居俄罗斯境内时期的卡尔梅克民族史纲》一书第101—106页记述，作者引用了18世纪末19世纪初俄国主持管理土尔扈特、杜尔伯特各部事务的警察总长斯特拉霍夫乘大、小杜尔伯特部混乱之际，给俄国政府写的一份《对称之为札尔忽的卡尔梅克法庭的情况和意见》报告中，不仅主张取消“卡尔梅克族总督的称号”，而且总督“兼有在其牙帐下设立卡尔梅克族法庭札尔忽之权”。他明确提出：札尔忽法庭必须设在阿斯特拉罕；而组成札尔忽成员的法官“不应由一般宰桑和僧人担任，而应由每部，即杜尔伯特部、土尔扈特部和和硕特部，各推选一名领主担任法官”。而且他认为原来的法规，必须参照“卡尔梅克法规中最重要的原则”，并借鉴俄国法律精神，“彻底重新改写”。并要求俄国政府授权警察总长，“监督法官和法院的规章制度”。俄国政府采纳其意见，对札尔忽法庭的权力大加限制。故1821年，阿斯特拉罕省长波波夫下达指示，命杜尔伯特、土尔扈特等部所有重大民事案件、刑事案件，“均由俄国县级和省级法庭根据俄国法律裁决”。这无异于完全否定卫拉特蒙古的传统法规与本民族的司法权力，受到普遍的反对，在这种情况下，1822年2月30日召开了津齐林会议。

② 参见《敕令1》第7条。

汉译有断事官之意，突厥语 J̌arquci，汉译有判决者之意。札鲁忽赤是蒙古族传统司法官吏称谓。札鲁忽赤制度由来已久，在古代蒙古政权体系中，起着特别重要的作用。1206 年成吉思汗建国之初，设置了全国最大的行政长官也客札鲁忽赤（大断事官），由其义弟失吉忽都忽来担任。其主要职掌为分封领民和刑罚等事。随着蒙古向外扩张，以前简易的司法行政事务日益繁杂，针对这种情况，在各诸王投下都设札鲁忽赤。当时也有客札鲁忽赤（大断事官）和一般札鲁忽赤之分。入元以后，札鲁忽赤总揽各种政务的官员变为专职的司法官吏。在元代大宗正府中设札鲁忽赤，审理四怯薛、诸王、驸马、投下蒙古、色目人的犯罪案件和婚姻、驱良等户籍争讼，也审理汉人、南人的重大刑事罪犯，按检诸路刑狱。① 在卫拉特各部政权机构中，札鲁忽赤辅佐图什墨尔②理事，同时兼办一切刑名、贼盗案件。札鲁忽赤管辖有雅尔忽赤（法庭办事人员）、图撒拉客齐（协理、帮办）、收楞额（收税官，兼作帮助札鲁忽赤办理词讼）、额勒赤（使者）等人员。众所周知，清朝入关前亦借用蒙古札鲁忽赤制度，可知该制度在亚洲游牧民族中间影响之大。

札鲁忽赤按级别的不同和所裁判案件的轻重分尼伦札鲁忽赤（主法官）、也客札鲁忽赤（大断事官）和一般札鲁忽赤。并且境内的各民族皆有自己民族的札鲁忽赤。按蒙古社会传统习惯，要求札鲁忽赤公正审理案件。噶尔丹洪台吉建立准噶尔汗国后，为了加强集权政治，立法来规范札鲁忽赤行为，专门指定了一系列的法律、法规。对札鲁忽赤审理案件方面，《敕令 1》第 5 条规定："不论何种诉讼，如带证人告三次而不予审理，不论对错，对［札鲁忽赤］都要进行处罚。"③ 札鲁忽赤审理案件必须在法庭内进行，并且所收审理案件费用要上缴乌日古格法庭，若三次断错案件，停止札鲁忽赤之职。《敕令 1》又规定："平常札鲁忽赤断案不能在［法庭］外进行。［札鲁忽赤］不上缴乌日古格的德吉，罚其双分德吉。札鲁忽赤三次断错案，要撤其职。"④噶尔丹洪台吉在《敕令 2》中解释了这项司法改革。他说："因过去诉讼没有统一的法律规范，审断中错案者很多，特制定此法。土马年之后按此法执行。"⑤土马

① 亦邻真：《亦邻真蒙古学文集》，"中国大百科全书·中国历史·元史"辞条，内蒙古人民出版社 2001 年版，第 900—901 页。

② 据《准噶尔部旧官制》载，"图什墨尔系准噶尔参决政事之臣，枢管机务之要职。凡六游牧二十一昂吉大小政务，经宰桑办理，以告图什墨尔，详悉定议，上告台吉，然后施行，其员缺有四"。《西域图志》卷三九《风俗一·政刑》曰："凡政事以图什墨尔主之。宰桑经理后，以告图什墨尔定议，仍告台吉施行。"

③④⑤ 奇格：《古代蒙古法制史》，辽宁民族出版社 1999 年版，第 139、139—140、140 页。

年即 1678 年。噶尔丹洪台吉在敕令中强调，“诉讼时，不能行贿札鲁忽赤，若行贿，所看见的人罚要其人及其财物，如果在暗地行贿，罚双分”①。立案和审断案件方面，规定，“札鲁忽赤诺颜平时谁承担诉讼案件，就要自己做主审断。如果不能明断、吃贿赂、出大错，没收他的所吃财物，逮捕并撤职”②。

随着准噶尔汗国的建立，卫拉特人口空前增加，领土扩张，势力范围远远超出联盟时期。准噶尔汗国境内民族成分也随之复杂化。这给司法审判活动带来了难度。针对于此，规定，“与厄鲁特蒙古人成家的回回人（畏吾儿人），如果愿意离婚，给予审断离婚，与其他回回人一样对待”。为了维护厄鲁特蒙古人的利益，又规定，“回回人为了与厄鲁特蒙古人离婚，找各种理由，并且把错误加在蒙古人身上的话，不予其离婚。涉及两族间的案件，到大法庭审断。回回人之间的案件，要有回回札鲁忽赤审断。如果案情重大，则当地的大札鲁忽赤审断”。

在伏尔加河土尔扈特汗国，札尔鲁机构里主要由宰桑和一两名喇嘛来执行司法审判事宜，重大案件则由汗来审断。并且对札鲁忽赤和雅尔忽赤办案有明确的规定。如《敦罗布喇什补则》第 12 条和第 24 条明确规定：“札鲁忽赤断案时不能偏袒一方，如确实偏袒一方，要在大众中羞辱之。犯第二次，仍如前法羞辱之。犯第三次，撤其职。”“雅尔古赤的约孙，要不分亲疏做审案工作。如偏袒亲人，以札鲁忽赤的约孙处理”。经过进一步的修改、补充，土尔扈特汗国的国家法律制度较前更完备。

《蒙古—卫拉特法典》是喀尔喀卫拉特封建领主们在 17 世纪内忧外患的历史条件下通过贵族会议来解决面临的各种社会问题而制定和颁布的法律法规。《法典》在卫拉特蒙古社会一直使用到 18 世纪，并且经过几次进一步修订和完善。在长期有效的适用过程中无论在卫拉特人的权利与义务，还是在民法、刑法、行政法以及诉讼程序等方面形成了一个体系，即卫拉特法典体系。在喀尔喀地区也曾实施过一段时间。所以此法典的适用范围相当广泛，影响深远。

《法典》在相当一段时期内缓和了喀尔喀卫拉特之间的长期以来的矛盾冲突。从 1640 年到噶尔丹进攻喀尔喀为止，近半个世纪未发生过冲突，《法典》起到了约束作用。通过立法，以法律的形式确立了达赖喇嘛、班禅喇嘛的宗教领袖地位，黄教的利益受到保护，为自身的发展创造了一个有利的外部环境。卫拉特联盟各部充分利用这一有利条件，调整内外关系，有效地抵制俄国扩张，发展壮大了自己的力量。《法典》维护了封建领主的统治秩序，对调节封建社会各种关系，稳定社会秩序，保护和促进

①② 参见《噶尔丹洪台吉第二项敕令》（简称《敕令 2》）第 4 条，前引奇格书，第 140 页。

社会生产起到了积极的作用。

《法典》是我们研究卫拉特蒙古社会组织、宗教信仰、政治制度、法律制度、经济制度、卫拉特社会生产生活方式、婚姻家庭、道德规范、风尚习俗等方面迄今为止最珍贵的一部成文法典。《法典》继承了蒙古古代法制传统，并结合当时的具体情况和卫拉特社会的特点，有了新内容和不断的完善。它既不是古代习惯法的简单的继承，也不是简单的重复，其创新之处远远超过传统蒙古法律的范畴。

《法典》是研究蒙古史、蒙古法制史、游牧民族法律文化以及卫拉特方言的不可缺少的一手史料，有很高的史料价值和学术价值。《法典》在蒙古法制史上乃至亚洲游牧民族法制史上占有重要的一席之地。

QINGCHAO DUI MENGGU DIQU DE TONGZHI
ZHENGCE JIQI GUANLI ZHIDU

第七章

清朝对蒙古地区的统治政策及其管理制度

第一节

蒙古与清朝

清朝是中国历史上最后一个封建王朝。在康雍乾时代完成了对边疆地区的统一，奠定了国家的疆域版图。在清朝统一边疆和巩固多民族国家的过程中，蒙古族起到了举足轻重的作用。

16世纪末，蒙古各封建主领地先后进行的“政教并行”的政治改革，暂时结束了明代蒙古各部多年混战的状况。各部之间，虽互不统属，但大规模的冲突几乎没有发生。

到17世纪初，蒙古诸部大体上分为漠南以察哈尔部为首的大汗政权、漠北喀尔喀三汗、漠西卫拉特联盟——准噶尔汗国、相邻女真诸部的好儿趁（科尔沁）兀鲁思、占据青藏高原的和硕特汗廷蒙藏联合政权、西迁伏尔加河下游的土尔扈特汗廷以及天山南路察合台后裔的叶尔羌汗国。这时，蒙古毗邻的女真人又建立了金国政权。

上述蒙古各政治集团从17世纪初至18世纪中叶的100多年间相继归附清朝或者灭亡。

这些政权都具有自独特的、比较完备的政权、官制、军队和法律制度。金国的政治体制，是以八旗制度的军事组织为基础建立的君主专制等级统治的政治制度；叶尔羌汗国的体制，基本上是成吉思汗建立的蒙古国的体制，是属于游牧类型的国家；和硕特汗廷是蒙古、西藏贵族及黄教集团联合建立的政权，政教并施——和硕特贵族主要控制青藏地区的政治、经济和军事，西藏贵族则主要掌握了地方的经济和行政权力，达赖、班禅和三大寺上层喇嘛形成了宗教领袖集团，控制青藏地区的宗教事务；内蒙古、喀尔喀蒙古和漠西卫拉特联盟都是比较松散的、游牧类型的集团，是北元之后由当时的万户演变而成的。

这些政权相互之间既有密切的联系，又为获得更大的领地而进行着激烈的争夺土地和人口。对于蒙、藏、满民族来说，宗喀巴改革后的藏传佛教是他们之间进行联系的主要纽带。蒙古三大部都信奉藏传佛教，满族贵族也通过藏传佛教和蒙藏贵族建立联系。叶尔羌汗国时期，完成了全民族的伊斯兰化过程，即统一了以喀什噶尔为中心的伊斯兰文化圈和以吐鲁番为中心的佛教文化圈。

他们之间的争战主要是在后金与内蒙古；卫拉特蒙古与喀尔喀蒙古；卫拉特蒙古与叶尔羌汗国之间进行的。

16 世纪末，曾在蒙古图们札萨克图汗时代为蒙古附庸的女真族实力开始壮大。努尔哈赤击败扈伦与蒙古的九部联军后，与察哈尔林丹汗争夺对内蒙古的统治。后金先后征服了大兴安岭地区游牧的阿禄蒙古诸部，嫩江流域的科尔沁部以及西辽河流域的内喀尔喀五部，最后战胜了察哈尔部，控制了山西、大同边外归化城、土默川地区的土默特部和东邻哈喇嗔部、永谢布部，占据了黄河河套地区的鄂尔多斯部，从而东北—漠南蒙古的领地全部归顺清朝。

卫拉特蒙古与喀尔喀蒙古的领地争夺主要是在喀尔喀右翼与卫拉特之间进行的。15 世纪，卫拉特人退出控奎、扎布汗河以后，喀尔喀人趁机向西发展，占领了卫拉特人的一些故地。其西边已扩展到阿尔泰乌梁海西境。17 世纪初，卫拉特人已开始侵扰叶尔羌汗国的领地，劫掠行旅，抢夺牲畜，扩张领地。叶尔羌汗国时期出现了相对安定的社会环境，维吾尔族得到发展。

这些政权都是在先完成对本民族的统一，再对本地区进行统一的过程中建立和发展起来的。

建州女真是东北女真人许多部落中的一支，人口不多，民族成分也比较单纯。16 世纪 80 年代以后，努尔哈赤对建州女真分散的部族进行武力统一，在此基础上，又以兼并战争的方式统一了海西女真和东海女真。努尔哈赤还统一了黑龙江和乌苏里江等多处的许多民族。这样，建州女真由单纯的民族部落，逐步聚集统一女真各部落而壮大起来，又吸收其他民族的成分，各民族由联合、统一到形成一体。1616 年，努尔哈赤就在赫图阿拉城称汗，建立了后金政权，女真语称爱新固位。1635 年，皇太极宣布改女真为“满洲”，标志着新的民族共同体的形成。1635 年，皇太极改国号为清。

17 世纪中叶至 18 世纪中叶，是清朝实现全国统一的重要时期，从整个中国古代历史来说，也是一个统一的多民族国家完成其古代发展过程的最后阶段。这个时期，由于各个民族地区的特殊性及其历史上与中原王朝的关系，其统一模式呈现出多样化。清朝在统一边疆过程中即采取了多种形式：有的地区是以和平的方式统一；有的地区是继承明制，继续施政；还有的地区是消除割据完成统一。但是不论哪一种统一模式，最终所有地方都被置于清朝直接派员的管辖之下。

一、内蒙古与后金

内蒙古地域东至吉林、黑龙江界，西临贺兰山阿拉善厄鲁特蒙古，南接陕西、山西和长城，背靠喀尔喀蒙古。明末，后金政权利用蒙古内部的矛盾，对毗邻的蒙古部落采用武力征服和联姻、结盟相结合的政策，瓦解蒙古各部，终于导致科尔沁、内喀尔喀五部等部落先后背叛林丹汗，归附后金。此后喀喇沁、奈曼、敖汉等蒙古部也相继归附了后金。

蒙古大汗林丹汗虽然试图严守图们札萨克图汗大法，建立一个大汗直接领导下的强有力的中央集权国家，与后金对抗。但由于林丹汗刚愎自用，求治过急，对内部事务的处理不当，如突然改信萨迦派红教和对蒙古其他部采取武力讨伐等行为，导致众叛亲离，力量削弱，给新兴起的后金政权以可乘之机。

皇太极即位后，从1628年2月开始三征林丹汗。1632年3月，林丹汗从金刚白城①出奔西遁。起初，他欲率部撤至漠北喀尔喀境内，但因改信红教，遭到喀尔喀三汗的拒绝。于是林丹汗率领所属十万之众，西奔库和德尔苏地方，经呼和浩特，渡黄河到达鄂尔多斯。

后金追兵到达呼和浩特后，得知林丹汗已南渡黄河而去，停止追击，收拢林丹汗所部遗众，经宣府、张家口掳掠明边而归。而林丹汗，据清代金巴道尔吉所著《水晶鉴》载，在成吉思汗陵前举行了庄严的仪式，宣称自己为四十万蒙古“林丹巴图鲁汗”，遂带领察哈尔、鄂尔多斯部众，移动成吉思汗之陵，西渡黄河至大草滩地方。②

林丹汗在大草滩地方安营扎寨，准备东山再起。据蒙藏文史料记载，林丹汗和喀尔喀土谢图汗部绰克图洪台吉由于同奉红教，取得一致，并与西藏噶玛巴地方政权藏

① 金刚白城，即蒙古文献所记载的瓦其尔图察罕浩特，林丹汗都城，1617年夏建造。于1632年，在战乱中毁于一旦。该城址位于今内蒙古自治区赤峰市阿鲁科尔沁旗罕苏木苏木境内。参见那仁朝格图、金峰：《蒙古汗国最后都城林丹汗白城考》（蒙古文），《蒙古史研究》（第八辑），内蒙古大学出版社2005年版。

② ［清］金巴道尔吉撰：《水晶鉴》，留金锁校注，内蒙古人民出版社1984年版，第484页。

巴汗和康区苯教首领白利土司建立了联系，欲共同消灭黄教及其支持势力。① 但他未能如愿，不幸于1634年夏，病逝于大草滩地方。此后，绰克图洪台吉率四万部众南下，占据青海。林丹汗的妃子苏泰太后与其子额尔克孔果尔额哲率察哈尔、鄂尔多斯部众返回了鄂尔多斯。

1635年，额尔克孔果尔额哲等被迫降清。1636年春，内蒙古16部49个封建主聚集盛京，承认皇太极为汗，并奉上“博格达彻辰汗”尊号，表示愿意接受爱新·固伦（金国）的统治，从此内蒙古归附了清朝。

二、喀尔喀三汗部与清朝

喀尔喀蒙古臣服于清朝则要晚于内蒙古部。喀尔喀蒙古是明代外哈喇哈部，明末分土谢图汗部、札萨克图汗部和车臣汗部。清代雍正年间增设赛音诺颜汗部，后被称为喀尔喀四部。在清代，其地界东临黑龙江将军辖境，西至阿尔泰山脉接原卫拉特地界，南至大漠与内蒙古接壤，北与俄罗斯为界。

蒙古图们汗改革以后，喀尔喀部基本上归大汗管辖。察哈尔归附清朝时，喀尔喀部也开始与清朝进行通使往来。清崇德二年（1637）喀尔喀蒙古部的车臣汗部就与清廷建立了联系。顺治朝，喀尔喀三部贵族向清帝献白驼一、白马八，贡使不断，形成具有象征清朝与蒙古朝贡关系的“九白之贡”。顺治元年（1644）以后，清廷在喀尔

---

① 关于臧巴汗、白利土司、林丹汗、绰克图洪台吉四方联盟抗击满洲和试图消灭黄教这一观点，受18世纪以来蒙藏文献的影响，在学术界一直占据主导地位。乌云毕力格充分挖掘和利用有关绰克图台吉的各种史料，结合文献记载、前人研究成果、民间传说和影视剧作品等，在其《绰克图台吉的历史和历史记忆》一文中提出了新观点。他在探讨绰克图台吉生平事迹的同时，揭示绰克图台吉历史记忆的变迁，重点阐述绰克图台吉历史形象与当代蒙古国民公共记忆中的形象的区别，以及这一区别产生的原因和过程。他认为，在整个蒙古封建割据时期的历史舞台上去看，绰克图台吉只不过是一个平庸的人，绰克图台吉的敌人，始终是蒙古人：先是喀尔喀人，后来先后为土默特人、永邵布人、喀尔喀人和卫拉特人。他的一生事迹与抵抗蒙古的外侮毫无关系。有关他的故事是20世纪蒙古编造出来的“神化”，有关绰克图的故事是想象出来的，不是绰克图历史史实，是第二次世界大战特殊历史环境下的，为满足特定的意识形态的虚拟英雄人物。参见《QU ESTIONES MONGOLORUM DISPUTAE》No. 1，Association for International Studies of Mongolian Culture，TOKYO，2005。

喀设札萨克，虽然只是一种双方进一步加强联系的形式，却表明清朝对喀尔喀蒙古的影响日益扩大。清朝对漠北没有急于用兵，而是循序渐进，施恩于王公贵族，联系感情；还派人参与调解喀尔喀内部纷争，逐渐扩大影响。

康熙二十五（1686）年，土谢图汗部与札萨克图汗部因争夺属民而发生内讧。虽经四方（清廷、西藏达赖喇嘛方、准噶尔噶尔丹方、喀尔喀方）代表参加的库仑伯勒齐尔会盟进行调解，但双方最终没有取得圆满的结果。

康熙二十七年（1688）年，准噶尔汗国首领噶尔丹汗为札萨克图汗报仇的名义进兵喀尔喀。在鄂罗会淖尔战役中，土谢图汗兵败，部众纷纷逃入内蒙古境内。清朝政府将他们妥善安置在内蒙古北部边境内外。土谢图汗察珲多尔济兵败后，联合其弟哲布尊丹巴呼图克图“吁请内附”。

噶尔丹进兵喀尔喀蒙古，缘于土谢图汗掳掠和藏匿札萨克图汗属民。卫拉特、喀尔喀蒙古双方在1640年制定的法典曾规定，“无论何人破坏此政权，如杀掠、抢劫大爱玛克、大兀鲁思，蒙古卫拉特联合起来，擒斩其身，没收全部财产。擒杀者得其财产之一半，另一半两方共分之”。由此看来，噶尔丹出兵喀尔喀，是维护了法典的精神。也有人指出，噶尔丹出兵，实际上是对土谢图汗曾经援助和硕特部额齐尔图汗早有怨恨，借此出兵进行报复。有学者认为，噶尔丹早有重新统一蒙古各部，建立大蒙古国的政治抱负。

噶尔丹的进攻和喀尔喀部众因战乱内迁，给清朝控制喀尔喀蒙古带来了良好的机遇。正当喀尔喀蒙古受到噶尔丹攻击，求助于清朝时，康熙皇帝不失时机，立即给予援助，接纳和安排了逃奔至内蒙古境内的喀尔喀蒙古各部。康熙三十年（1691）四月，康熙皇帝亲自主持召开了内外蒙古封建主参加的多伦诺尔（今内蒙古多伦县境内）会盟。这次会盟上，把喀尔喀部正式纳入了清朝版图，分旗划界，颁定法律，明确了隶属关系。清廷在喀尔喀蒙古实行内札萨克蒙古的设旗编佐制，在保留喀尔喀三部汗号的基础上，去其原有的济农、诺颜之名，与内蒙古49旗一例编设，并对三部各济农、诺颜等封以亲王、郡王、贝勒、贝子等爵位。清朝未动一兵一卒，以和平的方式统一了漠北。

人们在喀尔喀三汗部归附的具体细节和某些问题上说法不一。① 但对清朝来说，却有着巩固国防，抵抗沙俄侵略的战略意义，乾隆皇帝在其晚年曾经做过总结：“五十余年以来，蒙古臣仆亲如家人父子，致数万里之卫藏及外札萨克，边远喀尔喀部落，悉就约束，遵我轨度。”②

三、青藏高原蒙藏联合政权与清朝

和硕特汗廷是蒙藏僧俗贵族联合政权。和硕特部的贵族集团姓博尔济吉忒氏，是成吉思汗胞弟合撒儿的后裔，原部众多是明代兀良哈三卫中福余卫的吾着人，或称乌济耶特（Ojiyed）人。大约在15世纪中后期，乌济耶特人来到漠西加入了四卫拉特，形成了和硕特部。和硕特部经过一个世纪的发展，于16世纪后半叶至17世纪上半叶成为卫拉特各部中最强大的部落。和硕特贵族取代绰罗斯部的统治地位，称作“卫拉特汗”，列卫拉特联盟之首。

16世纪末，藏传佛教开始传入卫拉特蒙古地区。不久，卫拉特各部会盟共奉黄教，确立了格鲁派在卫拉特蒙古中的地位。这时，西藏各地封建割据势力各自都同某一宗教派系相结合，进行长期的战争。格鲁派与噶玛派是这场内战中影响最大的两种势力。17世纪初，后藏的藏巴汗、康区的白利土司及信奉红教的青海绰克图台吉结成了反黄教联盟，对黄教发动攻击，黄教的处境岌岌可危，黄教统治集团紧急向皈依藏传佛教不久的卫拉特人求援，通过丘尔干会议商定，和硕特蒙古应邀进入青藏地区，卷入了西藏各种势力的内战旋涡之中，乘机夺取了青藏地区的世俗统治权，建立了和硕特汗廷。

---

① 如松筠在《绥服纪略》中说：“喀尔喀四部共有八十札萨克，今生齿日繁，户口约有十余万，无不尊敬黄教、钦敬哲布尊丹巴呼图克图者。先是，准噶尔厄鲁特最为强悍，与喀尔喀仇杀不已。康熙二十七年，喀尔喀力微不能抵敌，众议‘就近投入俄罗斯为便’。因请决于哲布尊丹巴呼图克图。呼图克图曰：‘我辈受天朝慈恩最重，若因避兵投入俄罗斯，而俄罗斯素不信佛，俗尚不同，视我辈异言异服，殊非久安之计。莫若携全部内徙，投诚大皇帝，可邀万年之福。’众欣然罗拜。土谢图汗遂请呼图克图率众内附……”对于松筠的记载，有人认为与历史不符，土谢图汗既未升过贵族会议讨论南迁的问题，也不存在请决于哲布尊丹巴呼图克图，其他诸部南迁与哲布尊丹巴无关。（见袁森坡著：《喀尔喀蒙古南迁的过程与原因辨析》，载《清史论丛》第三辑，中华书局1982年版；有人认为是清朝挑起喀尔喀与准噶尔的内战，后来喀尔喀人被迫归附清朝。但是，绝大多数喀尔喀人不愿臣服于清，而愿投靠俄罗斯。（见〔苏〕伊·亚·兹拉特金著：《蒙古人民共和国史纲》，陈大维译，商务印书馆1972年版。）

② 《清高宗御制诗文十全集》卷五一，中国人民大学出版社1993年版。

和硕特蒙古部对青海的统治和控制从1637年开始至1723年清朝完全统一青海止持续了近80年。和硕特汗廷是在青海和硕特贵族游牧封地的基础上，通过和硕特封建社会制度和行政管理体系来实现的。固始汗的10个儿子的游牧封地是青海和硕特游牧封地的基础，这些牧地分布在青海湖四周的牧场上。整个和硕特部落分成若干层社会组织：兀鲁思、鄂托克、爱玛克；由汗、台吉、宰桑等各级封建主进行统辖；广大牧民被分别固定在各个鄂托克里，向大小封建主纳贡服役。

和硕特蒙古封建主将其游牧封地分为“伊克努图克”“兀鲁斯”和“努图克”，和硕特汗廷不经常直接地过问青海事务，只在必要时通过举行会盟讨论决定。因此，制定定期会盟制度是汗廷约束诸台吉进行行政管理的主要特点。会盟的盟员是和硕特八台吉（又称青海八台吉）。八台吉以洪台吉为首，总理青海和硕特一切军政事务，是青海会盟的常设管理机构。青海八台吉上承和硕特汗，下辖诸台吉的游牧封地，在行政上分为左右二翼。1685年，以达赖洪台吉为首的青海卫拉特联盟僧俗封建主通过会盟制定了法律。

1642年和硕特部入主西藏建立和硕特汗廷。和硕特汗廷在西藏的统治有以下几个特点：

（一）汗廷同西藏黄教领袖和支持他们的藏族贵族紧密合作，具有政教并施、蒙藏联合的特点。和硕特蒙古汗王贵族和他们所依靠的藏族官僚形成了西藏世俗政权体系，和硕特贵族掌握了政治、经济、行政、军事诸方面的权力；达赖、班禅和三大寺上层喇嘛形成了西藏宗教领袖集团，控制了全藏寺院集团。

（二）和硕特蒙古部统治西藏以后没有改变西藏的社会制度，只是由一个贵族集团代替了另外一个贵族集团，其统治体制的社会基础是西藏三大领主封建制度。和硕特汗是西藏最大的封建主，对西藏的土地和农奴拥有最高的支配权。

（三）和硕特汗下，处理西藏重要事务的有第巴和噶伦。第巴由和硕特汗任命，按照汗王的旨意，管理西藏行政事务。和硕特汗廷对卫藏地区的行政命令，要经顾实汗盖印后才发布，第巴则盖“副署盖印”。噶伦，又作噶布伦，是和硕特蒙古人新设立的官职。和硕特汗廷中有数名噶伦，逐渐形成了“噶厦”制。和硕特汗廷噶伦制度影响很大，清朝统一西藏后，袭用了这项制度，只是内容做了一些变动。

（四）和硕特蒙古部统治时期，其军队分为西藏军队和蒙古军队，均由和硕特汗王掌管。和硕特蒙古兵是顾实汗入藏时带入的。而藏兵具有民兵的性质，平时务农，遇事调遣。清朝统一西藏后也继承了这个传统。

（五）和硕特蒙古部统治时期，西藏最高司法权力掌握在和硕特汗和蒙古贵族手里，地方司法权力归地方第巴头人，法典共有 3 卷 41 项。在司法部门中蒙古贵族居于特殊的地位，司法权由蒙古汗和蒙古贵族直接控制，重大案件由他们来审理。

康熙六十一年（1722），固始汗之孙青海和硕特部罗卜臧丹津台吉联合青海僧俗封建主，发动了反清战争。1723 年 10 月，清廷命年羹尧为抚远大将军，出兵青海。雍正二年（1724），塔尔寺、郭龙寺等处喇嘛为支持罗卜臧丹津反清，发动暴乱，被清军镇压。1724 年 2 月，清军兵分三路进剿罗卜臧丹津，和硕特军大败，罗卜臧丹津逃奔准噶尔汗国。同年，清廷在青海颁布了《青海善后事宜十三条》和《禁约青海十二事》，次年在西宁设置办事大臣，统掌青海的蒙藏事务。西宁办事大臣实行与内外札萨克蒙古同样的盟旗制度，建二十九旗。雍正十一年（1733），清廷又对《青海善后事宜十三条》及《禁约青海十二事》进行了较大的修改，制定了《西宁青海番夷成例》，以加强对青海地区的管辖。

四、准噶尔政权与清朝

清朝政府对西北的统一行动历时近百年，时间最长，耗资最巨，用兵最多。

卫拉特部是最早与清朝建立关系的西北部族，首倡者为和硕特部固始汗。16 世纪后半叶至 17 世纪中叶，和硕特部称雄于卫拉特诸部，博贝密尔咱始称卫拉特汗，中经哈尼诺颜洪果尔、拜巴噶斯至固始汗。崇德二年（1637），固始汗派遣部属向清朝通贡；崇德七年（1642），固始汗偕达赖、班禅等奉表贡；顺治二年（1645），固始汗及其子贡马；顺治三年（1646），以固始汗为首的卫拉特各部首领 22 人，联名向清朝奉表贡，清廷对固始汗“赐甲胄弓矢，俾辖诸厄鲁特”。

由此可见，早期卫拉特蒙古部与清朝的关系是由和硕特部固始汗主动联络而建立的，清朝也有意依靠和硕特蒙古部来联络各部，统一西北。

尽管在巴图尔浑台吉、僧格时期准噶尔部与清朝保持着友好通贡关系，但是当噶尔丹执政后，友好中断，西北格局发生了重大变化。

马大正在论述准噶尔与清朝的冲突时指出：“噶尔丹‘东进政策’的核心是与已定鼎中原的清政府争夺对青海和硕特与漠北喀尔喀的控制权，实现其一统蒙古、建立大蒙古帝国的伟业。这一政治战略，在蒙古民族中有着深厚的传统。自元亡以降，多少蒙古政治家、军事家付出了毕生精力未达此目标而遗恨终生。噶尔丹作为一个有政治抱负、又有军事才能的卫拉特蒙古政治家，他确实向往缔造一个如其光荣先辈成吉思汗那样的不依附于任何政治势力的统一蒙古帝国。”

康熙三征噶尔丹的结果，因各种原因导致噶尔丹兵败身亡，准噶尔政权在西北受挫。但直至乾隆中叶，清朝的西北边界一直受到准噶尔政权的牵制。当时，清廷所称的西北“边”大约在“甘、凉近南山一带”，以“肃州、甘州”，又称“阿喇克山”为边疆。

噶尔丹的失败，可以说只是准噶尔政权暂时受挫。策妄阿拉布坦采取了依靠清朝的策略，他代表准噶尔部表示要臣服清朝。因此，康熙“圣心仁慈不忍遣兵将噶尔丹余剩部落悉行剿灭”。这样，准噶尔部在策妄阿拉布坦的治理下又强盛起来。从策妄阿拉布坦到噶尔丹策零时期（1698—1745），准噶尔自强不息，不断发展，对内发展经济，对外扩展势力，“迫使叶尔羌、吐鲁番、喀什噶尔、阿克苏和另一些属于他的城市所住的布哈拉人服从自己的统治并开始征收贡赋。而把这些城市的汗、伯克和上等人带走了，这些人已经在浑台吉那里经营耕耘……称作布鲁特的民族，也被制服”。

准噶尔部的兴盛，又一次引起周边各种势力的注目，尤其是俄国人对准噶尔土地的觊觎。准噶尔人勇敢地反击俄国入侵，致使俄国企图在准噶尔打开缺口，侵占领土的阴谋破产。对于清朝政府，准噶尔上层虽然“甚为恭顺”，经常遣使“入贡”，但没有放弃建立“大蒙古帝国”的远大目标。而且，在策略上更注意利用西藏的宗教势力，以“制挟达赖喇嘛而号令全蒙古”。康熙五十四年（1715），准部袭击哈密。康熙五十六年（1717），又“绕戈壁，逾和阗大山，涉险冒瘴，昼伏夜行”，通过阿里到达西藏，用兵拉萨。雍正九年（1731），准噶尔军在和通淖尔大败清军。

清王朝当然不能允许准噶尔复兴蒙古帝国大业，但是在中国广阔的土地上不同政治势力的较量是历史形成的，统一的最后完成是需要时间和寻找合适时机的，清廷可以扼制准噶尔向西藏及蒙古的扩张，但是统一准噶尔的时机尚未成熟。

乾隆四年（1739），清朝所辖喀尔喀与准噶尔正式划定游牧界，就是双方在政治上妥协的表现。边界规定：循布延河，南以博尔济、昂吉勒图、乌克克岭、噶克察等处为界；北以孙多尔库奎、多尔辉库奎至哈尔奇喇、博木喀喇、巴尔楚克等处为界；厄鲁特人仍在山后游牧，不得越阿尔台岭；喀尔喀部人，只在扎卜堪等处游牧。清朝与准噶尔的划界，虽然也是按照乾隆帝“分划疆界”的谕令实行的，但是，与俄国及其他周边国家的划界性质不同，清朝与准部划界是在中国领土上不同政权之间暂时的分界，并且是为了保证游牧民族牧业的发展。乾隆三年（1738），乾隆帝上谕明确地说明了这一点。乾隆说:“定界之事，朕前降旨甚明，今以额驸策凌奏请，故许见尔等。噶尔丹策凌奏章，朕已观览，其与额驸策凌书，亦经奏闻，奏内称喀尔喀与厄鲁特，请悉驻牧如故，彼此两安，庶几推广黄教，休养群生，伏乞大皇帝鉴悯，观噶尔丹策凌此次奏言，极其恭顺，有诚心求和之意，朕甚嘉之……蒙古游牧无常，冬夏随时迁徙，若不指定山河为界，日后边人宁保无争乎？必彼此各守其界，无得窬越，庶可永固和好。”①

噶尔丹策凌之后，准噶尔部出现内讧，为清朝带来了削平割据、统一中国的千载难逢的良机。力量的天平完全有利于清军，准部已严重削弱，分崩离析，平准大军胜券在握。乾隆二十年至二十四年（1755—1759），清军历时五载，平定准噶尔部和回部，统一天山南北，最后完成了国家的统一。清军平定准噶尔的战争，对于实现国家统一，维护西北边防有着极为重大的意义。但是清朝征服准噶尔部的手段是十分残酷的，乾隆皇帝背离了其平准的初衷，滥施淫威，冤杀无辜，超出了一般战争的范围。平准战争之后，曾强盛一时的作为一个独立的政治力量的准噶尔部基本上被消灭了，世世代代生活在西陲的卫拉特人遭到了严重的摧残。

第二节

清朝对蒙古地区的统治政策

政策是国家等行为主体在一定历史时期为实现某一特定的目标、任务而制定的行动准则。在不同的历史时期，由于边疆民族的格局不同、族际关系性质不同、政策制定者的利益集团不同以及认识水平不同，都会形成不同性质、不同种类、不同特征的边疆民族政策。从历史上看，历代统治者根据自身的利益和当时的形势所制定的边疆民族政策的成败得失，又直接影响着彼朝彼代的兴衰存亡，关系甚巨。中国封建社会的边疆民族政策，自秦汉时期初具规模后，经隋、唐、元、明、清诸强大统一王朝的充实、完善，形成了完整的体系，这在世界各国历史中是颇具特色的。诚然，封建统治者的政策必然带有阶级压迫和民族歧视的性质，但他们往往也在不同程度上努力稳

① 《清高宗实录》卷六五。

定边疆，团结各民族，以维系自己的统治于不坠。尤其是清朝，在吸收前代经验的基础上，制定了较为成功的边疆民族政策，促进了国家的统一。①

18 世纪，清朝统治者在其制定对边疆地区的统治政策过程中不能不受到中国儒家传统文化这一特定历史背景的影响。在中国传统文化中，社会目标价值观念体系包含多种尺度，但最重要的则是“天下太平，长治久安”。孔子就曾经直接表达了“安”与“和”作为社会目标超乎其他一切的至上性。道家、法家等尽管关于治道的学说互有歧异，但在希望天下太平这一点上，却基本上所见略同。因此，稳定和谐的社会便成为中国封建地主阶级政治家们所追求的目标，封建君主的贤愚功过均以社会的治乱为准绳来加以评判。18 世纪的清王朝，自然也把国家臻于安定和平作为自己孜孜以求的目的，“天下太平，长治久安”，保持边疆地区的稳定是其制定边疆民族政策的出发点。

清朝对蒙古政策是其治理边疆民族政策的一部分，概括起来主要有以下四个方面。

一、“分而治之”“众建而分其势”的政策

清朝对边疆各民族实行“分而治之”“众建而分其势”政策，最初源于对蒙古问题的处理。蒙古高原，自古以来一直是任凭北方游牧民族自在牧放、豪迈驰骋的广阔草原。清朝人说“鞑子蒙古乃诸游牧国总称，无城郭宫室，驾毡帐逐水草而居，谓之行国”。从中国历史上看，中原历代王朝苦于北部边疆问题。早在汉代，扬雄就提出“……北地之狄，五帝所不能臣，三王所不能制”，严尤也曾讲过“匈奴为害……周得中策，汉得下策，秦无策焉”。从汉代到明代，汉患匈奴，唐忧突厥，宋虑契丹，明苦鞑靼，几乎无代无之。蒙古部虽然强悍，但其弱点亦突出，早在 17 世纪初，满族刚刚崛起时，努尔哈赤就提出削弱蒙古力量，制服蒙古的对策。努尔哈赤说：“云合则致雨，蒙古部合则成兵，其散犹如云收而雨止也。俟其散之，我当亟取之。”17 世纪初至下半叶，努尔哈赤、皇太极、顺治、康熙等抓住了蒙古部的弱点，采取“分而击之”的策略，把蒙古部纳入清王朝的管辖之下。

17 世纪末至 18 世纪，康熙、雍正、乾隆帝等一直惧怕蒙古人再次崛起，威胁清

---

① 成崇德：《康乾盛世的疆域与边疆民族》，参见郭成康等：《康乾盛世历史报告》，中国实言出版社 2002 年版，第 245 页。

朝的统治，因此采取的策略是既要利用蒙古的军事力量维护清朝统治，又要削弱蒙古的地方势力。清朝提出“本朝不设边防，以蒙古部落为之屏藩”“我朝施恩于喀尔喀，使之防备朔方，较之长城更为坚固”。同时又针对蒙古人的弱点提出：“蒙古人欲各自为札萨克，不相统属。朕意伊等若各自管辖，愈善。昔太祖、太宗时，招徕蒙古，随即分旗佐领，分为札萨克，各自所统，是以至今安辑。”也就是说，利用蒙古部各不相统属的矛盾，由“分而击之”变为“分而治之”。“分而治之”的目的，就是要防止蒙古部联合起来形成对清朝统治的威胁，宗室礼亲王昭梿在总结清朝治蒙政策时说，“蒙古生性强悍，世为中国之患”。魏源认为清朝治理蒙古的基本思路是削弱蒙古的力量，“然蒙古衰弱，中国之利也”。削弱蒙古的办法，即是“分而治之”，通过“分而治之”达到“众建而分其势”的目的。

“分而治之”的政策最早用于内蒙古，而后推行于喀尔喀蒙古，最后成为清朝对边疆地区实行统治的基本政策。在蒙古地区，内蒙古 16 部变为 6 盟 49 旗；喀尔喀蒙古由 7 鄂托克变为 4 盟 86 旗。其中察哈尔部“官不得世袭，事不得自专”，直接由清中央政府派官统治。清朝在推行其“分而治之”的政策过程中，遭到了来自卫拉特蒙古部的顽强抵抗。乾隆二十年（1755），清军进军西北，其初衷是消除准噶尔部与清朝的对抗，在清王朝统一管辖下，重新“封四卫拉特，各为一汗，令自管辖”。实际上也是“分而治之”政策的另一种形式。但是，卫拉特蒙古部王公阿睦尔撒纳称：“但我等四卫拉特与喀尔喀不同，若无总统之人，恐人心不一，不能外御诸敌，又生变乱。”阿睦尔撒纳总统四卫拉特的目的，引起清廷的担忧，乾隆帝认为，“若止封阿睦尔撒纳为汗，则办理准噶尔一事，全为伊一人集事矣”。实际上就是违背了清王朝“分而治之”“众建而分其势”的边疆政策。

自此，对抗清王朝“分而治之”政策的卫拉特蒙古人遭到了清军毁灭性的打击。乾隆帝敕谕清军对四卫拉特蒙古人：“其应行剿戮者，即行剿戮，所余妻子，酌量分赏官兵，毋得稍存姑息。”昭梿记载当时清军对准噶尔人的杀戮情形时描述道：“时厄鲁特慑我兵威，虽一部有数十百户，莫敢抗者。呼其壮丁出，以次斩戮，寂无一声，骈首就死，妇孺悉驱入内地赏军，多死于途，于是厄鲁特之种类尽矣”“其他诸贼，既降复叛，自取诛灭，草薙禽狝无噍类，固无论已，此固厄鲁特一大劫，凡病死者十之三，逃入俄罗斯、哈萨克者十之三，为我兵杀者十之五，数千里内遂无一人。”清朝平定准噶尔后，清朝将卫拉特蒙古由 4 卫拉特变为 8 盟 31 旗。

总而言之，“分而治之”“众建而分其势”是为了强化清王朝在边疆地区的统治权威。这项政策，适用边疆各个地区、各个方面。如在西藏地区，将部分藏族地区划归青海、四川、云南管辖。清政府通过这项政策达到了削弱边疆民族上层人士权力的目的，“少其地而众建之，既以彰赏罚之典，又使力少不能为乱，庶可宁辑边陲”的目的。又如在行政建置方面，各种行政机构，包括各盟盟长札萨克、各级伯克、各部土司互不相统属，任免权掌握在理藩院或清政府各驻扎大臣手中，虽然边疆民族地区各级行政官员有负责处理该地区民政事务的权力，但处在清朝驻边各级大臣的监督之下。另外宗教方面，在西藏和内外蒙古分封四大活佛，削弱了达赖喇嘛的宗教权威和影响。

清朝统治者实行的“分而治之”“众建而分其势”的统治政策与很多国家历史上都出现过的二元或多元政治体制又不一样。二元或多元政治体制是指在一个国家内有两个或多个主体民族，而它们之间的历史文化传统相差较大，在这样的情况下采取的政治体制，如世界近代史上的奥匈帝国就属于这一类型。清朝是继承中国历代传统而建立的统一多民族国家，主体民族是汉民族，而边疆各民族和汉族的历史文化传统相差较大。“分而治之”“众建而分其势”与“因俗而治”“修其教不易其俗，齐其政不易其宜”是一个政策的两个方面。一方面，根据边疆地区各民族的情况“因俗而治”“修其教不易其俗，齐其政不易其宜”“从俗从宜”“各安其习”。也就是说，在一个国家内实行多种政治制度，进行统治。另一方面为了强化清王朝对边疆民族的控制，“分而治之”使他们之间隔绝、封闭，大大地限制和缩小边疆民族首领的权限，使他们不能联合起来反抗清朝的统治。20 世纪 50 年代，蒙古史学者黄静涛曾对此项政策进行过深刻的批判，指出：这一政策极端嫉恨南蒙古以至整个蒙古族的统一及其与汉族的联系；极端仇恨国内各民族间的平等与自由。清统治者采取了一系列狠毒政策，使蒙古处于“藩属”的地位并使他们与汉族隔绝了起来。

二、“因俗而治”政策

清朝是继承中国历代王朝传统而建立的统一多民族国家，主体民族是汉民族，而边疆各民族和汉族的历史文化传统相差较大，如何根据各民族习俗特点，制定适宜的边疆民族政策，是清王朝统治边疆地区的重要任务。松筠治边的体会是：“首在熟悉‘夷’，然非特知其长技，察其习尚已也。其部落之强弱，形势之夷险，以及承袭之世次，官制之维系，尤必固知之，而后以得其心，以制其命。”祁韵士在《皇朝藩部要略》序中高度概括了清朝实行的“因俗而治”政策，祁韵士说：

其于诸藩也，容之如天地，养之如父母，照之如日月，威之如雷霆，饥则哺之，寒则衣之。来则怀之，劳则劳之，患则救之。量材而授任，疏之以爵土，分之以人民，教之以字畜，申之以制度，一民尺土，天子无所利焉，寸赏斗罚，天子无有私焉。修其教不易其俗，齐其政不易其宜，旷然更始而不惊，靡然向风而自化……①

也就是说，在政治、经济、思想文化、风俗习惯等等方面“从俗从宜”“各安其习”。

（一）不改变生活方式、风俗习惯、衣冠制度

清朝追求边疆地区政治上的稳定，力求不改变当地旧的生产方式和生活方式。蒙古地区，仍旧是“行则车为室，止则毡为庐，顺水草便骑射为业”的游牧经济和游牧生活方式。

不改变边疆民族各部的宗教信仰习惯。奉行扶植藏传佛教的政策，规定喇嘛不服徭役、不纳赋税，对喇嘛教上层人物给予极高的礼遇和政治、经济特权。蒙古部“因蒙古崇奉喇嘛，最信黄教，因而加以保护，用示怀柔”。

清人徐鼐霖将清朝治理蒙藏的政策归纳为四个要点：

一、尊崇喇嘛教以坚其信仰，家有五子者一人相续，余为喇嘛，僧不准娶妻，此人口之所以日少也。二、不奖励教育，人智闭塞，文物制度，日就陵夷，至不能语其先祖创霸欧亚之历史，用尽习于偷情，自竞争力所以全无也。三、不提倡开垦奖励殖民，人无贮蓄之观念，且互市有禁，因之工商事业无大表现，此经济所以不能独立也。……从四大政策之结果，遂使唪经诵咒。啖膻寝毳，蠢然蠕然，游息于黑幕世界，无复向日之喜事，中国坐是无边警者百余年，其收效不可谓不巨也。②

不改变边疆民族的服饰及生活习惯。乾隆针对蒙古部的服饰说过：“至于衣服制度，不妨仍其旧俗，若因归降天朝，必尽用天朝服色，势亦有所难行。尔等习惯自然，一时岂能骤易？且将旧时衣服尽行弃置，亦殊非爱惜物力之道。即朕所颁赐物件，亦止善为收贮，传之子孙，唯来京朝觐，暂时服用。”

（二）实行行之有效的管理制度

清朝在蒙古民族的聚居地区实行盟旗制度进行管理。盟旗制度是在蒙古高原上蒙

---

① ［清］祁韵士撰：《皇朝藩部要略》。

② ［清］徐鼐霖：《筹边刍言》，中国藏学出版社 1995 年版。

古族原有的适用游牧民族鄂托克和爱马克制度的基础上，参照满洲八旗制，在蒙古地区实行的政治制度。而在蒙古与其他民族杂居处，基本实行札萨克制和设立将军都统衙门等管理机构。

三、“兴黄教，即所以安众蒙古”的宗教政策

宗教问题往往和民族问题、边疆社会问题交织在一起，政府在边疆地区的施政不能不考虑宗教因素。青藏高原、大漠南北和天山北路的蒙藏民族大多信奉藏传佛教，藏传佛教有着巨大的传统影响和社会势力，有着强烈的民族性。16 世纪中后期开始，藏传佛教第二次传入蒙古地区，蒙古族全民皈依格鲁派（黄教）。黄教已经渗透到蒙古民族社会生活的各个方面。对清政府来说，藏传佛教不仅关系到西藏地区的安定，而且与稳定蒙古、青海等地区的政治局势有极大的关系。清朝征服蒙古的过程中，藏传佛教往往起着关键作用。

宗教是统治阶级管理国家和对民众进行精神控制的最有效的工具。利用藏传佛教，崇奉藏传佛教不仅关系到西藏地区的安定，而且对稳定蒙古、青海等地区的政治局势也有极大的关系。在蒙古族聚居的地区，蒙古王公贵族和一般牧民无不虔诚信奉藏传佛教。在青海地区，西宁一带的藏传佛教寺庙在 17 世纪中叶已有数千所。而且青海各台吉往往俱以达赖喇嘛的弟子自居，唯视达赖喇嘛之言而遵依以行。在新疆地区，卫拉特蒙古部部众“凡决疑宁计，必咨喇嘛而后行”。

自 17 世纪末开始，准噶尔部往往利用藏传佛教的影响，联络蒙古部众，与清朝对抗。清王朝统治者也看到，佛教势力具有巨大影响的客观事实使其无法加以禁止，只有采取针锋相对的政策，即扶持藏传佛教中的黄教派集团，削除边疆地区出现的割据势力，以达到统一边疆的目的。乾隆皇帝在《御制喇嘛说》中曾这样分析藏传佛教与蒙藏民族的关系：

盖中外黄教总司以此二人（指达赖喇嘛、班禅额尔德尼），各蒙古一心归之，兴黄教，即所以安众蒙古，所系非小，故不可不保护之，而非若元朝之曲庇谄敬番僧也。①

在清朝统治者看来，要实现全国的安定，就必须确保蒙古地区的安定。要确保蒙古地区的安定，就必须利用藏传佛教。要利用藏传佛教，就不能不重视西藏问题，而解决西藏问题的关键还是在于利用藏传佛教，崇奉藏传佛教不仅可以绥服西藏，而且

① 《御制喇嘛说》，北京雍和宫碑文。

可以加强蒙古部对清王朝的向心力。

清朝统治者认为利用藏传佛教是实现其控制蒙藏社会的有效手段。康熙皇帝曾说过："佛教之兴，其来已久，使人迁善去恶，阴翊德化，不可忽也。"雍正皇帝也说："因思古今之有佛教，特以劝善惩恶，济世觉民为本。黄教之传，所以推广佛经之旨也。……广布黄教、宣讲经典，使番夷僧俗崇法慕义，亿万斯年，永跻仁寿之域，则以佐助王化，实有裨益。"松筠在其《西招图略》中写道："夫神道设教，仁以成俗。故仁以厉之，所以厉风俗也。无论遐方内地，各有所尚。譬如卫藏俗尚黄教，不过因其教而教之，俾僧俗相安而已。"

从上述分析可以看出，清王朝深知利用藏传佛教以达到保持蒙藏地区社会安宁这一社会控制目的的重要性。加强行政管理固然是清政府对蒙藏地区实行社会控制的重要途径，但藏传佛教对社会控制的特殊功效也是不能忽视的。清朝统治者对中国封建社会传统的统治术领悟颇深，运用颇为得心应手，极力利用藏传佛教，以求达到蒙藏地区长治久安的社会控制目标。利用藏传佛教，可以保持蒙藏地区的长治久安。

（一）优礼藏传佛教上层首领

达赖喇嘛、班禅额尔德尼在蒙藏僧俗人民心目中威望崇高，具有极大的号召力。乾隆曾经说过"敬一人千万悦"。清前期统治者对于达赖、班禅倾心归向于清朝中央政府极为重视，从礼制上给予达赖和班禅以逾于常格的优礼。顺治九年（1652），清政府册封达赖五世为"西天大善自在佛所领天下释教普通瓦赤喇怛喇达赖喇嘛"；康熙五十二年（1713）册封班禅五世罗桑益喜为"班禅额尔德尼"，给予达赖、班禅极崇高的地位。也从此确立了历代达赖喇嘛、班禅额尔德尼都必须经过清朝中央政府册封的制度。

康熙三十二年（1693）清朝册封哲布尊丹巴为"大喇嘛"，掌漠北喀尔喀蒙古藏传佛教事务。康熙五十年（1711）又册封章嘉呼图克图为"大国师"，总领内蒙古藏传佛教事务。这样，蒙藏地区藏传佛教分为四大部分，达赖喇嘛主前藏、班禅主后藏、哲布尊丹巴主喀尔喀蒙古、章嘉呼图克图主内蒙古，四大活佛既有崇高的地位，又各有领地，互不统属，形成藏传佛教大喇嘛分主教权的局面。

（二）支持藏传佛教的发展，赋予藏传佛教寺院集团种种特权

清政府支持藏传佛教发展的重要形式之一就是鼓励或者出资帮助修建佛教寺庙。

因为藏传佛教寺庙数量的多少是藏传佛教兴衰的标志，寺庙越多，则藏传佛教流传愈广，信教者也随之增加，清政府利用藏传佛教以安定蒙藏地区的社会控制目标便越容易达到。

清政府对藏传佛教的上层人物封授以各种职衔、名号，使其享有崇高的社会地位，以争取这些上层人物的诚心归附。清制，凡清政府所封授的呼图克图、诺们汗、班第达、堪布、绰尔济等均系职衔，而国师、禅师则属名号，封以职衔者可以兼授名号，但不可同时兼授职衔或名号，并入理藩院档册并可转世。此外，清政府还制定了喇嘛的等级，分为掌印札萨克达喇嘛、副掌印札萨克达喇嘛、札萨克喇嘛、达喇嘛、副达喇嘛、苏拉喇嘛、德木齐、格斯贵、格隆、班第，等等。

（三）加强对藏传佛教的管理，创立金瓶掣签转世制度

金瓶掣签转世制度的确立，是清朝政府在管理藏传佛教方面的重大改革。在这项制度确立以前，蒙藏地区四大活佛的转世多出现在封建贵族家中。封建贵族操纵政教大权，其兄弟叔侄姻娅相传袭，几乎与世袭封爵无异，既不利于清朝中央政府对蒙藏政教的管理，也易于使地方封建贵族割据势力膨胀发展。乾隆五十七年（1792）清朝政府创立了金奔巴掣登制度，规定各地呈报的达赖喇嘛、班禅的呼毕勒罕的姓名及出生日期用满、汉、藏三种文字写在牙签之上，放入清政府所颁发的金奔巴瓶之中，在驻藏大臣的监督之下，当众在大昭寺宗喀巴佛像前抽掣拈定真呼毕勒罕。蒙古地区的哲布尊丹巴呼图克图和章嘉活佛等之产生亦参照该办法，在理藩院的监督下在雍和宫等佛教寺院进行。这样，清政府有效地控制了蒙藏地区的宗教管理。

四、对蒙古族上层人士的笼络政策

在中国古代历史上，各民族的统治者对各民族的劳动人民共同进行压迫、剥削，而各民族的统治者之间也存在民族间的互不信任、歧视、戒备、仇恨、冲突和斗争。这种存在于民族之间的民族对立、民族摩擦和民族矛盾在各民族统治者之间表现得尤其明显。18 世纪，摆在清朝统治者面前的重要问题之一，就是要对边疆各民族的上层人士制定适宜的政策。通过充分利用他们熟悉本民族历史特点和生活情况的优势，以及他们在本民族中的威望和政治号召力，从而化解矛盾，减少摩擦，促进团结，以利于维护清朝的统治。

在总结清朝的治边方针，提到清政府对边疆各民族上层人士的政策时，人们往往强调笼络政策，其实，这只是问题的一个方面。清朝统治者对边疆各民族上层人士的控制包括两个方面：一方面“众建而分其势”，分化和削弱边疆民族各部上层人士的权势；另一方面，拉拢和抚绥各民族上层人物。

清朝拉拢和抚绥上层人物的政策与“众建而分其势”的政策相辅相成，既分化和削弱蒙古民族上层的权威，又化解了矛盾、减少了摩擦，维护了清朝的统治。笼络和抚绥各民族上层人士主要表现在：拉拢蒙古族上层人士，给予优厚的待遇。对归顺清朝的各民族上层人士，一般均保留和承认他们原来统治本民族本地区的特权，给以优厚俸禄，封以与满洲贵族一样的亲王、郡王、贝勒、贝子、辅国公、镇国公等崇高爵位；与部分边疆民族上层人士家族实行联姻，尤其和蒙古王公贵族实行满蒙联姻，一方面从蒙古王公家族中选择后妃，另一方面把公主下嫁给蒙古王公；实行朝觐制度，亦称年班、围班制度。年班制度规定：边疆各民族上层人士每逢年节来京、朝觐皇帝、瞻仰圣容；围班制度亦称木兰行围制度，邀请边疆民族上层人士到塞外，赐宴于避暑山庄并进行木兰行围狩猎。清朝政府将其对边疆民族上层人士的政策归纳为“恩威并济”。乾隆皇帝曾说：

中国抚驭远人，全在恩威并用，令其感而知威，方为良法。若如明季汉官，当外藩恭顺，则藐忽而虐侮之，或且勒索滋弊，及其有事，则又畏惧而调停之，往往激变，率由与此……历观往代，中国筹边所以酿衅，未有不由边隶凌傲姑息，绥驭失宜者，此实绥靖边隅、抚驭外人之要务。①

学术界对清朝边疆民族政策的评价存在一些分歧。一种倾向对其评价过高，似乎认为清代尽善尽美，毫无瑕疵；另一种意见又失之苛责，如有些史家指出，清廷故意优崇喇嘛，高其衔称，厚其待遇，华其庙宇，佛门广开，佛海迷茫，使蒙古男子皆以披剃为其职志，自愿为僧而自其后，实乃居心叵测，欲使蒙古亡族灭种；有些史家还说，清廷禁止汉人入蒙开垦，屡申禁令，峻其刑罚，表面上是保护蒙人之牧，实质上是欲其愚弱、欲其鄙陋的“愚禁”政策。我们认为，这种过分贬低清代边疆民族政策的观点不足取。清政府边疆政策在鸦片战争以前最大的失误在于片面追求社会稳定而牺牲社会发展。稳定与发展是统一对立的两个方面。在中国传统文化中，社会目标价值观念体系包含多种尺度，但最重要的则是“天下太平，长治久安”。孔子就曾经直接表达了“安”与“和”作为社会目标超乎其他一切的至上性。道家、法家等尽管

① 《清高宗实录》卷一一一六。

关于治道的学说互有歧异，但在希望天下太平这一点上，却所见略同。因此，稳定和谐的社会便成为中国封建地主阶级政治家们所追求的目的，封建君主的贤愚功过均以社会的治乱为准绳来加以评判。清王朝作为一个封建王朝，自然也把国家的安宁和平作为自己的目的。对于清政府来说，第一要务是保持边疆地区的安宁宁谧，而开发建设边疆地区则是次要的事情，因而对后者往往重视不够。如清政府实行的封禁政策就不仅仅是一种民族隔绝政策的表现。清王朝统治者认为，社会人口流动越少，社会就越安宁，为了避免汉族人口流向边疆地区后与当地民族发生矛盾，他们往往采取了一个简单的办法，即禁止汉族人口流向边疆地区，其结果便延宕了边疆地区的经济发展。

清代的边疆民族政策不是天马行空般的产物，而是在脉承深厚历史文化沉淀余绪基础上并能够踵事增华。清代前期帝王多勤于政务，深谙历史，能够以史为镜鉴，孜孜追求国家的统一，又将“因俗而治”这一边疆统治的传统思想奉为圭臬。

在 18 世纪，作为边疆民族的满族是统治民族，为了使自己建立的中央政权具有合法性，因此反对“严华夷之辨”。另一方面，与当时国际政治大格局变化相联系，中外关系问题日益凸现于边疆地区，因而传统的夷夏之防观已经出现了本质的变异。由于在一定程度上突破了华夷之辨的藩篱，加之清朝统治者与边疆地区各民族在思想感情上比较接近，清朝的边疆民族政策比以往各朝代都要成功。

第三节

理藩院的设立及其主要职掌

一、从蒙古衙门到理藩院

清入关前，在原来 6 部所设蒙古承政的基础上，特别设立了专管蒙古地区事务的蒙古衙门，蒙古衙门以承政为主要官员，另置若干参政，凡蒙古诸部编旗、会盟、赏赐、通婚等事务均由该衙门负责处理。此后随着同蒙古诸部的来往频繁和接触的增多，需要处理的事务日益增加，并且内蒙古 16 部 49 旗首领全部归附清朝，于是崇德三年（1638）六月庚申，更定蒙古衙门为理藩院，并铸造了印信。

理藩院是清朝管理边疆事务的机构，但蒙古衙门更名为理藩院时，其管辖范围仍主要在蒙古地区，在18世纪中叶以前实际的管理范围并没有扩及到其他边疆地区。自皇太极至康熙皇帝，清朝治理内外蒙古取得了成功，康熙皇帝总结说："朕阅经史，塞外蒙古多与中国抗衡，溯至汉、唐、宋，至明，历代俱被其害，而可宣威蒙古，并令归心，如我朝者，未之有也。"① 通过处理蒙古问题，理藩院在清朝国家机关中的地位大大提高。

蒙古衙门改为理藩院后，扩大了机构，增加了人员。理藩院作为蒙古事务的总理机关管理蒙古诸部的编旗、封爵、朝贡、赈济、刑罚等事，并对蒙古行事立法、监督权。赵云田对清代理藩院的设立和职掌有专门的研究。②

18世纪下半叶清朝宣布理藩院"今作礼部所属，于旧制未合。嗣后不必兼礼部衔，仍称理藩院尚书、侍郎，其印文亦著改正铸给"③。而后，又进一步明确了理藩院的官制体统，"理藩院职司外藩王、贝勒公主等事及礼仪刑名各项，责任重大，非明朝可比，凡官制体统应与六部相同，理藩院尚书照六部尚书，入议政之列。该衙门向无郎中，今照六部，设郎中官"④。17世纪中叶至18世纪上半叶，蒙古部的势力扩大到天山南北和青藏高原，理藩院的管辖范围也开始涉及西藏、青海和回疆的政治、经济、宗教、军事诸问题。理藩院在边疆地区的活动范围和作用还是有限的，清朝处理西藏事务，一般是直接派理藩院官员入藏。18世纪初，清朝驻藏大臣正式设置后，清朝政府对西藏事务的处理主要通过驻藏大臣实现，由理藩院给以各种协助管理，理藩院参与管理西藏事务，主要体现在：对西藏地方官员的任免有一定程度的决定作用，负责查核噶布伦、戴本的俸禄和升革；西藏地区领兵将领戴本，地方职事第巴和管束喇嘛的堪布任命后要由理藩院发给执照，才能正式合法地分司藏事；对西藏地区发生的情况，除驻藏大臣全面掌握外，亦应报告理藩院；派专员管理达木蒙古八旗官兵39旗事务，承办驻藏大臣衙门的满文稿案。由此可见，到18世纪以后，西藏事务已经成为理藩院职责的重要部分。尽管理藩院参与处理了诸多的西藏事务，西藏地区的事务仍然没有纳入理藩院的管辖范围。以蒙古为核心的基本方针没有变化。

---

① 《清圣祖实录》卷一八〇。

② 赵云田著：《清代治理边陲的枢纽——理藩院》，新疆人民出版社1995年版，第112—158页。

③ 《清圣祖实录》卷二。

④ 《清圣祖实录》卷四。

18世纪中叶，清朝完成了对边疆的统一，理藩院的职能也发生了重大的变化。这种变化表现在理藩院对边疆地区的管理已经由北方蒙古地区扩展到其他边疆地区，重点是北部、西北部和西南边疆。管理的内容也有扩大，涉及边疆地区的行政建置、社会经济、民族立法、宗教文化等。与此同时，理藩院与其他政府机构在边疆地区设置的各个施政部门的关系更加密切，分工更加明确。

理藩院对天山南北路的管理，也是在18世纪中叶以后，即清朝统一西北边疆之后。天山北路的卫拉特蒙古事务均照漠南、喀尔喀蒙古事例办理，而回部地区，则由理藩院设专门机构管辖。乾隆二十六年（1761），乾隆皇帝谕示军机大臣："理藩院专理蒙古事务，尚可兼办回部。著将理藩院五司内派出一司，专办回部事务。"① 清朝在南疆设有办事大臣、领队大臣、参赞大臣节制各城，统受伊犁将军管辖，但同时又以理藩院专办回疆地区事务。理藩院管理回疆地区事务，主要内容包括：以札萨克制度管理哈密和吐鲁番；以伯克制度管理回部其他地区；管理回部地区的户口、钱粮及回部地区王公、伯克进京朝觐事宜；负责征收回部地区的田赋和杂税，办理商税。

二、理藩院的主要职掌

理藩院在清代不同时期，内部机构及其职掌也有所不同。清朝入关前，理藩院内部机构比较简单。崇德三年（1638）七月，理藩院承政一员，左右参政各一员，副理事官八员，启心郎一员。崇德四年（1639）正月，增设理藩院每旗章京一员。崇德八年（1643）七月已未，改理藩院衙门为内三院，另建理藩院，近礼部衙门②。顺治元年（1644），清朝对部院官制进行调整，原来的承政一律改为尚书，参政改为侍郎。入关前理藩院尚未独立，仍归礼部管辖。

理藩院的职责是"掌蒙古及番部封授、朝觐、贡献、黜陟，征发之政，控驭抚绥，以固邦翰"③。理藩院是清朝新设不同于前朝的管理少数民族事务的机构，设有管理院务大臣、尚书、侍郎、额外侍郎等若干人，下设有王会清吏司、旗籍清吏司、徕远清吏司、理刑清吏司、柔远清吏司、典属清吏司等6个司。在清代不同时期，其

---

① 《清高宗实录》卷六四八。

② 齐木德道尔吉、巴根那编：《清实录太祖太宗世祖朝实录蒙古史史料抄》，太宗朝卷六五，内蒙古大学出版社2002年版。

③ 《清朝文献通考》卷八二。

内部机构及职掌也有所不同。

18 世纪，理藩院为了加强对边疆的治理，对下属机构进行了调整和扩充。康熙四十年（1701），划柔远司为前司和后司。乾隆二十二年（1757）改录勋司为典属司，宾客司为王会司，柔远后司为旗籍司，前司仍为柔远司。关于柔远司，《大清会典则例》中规定："院属五司内柔远一司，原系承办西藏、喀尔喀、青海、厄鲁特及各喇嘛，哈密、吐鲁番回子诸部事，后有军机以来，因事务益繁，一司不能承办，立有柔远后司。查议喀尔喀、厄鲁特、西藏等事及事关军机者，皆隶后司办理。"乾隆二十六年（1761），并旗籍、柔远为一司，增设徕远司；二十七年（1762），旗籍、柔远仍分为二司；二十九年（1764），改典属司为旗籍司。后又增设理刑司。至 18 世纪中叶，理藩院各司机构基本调整完毕，共有旗籍、王会、典属、柔远、徕远、理刑六个清吏司。

理藩院六司管理地区有别，职责明确。

旗籍清吏司承办漠南蒙古六盟，归化城土默特左右翼，黑龙江打牲、索伦、呼伦贝尔等处官员的升降、袭替、田产、比丁、过继、承嗣、家谱、奉赠、赐恤、致祭、议叙、议处；查核各旗公仓米石；查验军器、煤窑；办理有关边疆地区驿站兵丁奉饷、颁发驿站官员时宪书等。

王会清吏司承办漠南蒙古六盟王公等年班、俸禄、朝贡、颁发时宪书；每年更换内外馆监督。

典属清吏司承办漠北喀尔喀蒙古、漠西蒙古土尔扈特、杜尔伯特，西藏、青海等处王公的升降、袭替、田产、比丁、过继、承嗣、家谱、奉赠、赐恤、致祭、议叙、议处、赈济事务；办理与俄罗斯往来事务；办理商民信票；处理北部、西北部驻扎司员、笔帖式的任职和差旅盘费；在京喇嘛考列等第、升迁、调补、札付、度牒、路引，奏请寺庙名号，各寺庙工程等事务。

柔远清吏司承办漠北喀尔喀蒙古、漠西蒙古土尔扈特、杜尔伯特王公以及呼图克图喇嘛的年班、进贡、俸禄；各寺庙喇嘛钱粮；颁发漠北喀尔喀蒙古诸部时宪书等。

徕远清吏司承办住京回部王公台吉家谱；哈密、吐鲁番回部王公台吉的俸禄；回疆各城赋役、官税；颁发回疆各城时宪书；浩罕、哈萨克等朝贡事务；四川土司头人的朝觐事务；另外，处理新疆沿边的哈萨克、布鲁特、浩罕、安集延、爱乌罕、玛尔噶朗、纳木干、塔什罕巴达克山、博罗尔等部的事务。

理刑清吏司承办边疆地区的刑罚事务。

理藩院直属机构也就是负责行政事务的部门，有司务厅、满档房、汉档房、蒙古翻译房、当月处、督催处、银库、饭银处等。附属机构包括唐古特学、稽察内馆和外馆、木兰围场、俄罗斯馆、托忒学、蒙古官学、喇嘛印务处、则例馆，各职多由满洲、蒙古人担任。派出机构部分包括乌兰哈达、三座塔、八沟驻扎司官，察哈尔游牧处理事员外郎，张家口、喜峰口、独石口、杀虎口、古北口管理驿站员外郎，神木、宁夏理事司员，热河都统衙门理事司官，张家口随同将军大臣办事笔帖式，赛尔乌苏管站司员、笔帖式，恰克图、库伦管理买卖事务司员，管理印房事务司员、笔帖式，西藏、西宁随印司员、笔帖式，科布多、乌里雅苏台兵差司员，四川、陕西总督衙门蒙古笔帖式。

18 世纪，理藩院在清朝中央各机关中取得了与六部平行的重要地位。乾隆帝说，“吏、户、刑三部及理藩院均属紧要”，有关边疆地区的重要事务，都要由理藩院参与办理。理藩院直接听命于清朝皇帝，唯皇帝的意志办事。理藩院大臣的升降赏罚、荣辱安危，也全然取决于皇帝。在中央，理藩院有尚书、侍郎和各司属机构，在边疆民族地区派有专驻官员，在最基层则有笔帖式，从中央到地方，形成一套比较完整的严密体系。

从纵向来看，清代理藩院组织严密，职掌分明，为以往中国历代的中央治边机构所无法相比；从横向来看，清朝六部遇事掣肘颇多，无与地方督抚直接联系的权利，而理藩院则在行政上具有相当的独立地位，且对驻边的将军、大臣具有直接指导的权利，因此处理边疆要政，上通下达，事权统一，职责明晰，有迅赴机宜之功。理藩院组织系统和边疆地区的将军、都统、大臣相辅相成，从而确保了清政府对边疆地区的有效管辖和统治。

第四节

清代蒙古地区管理制度

一、行政管理制度

清朝在边疆地区实行多种行政体制进行管辖。如在喀尔喀、内蒙古等地区按照不同情况，设置不同行政机构和行政建置。

喀尔喀蒙古设乌里雅苏台将军、科布多参赞大臣和库伦办事大臣。乌里雅苏台将军又称定边左副将军，是清廷在喀尔喀蒙古地区设立的最高军政建置。乌里雅苏台将军驻扎于喀尔喀蒙古赛音诺颜部境内乌里雅苏台城。乌里雅苏台将军府内设有定边左副将军一员，参赞大臣满洲、蒙古各一员，总统乌里雅苏台、科布多等处官员及各部落蒙古官兵事务。乌里雅苏台将军辖区内的行政区划，分为四部：札萨克图汗部、土谢图汗部、车臣汗部、赛音诺颜汗部以及科布多地区、唐努乌梁海地区。此外，哲布尊丹巴呼图克图驻库伦，清廷设库伦办事大臣统辖。科布多参赞大臣管理科布多地区的旗务、年班、围班、牧厂、游牧、屯田、卡伦、军台、商务等、库伦办事大臣驻扎库伦城内，其职掌主要为办理有关中俄交涉事务及车臣汗部、土谢图汗部、哲布尊丹巴呼图克图所属地区的命盗案件。

内蒙古设绥远城将军、察哈尔都统和热河都统。绥远城将军衙署设在归化城东北5里外新建的绥远城内。绥远城内还设有兵部和户部司署衙门、副都统衙署、理事厅衙门等机构。绥远驻防设左右二司，由礼部颁给关防。绥远将军在军事上的管辖区域有归化城土默特二旗、乌兰察布盟和伊克昭盟。察哈尔都统管辖范围有察哈尔八旗所属官兵、阿尔泰军台、锡林郭勒盟军务以及察哈尔地区的四牧群。热河都统统辖热河各处的驻防官兵及卓索图盟和昭乌达盟两盟军务、热河所属各驿站、木兰围场、八沟、塔子沟、三座塔、乌兰哈达理事司员等。

18世纪，上述蒙古各部的军府建置趋于完善。军府建置是清王朝派往蒙古各部的最高权力机关，军府的首领就是当地的最高军政长官，负责该地区的政务和军务，具有控制地方，保卫边疆，对外交涉和监督盟旗的作用。与其他地区不同的是理藩院在蒙古地区有着特殊的地位和作用，军府首领重点负责军务和社会治安，理藩院则直接管理盟旗。理藩院对盟旗的行政建置、盟旗官员任免、朝觐以及立法、司法等诸方面拥有全权。蒙古地区在理藩院管辖和军府建置下又分别以盟旗制度和府厅州县制两种不同的民政制度管理地方。

内蒙古设六个盟，锡林郭勒盟，辖5部10旗；乌兰察布盟，辖4部6旗；伊克昭盟，辖1部7旗；东蒙古三盟，划分为14部26旗，哲里木盟，辖10旗；昭乌达盟，辖11旗；卓索图盟，辖5旗。漠北喀尔喀蒙古分四部，土谢图汗部称喀尔喀汗阿林盟，辖20旗；赛音诺颜汗部称喀尔喀齐齐里克盟，辖22旗；车臣汗部称喀鲁伦巴尔和屯盟，辖23旗；札萨克图汗部称札克必拉色钦毕都哩雅诺尔盟，辖19旗。

旗是清朝国家行政体制中在蒙古地区的基本军事、行政单位，同时也是清朝皇帝赐给旗内各级蒙古封建主的世袭领地。旗是经过编制佐领，安置属民，分给牧地，划定旗界，任命札萨克形成的。札萨克由清廷任命，以蒙古王公、台吉中忠顺有功者为之。札萨克管辖旗内的属民和土地，俨然若“君国子民”，职位世袭。札萨克的职责是按照清廷所授予的权限，负责处理旗内行政、司法、赋税、徭役、牧场以及旗内官吏的任免等事务。

旗也是基本军事单位。旗内男丁，除喇嘛与庙丁、随丁外，18 岁以上 60 岁以下一律编入丁册，都有服兵役的义务。札萨克为全旗的最高军事长官，旗内的箭丁，无论是谁的阿勒巴图，都归札萨克统辖。

札萨克下面设有固山额真、协理台吉、梅伦章京、甲喇章京、牛录章京、拔什库、什家长等。旗由若干个佐（苏木）构成。佐是旗以下的行政、军事单位。佐以下分户，每十户设“十长”1 人。清朝将札萨克旗分为内札萨克和外札萨克。内蒙古 49 旗称内札萨克，内札萨克拥有统率兵丁之权。喀尔喀蒙古 86 旗、漠西卫拉特蒙古 34 旗、青海 28 旗与阿拉善、额济纳旗为外札萨克旗，无兵权，受当地将军、大臣及参赞大臣的节制。

若干旗会盟一处，召集人称为盟长。盟长由参加会盟的各旗札萨克中选任。初期，盟长的权力有限，一般只是协助理藩院或军府长官处理有关军政事务。后来盟长权力增大，由单纯的军事意义上的会盟转变为集军政于一体的行政建置。

在新疆地区也实行盟旗—札萨克制度，也有称这一制度为札萨克制度。18 世纪中叶，清朝统一天山北路的诸部后，以盟旗制度管理卫拉特蒙古各部，设赛音济雅哈图 2 盟 16 旗；乌讷恩素珠克图南北东西 4 盟 10 旗；巴图塞特奇勒图盟 3 旗；青塞特奇勒图盟 2 旗。此外，清朝政府也将这一制度运用于新疆地区的游牧哈萨克部落和以农业经济为主的哈密、吐鲁番。

二、边防管理制度

清代前期的边防指导思想，康熙皇帝曾说，“本朝不设边防，以蒙古部落为屏藩”① “我朝施恩于喀尔喀，使之防备朔方，较之长城更为坚固”② 是清朝以蒙古等

---

① 《承德府志》卷首 1。

② 《清圣祖实录》卷一五一。

少数民族为屏藩的边防指导思想，这种思想适应了当时的历史发展需要。

这些只是问题的一个方面，并不能够准确地反映清朝前期的边防思想。康熙所指的“不设边防”“不修长城”，是针对清以前所出现的农耕文明与草原游牧文明的对峙及历代中原王朝的“夷夏之防”的边防政策。历代中原王朝把国家分为“中原”和“周边”，把民族分为“华夏”和“四夷”，边防的任务就是“夷不乱华”。清朝统治者的夷夏观念在其治国过程中发生了根本的变化。康熙皇帝提出的：“帝王治天下，自有本原，不专恃险阻。秦筑长城以来，汉唐宋亦常修理，其时岂无边患？……可见守边之道，唯在修德安民，民心悦则邦本得，而边境自固，所谓众志成城是也。”① 雍正皇帝也认为，“历代以来，各蒙古自为雄长，亦互相战争，至元太祖之世，始成一统。历前明二百余年，我太祖高皇帝开基东土，遐迩率服，而各蒙古又复望风归顺，咸禀正朔，以迄于今。是中国之一统，始于秦，塞外之一统，始于元，而极盛于我朝，自古中外一家，幅员极广，未有如我朝者也”②，又说“自我朝入主中土，君临天下，并蒙古极边诸部落俱归版图，是中国之疆土开拓广远，乃中国臣民之大幸，何得尚有华夷中外之分论哉?”③ 都是强调国家的大一统，不因循历代修长城防卫边疆民族的做法，抨击传统的夷夏观念。

清代前期的边防政策，在边防建设中有三个方面比较突出：

1. 陆路屯重兵于陆疆；

2. 海疆设立全面的防御体制；

3. 设立卡伦，定期巡边。

蒙古地区设绥远城将军、呼伦贝尔副都统、察哈尔都统、热河都统、定边左副将军、科布多参赞大臣、库伦办事大臣。蒙古八旗仿满洲旗制驻扎北部边疆。此外，蒙古各部另轮流派“备操兵”，自带口粮、马匹、火药、铅丸，前往乌里雅苏台常驻训练，每期四年，受定边将军调遣。

边防驻军的职能还包括卡伦巡查。清廷在边疆地区靠近边境的地方设立卡伦定期巡查，这是清朝边防的一项重要军事设施。清代前期，陆路边疆东三省、蒙古、新疆、西藏、云南、广西都设置了卡伦，如在新疆共设卡伦 250 多座，在漠北设 60 余座，黑龙江设 51 座。卡伦有多种类型，如围场卡伦，国家禁区、牧场、屯田卡伦，

---

① 《承德府志》卷首 1。

② 《清世祖实录》卷八三。

③ 清世宗胤禛撰：《大义觉迷录》。

禁止越界游牧卡伦，稽查行旅、缉捕逃犯、维护地方治安卡伦和为巡查边界、防备外来侵略而设于边境地区的卡伦。前几种卡伦的作用，伊犁将军松筠曾明确说过："新疆南北各城皆设卡伦，而伊犁为最多。伊犁境内东北则有察哈尔、西北则有索伦、西南则有锡伯，自西南至东南则有厄鲁特，四营环处，各有分地，其禁在于私越；又有铜场、铅场、屯工、船工，安置发遣罪人，其禁在于逋逃；至于境外，自北而西则有哈萨克，自西而南则有布鲁特，壤界毗连，其禁在于盗窃。故设卡、置官，派兵巡守。"

除设置卡伦外，清政府还制定了较为严格的边境巡查制度。如在新疆，边境地带还设置了巡逻鄂博，定期巡边的主要任务是勘查界碑、界牌，修整鄂博，守卫边防。

边境地区的卡伦，并非设置在边界线上。如中俄东段边界黑龙江境内的山川险要和边境之地设立卡伦67处。其中，齐齐哈尔地区3处，墨尔根地区66处，黑龙江地区6处，呼伦贝尔地区12处，每个卡伦设官1人，兵30人，三个月换防1次，两卡之间设1鄂博，逐日巡查。雍正十一年（1733），重设内卡15处。乾隆五年（1740），增设总卡官1人、佐领2人、蒙古包48座（每卡4包）。边境卡伦归呼伦贝尔总管管辖，统于黑龙江将军。东北15处，西南16处，布特哈5处，呼兰4处。中俄北部交界，在沿边设卡伦47处，其中恰克图以东设置28处，以西设置19处，恰克图以东沿中俄国界设置界牌鄂博63处，该地段的卡伦任务是保护边防，巡查界碑鄂博。显然卡伦与国界不是同一回事。

又如呼伦贝尔是边防要地，有长达2200余里的中俄边界线。清政府为了加强中俄边界的防守，于雍正十年（1732）建呼伦贝尔城，派副都统衔大臣1人率兵驻守。乾隆八年（1743），改呼伦贝尔副都统为总管。呼伦贝尔的边境除设卡伦外，又采取分防游牧的办法巡察。分防游牧于中俄边界及喀尔喀河一带，以后又添兵员，至乾隆三十七年（1772），呼伦贝尔定额兵数为2500名。

清代前期，清朝通过对边疆地区驻防将军、大臣的设置，海陆两地军队的部署，巡边制度的订立，体现了国家对领土主权的有效管辖。

18世纪，蒙古地区的交通发展，主要表现在建立了四通八达的台站。台站即驿道，因区域不同，可分为内蒙古地区、喀尔喀蒙古地区和卫拉特蒙古地区三部分。

清朝最初在蒙古地区设置驿站，随着平准战争的军事需要，大规模、长距离、固定的官方台站成为蒙古地区转运物资和传递军报的主要交通设置。康熙三十一年（1692），开始筹划在内蒙古设立五路台站，即喜峰口外设15站，古北口外设6站，独石口外设6站，张家口外设8站，杀虎口外设12站。以后又对各路台站驿道做了调整，但五路的规划基本未变。

康熙三十五年（1696），清朝议设喀尔喀蒙古地区驿站。至雍正五年（1727），各路台站基本确定。喀尔喀蒙古地区官设驿站，亦称北路驿站，又名阿尔泰军台，主要线路有：由赛尔乌苏至库伦，由库伦至恰克图，由赛尔乌苏至乌里雅苏台，由乌里雅苏台至科布多。

卫拉特蒙古地区的台站，亦称天山北路台站，主要包括：巴里坤到乌鲁木齐、乌鲁木齐到伊犁、库尔喀喇乌苏到塔尔巴哈台。清代蒙古地区的交通也有所发展，主要表现在建立了四通八达的台站。

清朝政府在蒙古地区设置台站的主要目的是“宣传命令，通达文移”①。尤其当边疆用兵的紧张时期，台站不仅要传报公务，而且负有押送军饷、钱粮，以及押解发遣人犯，护送投顺人员的重任。台站既是交通站，又是兵站。随着清朝统一多民族国家的发展与蒙古地区安定统一局面的出现，蒙古地区台站不仅具有国防上的意义，而且成为边疆与内地物资交流和人民往来的重要交通设置。

蒙古地区商人，前往内地纳贡或贸易，大都通过驿道南行，沿途以台站为休息场所；而台站对其安全亦有捍卫的责任。内地商人到蒙古地区贸易，经多伦诺尔可以到内蒙古东部各盟旗及漠北车臣汗、土谢图汗部；经张家口可以到内蒙古北部、西部各盟旗及喀尔喀蒙古各地；经归化城可以到内蒙古西部各盟旗、卫拉特蒙古伊犁、塔尔巴哈台和喀尔喀蒙古。商人沿驿道而行，沿途经商贩卖。清政府还根据需要调整驿道、台站，使整个北部、西北地区的台站相通连，形成了一个“四通八辟，星罗棋布”② 的交通网。

三、蒙古地区独特的行政体系的形成——盟旗制度的确立

清朝在蒙古地区地方实行盟旗制度来维持其地方统治体系的正常运行，这是推行“众建以分其势”政策的具体表现。他是在蒙古原有的鄂托克、爱马克的基础上，参照满洲八旗制度，在蒙古地区建立的一种军府制度。

旗是满语“固山”的汉译，蒙古语音义“和硕”。旗的产生和蒙古地区普遍设旗

---

① 《清朝通典》卷二六。

② 钟广生著：《新疆志稿》卷一。

经过了一个过程，而这一过程同蒙古各部逐步归附清朝又是分不开的。早在天命天聪年间，将归附的蒙古各部编入满洲八旗，后随着归附部落的日渐增多，将科尔沁和内五部喀尔喀之众，于天命七年（1622）设“兀鲁特蒙古一旗”，将科尔沁明安台吉统辖。天聪年间设蒙古二旗。据《清太宗实录》天聪三年正月辛未条，命科尔沁等“悉尊我朝制度”。崇德元年清廷对蒙古地区正式设旗编佐，规定每旗设札萨克一员，由原来的部长担任。康熙二十五年（1686）开始由清廷颁给印信，总理旗务，世袭罔替。有2至4名协理台吉，协助札萨克管理旗务。下属有管旗章京、副章京、参领、佐领、骁骑校等职官。旗的大小不同，这些旗务人员的设置也不同。150人组成一个佐领，50人为1马甲，每10户设1个十家长。凡台吉贵族每旗各设族长1人，稽查本族内事务。

蒙古自古有忽里勒台制度，是一种贵族会议制度，选汗以及征战等重要的事情皆通过召开忽里勒台商定。到了明代，蒙古地区有了“丘尔干”会议制度。各部间通过丘尔干来协调内部关系和解决重大问题。明末清初，科尔沁和内喀尔喀五部，与努尔哈赤曾多次举行会盟或盟誓，是属于这一制度的延续。到了崇德年间，正式设旗编佐，为了协调各旗之间的关系，在旗这一级组织之上设立了盟。盟是一个松散的联盟，它是通过若干个旗举行会盟来实现的，一般是三年举行一次会盟，有时也有一年一次，据《清朝文献通考》卷二九一载，设立会盟的目的是“简稽军事，巡阅边防，清理刑名，编审丁册”，通过会盟，清查各旗所属人丁，为清廷缴纳赋税和兵员的补充服务。

各盟设有盟长1人，雍正六年始设副盟长1人，盟长和副盟长人选由理藩院在同一会盟的各旗任职的札萨克和闲散的王贝勒贝子公中开列名单报请皇帝批准，任命盟长后，颁给印信。从乾隆十二年开始，清廷议准内札萨克六盟盟长均给予印信，办理全盟事务。此外，又设有帮办盟务1至2人，协同盟长和副盟长管理盟务。人员选拔程序同盟长和副盟长。

为统治的需要，清廷将蒙古地区分为内属蒙古和外藩蒙古。又将外藩蒙古分为内札萨克蒙古和外札萨克蒙古。内外之分主要是以地域为标准划分，或以归附之先后，或以亲疏之程度，有广泛的政治含义。

内札萨克蒙古基本上是原来内蒙古所属24部组成。其中哲里木盟10旗，会盟地点为哲里木地方，进京信道是山海关；卓索图盟辖5旗，会盟地点为卓索图地方，进京信道为喜峰口；昭乌达盟下设11旗，会盟地点为昭乌达地方，进京信道为喜峰口；

锡林郭勒盟下设10旗，会盟地点为锡林郭勒，主要进京信道为独石口和张家口；乌兰察布盟下设6旗，会盟地点为乌兰察布地方，进京主要信道是杀虎口和张家口；伊克昭盟下设鄂尔多斯7旗，会盟地点是伊克昭，主要进京信道为杀虎口；六盟管辖共分设49旗。49旗中唯卓索图盟喀喇沁三旗和土默特左旗的札萨克不是成吉思汗黄金家族，其余皆是成吉思汗黄金家族后裔。

外札萨克蒙古是与内札萨克蒙古相对而言的，由喀尔喀四部、卫拉特四部、辉特、阿拉善厄鲁特、额济纳土尔扈特、青海蒙古组成。

明代喀尔喀蒙古是外札萨克蒙古的主要组成部分，即三部七鄂托克喀尔喀。雍正年间增设赛因诺颜部后始称喀尔喀四部。喀尔喀蒙古车臣汗部等于崇德年间初始贡“九白”，于顺治时设八札萨克管理诸部，此时的札萨克不同于后来的旗札萨克，有临时性。多伦诺尔会盟后，喀尔喀蒙古归附清朝，清廷始编蒙古旗分佐领。康熙三十一年各旗颁给印信，印文满蒙二体，旗之上设盟。乾隆十二年（1747）给各盟长颁发所铸印信，嘉庆年间有4盟，86旗，有佐领177。

土谢图汗部，第一任土谢图汗为衮布。始设17旗，雍正年间增至38旗，嘉庆年间有20旗，各旗会盟于汗山，称汗山盟，又称汗阿林盟。盟长土谢图汗驻土拉河南北，有佐领59。

车臣汗部，第一任车臣汗为硕垒。康熙年间该部编旗12部，后增至21旗，乾隆年间有旗23。各旗会盟于克鲁伦河巴尔斯合屯，称为巴尔斯合屯盟。盟长车臣汗驻克鲁伦河左右，有佐领54。

札萨克图汗部，第一任札萨克图汗为素巴第。始设八旗，后增至12旗，雍正年间15旗，乾隆年间17旗，到了嘉庆朝有了19旗。各旗会盟于扎克河源毕都哩雅诺尔，称毕都哩雅诺尔盟，盟长札萨克图汗驻牧于杭爱山，有佐领25。

赛因诺颜汗部，雍正年间从土谢图汗部中分出19旗，由策凌统辖，以其祖图蒙肯赛因诺言号命名。乾隆元年增设2旗，至嘉庆年间有24旗。各旗会盟于齐齐尔哩克，成为齐齐尔哩克盟。盟长驻翁金河北，有25佐领。

1758年清朝征服天山北路卫拉特诸部以后，实行盟旗制度。

杜尔伯特部，分左右两翼，左翼有11旗，其中有辉特1旗。右翼有4旗，其中辉特1旗。左右翼各组成1盟，即赛因济雅图左翼盟和赛因济雅图右翼盟。

土尔扈特部，将1771年从伏尔加河返回故土的土尔扈特部叫作为旧土尔扈特，跟随舍棱返回故土者称为新土尔扈特。旧土尔扈特分东西南北4个乌讷恩素珠克图盟，各辖2旗、1旗、4旗、3旗。新土尔扈特设1盟，辖2旗，称为青塞特奇勒图盟。

和硕特部，设1盟，辖3旗，称为巴图塞特奇勒图盟。

青海蒙古诸部，雍正年间归附清廷，初不设盟，有4部29旗，即厄鲁特21旗，辉特3旗，土尔扈特4旗，喀尔喀1旗，有佐领101。各旗会盟于西宁边外的察罕拖罗海，起初不设盟长，各旗事务受总理青海蒙古事务西宁办事大臣节制。清朝后期，道光年间添设正副盟长各1人，总理各旗事务。

阿拉善厄鲁特1旗，有佐领8个，不设盟，由宁夏将军节制，治所在定远营。

额济纳土尔扈特1旗，有佐领1，不设盟，由宁夏将军节制。

科布多所属和硕特1旗有1佐领，不设盟，由科布多参赞大臣管辖。

对外札萨克蒙古军队的调遣权力，集中于清廷在蒙古地区所设的将军和大臣手里，札萨克没有军权，只有从征的义务。喀尔喀四部之兵，统于定边左副将军；杜尔伯特、新土尔扈特、和硕特之兵，统于科布多参赞大臣；旧土尔扈特之兵统于伊犁将军；青海各部之兵，由西宁办事大臣统辖；阿拉善和额济纳之兵之征调同内札萨克蒙古。

外藩蒙古各盟旗的事务均有理藩院所属六清吏司统辖。

内属蒙古不设札萨克的旗分，旗上也没有盟，由将军、都统和大臣等管理。内属蒙古各旗官不得世袭，事不得自专，由旗内分设总管、副总管等官员管理，由将军等直达理藩院。内属蒙古有察哈尔八旗、归化城土默特、巴尔虎部、黑龙江打牲部落、厄鲁特部、扎哈沁部、唐努乌粱海部、明阿特部、阿尔泰乌粱海部、阿尔泰诺尔乌粱海部、西藏大木蒙古部等。这些部归伊犁将军、塔尔巴哈台参赞大臣、绥远城将军、黑龙江将军、热河都统、科布多参赞大臣、定边左副将军、驻藏大臣等直接管理。

除此之外，清朝对蒙古统治方面还设立了蒙古八旗和喇嘛旗这两种特殊的旗分。

蒙古八旗是清朝统治体系中占重要位置的特殊群体，属于清代满蒙汉三种八旗之一，按满洲八旗制度建立，编制与八旗满洲相同。它的创建是在蒙古牛录的基础上逐渐发展而成的。蒙古编牛录，大约始于天命六年（1621），后几经扩建，天聪九年（1635）皇太极把归附于后金的蒙古降众和早已降于后金编在满洲八旗下的部分蒙古人，统一组编成八旗蒙古。每旗设有都统1人，副都统2人，还有参领、佐领。各旗设有都统衙署，分办各项事务。都统和副都统掌八旗之政令，宣布教养，稽查户口，序其官爵。入关后，也曾担任保护京师和驻防各省的任务。历任理藩院尚书，多出自蒙古八旗。

喇嘛旗是清朝政府为利用黄教安抚蒙古大众而在喇嘛徒众比较集中的地区或有重

要喇嘛首领居住的区域内设立的旗分。任命喇嘛为旗札萨克，在管辖范围内有行政、司法和税收之权。喇嘛旗一般受盟长监督，由理藩院管辖。清代，蒙古地区设立 7 个札萨克喇嘛旗，分别为：内蒙古有锡埒图库仑札萨克喇嘛旗；喀尔喀地区有土谢图汗部哲布尊丹巴呼图克图旗，受库伦办事大臣节制；赛因诺言汗部有扎雅班第达呼图克图旗、青素珠克图诺们汗旗；札萨克图汗部有那鲁班禅呼图克图旗；青海蒙古有察汉诺们汗旗。①

清朝根据“众建以分其势”“分而治之”的原则，把蒙古人分成了许许多多的互不统属的旗。在旗佐制度下，蒙古分成了许多独立的单位，并直接受清政府的严格控制，无法形成统一的政治整体。盟建立后，标志蒙古地区独特的行政体系盟旗制度最终形成，成为清朝对蒙古进行更有效统治的保证。这一制度自清开始，一直延续到民国时期。

① 有关各盟旗的情况参考乾隆朝《理藩院则例》中“录勋清吏司上”“柔远清吏左‘前’司上”以及道光本蒙汉文《理藩院则例》，清朝《会典事例·理藩院》外，还参考了叶新民、薄音湖、宝日吉根：《简明古代蒙古史》，内蒙古大学出版社 1993 年版，第 155—171 页。

QINGCHAO DUI MENGGU LIFA

第八章

清朝对蒙古立法

清朝是中国封建社会的末代王朝，是多民族统一国家发展的鼎盛时期。清代历史可分为清入关前和入关后两个阶段。入关前的后金国（清），经历了努尔哈赤、皇太极父子天命（1616—1626）、天聪（1627—1635）、崇德（1636—1643）三朝27年的历史，是后金国草创到初具规模时期。这一阶段，努尔哈赤统一女真各部，建立政权，进而在辽东地区与明廷发生冲突和武力抗衡，同时与周边的蒙古各部时战时和。皇太极统治时期，内蒙古各部归附后金国，国势不断壮大。1636年，皇太极改元称帝，更定族名为满洲，建立大清国，完成了取代明王朝的各项准备工作，成为明末重新统一中国的一股新的、强大的政治势力。1644年，李自成农民军推翻了明王朝，清军利用有利形势入关。清朝入关后的历史，以1840年为分水岭分两个阶段。自1644年入关，至1840年鸦片战争发生之前，是清朝统治全国的重要时期，清朝经历了统一全国、奠定国基、巩固发展、康乾盛世、嘉道中衰的历史时期。

清代前期，作为前所未有的统一多民族国家，十分注重对全国范围的法律调整。不仅制定了因地制宜、因俗制宜的针对蒙古等民族的法规，而且在司法管辖方面，也深入到了蒙古、西藏、回疆、苗疆等边疆地区。清朝通过对边疆各民族的立法，维护清朝统治，加强国家统一。清代边疆民族政策往往通过法律的形式予以确定。清朝入关前后颁布的《盛京定例》《蒙古律书》《蒙古律例》《回疆则例》《新疆条例》《西藏通制》《西藏善后章程》《钦定西藏章程》《青海善后事宜十三条》《禁约青海十二条》《西宁青海番夷成例》以及中国历代封建王朝历史上最全面、完备和规范的民族立法成果《理藩院则例》等边疆地区的法律条例，既确保了中央政府对边疆地区的行之有效的管辖，又适应了当地的民族传统。

1840年鸦片战争以后，中国进入了半封建半殖民性质的社会，经道光末、咸丰朝（1851—1862）、同治朝（1862—1875）、光绪朝（1876—1908），清朝国势衰微，传统的封建法系，在国内外形势急遽变化的冲击下逐渐解体，资本主义法律体系开始移植中国。清朝末年，清廷对蒙古地区推行了“新政”。“新政”侧重于行政、经济和文教制度等方面的改革，在刑法制度方面的变动很少。《清史稿》载：“若蒙古治罪各条，载诸理藩院则例及西宁番子治罪条例……以其习俗既殊，刑制方异，未敢轻议更张。”

清朝通过入关前努尔哈赤、皇太极时期对陆陆续续归附的蒙古各部立法到入关后经顺治、康熙、雍正、乾隆、嘉庆、道光时期的蒙古等“藩部”的立法和司法实践，制定和颁布了行之有效的法律法规，进而使得民族事务的管理趋于系统化、规范化和制度化。对这一历史的学术问题，国内外学者依据满蒙汉多语种档案和文献进行了多层面多角度的研究，取得了显著的成就。其中，日本学者岛田正郎的研究成果最为突出。①

第一节

清朝入关前对蒙古立法

一、天聪、崇德年间对蒙古立法及其《盛京定例》

关于后金国统治阶级的法律思想，努尔哈赤曾这样表述过："若谓为国之道何以为坚，则事贵乎诚，法令贵乎严密完备。毁其良谋，轻慢所定之严格法令者，乃无益于政，国之贵祟也。"② 皇太极继承了努尔哈赤重视法制，以肇建基业的"以赏示信，以罚示威"③ 的法律思想，同时又把法制问题提到"保邦致治之计"的高度。皇太极强调"国家立法，不遗贵戚"，自己率先垂范，尊法行事，说"朕若废法，谁服奉法"。皇太极认为"朕为君长，法纪所自出"④，积极致力于统一法权和司法权。

入关前，努尔哈赤、皇太极等非常注意运用法律手段来约束军队、稳定后方、调整变动中的经济关系和社会关系。特别是通过向蒙古地区宣布《盛京定例》的方式，维持法制的统一，这不仅为进军全国创造了十分重要的条件，而且给入关以后清朝的民族立法奠定了重要的基础。⑤

---

① 岛田正郎在《清朝蒙古例的研究——东洋法史论集第五》（创文社，1982 年）、《明末清初蒙古法的研究——东洋法史论文集第六》（创文社，1986 年）、《清朝蒙古例实效性的研究——东洋法史论文集第七》（创文社，1992 年）三部巨著和清代蒙古法的专题论文中，依据各种文献史籍，对清初至清入关后对蒙古地区的立法和实施做了详细的研究。岛田正郎的有关清代蒙古法的研究是目前为止该领域最权威性的研究成果。

② 《满文老档·太祖》卷三，癸丑年十二月。

③ 《满洲实录》卷一一。

④ 《清太宗实录》卷四六。

⑤ 张晋藩主编：《清朝法制史》，法律出版社 1994 年版，第 8 页。

后金国为早日问鼎中原，拉拢蒙古诸部，联合攻打明朝，从清太宗皇太极天聪二年（1628）至崇德三年（1638）期间，对已归降的蒙古各部陆陆续续颁布了许多军令和法规。当时有无法律文本，目前尚不清楚，只能在《清太宗实录》以及祁韵士《皇朝藩部要略》《清史稿·刑法志》中偶尔看到片断的记载。① 包括皇太极遣人或钦定的敕谕、法令，其目的是以强制外藩蒙古在政治、军事上的联盟。

据《清太宗实录》载，天聪二年（1628）九月，皇太极征察哈尔林丹汗。与蒙古科尔沁、喀喇沁、敖汉、奈曼、扎鲁特等部会合后，九月二十日袭击了察哈尔，并追至大兴安岭。十月八日，召集巴林等蒙古各部诸颜告书曰："汝若入我金国法，必按我国所定罪行受罚。若不入我法，往后征战及狩猎则另寻他处。"皇太极还对此次出征中违反军令的达敏等蒙古人进行了处罚。皇太极命敖汉、奈曼、巴林、扎鲁特等部首领"闻各处来降者，尔等每要杀之。……今后来降之人，若贝勒明知而杀者，罚民十户，贝勒不知而小民妄行劫杀者，罚民十户，抵死，妻子为奴……"② 通过各种有力的措施，已归附的蒙古以上提到的五部"尽入满洲法"。天聪三年（1629）正月，"上颁敕谕于科尔沁、敖汉、奈曼、喀尔喀、喀喇沁五部落，令悉遵我朝制度"③。同年三月二日，遣国舅阿什达尔汉同尼堪等赍敕谕归顺各部落蒙古诸贝勒，申定军令。敕文曰：

我兵若征察哈尔，凡管旗固山事务诸贝勒，年七十岁以下，十三岁以上，俱从征，违者罚马百匹、驼十只。迟三日不至约会之地者，罚马十匹。我兵入（察哈尔境内），以至出，有不至者罚马百匹，驼十只。若往征明国，每旗大贝勒各一员、台吉各二员，以精兵百人从征，违者大固山罚马千匹、驼百只。迟三日不至约会之地者，罚马十匹。我兵入，以至出，有不至者，罚马千匹、驼百只。于相约地方先行抢掠

---

① 楠木贤道在《天聪年间爱新国对蒙古诸部的法律支配进程》一文中，挖掘满、蒙、汉文史料，比较《清太宗实录》《满文老档》《旧满洲档》等基本文献的基础上，取舍勘误天聪年间爱新国对归附的蒙古部落颁布的法令、政令的诸文本，将根据岛田氏的研究，以针对蒙古诸部发布的相关法律为依据，从"支配"的角度，以爱新国对蒙古诸部进行诸部支配过程中的会盟和所颁布的法律为中心，对皇太极即位前是如何完成对归顺蒙古诸部的支配，如何确立编立札萨克旗的前提条件，又如何拥有了必要的军事力量等问题进行分析，从而探讨爱新国政权支配以科尔沁部为首的漠南蒙古的具体过程。（原文为日文，载于日本社会文化史学会 1999 年 10 月编《社会文化史学》第 40 号，20—37 页；包国庆翻译的汉文译文载于中国蒙古史学会编《蒙古史研究（第七辑）》，内蒙古大学出版社 2003 年版，第 307—319 页。）

② 《清太宗实录》卷四，天聪二年十月丙申。

③ 《清太宗实录》卷五，天聪三年正月辛未。

者，罚马百匹、驼十只。①

很显然，该军令充分吸收了蒙古传统法律中的罚畜刑的基本规定，从侧面反映出蒙古文化对女真（满洲）社会政治制度的影响。天聪三年（1629）九月二十二日，皇太极为征伐明朝，又从漠南蒙古诸部征兵要求会师，于是喀喇沁（本次出征担任了向导）、扎鲁特、奈曼、敖汉、巴林、科尔沁各部纷纷来会师，皇太极对全体后金军队发布了军规。② 虽颁军令，掠夺之事仍有发生。

清太宗天聪五年（1631）四月癸亥（康熙本为辛酉），亲定功臣袭职例：

凡他国诸贝勒举国来归，有当本国无事时，倾心向化而来归者，或阵亡，或病故，其功［均/皆同］子孙世袭罔替。有身迫祸患，不得已而来归者，阵亡准袭五次，病故准袭三次。［凡我将士每临阵率先功多/若每战身先有功］及一二次［率/首］先攻克城池［功大/有功］者，或阵亡，或病故，各照原官，世袭罔替，仍察其［平时/旧日］有无罪过，另行酌［定/夺］、有告发［叛逆/反叛］及乱国大罪者，量授官职，准袭六次。［凡/又］自他国孑身来归（之人），当本国无事时（至）者，阵亡，准袭四次，病故，准袭二次。有在本国身迫祸患，不得已而孑身来归者，阵亡，准袭二次，病故，准袭一次。至于无职之人，有值我兵危急时，或当先战死，或首先登城死者，量授官职，准袭二次，有擒获奸细授职者，阵亡，准袭一次，病故，不准袭。③

这是我们所看到的皇太极向科尔沁等蒙古诸部颁布的比较正规的法令资料。

后金国统治者为了增强与明朝抗衡的实力，对临近的漠南蒙古采取了“顺者以德服，逆者以兵临”的既拉拢又征服的政策。首先是“德服”，努尔哈赤说“满洲蒙古，言语各异，而衣食起居无不相同，兄弟之国也”，所以对归降的蒙古各部首领封以王公、贝勒世爵，享有满洲贵族宗室才能获得的荣耀，把蒙古贵族和后金国皇室利

---

① 《清太宗实录》卷5，“天聪三年三月丁巳”。该条敕文蒙古文文书在李保文影印的《十七世纪蒙古文文书档案（1600—1650）（内蒙古少年儿童出版社1997年版影印本）》一书第47—49页刊载。李保文认为，这份文书是该敕文的原文。

② 该军规规定：蒙天眷祐（伐明），倘遇敌则杀之。凡遇降民、猪、鸡等者不可犯。不可分散俘虏父子夫妻。不可剥衣物。不可毁坏房屋及庙。不可毁坏一切用具。不可伐果树。违此命杀来降者，绑架妇女者处死。毁坏房屋、庙、砍伐果树、剥夺衣物、逃离纛而掠夺者，鞭打处死。不可食用和饮用汉人所煮谷物、烧酒及黄酒。山海关之内多有（毒）药。（转引自楠木贤道著、包国庆译：《天聪年间爱新国对蒙古诸部的法律支配进程》，中国蒙古史学会编《蒙古史研究》（第七辑），内蒙古大学出版社2003年版，第311—312页。）

③ 齐木德道尔吉、巴根那编：《清实录太祖太宗世祖朝实录蒙古史史料抄》，太宗朝卷九，内蒙古大学出版社2001年版。

益统一起来，以便齐心攻打明朝。

清太宗天聪五年（1631）七月癸酉朔，设立六部①，决定每一部中都要设有蒙古承政和二名参政，以便加强对漠南蒙古的控制。《清太宗实录》卷九载：

庚辰，上集诸贝勒大臣议，爰定官制，设立六部。命［墨尔根戴青/墨勒根代青］贝勒多尔衮管吏部事，图尔［格/裕］为承政，满朱习礼为蒙古承政，李延庚为汉承政，其下设参政八员，以索尼为启心郎。［贝勒德格类/德格类贝勒］管户部事，英俄尔岱、觉罗萨［璧/壁］翰为承政，巴思翰为蒙古承政，［吴守进/金玉和］为汉承政，［其下/复］设参政八员，以不丹为启心郎。［贝勒萨哈廉/萨哈廉贝勒］管礼部事，巴都礼、吉孙为承政，布［彦/颜］代为蒙古承政，金玉和为汉承政，［其下/复］设参政八员，以祁充格为启心郎。［贝勒岳托/岳托贝勒］管兵部事，［纳穆/那木］泰、叶克［书/舒］为承政，［苏纳为蒙古承政，金砺为汉承政/金砺为汉承政，苏纳为蒙古承政］，［其下/复］设参政八员，以穆成格为启心郎。［贝勒济尔哈朗/济尔哈朗贝勒］管刑部事，车尔格、［索/曹］海为承政，［多尔济为蒙古承政，高鸿中、孟乔芳为汉承政/高鸿中、孟乔芳为汉承政，多巴济为蒙古承政］，［其下/复］设参政八员，以额尔［格/克］图为启心郎。［贝勒阿巴泰/阿巴泰贝勒］管工部事，孟

① 清代吏、户、礼、兵、刑、工六部，是清朝中央国家机关的重要组成部分，是重要的职能机构。它们秉承皇帝的旨意，承理国家政治、经济、军事、司法等各个方面的事务，分别行事管理国家行政的职责。清代六部在天聪五年（1631）关外时期设立一直延续，到了清朝灭亡的前几年才有所更改。a. 吏部，是管理文职官员的机关。其职掌是：掌文职官吏的升迁任免、奖惩抚恤等事宜，凡品秩铨徐之制，考科黜陟之方，封授策赏之典，定籍终制之法等，皆属吏部职司。直到宣统三年（1911）四月成立责任内阁，设置制诰、铨徐等居，吏部遂被裁撤。b. 户部，是管理全国户籍和财政经济的机关。掌理全国疆土、天地、户籍、税赋、俸饷、仓储、金融等事宜。光绪三十二年（1906）实行官制改革，户部改称度支部，其机构、职掌有所调整。c. 礼部，是掌管礼仪和教育的机关。负责吉、嘉、军、宾、凶五礼之用和学校科举之法等事宜。宣统三年（1911）六月，礼部改为典礼院，机构、职掌有所调整和变化，改制后的典礼院，成为专管坛庙、陵寝礼乐和制造典守事宜，并修明礼乐，更定章制的机关。d. 兵部，是管理全国绿营兵籍及武职官员的机关。掌武职官员之政令，凡除授封荫之典，乘载邮传之制，甄核简练之方，士籍军实之数等事宜，均归兵部督理。光绪三十二年（1906），兵部改为路军部，职掌有所变更，分出与军事无关的事务而成为专管全国军务的机构。e. 刑部，是主管全国刑罚政令和审核刑名的机关。其职掌是：掌天下刑罚之政令，凡律例轻重之适，听断出入之孚，决宥缓速之宜，悉由刑部掌理。光绪三十二年（1906）改革官制中，刑部改名法部，不再负责审判工作，成为全国统一的司法行政机关。f. 工部，是管理全国工程事务的机关。掌造作之政令与其经费，凡土木兴建之制，器物利用之式，渠堰疏障之法，陵寝供祭之典等，皆隶工部掌辖。光绪三十二年（1906），工部并入商部改为农工商部，职掌做了较大调整。清代六部，在中央国家机构中，虽不能像议政处、军机处的议政王大臣们和军机大臣那样参与决定国家机务，但亦是秉承皇帝旨意，分别主管和办理国家政务的职能部门，职任重要，辖务甚广。

阿图、康喀赖为承政，[囊努克为蒙古承政，祝世荫为汉承政/祝世荫为汉承政，囊努克为蒙古承政]，[其下/复] 设满洲参政八员，[蒙古参政二员，汉参政二员/汉人二员，蒙古二员]，以苗硕浑为满洲启心郎，罗绣锦、马鸣佩为汉启心郎。其余办事笔帖式各酌量事务 [繁/烦] 简补授。①

天聪五年（1631）八月壬子皇太极还表示，“我满洲与尔蒙古，原系一国”“来降者，无不恩养之”。天聪六年（1632），新定朝议，又提高漠南蒙古贝勒的地位，使他们仅次于八旗诸贝勒。

天聪五年（1631），后金国与蒙古联军攻打明朝广宁前，满蒙双方军队会军大凌河时，皇太极在癸卯日向蒙古诸贝勒颁布一项军令：

[朕/但我等] 荷承天眷，[尔诸国遵约会师，师出以律，不宜有异/合为一国，则法不当有异]。[今此次伐明/今我兵伐明]，倘蒙天 [佑/佑]，得入其地，惟 [拒/迎] 敌者 [则戮之/诛之]，[慎无/不得] 擅杀良民，俘获之人，不得离其父子夫妇，[不得掠/不取] 其衣服，违者夺其所获，仍依定例鞭责。管兵将领各于所属详明晓谕，士卒不得擅离部伍，恣行搜掠，（况今春约定举兵，此兵所向不可无纪）其悉遵军令毋违。②

天聪七年（1633）七月癸酉，皇太极“颁钦定法律于科尔沁”各部。但这项专对科尔沁部的法令内容不详。天聪七年冬十月壬戌，遣国舅阿什达尔汉、[塔布囊达雅齐/达雅齐塔布囊] 等往外藩蒙古诸国，宣布钦定法令。③ 皇太极的这两项对科尔沁和外藩蒙古的钦定法律，是否同一个法令，值得进一步研究。

天聪八年（1634）甲戌，春正月戊子朔，庚寅，皇太极召集外藩各蒙古贝勒，制定刑律七条。这项法令主要是有关夺他人之妻、奸淫以及盔甲、绵甲与马鬃尾无牌印及盔缨、纛缨等的规格不遵爱新国朝规定时的处罚条例：

[谕之曰，尔蒙古诸部落，向因法制未备，陋习不除，今与诸贝勒约，/禁其陋习，令遵我国定制，谕之曰]，凡贝勒夺有夫之妇，配他人者，罚（贝勒）马五十匹，驼五只。其纳妇之人，罚七九之数，给与原夫。奸有夫之妇，拐投别贝勒下者，男妇俱论死，取（其）妻子牲畜，尽给原夫。如贝勒不执送 [者/通奸男妇]，罚马五十

①② 齐木德道尔吉、巴根那编：《清实录太祖太宗世祖朝实录蒙古史史料抄》，太宗朝卷九，内蒙古大学出版社 2001 年版。

③ 齐木德道尔吉、巴根那编：《清实录太祖太宗世祖朝实录蒙古史史料抄》，太宗朝卷一六，内蒙古大学出版社 2001 年版。

匹，驼五只。至盔甲、绵甲与马鬃尾无牌印及盔缨、纛缨、［纛/毒］幅不遵我国制度者，俱罪之。①

这就是《清史稿·刑法志》所载“所谓的盛京定例”的一则史料。除此之外有无其他内容，今已不详。国内多数学者②认为，入关前皇太极所颁布的这些法令就是《盛京定例》。而岛田正郎认为，皇太极于天聪八年才下令改称明代“沈阳卫”为“盛京”（满语为 Mukden），所以，天聪七年不可能有《盛京定例》这样的成文法律文件存在。《盛京定例》是确定“盛京”这个名称之后的某个时期，为了使用方便，把“沈阳”时代以来曾经在那里颁布的各项法令编集成册而成的。它不仅包括针对蒙古各部颁发的法令，也包括后金国内部发布的各项法令。③ 所以，《清史稿》记载和学界经常所说《盛京定例》是一部天聪年间后金国对本国军民以及归附的蒙古诸部颁布的政令、军令和法令汇编，名称是天聪八年或稍晚的某个时期根据其发布地点或时代特征而后来所追加的。

天聪八年，辛酉，诸部落蒙古贝勒，联合后金国攻打林丹汗，各率所部兵来西喇兀苏河之南山平冈会皇太极。皇太极颁军律于蒙古诸贝勒及都元帅孔有德、总兵官耿仲明、尚可喜［等/军律］曰：

师行动众，约束宜严，不可不明示法律，以肃众志。大军按队安驱，（行兵之时），［毋许/不可］喧哗，勿毁庙宇，勿杀行人，敌兵抗拒者杀之，归顺者养之。所俘之人，勿夺其衣服，离旗纛。若驮载有一二攲斜，全旗暂止以俟整顿，然后前行。大［军/兵］入境，如一二人私出劫掠，为敌人所杀者，妻子入官，该管将领坐罪。经过之处，勿离其夫妇，即不堪［驱使/为俘］之人，亦不许夺其衣服，勿加侵害，勿淫妇女。其俘获之人，勿令看守马匹（主）。至往取粮草时，若一二人擅往被杀（者），［照/与］离众私掠者［治/同］罪。勿餐熟食，勿饮酒。（所以饮食者）曩我兵往征时，敌人见军士［随处沽买食物/乱食］，［今/令］多置毒于中，不可不慎也。

---

① 齐木德道尔吉、巴根那编：《清实录太祖太宗世祖朝实录蒙古史史料抄》，太宗朝卷 19，内蒙古大学出版社 2001 年版。

② 张晋藩、刘广安、徐晓光、杨选第等在他们论著中皆持这种观点。参见张晋藩主编的《清朝法制史》《清律研究》《中国法制通史》（第八卷），刘广安的《清代民族立法研究》，徐晓光的《清代蒙藏地区法制研究》及杨选第的《〈理藩院则例〉初探》等系列论文。

③ 岛田正郎：《清朝蒙古例の研究》（日文），第 8 页，创文社。乌力吉陶格套在《清朝对蒙古的立法概述》一文中亦赞同岛田正郎的观点。参见乌力吉陶格套：《清朝对蒙古的立法概述》，《蒙古史研究》（第 7 辑），内蒙古大学出版社 2003 年版，第 349 页。

（故耳）若有违令者［正法/治罪］。①

皇太极军队在追赶林丹汗的途中，对战利品的分配和处理方面向军队规定：

大军远征（至此），念尔等行间劳苦，凡所获［牲畜及布匹、衣服等物/诸物］，听尔等（自）取之。（所谓听尔自取者，惟马、骡、牛、驴、羊及青蓝布、衣服等物任意取之。）每牛录［会/合］同均［给/分］，至于［金、珠、缎匹珍贵之物/金银、东珠珍珠、蟒缎、闪缎及堪用缎匹、缎衣］，［宜/俱］献之各贝勒，勿得擅取。②

后金国对归附的蒙古诸部采取鼓励奖赏的同时，对不按时到达约会地点和违犯法令者进行制裁，如：

戊寅，遣国舅阿什达尔汉、［巴克什希福/希福榜什］谕蒙古诸贝勒曰：科尔沁国额尔济格贝勒之子噶尔珠塞特尔、海赖、布颜代、塞布垒、白谷垒等凡遇兴师，既不随行，又违法令，于出兵（之）后，侵无主之国，掠其牲畜。［朕以其为归顺之国，不念其恶/朕不念其恶，以其为归顺之国］，犹欲保全而屡宥之，乃彼受朕豢养之恩，安享逸乐，竟不知德，尝欲叛朕，奔察哈尔国。今果叛往索伦，为其族兄弟［科/称］尔沁土谢图济农、［扎/查］萨克图杜棱、孔果尔（马法）、吴克善（台吉）等追获，噶尔珠塞特尔等俱已被杀。［朕心犹为悯恻，盖朕视诸贝勒犹臂指然/因此朕心亦为不悦，朕初不欲我指稍伤］，今杀彼，犹伤［吾/我］指也。朕原欲宣布德化，招集人民，使之共［臻/登］安乐，［乃/今此］诸贝勒［不获令终/被杀］，皆朕教化未洽之所致也。今阿［禄/鲁］部落杜棱济农之子弟达喇海、萨阳等，又逾所限之地驻牧，按律［应/越限地驻牧者，］以军法从事，朕心不忍，尔众贝勒可议罪具奏。蒙古诸贝勒（皆）奏曰，诚如上谕，噶尔珠塞特尔等背叛作孽，自殒其身，阿［禄/鲁］部落达喇海、萨阳等越上所限［驻牧之地/地方驻牧］，按律当诛，但念伊等虽违法越限，犹能自归，［请加宽宥，/议］免死，各罚驼百（只）、牲畜千（只）、家人十户（奏闻）。上曰，所议良是，应罚之物，或全追或追其半， ［俟/容］朕再［加裁酌/思］。③

天聪二年（1628）九月，皇太极遣希福等传令归顺的外藩蒙古各部率领所属兵马，到达约定地点，以往征察哈尔林丹汗。其他各部的兵马按时到达所定地点会兵，唯科尔沁部首领奥巴不忍心杀掠林丹汗部下，以足疾为由未到达所会之地，与其弟布

①②③ 齐木德道尔吉、巴根那编：《清实录太祖太宗世祖朝实录蒙古史史料抄》，太宗朝卷19，内蒙古大学出版社2001年版。

达齐率部抵达察哈尔边界，虚张声势而还。因此皇太极遣人问罪，罚驼十峰，马百匹。① 对已归附而又背叛者处以“尽收其所属人民”，分给他人的处罚。众所周知，1634 年，林丹汗“病痘殂于大草滩地”②。

天聪九年（1635）二月，后金国以多尔衮、岳托、萨哈璘、豪格为统兵元帅，率精骑一万，远征林丹汗余部。四月二十八日，后金国军队抵达林丹汗子额尔克孔果尔额哲驻地托里图，乘大雾实施包围。后金派叶赫遗裔、林丹汗妃苏泰之弟南楚潜入大汗斡耳朵，利用手足之情劝降。额哲母子见大势已去，遂归降后金国。③ 至此，1368 年元廷北迁以来的成吉思汗“黄金家族”正统统治宣告结束。从而，蒙古草原的其他政权，如喀尔喀三汗部、和硕特汗廷、卫拉特联盟—准噶尔政权等也在随后的一个多世纪的历史风波中，一一被清朝统一。崇德元年（1636）四月，内蒙古 16 部 49 名诺颜④同后金国满汉臣僚聚会于盛京，共上尊号。科尔沁部巴达哩向皇太极呈上蒙古文表，称“博格达彻辰汗”（Bogdasechenkhan），即宽温仁圣皇帝。这表明上述十六部蒙古封建主已承认皇太极为蒙古大汗正统的继承者，奉为共主。皇太极接受尊号，建国号“大清”，改元崇德，改族名为“满洲”。同年冬十月，壬申朔，丁亥。皇太极遣官察哈尔、喀尔喀、科尔沁等地查户口，编牛录，会外藩，颁法律，禁奸盗。⑤

清初，后金国统治者宣布后来定名为《盛京定例》的一系列法令，皇太极从已归

---

① 《皇朝开国方略》卷一二。

② 《皇朝开国方略》卷一九。

③ 据《明史记事本末》补编卷 3，《西人封贡》载：“时插汉儿（指林丹汗）已死，四王子（实为多尔衮）以二月丙午，勒四万骑，西趋河套，守插汉余部。擒插汉黄鹅儿（额尔克孔果尔额哲）以归。插汉妻囊台户（林丹汗妃）率所部降于清。四王子（指皇太极）以女配黄鹅儿。四十万部落尽摄于东人矣。”

④ 这 16 部 49 名诺颜分别为：察哈尔部有林丹汗之子固伦额驸额尔克孔果尔额哲、图巴济农；科尔沁部有土谢图济农巴达哩、卓里克图台吉乌克善、秉图贝勒洪果尔、札萨克贝勒布达齐、达尔汉巴图鲁满珠什哩、喇嘛什希、穆斋伊勒都希栋果尔；扎赉特部达尔汉和硕齐蒙衮、昂安伊勒都齐；杜尔伯特部达尔汉台吉塞稜；郭儿罗斯部哈丹巴图鲁固穆、伊尔登布木巴；敖汉部额驸班第、索诺木杜稜；奈曼部衮楚克巴图鲁；巴林部满珠什哩台吉、阿玉什台吉；土默特部鄂木布楚琥尔、墨勒根台吉索诺木、古英塔布囊赓格尔、塔布囊善巴；扎鲁特部达尔汉巴图鲁色本、内齐、瑚弼尔图、喀巴海伟征、岱青、际尔哈朗、青巴图鲁玛尼；四子部达尔汉卓里克图鄂木布、墨勒根台吉伊尔扎穆；阿噜科尔沁部达赉楚琥尔、穆彰台吉；翁牛特部逊杜稜、额尔德尼栋岱青、班第伟征、达拉海宰桑；喀喇车哩克部噶尔玛台吉、阿喇纳诺木齐；喀喇沁部古噜思希布、塞稜、塞臣、万丹伟征、图里瑚马齐；乌喇特部图们达尔汉鄂木布、伊勒登和硕齐塞稜、额尔赫图巴等有实力的封建主参加了会议。

⑤ 齐木德道尔吉、巴根那编：《清实录太祖太宗世祖朝实录蒙古史史料抄》，太宗朝卷 31，内蒙古大学出版社 2001 年版。

顺的蒙古部那里得到了必要的军事力量，巧妙、成功地实施了法律支配。清太宗将蒙古诸部逐步纳入自己支配的政治意图在科尔沁等早期归附的蒙古部身上得以实现。尤其是在天聪八年科尔沁噶尔珠塞特尔事件的处理上得到了证明。这一阶段是清朝在关外时期蒙古立法十分重要的时期，它在贯彻满洲严法度精神的同时，也充分照顾到蒙古的传统与习俗，虽并不完善，但这项成功的经验，对入关以后清朝对清朝其他民族地区的法制建设，有着深远的影响。

二、关于《蒙古律书》

《蒙古律书》（Monggolqagajin－ubiqig）是清初清朝对蒙古立法的一部在天聪、崇德初立法的基础上数次编纂、修订的法律文书。关于《蒙古律书》，据《清圣祖实录》卷二四有段史料追述道：崇德八年（1643），清朝对外藩蒙古颁布了一部法典，曰《蒙古律书》。但原文没有流传至今。康熙六年（1667）九月初二准奏理藩院题，撤回崇德八年颁给蒙古各部之律书，增删顺治十四年（1657）若干条例，① 此后，重新“前奉宽文仁圣汗谕，颁布大札撒律于外藩蒙古国诸部。将历经修改增删之处，于康熙六年增订旧律，颁与外藩管旗王、诸颜等，固山台吉、台吉、公等，台吉等”②。

这里所指的“旧律”即《蒙古律书》。至于这部1643年律书的原文与康熙六年（1667）增修的《蒙古律书》（1667年《蒙古律书》封面以蒙文题写《康熙六年增订旧律书》）有何区别，哪些部分是增修，目前我们因史料缺乏不得而知。中国第一历史档案馆113条康熙六年《蒙古律书》蒙古文刻本，由中国第一历史档案馆李保文编译成汉文发表在《故宫学刊》2004年总第1辑。他认为“该书汉文提名虽有‘律书’‘律例’之别，而蒙古文、满文提名却无，因之可将二者视为一部法律文献不同时期

① 有关顺治十四年增入条，顺治十四年四月初九日辛巳条载：“谕内蒙古王、贝勒、贝子、公等：勿以喀尔喀、厄鲁特归降，遂驰武备，仍应按定例春秋二次查验器械照常骑射，盗贼窃发应严禁查处；编审人丁勿得欺隐，台吉分等级优免人丁三丁派甲一副；披甲人有藐视本主者，即于本札萨克王贝勒处告理。”

② 《清圣祖实录》卷二四。

的版本”①。

康熙六年增订的《蒙古律书》内容主要有大典会盟审事、恤赏恩赐、办案奏报程序事、奉派出征时和紧急时按时赴约事、战场上逃跑、追逃者的奖赏、会盟约期、地界、婚嫁、治奸、盗窃、挟仇、窝赃、证人、呈控、复控、踪迹、行窃者的年龄限制、立誓、人命案、斗殴致伤、嬉戏过失杀人、纵火、擅动兵器、毁谤、詈骂、走失牲畜的处理、恶疾、歇宿、设十户长、诸颜等的食羊、使臣、衣冠、围猎、行军、朝觐、战阵败北、逃人、俘虏、宗教、墓葬、隐匿窃贼、看守、蒙古各部所属案件的会审官员、量丁、偷猎、财产继承、旗分、商贾、争讼、贸易、卡伦、向喀尔喀、厄鲁特禁卖或馈赠兵器等众多内容。②

从这部《律书》的诸多内容中可以看出，清朝对蒙古立法主要以蒙古固有的法律作为主要的法源。很显然，刑罚方面已经有了“参汉酌金”“渐就中国之制”的清朝统治者的立法思想。《蒙古律书》的处罚程度比《蒙古—卫拉特法典》等蒙古法更苛刻严峻。处罚上，还是以罚畜和罚没财产为主。罚畜时，九畜为马二、犏牛、乳牛二、三岁牛二、二岁牛一；五畜为犏牛一、乳牛一、三岁牛一、二岁牛二。情节严重的事情最多罚七十匹马或罚九九牲畜。并且有了凌迟处死、斩、绞、鞭、立誓、杖、连坐等处罚方式。凌迟和绞死刑是蒙古法未曾有过的刑罚科目。

司法程序上，王、札萨克诺颜、固山台吉、公等审理各自所属犯人，听令别旗札萨克诺颜及所属札萨克等处决。凡长城内之人于长城外犯罪，以《大清律》科罚。长城外之人于长城内犯罪以蒙古例处罚。八旗蒙古、诸苏鲁克沁照蒙古例处理。审理案件时不可越级和越旗审理。并且明确地规定了各地所属案件皆由各部札萨克诺颜亲自会审。如察哈尔部所属案件由固伦额附阿布鼐亲王、珠勒扎噶郡王二札萨克会审，其他各旗同。在地方未结案件，若上奏朝廷，先不得擅自奏上，具文案件情由，报于理藩院。重大案件的会审，朝廷派大臣前往外藩蒙古会同札萨克等处审理案件。

---

① 中国第一历史档案馆李保文在原编译文本的基础上，利用2003年9月1日至11月30日在蒙国立大学访问期间，将俄国学者 С. д. дылыкв 在1998年在莫斯科出版的《ЦААЖИН – БИЧИГ》（《律书》）的手抄本与蒙古国公共图书馆写本库所藏二种蒙古文原文校勘后译成《理藩院律书》（《蒙古律书》在康熙年间的名称），凡152条，刊印年代不详，最后出现的年代为康熙三十三年（1694）仲夏润二月初十日谕大学士伊桑阿、阿兰泰、王熙、张玉书、学士德珠、温保、戴通、常授、沈图、王棪、李楠、顾藻等，“嗣后，厄鲁特蒙古人及外霍通人等，若犯事流放及为奴，发往南省流放，给总督等充军，停其发往宁古塔、黑龙江。钦此。”结束。发表于故宫博物院《故宫学刊》2004年总第1辑，第253—301页。

② 康熙六年增订《蒙古律书》，李保文编译，《历史档案》，2002年刊。

《蒙古律书》维护统治阶级利益，尤其是维护清朝统治者利益方面的内容较详细。同时以法律形式保护了蒙古大小诺颜、台吉、塔布囊阶层的既得利益。特别强调会盟和共同军事行动的规定，违反者受到罚马的处罚。当时喀尔喀和准噶尔尚未入清朝，所以朝廷严禁对这些地区出售武器。互市贸易时“喀尔喀、厄鲁特、唐古特、巴尔虎人等，止于呼和浩特、巴彦苏莫口岸（今张家口）贸易。上至王等，不得擅自遣人前往喀尔喀、厄鲁特、唐古特、巴尔虎贸易”来限制内蒙古地区同这些未被征服地区的来往。同时限制内蒙古各盟旗间擅自流动。对于偷盗和治奸的规定非常严厉。

经几代皇帝的补订、修改，《蒙古律书》的内容不断丰富，具备一定规模，构成了此后清代历朝“蒙古例”的基本框架，清朝对蒙古地区初步创立了蒙古法律制度。但无论是内容上还是编纂体例上还很不成熟，只是对零散蒙古律的简单汇集和因事立法，尚没有形成系统化。

康熙六年（1667）修订的《蒙古律书》跟1643年律书相比，前者的内容变化较大，之所以出现这种情况，主要是因为清朝入主中原后所面临的形势与入关前截然不同。康熙六年修订的律书所涵盖的内容较为丰富，涉及行政法规、军事法规、民事法规、刑事法规、经济法规、诉讼程序等。通过该律书可知，其法源为蒙古传统的法律制度，立法精神和立法技术基本沿用了蒙古社会原有的立法模式。其目的主要是通过立法来支配外札萨克蒙古诸旗、八旗蒙古和诸苏鲁克旗。

清朝入主中原，全国的政治格局发生了重大变化，清朝和蒙古的关系已完全转变为统治与被统治的关系，策略上也与以往的联合拉拢转变为统治和限制。清入关前对蒙古立法多是为了联合军事行动而颁发的，大多以军令和政令为主。清朝入关后，以往的很多内容已时过境迁，不再适用于当时的需要。如1667年康熙帝奏准理藩院题“应行文外藩王、贝勒等，将从前所颁律书撤回，增入见在增减条例颁发”①。这部法律屡经修订，到康熙三十五年（1696）已有蒙古律125条，雍正时期有所增加，乾隆五十四年（1789）终于修订成12卷209条。

刘广安认为：“入关之前，清（后金国）政权已经进行了民族立法的探索工作。这主要表现在以下两个方面：一是继承并改造前代民族立法的成果为清（后金国）政权所用；二是把清（后金国）政权的立法强制推行到少数民族地区。”②

清入关前努尔哈赤、皇太极两朝对蒙古各部颁布的《盛京定例》至《蒙古律书》

① 《清圣祖实录》卷二四。

② 刘广安著：《清代民族立法研究》，中国政法大学出版社1992年版，第2页。

的法律法规，为入关后的清朝蒙古立法奠定了基础。《蒙古律例》和《理藩院则例》是入关前这些律书的进一步修订和延伸，清代几部蒙古律书的基本内容是一脉相承的。

第二节

清朝入关后对蒙古立法

清朝对边疆地区立法可以分为三种：其一，中央政府对全国的立法，如乾隆五年制定颁布的《大清律例》；其二，中央政府授权部院制定特别法规，如各部院颁布的部院则例以及理藩院的对边疆民族地区颁布的某些特别法规；其三，清朝统一政体下的地方立法，如《喀尔喀律令》等多部地方法规。

一、《蒙古律例》的编纂

《蒙古律例》（Mongolqagajin－u ubiqig）初创于崇德年间，它的直接来源为《蒙古律书》。历经崇德、顺治、康熙、雍正、乾隆五朝的修订，在外藩蒙古各旗、八旗蒙古和各苏鲁克旗适用近百余年后，于乾隆六年（1741）“告竣”。

18世纪，清朝进入了全盛时期，史称“康乾盛世”。清朝从康熙二十三年（1684）起，先后编制康熙、雍正、乾隆、嘉庆、光绪五朝会典。《大清会典》是清朝相当于宪法意义上的行政立法的总汇和清代国家法制建设的重要成果。乾隆五年（1740），清朝修纂成《大清律例》。以理藩院在《蒙古律书》的基础上吸收了大清律的一些立法原则和经验，对现有的蒙古律例进行了大规模的纂修、补充。乾隆六年（1741）理藩院奏：蒙古律例告竣。除大员无庸议叙外，请将在馆办理各官，及供奉人员，交部议叙。① 修订成《蒙古律例》12卷。以蒙古为对象的《蒙古律例》，很大程度上独立于大清律，从内容或体例上来说相当于《大清律例》中的“例”。

目前，《蒙古律例》有多种版本。在《蒙古律例》的版本考证方面，岛田正郎、

① 《清高宗实录》卷一五六，“二月丙午”条。

赵云田、苏亦工等进行过研究。

《蒙古律例》文本主要有①：

乾隆三十一年（1766）殿刊本。现藏于北京故宫博物院图书馆，赵云田说有189条，与乾隆五十四年（1789）年209条文本并不相等。

日本京都大学文学部藏桑原文库本。刊本，全12卷，193条。收录蒙古例年代最新为乾隆三十九年（1774）。

"满州国"康德元年七月（1943）兴安总署调查科日译本。12卷，194条，收录蒙古律年代最新为乾隆四十六年（1781）。

日本东京大学附置东洋文化研究所藏大木文库本。12卷，209条，乾隆官修本。岛田正郎、梁赞诺夫斯基等学者认为此刊本乃乾隆五十四年校订的《蒙古律例》。据张世明书，在台北"中央研究院"历史语言研究所傅斯年图书馆所藏本、台湾"交通部"档室所藏本、台湾成文出版社影印的手抄本都与此本相同。1971年在巴黎图书馆发现的蒙文抄本和满文稿抄本亦是此本的翻译本。

日本东京的东洋文化研究所大木文库钞本。12卷，184条。嘉庆年间官修抄本，卷末附五条蒙古例，末尾有嘉庆十年纪事。

国学文库本。12卷，209条，卷末附增订则例23条，这23条含乾隆五十六年十一月的规定、嘉庆十九年部示。1936年北平文殿阁山庄印行，编入《国学文库存》第32编而得此名，属嘉庆朝刊本。1972年，台北广文书局影印史料四编收入此版本，1988年由全国图书馆缩微中心出版的《蒙古律例·回疆则例》也是用了这个版本。

蒙古国中央档案馆和蒙古国国家图书馆收藏了几种抄本。2004年，蒙古国国立大学法学院巴·巴雅尔赛罕在乌兰巴托影印出版并做了拉丁文转写。

这几种版本中，哪一个是最早的文本，岛田正郎认为桑原文本最早，赵云田认为北京故宫博物院所藏乾隆三十一年文本最早，张世明亦支持后一种观点。《蒙古律例》的乾隆嘉庆年间不断修订刊印说明，《蒙古律例》在蒙古地区的司法审判实践中广泛应用，作为蒙古各旗诉讼断狱的主要依据。

《蒙古律例》主要由官衔24条、户口差徭23条、朝贡9条、会盟行军13条、边

---

① 岛田正郎：《清朝蒙古例の研究》，昭和五十七年创文社版，第132页；赵云田：《蒙古律例》和《理藩院则例》，载《清史研究》1995年第3期；苏亦工：《明清律典与条例》，中国政法大学出版社2000年版，第80—83页；徐晓光：《清代蒙藏地区法制研究》，四川民族出版社1996年版，第14—15页；张世明：《中国经济法历史渊源论》，中国民主法制出版社2002年版，第76—77页。

境卡哨17条、盗贼35条、人命10条、首告5条、捕亡20条、杂犯18条、喇嘛例6条、断狱29条共12门209条。

《蒙古律例》主要适用范围为蒙古地区王、贝勒、贝子、公、额附、台吉、塔布囊、哈喇抽（平民）、阿拉巴图、奴隶等，各阶层的处罚不同，有鲜明的阶级烙印。对喇嘛阶层制定了专门的喇嘛例。

主要内容包括：

官衔：规定蒙古王公台吉塔布囊额附等的职衔、承袭、品秩、仪制、恤赏等。规范蒙古王公、台吉等封建贵族的顶戴、服色、坐褥、坐次和袭爵、袭职的办法。皇上出入迎送、迎接敕谕、迎接钦差大臣侍卫等规格等内容。

户口差徭：规定外藩蒙古地区户口管理、基层组织、差役徭役、婚姻继承等内容。

朝贡：规定蒙古王公的年礼庆贺、年礼来朝、朝贺定限、九百贡制、进贡等注意事项等的程序、规格和班次。

会盟行军：对会盟时间、会盟纪律、行军纪律、王公败阵、军器管理等的规定。

边境卡哨：对侵入地界、贸易往来、偷捕猎物、买卖军器、坐哨人职责等做了规定。

盗贼：规定了抢劫、抢夺、偷窃和对贼罪的处理等内容。

人命：对杀人、致伤做了详细的规定。

首告：规定了诉讼的限制条件和诉讼的程序等内容。

捕亡：对捕获逃人、隐匿逃人、拿获逃人、隐匿贼人、疏脱斩犯等做了具体的规定。

杂犯：规定违用禁物、诽谤王公贵族、失火放火、发冢犯奸、诱卖人口等内容。

喇嘛例：对喇嘛的服饰、喇嘛班第及喇嘛庙的管理和喇嘛犯罪的内容做了专门规定。

断狱：规定了罚罪牲畜的数目、罚罪案件的发誓、王公犯罪的议处、死罪人犯的审决和收赎、抄没贼人的产畜和妻子、相验蒙古命案等内容。①

---

① 中国社会科学院边疆史地研究中心编：《蒙古律例》，全国图书馆文献缩微复制中心1998年影印版；刘广安：《清代民族立法研究》，中国政法大学出版社1992年版，第5—6页；张晋藩主编：《清朝法制史》，法律出版社1994年版，第478—479页。

对于《蒙古律例》的成书方面，岛田正郎认为乾隆六年（1741）初颁布的《蒙古律例》系由蒙古例汇辑而成，而蒙古例又属于广义上与律相对的例一类，故存在改废增定，但并未形成定期纂修的制度。① 该学者在其《北亚洲法制史》中也强调，“蒙古律例显示清朝站在征服者的立场统治被征服者蒙古的基本政策，其中虽然也包含相当成分的蒙古固有法，但可以说是为政者从外部强加于人的。这一点在有了进一步发展的理藩院则例里，更加露骨地表现出来。然而，清朝鉴于俄国势力的进出，不得不采用实边的政策，在这种政策尚未十分完成之际，更反映出中国法的影响而制定的便是（三）并非（二）的修正，是独立全新的法典。话虽这么说，这只是在行政法及刑法方面比较显著，在私法的领域上，依然对固有的习惯做出让步，就是在成为中国的外藩以后，蒙古的日常法律可以说依然遵行固有的习惯法与古法典”②。

张世明认为：“岛田正郎的蒙古例形成理论是一种结果论，而非生成论。具体说，在岛田正郎看来，一方面，清朝皇帝任命的札萨克作为封建领主对自己的领民行使行政、司法权力是被容许的，这种准据法因俗而治一如既往，不过这又与皇帝固有的绝对权威抵触，因此须有皇帝予以确认，结果呈现出清朝对蒙古立法的蒙古例乃以蒙古固有的习惯为主要法源的情形。”③

乾隆朝编纂的《蒙古律例》继承了从关外起直到入关以后百余年来对蒙古的立法成果，清朝蒙古立法开始趋于系统化、制度化，体现清朝民族立法因族、因俗、因地立法的立法原则。《蒙古律例》的内容后来被嘉庆朝编纂的《理藩院则例》所吸收，清朝蒙古立法进入发展阶段。

二、《理藩院则例》的纂修

《外藩蒙古理藩院则例》（Gadagadu monggol in töürü gi jasahu yabudanl in yamon ny hool joil in biqig）是清代一部篇幅较大的民族法律文献，光绪三十四年（1908）改定

---

① 岛田正郎：《清朝蒙古例の研究》，昭和五十七年创文社版，第132页。

② 岛田正郎：《北亚洲法制史》，台湾中国文化学院印行1964年版，第8页。引文中的（三）指的是光绪十七年（1891）修订的《理藩院则例》；引文中（二）指的是道光二十三年修订的《理藩院则例》。

③ 张世明：《中国经济法历史渊源原论》，中国民主法制出版社2002年版，第74—75页。

各部院名称①时更名为《理藩部则例》，现有满蒙汉文三种文本。

学术界对《理藩院则例》何时出现，分歧较大。有康熙年间说、乾隆年间说、嘉庆年间说几种说法。② 张世明在其《中国经济法历史渊源原论》③ 一书中对上述各种观点进行了分析。

至于何时开始编定、何时才有《理藩院则例》之名称，随着学界对清代满蒙汉藏等多种文字文献史料的发掘和法制史研究的深入，这一有争论的问题有朝一日会得到圆满的解决。

清朝从入关前开始对蒙古等藩部制定法律，以巩固其对边疆民族地区的统治。经康雍乾三朝的经营，国家大一统局面终于实现，清朝进入了全盛时期，封建社会专制主义政体得到空前强化和完备。乾隆朝以后，清朝盛世局面基本结束，随之而来的是盛世光环掩盖下的隐患暴露无余。尽管从历史发展的大势来说，清朝的统治开始衰弱，但是相对而言，清朝的边疆地区还是相当稳定。中央通过理藩院对边疆地区的控驭日益加强，各项政治军事制度逐渐完善，虽然在局部地区也出现边患，但没有影响清朝对边疆的统治。

---

① 光绪三十四年六月清政府把户部改度支部、兵部改陆军部、刑部改法部、工部改农工商部、理藩院改理藩部。

② 上海辞书出版社 1984 年版《法学词典》认为《理藩院则例》编订于康熙二十六年(1687)。张世明指出："这一说法并非源自于清代文献，而是 1957 年北京法律出版社出版的《清史稿刑法志注解》的一个注释。赵云田 1982 年在《清史研究集》第二辑上发表的《理藩院》一文以及上海辞书出版社 1987 年版《民族词典》和蒙古族简史编写组编写的《蒙古族简史》（内蒙古人民出版社 1985 年版）认为，《理藩院则例》编于康熙三十五年（1696），因没有注明史料来源，缺乏说服力。邓衍林《中国边疆图籍录》记载乾隆年间有抄本《理藩院则例》。赵云田从中国第一历史档案馆发现了乾隆朝内府抄本，系稿案本，成书于乾隆二十年（1764）后，并且该学者在《清代理藩院、理藩院资料和理藩院研究》（中国社会科学院中国边疆史地研究中心编《清代理藩院资料辑录》，全国图书馆缩微中心出版，1988 年 5 月）一文中比较了抄本和刊印本《理藩院则例》的异同。对此刘广安（《清代民族立法研究》第 10—11 页)、徐晓光、陈光国（《清朝对"蒙古例"、〈理藩院则例〉的制定与修订》，载《内蒙古社会科学》1994 年第 3 期）提出异议。张世明说，"学术界对赵云田所发现的乾隆朝内府本《理藩院则例》予以否认是不公允的。事实彰彰甚明，任何不承认主义无济于事""事实上，内府抄本所载法规是已经颁布施行过的，属于'过去完成式'时态，不属法典编纂这种法的创制活动，而是法规汇编的简单的规范性法律文件系统化形成"。(张世明：《中国经济法历史渊源原论》第 79 页）达力扎布教授在《有关乾隆朝内府本〈理藩院则例〉》一文中对赵云田的观点提出质疑，并提出所谓的内府本是乾隆二十一年完成的《大清会典则例》中《理藩院则例》的修订稿的新观点。参见达力扎布主编：《中国边疆民族研究》第四辑，中央民族大学出版社 2011 年版。刘广安认为，"最早的《理藩院则例》应是在嘉庆朝出现的，是从《蒙古律例》发展而来的"。(刘广安：《清代民族立法研究》第 11 页)

③ 张世明：《中国经济法历史渊源原论》，中国民主法制出版社 2002 年版，第 77—81 页。

清朝大一统局面实现前，边疆地区的法典律令一般是专门针对某一地区或某些民族的单行法规，尚未实行统一的法规管理。经过清朝入关后百余年间对边疆地区的治理，积累了丰富的管理边疆少数民族地区的经验。在以大清律为国家法律的大背景和前提下，从国家法制统一的原则出发，为适应新情况，清朝统治者责成理藩院修改旧例，因旧例实施多年，且“先行者不过三十余条，遇事每多援案办理”①，因而在《蒙古律例》等旧例的基础上编纂了适用于蒙古、回疆、西藏的以行政法规为主的综合性特别法规《理藩院则例》。

该法典正式编纂修订始于嘉庆年间。当时在理藩院开设则例纂修馆，进行《理藩院则例》的编订刊印，道光、光绪两朝又继续修纂和续纂。整个编订刊印和续修续纂经过了以下几个步骤：

据《原修则例原奏》，嘉庆十六年（1811）四月十八日理藩院奏请增定则例事：

窃臣院总理内外蒙古部落事务，凡蒙古王、公、台吉等袭职、年班、朝觐、户口、仓粮、军政及人命、盗案等事，较先增纂。查臣院旧有满洲、蒙古、汉字则例二百九条，自乾隆五十四年校订后，迄今二十余载，所有钦奉谕旨及大臣等陆续条奏事件，俱未经纂入颁行。臣等请将自乾隆五十四年以来，应行纂入案件增修，永远遵行，以仰副圣主抚绥内外蒙古臣仆之至意。理合恭折奏明请旨，俟命下之日，臣等董率司员将则例修纂妥协，谨缮黄册进呈，恭候钦定。②

上面提到的“旧有满洲、蒙古、汉字则例二百九条”即乾隆五十四年校订的12门209条《蒙古律例》。这份奏折中还谈到开设“则例纂修馆”的事情。纂修人员从理藩院选出，计有“司员、笔帖式内，拣补纂修官四员，校对官八员，翻译官、眷录官各十员”等，后又从理藩院“书吏及贴写书吏内，拣选供事二十名，皆令其自备自备资斧效力行走，予限三年告竣”。

嘉庆十九年（1814）则例纂修馆成立，纂修则例工作正式启动。《理藩院则例》的若干文件稿本源于清朝皇帝谕旨、臣工题奏以及理藩院档案等。对于如何处理历史上遗存的文件稿本，嘉庆十九年五月十五日《原修则例原奏》中明确规定：

如有例所未备，而案应遵照者，即检明汇齐纂入则例。其案与例不符者，造册注明事由，将原稿即行销毁。若有例案不符而稿件仍有关查核者，着另册登记钤印贮

① 《原修则例原奏》，“嘉庆二十年十二月初七”条。

② 《原修则例原奏》，“嘉庆十六年四月十八日”条。

库，办稿不得援引。①

对于如何增删等具体事宜，托津、和世泰在奏文中曾提出了这样一些原则：

向有旧例二百九条，其中除远年成例及军政、会盟等款外，先行之例不过百余条。虽于乾隆五十四年奏修一次，以办理事件多系援引稿案。今臣院既经奏请开馆，理合谨遵谕旨，将旧例内应更正者，妥议删改。稿案内应遵照者，详酌入例。第臣院系初次开馆，自康熙年以来应入例之稿案甚多，且卷牍均系清文，必须译汉纂辑，方能明简。较诸六部各衙门续纂则例，实为条款纷繁，不无多需时日。……再臣等详查旧例内，有应与新例修并，有文理不清应行更改，有远年成例从未援引者，应行删减，酌拟条数，另缮清单陆续恭呈谕览。②

据嘉庆二十年（1815）十二月初七原奏，理藩院奏请："将旧例二百九条逐一校阅。内有二十条系远年例案，今事不能援引，拟删。其余一百八十九条内，修改一百七十八条，修并二条外，并将阖院自顺治年以来，应遵照之稿案，译妥汉文，逐件复核，增纂五百二十六条。通共七百一十三条。"③《理藩院则例》六十七卷汉文则例成书。不久理藩院派"翻译之司员、笔帖式等，纂办满洲字，蒙古字则列"，并且"纂办满洲字、蒙古字则例限内，如有应入事件，续行增入，合并声明"④。

嘉庆二十二年（1817）十月二十七日，"翻译清书、蒙古书完竣，刊刻汉字板片告成"，三种文字文本各六十七卷。同年，木刻版嘉庆朝《理藩院则例》刊竣颁行。满洲字、蒙古字《理藩院则例》"系初次刊刻，卷帙浩繁，并无旧存板片，与各部院续纂不同。酌添派供事三十名，令其自备笔墨、纸张，装潢工料，勒限一年，将清字、蒙古字则例全行刊竣，刷印进程，以便颁发"⑤。第二年，满洲字、蒙古字《理藩院则例》"板片告成"⑥，遂刊刻发往"蒙古各部落、新疆等处"。

至此，嘉庆朝《理藩院则例》共用 6 年时间完成，嘉庆二十二至二十三年（1817—1818）木刻版三种文字共 201 卷《理藩院则例》刊刻工作全部告竣。此后近 12 年间，几乎没有增减。后道光三年（1823）至光绪十七年（1891）曾几度增纂和续修《理藩院则例》三种字文本。

道光三年（1823）十二月十三日，理藩院奏请续纂则例事：

---

①② 《原修则例原奏》，"嘉庆十九年五月十五日"条。

③④ 《原修则例原奏》，"嘉庆二十年十二月初七日"条。

⑤ 《原修则例原奏》，"嘉庆二十二年十月二十七日"条。

⑥ 《原修则例原奏》，"嘉庆二十三年十二月二十八日"条。

查定例，六部等衙门则例向系十年纂辑一次。臣院于嘉庆十六年，奏请开馆纂辑则例告成后，迄今已逾十二年。所有嘉庆十六年以后钦奉谕旨，及各大臣陆续条奏并臣院酌改章程，一概未经纂入颁行。且近来蒙古案件较前实属增繁，而现在奉行事宜更多，今昔情形不同之处，往往无例可遵，多系援引稿案。伏思例未明备，意见难免参差，律无专条，定案易滋轻重。臣等请将自嘉庆十六年以后各案，应行纂入者增修纂入，应行删改者酌加删改。①

道光五年（1825），蒙古、回疆条例，满洲、蒙古、汉字三体正本全书告成。② 此次续修的特点是："将嘉庆年间钦奉谕旨、先奉谕旨，及内外臣工条奏，有关蒙古、回部事宜者，悉心参考，缕析条分，详酌确定，分为续纂、续加、修改名目，开列本例之首，粘贴黄签，期于与先行则例内增纂修改各条有别。并于本例之下，逐加按语，分析陈明以识原委。其余原例者则先叙原例于前，次例现改新例之后，以清眉目。"③

这次续修，恐有"歧异"，故"仍依照原例体裁"纂修。续纂、续改汉本有112条。然后"照依汉本翻写满洲、蒙古正本，详加酌核，互相校对"，刊刻板片，刷印板样，于道光七年（1827）九月十一日全数1454条、65门续修《理藩院则例》告成。④ 理藩院从户部和工部领得资金后向在京各衙门及盛京、热河、伊犁等处之将军、都统，兼辖蒙古事务之督抚、藩第、道、府、州、县，西北两路之新疆大臣、内外札萨克汗、王、贝勒、贝子、公、台吉、正副盟长、协理台吉以及游牧、理事、司员等"照数刷印颁发"则例全数600部。⑤

道光十三年（1833）三月初五日，理藩院奏请回疆则例补纂和蒙古则例修辑事。理藩院认为"蒙古则例中，如例文不备，例意两歧，例语含混，例句虚冒"⑥ 的问题存在，所以必须"修辑"。道光十七年（1837）八月二十七日，"蒙古、回疆条例汉字正本全函告成"⑦ 这次"修改、归并、续纂蒙古、回疆则例共四百六十七条"⑧。道光十九年（1839）四月二十五日和道光二十二年（1842）四月三十日理藩院曾两次向清廷报告有关增纂《理藩院则例》的情况。这次续纂时"计修改蒙古则例二百零三条，续纂蒙古则例一百二十六条，并修改回疆则例全部"⑨。道光二十三年（1843）

① 《续修则例原奏》，"道光三年十二月十三日"条。
②③ 《续修则例原奏》，"道光五年六月十八日"条。
④⑤ 《续修则例原奏》，"道光七年九月十一日"条。
⑥ 《续修则例原奏》，"道光十三年三月初五日"条。
⑦⑧ 《续修则例原奏》，"道光十七年八月二十七日"条。
⑨ 《续修则例原奏》，"道光二十二年四月三十日"。

五月初二日，“蒙古、回疆则例刊刻版片告成”。理藩院在这次续纂的奏折中没有谈到律条的明确数目，仅提及“凡蒙古则例原奏一卷，官衔一卷，总目上下二卷，通例上下二卷，旗分等六十三门，共六十三卷。满洲、蒙古、汉字三体总计二百零九卷。回疆则例原奏官衔一卷，例文八卷，满洲、汉字两体总计一十八卷”①。

清代历朝修订的《理藩院则例》都有“因时制宜，变通办理”的特点。光绪朝纂修会典之际，理藩院针对《理藩院则例》“因年久未能修办，档案诸多不齐，以致检查未周，编辑诚非易易”而奏请“修辑”《理藩院则例》事。

光绪十六年（1890）十一月初七日，理藩院奏请：“自道光二十一年（1841）续修则例刊刻通行后，凡节次奉到谕旨及历年办过稿案，并陆续奏请章程有关入例者，迄今已逾四十余年，未能修辑。现纂办会典之际，遵即遴派司员，将嘉庆十八年以后案件，逐细检查，除曾经已入则例者，仍循其旧。至道光二十一年以后案件，臣等即于臣院司员内拣派提调、纂修各官，通饬各司，将奏咨札存历办各案，挨次检齐付送过馆。即令在馆人员详细查核，悉心参考，举凡应增应续实堪修入者，编纂成条。”②

中国第一历史档案馆有赵云田发现的所谓乾隆朝内府抄本《理藩院则例》，该抄本曾在1988年由全国图书馆文献缩微中心出版。吴文藻向中央民族大学图书馆捐赠了一部嘉庆二十二年（1817）的汉文版《理藩院则例》。嘉庆年间的蒙文抄本珍藏在北京图书馆和内蒙古师范大学图书馆。各地馆藏中，道光版本和光绪版本较普遍。在内蒙古师范大学图书馆、内蒙古社会科学院图书馆、内蒙古图书馆，有较完整的道光、光绪两朝汉文版本。内蒙古各图书馆中的满、蒙古文道光、光绪版本已经出现短缺不全情况，唯有内蒙古社会科学院馆藏有较完整的道光朝蒙文版本。蒙古国国家图书馆有较完整的满文、蒙古文嘉庆年间刊本。1989年，尼日拉图、金峰以道光朝蒙文版本为底本，对照嘉庆朝蒙文抄本，缺漏处从嘉庆朝蒙文抄本中抄录补充，校注出版了上下两册《理藩院则例》，由内蒙古文化出版社出版。1998年，杨选第、金峰校注出版光绪朝汉文版《理藩院则例》，由内蒙古文化出版社出版。上海图书馆有两种光绪本，而华东师范大学有一种道光十三年本。1998年，张荣铮、金懋初、刘勇强、赵音等以中国藏学研究中心影印的聚珍版光绪十六年本为底本，上海图书馆馆藏的一个

① 《续修则例原奏》，“道光二十三年五月初二日”条。据张荣铮先生说，他们在上海华东师大图书馆看到过律条877条的道光二十三年本。参见张荣铮等点校：《钦定理藩部则例》，张荣铮著：《关于〈理藩部则例〉》，天津古籍出版社1998年版，第2页。

② 《现修则例原奏》，“光绪十六年十一月初七日”条。

光绪本和华东师范大学道光十三年本为校本，点校出版了《钦定理藩部则例》，由天津古籍出版社出版。包银海校注的蒙古文版《外藩蒙古理藩院则例》2006年由民族出版社出版。除外，蒙古国、日本、中国台湾等国家和地区图书馆也有不少管藏文本。

第三节

《理藩院则例》基本内容

清嘉庆至光绪年间的《理藩院则例》中的：

通例上、通例下、旗分、品秩、袭职上、袭职下、职守、设官、擢授、奖惩、比丁、地亩、仓储、征赋、俸银俸缎、廪饩上、廪饩下、朝觐、贡输、宴赉上、宴赉下、扈从事例上、扈从事例中、扈从事例下、仪制、印信、婚礼、赐祭、旌表、优恤、军政、会盟、邮政上、邮政中、邮政下、边禁、人命、强劫、偷窃上、偷窃下、发冢、犯奸、略卖略买、首告、审断、罚罪、入誓、疏脱、捕亡、监禁、递解、留养、收赎、遇赦、违禁、限期、杂犯、喇嘛事例一、喇嘛事例二、喇嘛事例三、喇嘛事例四、喇嘛事例五等内容涉及蒙古地区的各项措施和法律规定。

清朝正式颁布《理藩院则例》经历了近两个世纪的探索，积累了丰富的经验。《理藩院则例》是以行政法规为主兼民事法规、刑事法规和经济法规的一部法律文献，是清廷对外藩蒙古等边疆少数民族地区颁布的特别法，也是中国立法史上第一部大型民族行政法典。《理藩院则例》与蒙古族以往各个时代制定的法典、律令不同之处是立法者的角度差异。《理藩院则例》是清朝征服者对被征服民族和地区制定和颁布的法律，很大程度上有较强的强制性。从法典的内容上看，蒙古各部的臣属地位十分明显。

“通例”（上、下）规定了理藩院的机构职责与编制。理藩院有尚书、左右侍郎和额外侍郎为最高领导，下属有六司一厅三房。理藩院各机构的职责划分，分院司两级。中央机构理藩院，即“掌外藩之政令，制其爵禄，定其朝会，正其刑罚，尚书侍郎率其属以定议，大事上之，小事则行，以布国之威德”。

下属六司及其他机构的职能，前文已经论及。

“旗分”规定蒙古地区的行政区划。清朝在蒙古地区实行盟旗制度，明确了内札萨克6盟49旗、绥远城将军所属土默特两翼、外札萨克四部150旗、西宁办事大臣所属29旗、科布多参赞大臣所属19旗、伊犁将军所属13旗以及陕甘总督所属额济纳土尔扈特札萨克多罗贝勒1旗、宁夏理事司员所属阿拉善和硕特札萨克和硕亲王1旗和黑龙江将军所属伊柯明安厄鲁特札萨克头等台吉1旗的详细旗分。

“品秩”“袭职上”“袭职下”“职守”“设官”“擢授”“奖惩”等门规定了清朝统治下的蒙古地区职官制度和升迁、奖惩办法。清廷从因俗制宜的政策出发，明确规范蒙古王公、台吉等的顶戴、服色、坐褥、坐次。规定：“内外札萨克汗王贝勒贝子，俱戴用宝石顶戴。其服色、坐褥等项，均照内地王公品级服用。”并详细规范了蒙古汗、王、贝勒、贝子、公、台吉、塔布囊等袭爵、袭职办法。规定：“内外札萨克及闲散汗、亲王之子，授为头等台吉。郡王、贝勒之子，授为二等台吉。贝子、公之子，授为三等台吉。头二三四等台吉之子，俱授为四等台吉。均俟年及十八岁，分别给予职衔。”

对于“职守”方面，规范理藩院派出机构以及人员（如热河、西宁等）和所辖盟旗间的关系、职守划分。另外特别规定蒙古地方寄居的民（汉）人的管理方法。《青海蒙古番子各事宜旧例八条》《道光二年陕甘总督奏定青海番子事宜八条》《道光四年陕甘总督奏定青海蒙古番子事宜六条》是研究青海蒙古地区雍正十一年颁行《番夷成例》后的重要的资料。

清朝政府设置了蒙古民族地方特色的官制和与此相适应的奖惩擢授办法。

“擢授”门是关于蒙古地区职官的升用、拣选、补放、甄别、保送引见和病假等方面的规定。中央特派的将军副将军都统办事大臣参赞和蒙古地方盟长副盟长札萨克参领佐领都有严格的升降制度。如每旗设立札萨克和佐领方面规定，“每旗设札萨克一员，颁给印信，总理旗务，世袭罔替”“蒙古各旗，每一百五十丁编一佐领，额设佐领一员，骁骑校一员，领催六名，马甲五十名。每六佐领额设参领一员”。对于各台吉族内事情，规定“凡台吉等，每族各设族长一人，稽察本族内一切事务”。

在京蒙古官员和外藩蒙古王台吉擢授也有别。驻京蒙古王、贝勒、贝子、公、台吉、塔布囊等之子，如年已及岁，呈请代奏求赏差使者，由院具奏，候旨施恩。内外札萨克及闲散王、贝勒、贝子、公等，食俸管旗年分，现年岁数，每届三年一次报院。对台吉塔布囊授为札萨克者，无论原授等第，均作为头等台吉塔布囊的规定。

清廷对蒙古地区考核官员的政绩和官员的奖惩，跟畜牧业生产状况联系在一起。

如大凌河牧群三年核办一次。在具体规定上，“内札萨克旗分牧放大凌河孳生马匹，每届三年，年终将孳生、倒毙、现存各数目查明报院，核办汇奏。若三年内牧放马匹，十分中孳生一分者，毋庸议叙；孳生至二三分者，将该札萨克记录一次，协理台吉等由本旗存公牲畜内各赏给牲畜五头。若十分中亏缺不及一分者，将该札萨克罚俸一年，协理台吉等各罚一九牲畜；亏缺之二分以上者，计其分数议处。缺马匹，俱着落该札萨克、协理台吉等照数赔补”。对于外札萨克蒙古方面，“乌里雅苏台牧放驼马，三年一次查验。驼，每一年每十双驼内孳生驼二只；马，每三年每十匹内孳生马五匹，并无倒毙者，将该管之蒙古王公台吉等各给记录二次，其牧放驼群之官员等各赏给小彭缎一匹，兵丁各赏给三梭布二匹，茶二块，烟五包。如有倒毙者，不给记录赏项外，仍着落该管之王公等赔补。其王公记录由院议给，其官员兵丁赏项由该将军办给，咨报户部核销”的规定。

清代对蒙古地区官吏奖励上给予加级、提升、奖赏牲畜及钱粮。对官员的惩罚方面，有削爵、革职、罚俸、罚牲畜等措施。

清朝政府通过比丁、地亩、仓储、征赋来有效管理蒙古地区的户口、田地、地租、仓储、赋税、赋役。

蒙古地区三年一次比丁，每旗各给预印空白白册文件一本，令管旗王公台吉以下，章京十家长以上均按佐领查核分户比丁，造具丁数印册，令协理旗务台吉会同管旗章京送理藩院。150 丁为一佐领。蒙古壮丁年 60 岁以下、18 岁以上者，都编入丁册，有病者开除。每三丁披一副甲，遇有出征等事，以二丁差遣，一丁留家。比丁时不能隐瞒人丁，若隐瞒人丁，“将所瞒之丁入于丁册，计其所瞒丁数，每十丁将管旗之王、贝勒、贝子、公、札萨克、台吉、塔布囊罚俸三个月。比丁稽查不慎致瞒人丁，将该旗协理台吉、管旗章京、副章京罚三九牲畜，该参、佐领罚二九牲畜，骁骑校罚一九牲畜，俱给出首之人。将小领催、十家长各鞭八十”。不能私买私卖逃散人口，对于失察的“该管札萨克，罚俸半年，协理台吉，罚一九牲畜，管旗章京等，罚二九牲畜，佐领罚三九牲畜，骁骑校责革。其十名以上者，以次递增。倘经查出，不遵送还本旗，各照本例加一等治罪”。

“地亩”门是规定蒙古地区的土地、牧场的管理制度。禁止口内居住民人等，不准出边在蒙古地方开垦地亩。依法惩治私募开垦地亩和牧场，不能越界私开公中牧场开垦租佃。札萨克至平人各级人员私招民人开垦地亩，得受押荒钱者，拟杖、枷、徒、流刑，具体惩罚上有详细的规定。要求封禁牧场挖立封堆确定界址。还指定了哲里木盟科尔沁左翼后札萨克郡王旗昌图额尔克地方、敖汉巴启尔果勒牧场等准垦之地的范围，以及租佃、典当、地亩换给印票的相关规定。

“仓储”门中具体规定了蒙古各旗和哲里木盟、卓索图盟、昭乌达盟仓粮定额，灾年仓粮动拨方面的管理制度。

“征赋”门中规定了八沟、塔子沟、乌兰哈达、三座塔四处征取税赋，归化城土默特地区支用银两、定期报销、租息使用方面的具体内容。

“俸银俸缎”门中规定蒙古地区亲王、郡王、贝勒、贝子、镇国公、辅国公、札萨克台吉、塔布囊的岁俸银、俸缎、俸米等俸禄数额、办理期限、借支条件、罚俸折算等方面的具体内容。等级地位越高俸禄数额越高。蒙古地区喀尔喀四汗和科尔沁卓哩克图亲王、图什业图亲王、达尔汗亲王的岁支银2500两、缎40匹。其他亲王岁支银2000两，缎25匹。俸禄最低的札萨克台吉、塔布囊岁支银100两，缎4匹。公主、额驸俸禄“在京居住者，按俸银数目多寡给与米石；回游牧处所者，给予缎匹”。

另外，还详细规定了驻京蒙古王公，额驸和青海蒙古王公、西藏公札萨克、干清门，蒙古世袭官员、军功世袭官员，伊犁所属土尔扈特汗、王、台吉，阿勒泰乌梁海总管等的俸银俸禄数额。

蒙古王公等领俸禄时间均照京城王公大臣官员之例，于十二月十五日办定。若有特殊情况者，可以补行领俸或借支俸银。

“廪饩”门分上下两部分，是关于蒙古王公等津贴方面的规定。廪饩定额按僧俗官员等级的高低和出差时间的长短来确定。

“朝觐”门规定了蒙古王公等来京朝见皇上的时间、班次、班期事宜。规定了年班来京的内外札萨克汗、王、贝勒、贝子、公、台吉、塔布囊、额驸等，“定于每年十二月十五日以后，二十五日以前到齐”。内札萨克王、贝勒、贝子、公、札萨克、台吉、塔布、囊等年班朝觐，“定为三班轮班来京”。其不值班之札萨克，令该旗协理旗务台吉一人来京。其围班亦定为三班，系先值年班，次值围班。外札萨克喀尔喀四部汗、王、贝勒、贝子、公、札萨克、台吉等年班，“定为六班，由院按班具题，指名咨调，令其来京朝觐。其围班系由四部落盟长保送十员，出具考语，造册报院”。另外还规定了察哈尔所属厄鲁特、察哈尔乾清门行走侍卫、青海蒙古、土尔扈特、杜尔伯特、和硕特蒙古、科布多所属阿勒泰乌梁海、闲散额驸以及御前行走、乾清门行走、内外札萨克年班进京朝觐班次。没到18岁和未出痘者喀尔喀等地方的王公因逾岁免其来京朝觐。

清朝的朝觐制度比较完善，清廷借此来笼络蒙古贵族，成功地达到长期有效统治蒙古地区、巩固边疆的目的。

“贡输”门是有关蒙古王公等向朝廷进贡的种类、定额、奖惩方面的规定。“九白之贡”是贡输关系的一个特别内容，“九白”即白驼一只，白马八匹。“九白之贡”在清朝与蒙古的关系中起着很重要的作用。早在顺治年间，喀尔喀车臣汗部等已向清朝进“九白之贡”，以示和睦往来。喀尔喀归附清朝后，这一制度得以保存，进而演变成为一种表示清廷与喀尔喀某些部落的特殊关系的进贡制度。清代唯有喀尔喀土谢图汗、车臣汗、哲布尊丹巴呼图克图每年均准贡九白，其他的外蒙古王公等不得擅进九白。

内札萨克6盟中，37旗台吉轮班来京贡进汤羊、乳油、熏猪等。汤羊于乌珠穆沁旗分，每10人内收2只；其余旗分，每10人内收1只。共收汤羊500只，奶油50肚，熏猪20口。清廷对贡进汤羊的台吉折赏布匹和分别赏给廪饩。册档无名未授职衔的人不准进贡，若违犯，该旗札萨克、贝勒、贝子、公、台吉、塔布囊等“各罚俸一年，协理台吉等各罚五九牲畜”。进贡台吉一定要亲自来京，若假冒顶替，革去台吉，罚五九牲畜。并同来的台吉也均罚三九牲畜。规定乌珠穆沁亲王和克什克腾札萨克八月和十二月进贡活羊的定额和奖赏银两、廪饩数。另外还规定了进贡马匹、鹰、狗、雕、翎、貂皮等的折赏办法。

“宴赉”分上下二门。主要是清廷筵宴、赏赉进京朝觐或进京的蒙古王公的规定。清廷通过各种各样的筵宴、赏赉来拉近与蒙古王公间的感情，增强满蒙贵族联合统治的亲和力，将蒙古作为其加强统治的牢固的同盟者。

“扈从”分上、中、下三门。此门是清帝巡行经过蒙古地方、行围木兰围场时，要求蒙古王公、喇嘛等接驾扈从时的具体路径、日期、筵宴、赏赉、跟役定额、调用马匹等事宜的规定。围猎是蒙古固有的一种军事、生产、娱乐性质的活动。清统治者从“因俗制宜”的政策出发，蒙古王公轮班到木兰围场，参加清帝的狩猎活动。清代的木兰围场狩猎活动，已经失去了原有的经济、娱乐特色，而变成一种有浓厚政治色彩的等级分明的围猎制度。

清廷按照内地模式，在蒙古地方也制定了仪制。“仪制”门规定蒙古王公行礼请安、钦受诰敕、迎接钦差大臣、使用封号、配给随丁等方面的规格。

“印信”门规定了朝廷颁给库仑办事大臣、围场总管、内外札萨克、土尔扈特、杜尔伯特、和硕特、伊犁厄鲁特、辉特等部札萨克印信和该旗札萨克有留京出差、袭职年未及岁、患病告假时协理台吉护印的规定。

清朝注重保持与蒙古部的“联姻”，强调“北不断亲”政策。满洲贵族与蒙古贵族间世代联姻，清皇室公主格格下嫁蒙古地区，理藩院在蒙古地区拣选额驸，即“备指额附”，在清代从未中断。“婚礼”门规定固伦额驸行初定礼、公主格格下嫁礼成后住京定限、公主格格等来京汇奏、格格等指婚、备指额附人员带领引见、格格许嫁蒙古额驸纳采礼成婚聘礼筵宴定制以及有关公主格格陪嫁人户、蒙古平人结婚聘礼、民人聘娶蒙古妇女方面的条款。清代蒙古平人成婚时的聘礼规定为：“马二匹、牛二只、羊二十只，不得多给。违者，将多给之牲畜罚取入官；少给者，勿禁。若聘定之后，其婿病故，将所给牲畜退还男家；其女病故者，退还一半。如女家欲将聘礼退还，男家不愿收回者，听之。”可以看出，清代蒙古地区的彩礼比《蒙古—卫拉特法典》的规定减轻了许多。

“赐祭”门规定外藩蒙古汗王等各等级人员的赐祭定制和朝廷钦派致祭人员等级、致祭员额、祭文、致祭品物规格以及致祭官员行走蒙古地方程限等。外札萨克蒙古肯特山，“每年春秋二季，由太常寺颁发香帛致祭”。

“旌表”门规定了新疆等处尽节妇女声请旌表和伊犁所属蒙古部落守节之孀妇准其旌表。这些地方均照内地例一体办理。

“优恤”是关于蒙古各级官员休致、病故（军功病故、年班在京病故、有差之人病故）、因公身故、蒙古兵丁因差在外身故，以及蒙古遇灾互相赈济方面的规定。遇灾赈济方面规定：“蒙古部落倘遇灾年，该札萨克并旗内富户、喇嘛等，令其设法养赡，如不敷养赡，以同盟之牛羊协济养赡，将协济养赡人等名数造册送院。倘遇连年荒歉，同盟内亦不能养赡，盟长会同该札萨克共同报院请旨，派员查明，拨银赈济。该札萨克王公台吉塔布囊等，将次年应领俸银预先支领，入于振恤项内使用。赈济后，若该札萨克王公台吉塔布囊等仍不善养赡，属下之人又致困苦，将受困之人撤出，于本盟内之札萨克择其贤能者赏给，令其养赡。”

“军政”和“会盟”二门是《理藩院则例》中的两项很重要的内容。

“军政”门是关于蒙古官兵出征纪律、军功议叙、阵亡优恤、盟长查阅防秋兵丁、点验军装器械、各札萨克置买军器等方面的规定。

关于出征纪律方面，对于战场上“败北”情况制定了严厉的惩罚规定。严重者“革取爵秩，废为平人，彻出其属下人丁，给与本旗之力战者”。各旗未及成例，而一旗之汗王贝勒贝子台吉塔布囊，独能成例出战者，按其功之大小，获之多寡，分别赏给。列阵攻战时，须从容纵马，若离队或入他队等违犯情况，“各按所犯，治以削爵、籍没罚惩之罪，罪重者斩”。

行军时，不得擅自离队，不能抢掠，不许拆毁庙宇，不许妄杀平人。战争中“抗拒者击，投顺者抚”，优礼俘虏，不得虐待，但不能让俘虏看守马匹。军中“失火者斩”。战斗中互相相助，救出各等级人员的报酬不同。

临境部落有兵警，速往救援，违者削爵。王等违误出征，以军法论处。约定之处，“迟延一日不到者，罚俸三个月；二三日不到者，罚俸六个月；四日不到者，罚俸九个月；五日以上不到者，罚俸一年”。另外，各札萨克置买武器，严格审批，凭给票置买。蒙古来京人员，不向理藩院相关部门具文呈报私买武器带回者，处罚。内外各札萨克蒙古等，“不得将盔甲、弓箭、军器卖给俄罗斯击额鲁特回子等人”。

清朝在蒙古地区实行盟旗制度，会盟是清中央政府了解蒙古地方情况和处理蒙古事务的一项很重要的措施，清政府通过会盟，加强对蒙古地方的管理。

“会盟”是关于蒙古各部会盟的地点、定期、任务、仪注、纪律等方面的规定。内札萨克六盟会盟地点和喀尔喀四部会盟地点，前文已经论述。内札萨克六盟和喀尔喀四部落各盟长，每届三年，各率所属会盟一次，通过会盟“清理刑名，编审丁籍”。青海札萨克等，停止每年会盟，间年举行一次。凡会盟议事，王、贝勒、贝子、台吉、塔布囊等不到者，“均罚俸一年，无俸之台吉等罚马九匹。到而逾期者，每逾一日，罚马一匹，罪止罚马一九”。管旗章京、副章京、参领、佐领、骁骑校、领催、十家长会盟未到及因事传召不到者“各罚一九牲畜。到而逾期者，每逾一日，罚马一匹，罪止罚马一九。其八旗游牧总管及索伦总管等不到，及到而逾期者，罪同”。会盟仪注有严格的顺序，会盟时朝廷派遣大臣。后来清廷对于会盟，一般中央不加干涉，外藩蒙古各盟给予了较多的自主权。内外札萨克蒙古地方自乾隆十六年始，停止特派大臣会盟，各部札萨克等，于各该部落内汇集办理，将所办事件报理藩院查核。尤其是喀尔喀四部落会盟等事件，不准乌里雅苏台将军、库伦办事大臣等分部落会盟，仍交各盟长照旧办理。但是“各盟长有违例不公事件，一经告发，或别经参奏，由院再行奏请特派大臣前往办理”。

“邮政”分上、中、下三门。“邮政”是关于驿站的设置、管理、使用、公文递送、查验堪合火牌、填发乌拉票、役人乘用马匹数目、修造渡船和有关失职行为的规定。详细规定张家口驿站、赛尔乌苏驿站、喜峰口驿站、古北口驿站、独石口驿站、杀虎口驿站所属蒙、汉驿站和人员的设置，马匹、钱粮、草豆供应以及马匹倒毙等情况的管理办法。内外差遣人员不能擅用驿递夫马，枉道扰驿，不得擅行越站行走，违者照兵部例治罪。① 除朝觐进贡等项准亲身专员进京赴院当堂投递外，其他时候内外札萨克报院公文由驿递送。蒙古驿站官兵遗失公文兵牌者，将遗失之兵丁鞭责，革退钱粮，本站官员罚钱粮一年。

“边禁”门是有关出入边门的稽查、守卡人员的职责、商人出境、蒙古人出境和蒙古喇嘛出境时请领票据等的规定。规定内外各札萨克蒙古等，准由山海关、喜峰口、古北口、独石口、杀虎口出入行走进口时，边门章京查明登记；出口时，仍行查验放行，其余边门不准行走。蒙古等私来内地不准容留，买内地民人出边者，永行禁止。不得越边逃走，札萨克等将缉获人犯于三日内起解送院，若过三日，将札萨克王贝勒贝子公台吉塔布囊罚俸三个月。蒙古人贸易时报明该旗。内地商人出外贸易，由察哈尔都统、绥远城将军、多伦诺尔同知衙门领取部票。商民不得越界贸易，严禁商民渔利，禁止商民在唐努乌梁海等处贸易，惩处未领执照的民人。“边禁”门具体规定了有关卡伦的管理和设置。② 卡伦官兵旷职误期，“佐领革职，罚三九牲畜；骁骑校革职，罚二九牲畜存公；披甲人等鞭一百。不至所派之处另至他处者，章京、骁骑校革职，披甲人等鞭八十”。不准哈萨克人私入内地和越卡伦，库伦等处分别逐留种地贸易商民。

《理藩院则例》确立了蒙古地方的刑法制度。清廷通过制定“人命”“强劫”“偷窃”“发冢”“犯奸”“略买略卖”“违禁”“杂犯”“罪罚”等门来管理蒙古地区的刑名案件。具体内容上沿用蒙古传统法的有关人命、偷盗、犯奸的惩罚原则为基础的同时，从国家法制统一的原则出发，在大清律例立法精神下，参照内地律，制定了独具特色的边疆民族地区定罪量刑条款。

“人命”是有关杀人罪和伤人罪的处罚规定。包括致死家奴属下人、致伤家奴属下人、蒙古汗王等擅用金刃等物杀人伤人、蒙古属下官员等擅用金刃等物杀人伤人、奴杀家主、夫故杀妻、斗杀、戏杀过失伤人、因伤堕胎等。

对于人命案，规定，管旗汗、王、贝勒、贝子、公台、吉塔布囊等将人鞭殴致死，经该盟长、札萨克审实后报理藩院，“系家奴，罚俸一年；系闲散属下人，罚俸二年；系旗下官员披甲，罚俸三年。致死闲散王公台吉名下者，罪同。仍各罚三九牲

---

① 有关治罪的兵部条例，参见《大清会典事例》卷698。

② 有关清代卡伦的由来、设置、职能、分布状况等方面参见宝音朝克图著：《清朝北部卡伦研究》，中国人民大学出版社2005年版。

畜，给付死者之家，其妻子弟兄一并遣赴别旗，听其自便”。以上人员将人鞭殴成致伤，“系家奴，罚俸半年；系闲散属下人，罚俸一年；系旗下官员披甲，罚俸二年。致伤闲散王公属下者，罪同。仍各罚一九牲畜，给付伤者之家，其妻子兄弟均令出户”。

蒙古汗王、属下官员等擅用金刃杀人、伤人、致残废者受到惩罚。致伤，“无论致伤者系何项人，各罚俸二年；无俸台吉塔布囊，各罚四九牲畜存公。因而致残废者，罚俸三年；无俸者，各罚六九牲畜存公。还有仍各罚一九牲畜，给予残废者之家”。用金刃伤人致死或杀死，“闲散台吉塔布囊，照刑例定拟；汗王、贝勒、贝子、公、札萨克，均查照刑例，声明请旨”。蒙古属下官员及平人擅用金刃伤人者，“无论所伤者系何项人，官员革职，罚二九牲畜存公；平人鞭一百。因而致残废者，官员革职，罚四九牲畜存公；平人鞭一百加枷号一个月。仍各罚一九牲畜，给予残废者之家”。擅用金刃致死或杀人，均照刑例定拟。各等级人员非擅用金刃，以手足他物伤人、致残者“各减擅用金刃例一等科罪”，杀人者，“照刑例科断。其有服制者，仍依服制论”。致妇女堕胎者，“汗、王、贝勒、贝子、公罚俸二年；无俸台吉、塔布囊罚四九牲畜存公；官员革职，罚四九牲畜存公；平人鞭一百加枷号一个月。仍各罚一九牲畜给堕胎者之家。其因而致死并讯有谋故等情者，均照刑例办理”。蒙古固有法对这种使妇女堕胎情况，一般是“怀胎几个月罚几九”。

《理藩院则例》规定：“家奴杀其主者，凌迟处死。”这足以说明这部法典的阶级性质。

“夫故杀妻”条规定：“蒙古台吉、塔布囊并属下官员平人，无辜殴妻致死者，绞；故杀者，亦绞，均监候。过失杀者，如确有佐证，由该盟长，札萨克审实，系属过失，台吉、塔布囊并属下官员革职，枷号六十日，鞭一百；平人，枷号六十日，鞭一百。仍各罚二九牲畜，给妻之母家。其汗、王、贝勒、贝子、公、札萨克犯前项罪名，查照刑例，声明请旨。”

斗殴造成致死方面，明确规定“凡斗殴伤重，五十日内身死，殴之者绞监候，其共殴者，照刑例定拟”。嬉戏造成致死或过失杀人，“俱查照刑例分别定拟”。

从以上各条款的规定来看，有关人命的案件“照刑例科断”“有服制者服制”论、“保辜”期等处罚规定吸收了《大清律例》的相关原则的审判制度。科断人命案时，与以往的蒙古传统法不同的是惩罚上仍罚以九为基数罚畜外，还有凌迟处死、绞监候、革职、罚俸、鞭、枷号等大清律的有些规定。

“强劫”门是关于抢劫、抢夺等情况的定罪规定。此门中有青海及各蒙古地方强劫盗犯不分首从拟罪、伙众抢夺分别拟罪、台吉强劫杀人、台吉强劫伤人得财、台吉强劫伤人未得财、台吉强劫未伤人得财、台吉强劫未伤人未得财以及处罚规定。

“强劫”门规定：“蒙古地方强劫案件，如俱系蒙古人，专用蒙古例；俱系民人，专用刑律。如蒙古与民人伙同强劫，核其罪名，蒙古例重于刑律者，蒙古与民人俱照蒙古例问拟；刑律重于蒙古例者，蒙古与民人俱照刑律问拟。”蒙古例是指《理藩院则例》的有关强劫方面的处罚条款，而刑律则指《大清律例》的有关强劫的处罚条款。对于强劫的处罚上有籍没产畜、照例议处、斩决、发遣烟瘴地方和伊犁交驿站充当苦差、拟绞监候、拟斩立决、革爵、枷号、鞭、发往邻盟严加管束等措施。

“偷窃”分上下二门。是关于蒙古地区各种偷窃罪及惩罚的规定。牲畜是蒙古地区主要的财产。蒙古地区大多数偷窃案件都与偷窃牲畜有关。根据“蒙古地方偷窃牲畜视其匹数分别治罪”条，偷窃案件依照偷窃牲畜的数量按刑律治罪。“偷窃”门主要针对偷窃临幸围场营盘马匹、私入围场偷窃牲畜木植、偷窃官牧牲畜、偷窃猪狗鸡鸭、偷窃银两、盗挖金银矿砂、亲属相盗、蒙古台吉平人和民人等偷窃行为的处治办法。偷窃主要以斩立决、拟绞、发遣、罚俸、罚畜、枷号、鞭、刺字（如私入围场打枪放狗，或采菜砍木，除照例分别拟罪外，不论首从，已得赃者，皆面刺盗围场字，私入木兰围场亦同）来治罪。还有拒捕杀人或伤人也有专门规定。

蒙古地方偷盗行为在年龄上规定“未满十岁之子行窃者，免罪。十五岁以下者，照刑例收赎。十六岁以上者，照例科罪”。

“蒙古人亲属相盗”条规定：“凡内外札萨克等处，蒙古各居（本宗外姻）亲属相盗（牲畜财物）者，期亲减凡人五等，大功减四等，小公减三等，缌麻减二等，无服之亲减一等（宗派不详者不准引用此例）。”① 从期亲、大功、小功、缌麻、无服之亲分等论罪情况来看，“表现了以礼为核心的汉族法律文化的影响”②。

蒙古地方偷窃牲畜再犯三犯加等治罪。不准窝隐盗贼，蒙古地方遇有偷窃案，据实报理藩院，失察者，从札萨克到十家长，都受罚俸或罚畜的处罚。若发生蒙古人偷窃俄罗斯马匹，“除照与俄罗斯会定则例赔罚马匹外，仍照蒙古例分别拟罪”。

---

① “偷窃”门“台吉亲属相盗”条更详细的规定：“台吉亲属相盗牲畜财物者，无论赃数多寡，期亲（胞伯叔、胞兄弟、胞侄）罚五牲畜，大功（堂兄弟）罚一九牲畜，小功（伯叔祖、堂伯叔、再从兄弟、堂侄、侄孙）罚二九牲畜，缌麻（曾伯叔祖、祖伯叔祖、族伯叔、族兄弟、再从侄、堂侄孙、曾侄孙）罚三九牲畜，无服之本宗亲属罚四句牲畜。俱存公备赏，仍追赃给主。”

② 张晋藩：《清律研究》，法律出版社1992年版，第156页。

“发冢”门是关于发掘坟冢方面的规定。“平人发掘王等坟冢”和“平人发掘平人坟冢”等，按轻重给予绞监候、斩立决、枷号、鞭、发遣。

“犯奸”门是有关惩罚奸淫、通奸、和奸的规定。蒙古社会自古以来对奸罪予以严厉的惩罚。“犯奸”门对王等奸平人之妻、平人奸福晋、家奴及兼辖之人奸台吉等妻妾、平人犯奸做出了详细的处罚规定。通过条款可以看出，有尊奸卑从轻、卑奸尊从重的处罚原则。如王等奸平人妻“罚俸三年，仍罚三九牲畜，给奸妇之夫；无俸台吉塔布囊，折罚六九牲畜存公，仍罚一九牲畜，给奸妇之夫”。而平人奸福晋“奸夫凌迟处死，福晋斩决，奸夫妻子发邻盟为奴”。台吉等的家奴奸台吉等妻妾者，照刑例家奴奸家长妻妾办理。① 兼辖之属下阿勒巴图（属民）等奸台吉等之妻，“奸夫奸妇俱绞监候”，奸台吉等妾者，“奸夫奸妇俱枷号两个月，鞭一百，奸妇鞭决枷赎”。兼辖之属下阿勒巴图当喇嘛者，亦照此例办理。平人和奸，“奸夫枷号一个月，鞭一百，奸妇枷号一个月，鞭一百”。拐奸妇人，“奸妇枷号两个月，发遣山东河南，交驿当差，奸妇鞭一百，枷号两个月，交本夫领回，听其去留”。

蒙古传统法一向尊重妇女的权益，这一倾向自明代以来更明显。在歼奸罪中，对妇女的惩罚较轻，若系被迫，妇女不会受到惩罚。清代蒙古法对奸罪的处罚，受到清律的影响，处罚比较严苛，反映了中原法律男尊女卑的不平等法律观。在《理藩院则例》中尚未记载有关未婚妇女的规定。

“略卖略买”是关于惩罚买卖人口的规定。“蒙古等互相诱卖”条规定：“蒙古等互相哄诱，将良人卖为奴婢妻妾子孙者，不分已卖、未卖，鞭一百，罚三九牲畜。被诱知情之人鞭一百，被诱不知情者免坐，饬交本家领回。”另外还规定禁止诱卖内地之人，已入档的蒙古属下人，不准擅行售卖与内地旗人。违者，鞭一百，罚三九牲畜。失察之札萨克、盟长罚俸三个月，协理台吉罚一九牲畜，所买之人不给原价，撤出交本旗充当差使。

“违禁”门是有关蒙古方面的一些禁令，如：不准先后贺年，不准违禁服饰，丧葬违禁，事出两造（指原被告）不得私议完结，失察偷捕偷挖貂鼠人参，不准购买黑龙江瓜尔察索伦地方貂皮，不准越入他人地界，蒙古汗王不准擅移游牧，禁止馈送阿勒巴图，禁止延请内地书吏，禁止蒙古使用汉文，蒙古人等不得用汉字命名，煤窑烧锅不得擅请增开，喀尔喀四部落已授职台吉系正项佐领下人等不准资助呼图克图喇嘛上商为徒。

---

① 刑例规定，奸家长之妻各斩决，奸家长之妾者绞监候。家奴当喇嘛者，亦照此办理。

“杂犯”门是有关其他门中所不能包含的或遗漏的一些犯罪行为。其中有诽谤官长、奉差之人被窃将卡伦章京治罪、匪类发遣河南山东、挟仇放火、熏兽失火、民人失火延烧牧场、病人传染、不容行人住宿、射杀牲畜、走失牲畜移知邻封、私雕假印、斗殴揪落冒缨、失火延烧档案军器等内容。该门的犯罪种类繁多，处罚手段也不一致。而这一门的一个显著的特点是在相当大的程度上继承了蒙古固有法的立法原则和处罚精神。

比如对传染病方面规定：“凡出痘病人卧人家内，因而传染以致死人者，罚三九牲畜，痊愈者，罚一九牲畜，均给被传染者之家。”在《阿勒坦汗法典》等蒙古法典和萧大亨记录中有类似的记载。古代社会隔离传染病患者是一个很重要的防范措施。再如，此门规定：“蒙古地方天气严寒，如天晚遇有投宿行人，不肯容留致被冻死者，罚一九牲畜。如容留住宿，其财物牲畜均由主家照料，但有疏失，责令赔偿。”

“罪罚”门是清廷对蒙古地区的刑罚制度方面的若干规定和少许违禁方面和诉讼制度方面的规定。蒙古古代刑罚制度主要以罚牲畜为主要的惩罚手段。进入清代，清朝在蒙古地区确立了完备的职官制度，从而刑罚种类也发生了变化。清代刑罚主要以罚牲畜和罚俸两种，这充分体现了蒙古地区刑罚制度的特点。

清代在刑罚上沿用以九为基数罚畜制度的同时兼七数、五数、三数牲畜处罚办法。九数为：“马二匹，犍牛二只，乳牛二只，三岁牛二只，两岁牛一只”；七数为：“马一匹，犍牛一只，乳牛一只，三岁牛二只，两岁牛二只”；五数为：“犍牛一只，乳牛一只，三岁牛一只，两岁牛二只”；三数为：“乳牛一只，三岁牛一只，两岁牛一只。”

明代蒙古法典没有明确规定罚九的定限。《理藩院则例》规定了定限和限期内未交者的处罚办法。规定：“凡犯案应罚牲畜，均于案结奉文之日，每九限三十日完交，各予五日余限。届限不交者，台吉官员不计牲畜数目，但短交即革去顶戴，展限勒交，展之三限。实在无力完交者，革去台吉，三年无过开复，免其追交，罪止革去台吉。官员径行革职。平人短交牲畜一二数者，鞭二十五；三四者，鞭五十；五六数者，鞭七十五；七数至九数者，鞭一百；九数以上，加枷号一个月。”

《理藩院则例》通过制定“首告”“审断”“入誓”“疏脱”“捕亡”“监禁”“递解”“留养”“收赎”“遇赦”“限期”等门确立了蒙古地区的司法制度。

“首告”门是关于呈控、自首、出首和处理匿名揭帖方面的规定。“呈控”有争控事件，先在该札萨克处呈控，若有负屈，许在该盟长处呈控，若盟长等不秉公办理，许原告人将曾在该札萨克处呈控如何办理，复在该盟长处呈控如何判断之处开明，然后赴理藩院呈控。案件由理藩院详核或盟长等办理，或应遣大臣办理之处请旨。诉讼程序上不能越诉诬告。若不在该札萨克处呈控，又不在该盟长处具控，径行赴理藩院具控者，不论是非，“台吉、官员罚三九牲畜，属下家奴鞭一百”。寻常事件，仍交该札萨克盟长等办理。如关人命重案，“由院详讯，应派大臣办理之处。若已在该札萨克盟长处控告，均办理与例相符，毋庸置疑”。诉讼中，如所控事情不实，按事件的轻重，“将原告之人反坐其罪”。另外，呈控时禁止代控，规定：“凡呈控事件，祗准本人或遣抱告呈控，若本人并不知情，由他人代控者，概不受理。”

犯罪者“自首”，照刑例分别办理。“出首”是立案的条件，因此对出首之人给以保护和奖赏。规定：“凡出首事件所罚物内，给首者一半。”不得怀仇索取出首之人牲畜，违者，王公台吉、罚俸一年，无俸台吉、塔布囊，罚牲畜二九存公，其挟仇所取牲畜追给本人，任其择主归投。拾获“匿名揭帖”也是立案的一个重要条件，规定：“凡蒙古地方拾获匿名揭帖，即将原帖销毁，不准查办，唯关系国家重大事务者，密行报院，奏闻请旨。”

“审断”门规定了蒙古地区的审判制度。

蒙古地区拟定斩绞死罪人犯，先由各札萨克处审讯，声叙罪情呈报盟长，由盟长核转报院，由院会同三法司①定拟，具奏请旨，最后其应监候秋后处决者，归刑部秋审，会同九卿科道②拟议。判决时如蒙古例无专条引用刑例，准照刑例办理或咨取吏兵刑等则例比照引用，这种情况，体察蒙古情形定拟，毋庸会办。如遇奉旨交议案件内，有事隶各该衙门者，仍由各该衙门会办。蒙古与民人有关人命案件，各按犯事地方治罪，“蒙古等在内地犯事，照依刑例定拟；民人在蒙古地方犯事，照依蒙古例定拟”。相验蒙古等命案，蒙古罪犯就近会审。另外此门还专门规定了陕甘两省交涉蒙古案件、阿勒泰军站察哈尔都统等军台蒙古案件、科尔沁土谢图王等旗命盗案件分别会审相验、鄂尔多斯阿拉善两处蒙古民人交涉命案、喀尔喀部落蒙古民人交涉案件的审判办法。内外札萨克等承审不实，承审官罚俸或罚畜。内外各盟长、札萨克有案件呈控，及时收审，“不即收审者，罚俸一年。若因不即查究以致酿成人命者，罚俸三年。无俸人员照例罚九”。定罪处罚实施的实际过程中，可以折枷处理。规定：“刑例

---

① 清代三法司指刑部、大理司、都察院。

② 九卿科道指吏、户、礼、兵、刑、工六部尚书，都察院左都御史，通政使，大理司卿等九卿和大理司所属的科道。

拟以笞杖者，各照数鞭责，拟以军、流、徒者，免其发遣，分别枷号。徒一年者，枷号二十日，每等递加五日，总徒准徒亦递加五日。流二千里者，枷号五十日，每等亦递加五日。附近充军者，枷号七十日，近边者，七十五日，边远沿海边外者，八十日，极边烟瘴者，九十日。”而移尸讹诈分别实发不准折枷。

“入誓”门是获取证据的一种神明裁判色彩的古代审判方式。明代蒙古语叫作“希哈嘎都奥如忽 Sihagan – du – oruhu”，清代亦未变。入誓在案情确凿而本犯无赃证踪迹，坚不承认，事涉疑似者，才令其入誓。即无赃证踪迹、无凭研讯等案情可以情况下入誓，否则不得滥引。王等免其本身入誓，出首之人毋庸入誓。失去牲畜访有踪迹入誓，罪罚牲畜无力完交入誓。入誓之后，罪情有新发现者，对入誓人加等治罪。入誓是蒙古族、女真族审判制度中固有提取证据的习惯法内容，1640 年《蒙古—卫拉特法典》曾详细地规定了入誓制度。

“疏脱”门是关于疏脱解送及收管人犯、截留奉提人犯、抢夺人犯、隐匿逃人、隐匿人犯、疏纵逃人等方面的规定。凡故纵人犯、抢夺拟定罪名人犯，均照刑例治罪。

“捕亡”门是关于追捕逃犯、逃人等方面的规定。凡捕获逃犯，均按脱逃次数加等治罪。追捕逃人，视其是否拒捕、是否伤人的情节给以处罚。

“监禁”门是有关蒙古地方关押人犯地点方面的规定。各札萨克等处，有应拟徒罪以上人犯，一面报院，一面即派官兵解赴就近应禁地方官，暂令监禁。察哈尔蒙古民人交涉案件分别在附近地方收禁，科尔沁等旗蒙古人犯归附近州县寄监。

“递解”门是蒙古地方有关发遣人方面的规定。发遣人犯内遣发之省份，其路途由京经过者，解部发遣；其路途迂回来京必须枉道者，毋庸解部，由院议奏后，交该处，由彼就近遵照部定配所递解发遣。内札萨克乌兰察布盟、伊克昭盟、锡林郭勒盟各旗遣犯就近起解。蒙古遣犯家口允许随往或缘坐或遣犯病故，其妻子情愿携带骨殖回归原籍者，准其回籍。

“留养”门是关于人犯存留养亲方面的规定。这是受到《大清律例》“存留养亲”规定的影响，其中做出了关于台吉犯罪分别留养、喇嘛犯罪分别留养、蒙古家奴犯罪分别留养的规定。斩决以外的如斩绞监候的罪犯，查明家里确实系亲老丁单者，可以留养，但再犯不准留养。另外，喇嘛如从师居住庙宇不养老亲者，不准留养。此规定是按罪犯犯罪轻重、性质、家庭状况来确定可否留养。

“收赎”门是关于罪犯可否用牲畜或财物来抵销其处罚的规定。内外札萨克等蒙古地方，除谋杀、故杀等情节严重者之外，寻常斗殴致死情节轻者和发往邻盟者，准其收赎。规定：“凡收赎蒙古死罪人犯，令出九九马匹入官，再令出三九牲畜给付尸亲，如无尸亲，将三九牲畜存公备赏。”

“遇赦”门是有关蒙古地方犯罪人员可否减免刑罚处罚方面的规定。蒙古地区凡殴人致死，遇赦减等并缓决减等者，俱罚三九牲畜，给与死者亲属，免其发遣。其无力交纳者，发遣山东、河南等省，交驿充当苦差。蒙古在边外偷窃牲畜遇恩诏不准减等，其事犯在内地者，准其缓减。台吉犯罪减等发往邻盟，蒙古偷窃牲畜拟遣，犯人安分守法已逾20年或未及年限犯人年已逾七十及因病成废者，准其释回。偷窃牲畜数在10匹以上者，不准缓减。

“限期”门是有关蒙古地区缉捕逃犯、关提人犯、移复咨文、缉捕逃犯奖惩呈报恭事的限期定限方面的规定。

《理藩院则例》专设“喇嘛事例”5门，制定了清朝对蒙藏地区喇嘛教事务管理制度。《蒙古律例》把喇嘛教事宜专设“喇嘛例”一门，专门规定喇嘛服饰、喇嘛班第、喇嘛庙管理和喇嘛犯罪等的处理条款。《理藩院则例》对此更加详尽，分别确立了蒙古地区活佛转世制度；蒙古喇嘛职衔、名号、册命制度；蒙古地区喇嘛定额、升用、品级制度；钱粮、衣服、度牒等制度和其他管理制度。制定专门的“喇嘛例”是清代民族立法的一个重要特色。清代喇嘛事务在整个蒙古地区行政管理中占有相当比重，因此也备受重视。譬如，在喀尔喀地区专设沙比衙门，管理喇嘛教事务等。

《理藩院则例》以上各门主要是清朝对蒙古地区的行政、民事、刑事、诉讼、审判、宗教等方面的内容。除此之外，还设立了专门管理西藏事务的“西藏通制”上下二门和有关与俄罗斯交界通商以及边界卡伦管理方面的“俄罗斯事例”一门。《理藩院则例》第64卷。“捐输”门是光绪朝增纂的内外札萨克官员、喇嘛等捐输银两牲畜等方面的内容。

近年，在蒙古国又发现了一部65卷的《外藩蒙古理藩院遵行则例》蒙古文版本，是专门针对外藩喀尔喀蒙古地区的理藩院变通规定，内容尤详。

《理藩院则例》是中国历代封建王朝民族立法史上的集大成的代表作，是清代北部、西北部和西藏等边疆地区管理制度的特别法规。它适用范围广泛，规定具体，特色鲜明，内容丰富，体系严谨、庞大，门类齐全、施行稳定。

《理藩院则例》的形成，经历了努尔哈赤、皇太极的关外时期到顺、康、雍、乾、嘉、道、光历朝，经多次编纂、修改、增纂才得以定例。从《理藩院则例》的编纂，可以看到清代民族立法的探索历程和立法原则。编纂的历程，充分体现了清朝民族立法上的国家法制统一原则、因地制宜的立法原则、因事立法原则、繁简分明的立法原则和大清律与蒙古固有法有机结合的原则。《理藩院则例》充分吸收了蒙古社会司法审判制度中的“罚畜”“入誓”“会盟”以及收赎死刑犯等内容。同时“蒙古例”中的有些内容也有了内地化倾向，输入了不少大清律例的条款，尤其是大清律例刑例方面的内容，且每次增纂时有不断增加的趋势。如“审断”门规定“凡办理蒙古案件，如蒙古例所未备者，准照刑例办理”。对这种情况的出现，有学者认为：“这种法制内地化的倾向，不仅有政治原因、司法原因、经济原因，还有法律文化的相互吸收，民族心理与习惯的相互沟通，作为重要的思想基础。”①

清代民族地区管理机构理藩院及其工作章程《理藩院则例》，对清朝有效管理边疆民族地区起到了重要的作用，这是清朝边疆民族政策成功的一面，无论是对边疆地区进行的行之有效的管辖，还是对边疆民族实行的“因俗而治”政策，都是历代封建王朝所不及的。它对国防的巩固、边疆民族地区社会经济的稳定发展和统一多民族国家的形成提供了成功的经验。

第四节

清朝管理青海蒙藏地区的三部特别法规

18 世纪初，统治青藏高原达八十余年之久的和硕特汗廷覆灭。以罗布藏丹津为首的和硕特贵族希望依靠清廷势力重新登上和硕特汗位，继续统治青藏高原的愿望化为泡影后②举行了反清暴动。青海地区众多寺庙的喇嘛也跟随罗布藏丹津参加到反清行

---

① 张晋藩：《清律研究》，法律出版社 1992 年版，第 162 页。

② 魏源撰：《圣武记》（上）卷三，《雍正两征厄鲁特纪·外藩·青海部》载：“藏中和硕特末年为策妄（指准噶尔策妄阿拉布坦汗）所覆，而青海之和硕特部族如故也。至是，达什巴图之子罗布藏丹津袭亲王爵，从大军入藏。归，以青海及唐古特旧皆和硕特属，而已固始汗嫡孙，阴觊复先人霸业，总长诸部。乃于雍正元年夏，诱诸部盟于察罕托罗海，令各仍故号，不得复称王、贝勒、公等爵，而自号达赖浑台吉以统之，欲胁诸台吉奉己如鄂齐尔汗，据唐古特以遥制青海。”中华书局 1984 年版，第 139 页。包文汉整理：《皇朝藩部要略稿本》卷一一，《厄鲁特要略》三，黑龙江教育出版社 1997 年版，第 171 页。

列之中①。雍正二年（1724），清廷派抚远大将军年羹尧和四川提督岳钟琪出兵西北，平定青海罗布藏丹津之乱。

清朝自平定罗卜藏丹津举事至雍正末年间，管理青海蒙藏民族地区方面先后颁布《青海善后事宜十三条》《禁约青海十二条》和《西宁青海番夷成例》三个特别法规。这些法规清朝在该地区强化和巩固其统治起了重要作用。

一、从《青海善后事宜十三条》到《禁约青海十二条》

雍正二年（1724）五月，抚远大将军太保公川陕总督年羹尧奏请《条陈西海善后事宜》密折②，即《青海善后事宜十三条》（以下简称《十三条》）。

关于该奏折的名称和内容，各类史书略有不同。《清世宗实录》卷20，“雍正二年五月戊辰”条、《平定准噶尔方略》卷一四，“雍正二年闰四月壬戌”条和《东华录》雍正四等均称《青海善后事宜十三条》或《条奏青海善后事宜十三条》，并有议政王大臣逐条议定之意见。除行文略有不同和人名、地名音写有所不同外，内容基本一致，大体上有3500字左右；《清史列传》卷一三《年羹尧传》，载其条目，称《青海善后十三事》，600余字；《清史稿》卷二九五《年羹尧传》，载事不载条目，谓《青海善后诸事》100余字。而年羹尧原奏文件于民国十九年（1931）故宫博物院文献馆整理内阁大库档案时被发现，收入《文献丛编》第六、七辑中，原件名为《条陈西海善后事宜折》，有一万余字。与其他记载相比，丰富详尽。本文参考了季永海等点校的《年羹尧满汉文奏折译编》所载13条。该13条是年羹尧等平定青海后向清廷提出的善后措施和临时管理制度。当时的西海是指和硕特蒙古势力所及的以青海为中心的广大地区，包括今青海省和今甘肃、西藏、四川、云南、宁夏、内蒙古等省区的部分地区。

年羹尧在折中说：“……为天卫远震，西海荡平，善后事宜……谨抒管见，先得十三条，敢为我皇上陈之，以冀采择焉。”其目的就是为达到“以恩而知感，畏之以

---

① 魏源撰：《圣武记》（上）卷三，《雍正两征厄鲁特纪·外藩·青海部》载：“初，青海有大喇嘛曰察汗诺们汗者，自西藏分支，住持塔尔寺，为黄教之宗，番夷信向，丹津以术诱煽使从己。大喇嘛既从，于是远近风靡，游牧番子喇嘛等二十余万同时骚动，犯西宁，掠牛马，抗官兵。”中华书局1984年版，第139—140页。

② 季永海、李盘胜、谢志宁翻译点校：《年羹尧满汉文奏折译编》，天津古籍出版社1995年版，第280—294页。

威而知惧”的目的。这13事为：

西海诸部宜定功罪而行赏罚事；蒙古部落宜定分地而编佐领事；朝贡互市宜各有期而定章程事；喀尔喀等台吉宜有定所而成部落事；抚西番，收其赋税，而固边圉事；达赖喇嘛宜予恩赐而定岁额事；查清喇嘛，稽查奸徒，以正黄教事；甘、凉、西宁宜筑新边而别内外事；添设镇营相为角而示声援事；川省松、炉宜添镇营而资弹压事；内地兵马当议裁减而省粮饷事；新辟地方宜广屯种而增赋税事；善后事宜期于久远而便遵守。

按其内容大体可分为政治、宗教、军事、经济几个方面。关于《十三条》，王希隆认为，《青海善后事宜十三条》就成为清廷对青海等地区蒙、藏民族的统治政策和管理制度，它不仅对青海等地区的政治、经济等方面起了重要的作用，而且，对新疆、西藏产生的影响也不可低估。① 刘广安认为，《青海善后事宜十三条》这部法规基本上是一部行政法规，它主要是规定了青海地区的行政法律制度和民事法律制度。行政法律方面的规定也存在不够完善的地方，如清政府在青海地方的最高行政机构还没有规定。……清政府关于青海地方的行政立法，在雍正朝之后，有一些补充，但没有特别大的变化。②

政治方面，对清廷平定青海战役中立功的青海部分台吉进行行赏，而对叛乱的台吉、喇嘛和部众进行了处分。而更深层意义上的是在青海地方设置盟旗之事。年羹尧在青海编佐领折③中谈到，青海地方实行札萨克制度和定期会盟制度，在青海蒙古设盟旗和编佐领。依照内札萨克例，编制佐领，以札萨克领之。凡29旗加上察罕诺门汗游牧喇嘛旗，共设一盟，但不设盟长。清朝在青海设置西宁办事大臣后，盟旗节制于该大臣。

对于噶尔丹进攻喀尔喀时逃奔到青海和欲归达赖喇嘛的喀尔喀、兀良海人，将不愿意役属于“西海之喀尔喀亦编立佐领，授为札萨克，使分居于诛灭逆党之地。若有

---

① 王希隆：《年羹尧〈青海善后事宜十三条〉》述论，《西藏研究》，1992年第4期。

② 刘广安：《清代民族立法研究》，中国政法大学出版社1992年版，第102页。

③ 前引《年羹尧满汉文奏折译编》第127页。折文如下：“今上仰圣上天威，讨平逆贼，若不乘此军威及时建立法纪，与我内札萨克一样编佐领以统辖，后日不能永无事乱，所关甚为重要。此编佐领之事并未过时，故臣我就所知议论如下：每百户编一佐领，不足百户者为半个佐领。所属台吉皆为札萨克。伊等兄弟之内，择相善者各为一协理台吉。每札萨克各设协领、副协领、参领一员，每佐领各设佐领，骁骑校一员，小博硕库各四员。既伊等户口多少不一，所编佐领多，若仅设协领、副协领、参领各一员，统辖旗困难，如此一旗若超过十佐领，除不增加协领外，则各增加副协领一员，两个佐领酌增加一个参领。”

原归本处者，听其自便”。① 这样的处理有利于清廷“分西海之势”。清朝还把这一制度进而推行到青海藏族地区。②

对于朝贡，“凡西海王、贝勒等，分为三班，三年一次，九年而周，周而复始”③，互市制度方面，“其欲于内地交易者，每年定于二八两月贸易两次，当在边墙之外。臣以择定于西宁西川口外日月山为交易之所，不得擅易地方。如遇贸易之期，仍令镇营率兵弹压，倘敢无故辄近边墙者，即加罪责。则章程既定，而荒服不敢生觊觎之心矣”④。将藏族地区对已经归附的各番“添设卫所，以资抚驭，以征赋税”；对“有为番民信服之头目，请给以土千百户及土巡检之衔，分管番众，仍听附近道厅及添设卫所管辖”。征税方面，“其应纳粮草，则照从前纳于西海、纳于喇嘛者，少减其数”⑤。为笼络达赖喇嘛、班禅喇嘛，制定了“岁定赏额”，规定“每岁赴炉（打箭炉）贸易，共货物若干驮，叉木多以东不许收其鞍子钱，仍令打箭炉税差免其货税（鞍子钱是达赖喇嘛、班禅喇嘛每岁遣人至打箭炉贸易，自叉木多、乍丫、巴塘、理塘所住的喇嘛，每货一驮，收银一钱五分或三钱不等，叫鞍子钱）。再每岁赏给茶叶五千斤，班禅则半之，而茶叶务令雅州荣经县择其最佳者，动正项钱粮购买，运炉充赏，以明扶持黄教之意”⑥。

在宗教方面，青海的蒙藏各族信仰黄教多年，同达赖喇嘛、班禅额尔德尼的关系密切。这里有郭莽寺、祁家寺、塔尔寺、郭隆寺等诸多大小寺庙。清朝进军青海时，雍正皇帝恐黄教寺庙被战火遭殃，曾对年羹尧发出“勿拆毁庐舍祠宇，勿扰害庙内番僧”⑦ 的旨令。但是，战争一开始，西宁附近的各寺院喇嘛也参加了反清行列中，与清兵进行对抗。清兵对参与暴动的喇嘛和寺庙进行“除其众而毁其寺”⑧ 的报复。年羹尧给雍正皇帝的奏折中说：“各寺喇嘛竟为逆贼之东道主人，况有率其属番，以僧人而骑马持械，显与大兵对敌……郭莽寺、祁家寺、塔尔寺、郭隆寺搜获盔甲军器，

① 前引《年羹尧满汉文奏折译编》第285页。

② 魏源撰：《圣武记》（上）卷3，《雍正两征厄鲁特纪·外藩·青海部》载：“西宁番者，北沿甘、凉，西接回部，南界川、滇，二三百部皆吐蕃种，不相统属。明季厄鲁特自北边横越侵之，遂役于厄鲁特，纳租错牧，但知有蒙古，不知有中国。奏仿土司，设番目，改隶道厅卫所，以分厄鲁特之势，定其贡市之期与地，岁会盟，奏选盟长。”中华书局1984年版，第141—142页。

③④⑤ 前引《年羹尧满汉文奏折译编》第284—285页。

⑥ 前引《年羹尧满汉文奏折译编》第286页；《清世宗实录》卷二〇。

⑦ 《清世宗实录》卷一二。

⑧ 杨应琚撰：《西宁府新志》卷三二，《敕赐广惠寺碑文》。

见存可验；节次于官兵抵敌，众目昭彰，势不得不火其居而戮其人。”①

年羹尧在奏折中建议对青海地区喇嘛及寺院的管理制度规定为：

寺屋不得过二百间，喇嘛多者止许三百人，少者不过数十人而已。仍请礼部给以度牒，填写姓名年貌于上，每年令地方官稽察二次，取寺中首领僧人出给，不致容留匪类奸徒，甘结存案。如喇嘛遇有物故者，即追其度牒缴部。每年另给度牒若干张，交地方官查收，遇有新经披剃之人，查明填给。②

另外，对寺院每年钱粮的管理做了“番粮尽归地方官，而岁计各寺所需，量给粮石，并加以衣单银两”的规定。

13 条中的后六项内容主要是谈青海地方的驻防和屯垦方面的规定，是平定青海后进一步军事管理和经济运作方面的具体思路。其目的就是防范和硕特蒙古再次叛乱，影响清朝对青海地区的统治。这是清朝对青海蒙古地区的一项非常有效的一种弹压措施。在青海地方创修边墙，建筑城堡和添设官兵等。屯垦方面，规定将直隶、山西、河南、山东、陕西五省军罪人犯，发往青海边远地方开垦屯种。青海西宁地区由当地居民和驻防兵丁的子弟亲戚开垦屯种，不必发遣犯人。对屯垦者，皆由地方官动支正项钱粮，买给牛具、籽种，三年之内，免于起科。对巴尔（盐池）的管理上，为使不断“兵民日用食盐”，不让“蒙古专其利”，盐池设副将 1 员，左右都司 2 员，营兵 1600 名。

《十三条》是清廷平定青海后年羹尧起草奏请，朝廷批准认可的一部行政法规，是清朝政府对青海地区颁布的第一部较系统的法律文件。因时间仓促和随意性很大，所以并不完备。年羹尧先将该法律措施向青海诸台吉和部众宣布，然后起草奏请清廷批准，主要规定了青海地区的行政法律规范和管理模式。雍正帝阅后认为各项措施运筹周密，措置精详，诸事皆合机宜，经下诸王大臣等详议，除对个别条款略有修正外，其余悉照所奏实行。故《十三条》就成为清廷对青海等地区蒙、藏民族的统治政策和管理制度，它不仅对青海等地区的政治，经济等方面起了重要的作用，而且对新疆、西藏产生的影响也不可低估。

---

① 前引《年羹尧满汉文奏折译编》，第 287 页。《圣武记》卷 3 载：“二年正月，岳钟琪攻党贼剌麻（喇嘛）于西宁东北之郭隆寺，夺其三岭，沿途焚其十七寨，庐舍七千余，斩首六千，其石门、奇嘉、郭莽等寺皆破。”

② 前引《年羹尧满汉文奏折译编》，第 287 页。

年羹尧奏请《十三事》的同月，又奏请一份《禁约青海十二条》①。该禁约的主要内容是《十三事》的强调和补充。年羹尧拟定的这份禁约旨在对青海蒙古“制定法纪严加约束”。如与十三条一样，《禁约青海十二条》是清军平定青海后年羹尧先向青海诸台吉和各部宣布，然后才向清廷奏请后得到批准的，其性质亦属随意性很强的临时性法规。这些规定得到雍正皇帝准许后，交总理王大臣、议政大臣讨论决定后才成为正式的适用于青海地区。年羹尧在奏折中说：“臣我拟定禁约十二条，会盟之日，念给青海人听，皆顺从接受。除将此抄写加印，给每札萨克一份外，恭书拟定十二条谨呈谕览。”其内容为：

进贡定有年限；不准自称盟长；番子唐古特人等，不准扰累；喀尔喀、辉特、图尔古特（土尔扈特）部落不许青海占为属下；② 编设佐领不可抗违；内外贸易定地限额；背负恩泽，必行剿灭；内地差遣官员，不论品级大小，奉若谕旨，王公等俱行跪接；其余相见，俱行宾主礼；恪守分地，不许强占；差官商贾往过，不许抢掠；父殁不许娶继母及强娶继母及兄弟之妇；察汗诺们汗、喇嘛庙内，不得妄聚议事。③

前六条内容是对《十三条》中的朝贡、盟旗制度、编设佐领以及贸易等内容的进一步强调。后六条主要强调清廷对青海地区的权威性以及立法的严肃性。对民事调整方面，以行政命令来打破北方民族固有的“收继婚”制度。有鉴于罗卜藏丹津事件的教训，法条禁止喇嘛庙内聚众议事。刘广安认为：“这些条款突破了《青海善后事宜十三条》的行政法规的范围，为清政府对青海地区少数民族的刑事立法和民事立法开了先河。”④ 清朝对青海地区颁布的《十三事》和《十二条》，临时性、随意性较大，有因事立法的特点。这充分说明，雍正初期对青海的立法尚不完善。此时清朝对青海地区立法尚未系统化和规模化。

雍正三年（1725），清廷更西宁卫为西宁府，在西宁设置了“总理青海蒙古番子事务大臣”（简称西宁办事大臣）。是清朝派驻青海地区的最高行政长官，也是清廷在青海设置的最高行政机构。西宁办事大臣的设立，标志着清朝对青海的直接管理。

---

① 季永海、李盘胜、谢志宁翻译点校：《年羹尧满汉文奏折译编》，天津古籍出版社 1995 年版，第 125 页。

② 魏源撰：《圣武记》（上）卷 3，《雍正两征厄鲁特纪·外藩·青海部》载：“先后辟青海千余里，分其地赐各蒙古。分二十九旗，其喀尔喀、土尔扈特、辉特等各自为部，不得属青海。”中华书局 1984 年版，第 141 页。

③ 《清世宗实录》卷 20。

④ 前引刘广安：《清代民族立法研究》，第 103 页。

二、关于《西宁青海番夷成例》

清朝颁定《十三事》和《十二事》后，数年间对青海地区未再颁布相关的法律。雍正十二年（1734），由清朝政府令西宁办事大臣达鼐等人编纂《西宁青海番夷成例》，又称作《番夷条款》或《番例》（以下简称《番例》）。次年（1734）钦定颁发。是清朝对青海地区制定颁布的一部刑事法规为主、兼民事法规和行政法规的特别法规。

《番例》编纂之初，原拟实行五年后改用大清律，把《番例》只作为在青海地方适用内地律例的一种过渡性法规看待。但实际的适用过程中，一再展期。因青海地区杂居着蒙藏诸多民族，民风民俗各异。清政府从因族因地因俗制宜的特点出发，乾隆十三年（1748）五月刑部奏准，今后番民命盗案照《番例条款》办理，不必再请展限。从此直到民国年间并无多大的增删。

《番例》的主要法源是蒙藏民族习惯或某些习惯法，并很大程度上参考了《蒙古律例》，而其立法基本原则是大清律的立法指导思想。对于罚畜、奸淫等内容除措辞上有所变化外，基本相同。对有些内容，因青海地方和蒙古其他地方的情况不同而具体规定不同，如会盟方面的内容显然有区别。① 《番例》现保存在中央民族大学图书馆，青海省图书馆亦有缩微胶片。1986 年青海人民出版社出版了周希武《玉树调查记》，其附录一载《番夷成例六十八条》。1993 年青海人民出版社出版张济民《青海藏区部落习惯法资料集》附录中载孙明轩标点整理的《西宁青海番夷成例》68 条。

其内容涉及出征、会盟、越界、偷盗、杀人、伤人、奸淫、逃人以及诉讼等方面的内容共 68 条，与《十三事》和《十二条》相比，所涉及内容丰富。

在军政方面，规定派定出兵不去，若有千户等不去者，罚犏牛 50 条，百户等罚犏牛 40 条，管束部落百长等罚犏牛 30 条。凡管束部落之头目等带领全寨部落不去者，以军法治罪。指定前往地方，违限 1 日不到者，千户等罚犏牛 7 条，百户等罚犏牛 5 条，管束部落之百长等罚犏牛 3 条。违限数日者，计日递加罚牛。敌人侵犯边

---

① 据《理藩院则例》“会盟”门的相关规定，青海札萨克等，从乾隆十六年始，停止每年会盟，间年举行一次会盟。《番例》规定，“凡会盟已经传知，如有推辞不到者，千户等罚犏牛 15 条；百户等罚犏牛 10 条；管束部落之百长等罚犏牛 5 条。如过期不到者，计日罚犏牛”。《蒙古律例》规定，“会盟已示，而已未管旗之王、贝勒、贝子、公、台吉、塔布囊不到者，各罚俸 6 个月。无俸台吉、塔布囊等罚马 14 匹。负约不到，计日罚马”。

境，应前往所犯之地齐集，若不齐集，罚畜。齐集之后，各部落头目等共同商议，协力剿杀。会盟时须按期到达，禁止越界住牧，若越界头目罚服。不得擅动兵器，违者罚畜。禁止出兵越次先回。“对敌败绩及行军纪律”详细规定了对战阵败北的处罚和英勇战阵者的奖赏及行军中的严明纪律。

在逃人方面，为禁止出现逃亡，对部落人逃走、聚众携械同逃、追赶逃人、不拿逃人、给逃人提供马匹、拿获逃人、获逃解送、解送逃人、拿送逃奴等方面做了处罚规定。部落人逃走，照出兵例追赶。如不追赶者，千户等罚犏牛 50 条，百户等罚犏牛 40 条，管束部落之百长等罚犏牛 30 条。聚众携械同逃，20 人以下本寨人等即行追赶，20 人以上者，临近寨落头目帮助追赶，违者罚畜。追赶逃人，杀死或捕获追赶者受到不同程度的奖励。骑他人马匹逃走者，逃人若有妻子、家产、牲畜，抵算赔偿，无家产，免赔。

在偷窃方面，法规对被窃牲畜、头目偷盗、隐匿贼盗、偷猪狗等家畜、偷金银皮张、偷杀牲畜、偷窃驼马牛羊等 4 种牲畜、偷窃喇嘛的牲畜等做了详细的处罚规定。对偷盗、窝盗行为除罚畜外，还有立誓，立誓是一种神明裁判方式，在青海地区蒙藏民族间更有效。在青藏高原地区，人神关系极为密切，神灵观念至高无上，人们一刻也离不开神。有了这种神明观念的约束，人们对神灵的虔诚，促使案件审判的公证性和准确性。规定被窃牲畜，失主认着，若指称有他人所给者，即令其人对质；如其人不行承认，仍令本人立誓；若立誓，失主只将牲畜收回，免其被罚。不得妨碍搜查贼赃，不容搜查，即坐贼罪。该法规定，凡有斩犯、重犯之人，坚不承认，并无认见，情有可疑者，令其立誓。另外，自己不立誓，让其亲属立誓的规定，足见立誓在青海地区司法审判中的重要性。该法特别规定了偷窃喇嘛牲畜者，将贼人之家产、牲畜入官。

在杀人、伤人方面，规定了因嬉戏而误杀、斗殴致伤、家奴杀主、主人打家奴而致伤、番民自相殴杀、头目抢劫杀人、杀死逃人头目不报、行窃殴死追赶之人等的具体处罚内容。规定，嬉戏致人死亡，罚三九牲畜给予死者之家；家奴弑杀主人，凌迟处死；番民行窃殴死追赶之人，追九九罚服；番民殴死番民，追九九罚服。“斗殴伤人”条规定，斗殴打架，伤人眼目、手足者罚三九，轻伤平复者罚一九，若孕妇堕胎者，罚一九；若用鞭棍、拳头打人者，罚牲畜五件；互相斗殴者，免罚；若折人牙齿罚一九，拔去缨发者，罚牲畜 5 件。“打伤奴仆”条规定，凡人将奴仆用箭射、刀砍及割去耳鼻者，若千户等罚四九，百户等罚三九，管束部落之百长等罚二九，小百长等罚一九，小头目及平人罚牲畜7件；若杀死者，照故杀仇杀例治罪。

在婚姻家庭方面，在很大程度上吸收藏族习惯法的影响。法律允许可以出妻，规定：凡出妻者，其妻赔嫁对象全行给回；除夫妻和睦时花费对象不偿外，现在所有对象，悉行还给。惩罚谋娶人妻，如果平人将平人所定之妇谋娶者，主婚与谋婚之人，如系头目等，各罚三九；如系平人，各罚一九；其妇离异，仍归前夫。“奸人妇女”条规定：平人奸淫平人之妻者，即将其妻罚服（并）取五九牲畜；奸妇交与本夫处死；如不处死者，将罚服牲畜，给与该管头目；若调戏他人妻者，罚服三九牲畜。

该法规的有些条款吸收了蒙古习惯法的某些内容。譬如，凡过往之人，如有不令歇宿，以致冻死者，抵赔外罚一九，未死者罚2岁牛；留宿被窃财物者，着落房主赔偿。患恶病之人，在人家住宿，其病人卖物以致传染他人身死者，罚三九；病愈者罚一九，未传染者罚牲畜一九。该法规定不得毁谤千户、百户、管束部落之百长、小百长、小头目，违者按等级的高低，处罚不同数量的牲畜。每10户设立10户头目。犯罪双方不得私完，必须报官。该法规对罚服牛马定数规定为：凡罚服一九之数：马2匹，犏牛2条，乳牛2条，3岁牛2条，2岁牛1条。5之数：犏牛1条，乳牛1条，3岁牛1条，2岁牛2条。另外规定，至追取罚服之人向犯人取3岁牛1条等语，查番地产马甚少，如罚服内应取马匹者，准改给犏牛。该法规定，罚服牲畜，若系无力偿还的人，可以以鞭来折罪。少纳1头者，鞭25，少纳两头者鞭50，少纳3头者鞭75，少纳4头者，鞭100止。或者，凡称无力完纳罚服牲畜者，令小头目于该部落内，选有颜面之人立誓，具保无力。立誓之后，若被查处者，将查处牲畜罚服外，向立誓之人，罚一九牲畜。

由上可见，《番例》的规定，较多地适用于藏族社会，从该特别法规中可以看出，法规一定程度上体现了蒙藏民族传统习惯法和内地法律制度的有机结合趋势。但与《理藩院则例》相比，该法规受中原法律制度影响并不太深。该法规的颁布，标志着清朝对青海地区的控制已经达到一定的程度，且立法技术也比较成熟。如果与雍正初年《十三事》和《十二条》等临时法规相比较，该法明显的特点是更加规范、稳定和系统，标志着清朝对青海蒙藏民族地区控制的渗透，其立法已经进入了系统化和定型化的阶段。

清朝对青海蒙藏民族地区的立法是一个循序渐进的过程，是清朝因俗而治政策方针的具体体现。随着清廷对该地区统治的强化和巩固，其立法也由最初的旨在稳定而颁布一些临时性的因时因事的行政立法，转向以刑法为主兼民事、经济、家庭婚姻法律制度发展。同时，司法程序亦较前有较大的发展。自此以后，清朝对青海的立法再也没有发生其他重大变化。至于道光年间制定的《青海番子事宜八条》和《青海蒙古番子事宜六条》等，仅对循化、贵德地方的藏民以及蒙藏民族的关系做了一些具体规定。

清代蒙古立法，不管是清朝对蒙古立法，还是蒙古地方立法，都经过了由探索到发展、成熟的过程。而有清一代，国家立法是主流，蒙古例在蒙古司法审判实践当中起着决定性的作用。清朝蒙古例的一个显著的特点是蒙古固有习惯法刑罚制度与以清律为代表的中原法互相渗透。这两种法律制度互相吸收，逐渐融汇，其过程虽然比较缓慢，但没有因法文化底蕴不同而发生冲突排斥。在这一点上，清代民族立法与元代民族立法有着截然不同的经过和结局。

清代蒙古例既有其苛严的一面，但也有宽柔的方面。《蒙古律例》与《理藩院则例》中有关裁判制度及诉讼手段的规定，是依照中原传统的制度，即司法与行政密切结合。蒙古地区由旗札萨克—盟长—理藩院依次顺序来报案审断科罪。各级报案不得逾越。刑罚处罚上，清朝蒙古例充分吸收蒙古习惯法的某些内容，如罚畜刑是蒙古法刑罚体系中占据最重要的地位。清代蒙古例中，虽也重视，但其重要性某种程度上已被贬低，而列于死刑和鞭刑之后，而家畜来赎罪则完整地被保留下来了。蒙古法中也引进了中原特有的许多刑罚规定。例如，凌迟处死、枭首、绞刑、斩立决、发遣、刺字、罚俸等内容。

清代蒙古立法，在中国法制史上占很重要的地位。它是中国古代封建社会民族立法最成功的一例。清代民族政策是成功的，“因地制宜”“因俗而治”的边疆民族统治政策和成功的管理模式，至今仍有很重要的借鉴意义。充分研究清代民族立法经验教训，对当代统一多民族国家的稳定与发展，制定民族政策和有效的实行民族区域自治以及民族法学研究领域的拓展有着重要的现实意义和理论意义。

第九章

清代蒙古地方立法

清廷依据《大清律例》《理藩院则例》和《蒙古律例》等法律法规，对蒙古地区实施有效的治理。与此同时，又根据蒙古民族风俗习惯的特殊性，因地制宜，允许喀尔喀等蒙古地方自行制定适用于本地区的地方性法规，以此来补充和调整蒙古地区政治社会生活中的各种关系。这一历史时期，比较典型的地方性法律法规有《喀尔喀吉如姆》（又译《喀尔喀法典》《喀尔喀法规》或《喀尔喀律令》）、《阿拉善蒙古律例》（又作《阿拉善蒙古法律文档》）、《乌兰哈其尔图法规》《察哈尔正镶白旗察干乌拉庙庙规》等。此外，近年来随着蒙古文档案的不断挖掘和深入研究，在清代蒙古各盟旗和将军、都统衙门遗存的档案中，也发现了不少有关地方法规、规章和案例的档案资料，具有较高的史料价值。

第一节

清代喀尔喀蒙古地方法规：《喀尔喀吉如姆》

一、《喀尔喀吉如姆》手抄本、版本、译注本及研究情况

《喀尔喀吉如姆》（Qlha jirum），又名《三旗大法典》，由清代喀尔喀蒙古土谢图汗部、札萨克图汗部、车臣汗部僧俗封建主从康熙四十八年（1709）到乾隆三十五年（1770）间陆续商定而成的系列法规所组成的。

《喀尔喀吉如姆》是一部18世纪最有代表性的蒙古地方性法规。

在《喀尔喀吉如姆》的整理和研究方面，扎姆察拉诺（Ц. Ж. ЖАЦАРАНО）、符拉基米尔佐夫（Б. Я. ВЛАДИМИРЦОВ）、迪雷科夫（С. Д. ДЫЛЫКОВА）、梁赞诺夫斯基、图鲁诺夫（А. ТУРУНОВ）、普契柯夫斯基（Л. С. ПУЧКОВСКИЙ）、林钦、策·那顺巴拉珠尔、田山茂、二木博史（FUTAKIHIROSHI）、Ш·罕达道尔吉、扎兰·阿扎布（С. ЖАДАН－ААЖАВ）、道润梯步等学者以及近年来，达力扎布、乌云毕力格、齐木德道尔吉、布仁巴图、那顺乌力吉和蒙古国Ж·包力道巴特尔、Д·隆德坚赞、Ц·阿拉坛格日乐、В·巴雅尔赛汗等学者做了很多有意义的学术探讨。

据布里亚特学者扎姆察拉诺研究，最初，这部法典的唯一抄本收藏于清代喀尔喀商卓特巴衙门（离恰克图不远的阿木尔巴雅思呼朗图地方，在宜宾郭勒河畔），严格禁止取出抄本复制。1914 年，他得到一个抄本，将它送给圣·彼得堡大学研究院亚洲博物馆。此后，扎姆察拉诺博士又收集到两个抄本，其中一个作为底本，交给图鲁诺夫，1923 年伊尔库茨克大学社会科学系出版的著作汇编中收入的以《喀尔喀法典》为题的论文。扎姆察拉诺于 1933 年在列宁格勒完成俄译本，并附有附录和译注，但这些注释没有全部完成。林钦博士修正了俄译本正文中的笔误，并进行了修改，使性、数、格取得一致。余大钧根据乌兰巴托 1958 年《蒙古学》刊载的扎姆察拉诺俄译本，翻译成中文，发表在《蒙古学研究参考资料》1982 年新编第 24 辑上，并认为，扎姆察拉诺译本时间上没有先后的排列顺序，内容上也比较零散，不成系统，从而给研究《喀尔喀吉如姆》带来很大的困难。

1965 年，迪雷科夫按照扎姆察拉诺于 1933—1937 年的校订资料，出版了《ХАЛХА ДЖИРУ—ПАМЯТНИК МОНГОЛЬСКОСОФЕОДАЛЬНОГО ПРАВА XVIII в》（《喀尔喀吉如姆——18 世纪蒙古封建法典》）学术界称该本为莫斯科本。在序论中对蒙古人的法律传统做了论述，正文有扎姆察拉诺俄语翻译文和蒙古文文本对照，共 24 篇组成，各篇又分为若干条文，并做了学术注释，文末列了 24 篇内容的总目。日本学者田山茂将林钦于 1959 年乌兰巴托出版的扎姆察拉诺的俄译本翻译为日语，编入《蒙古法典研究》① 一书中。梁赞诺夫斯基在其著作和论文中试图对该法典条文进行了分类，并在《蒙古法基本原理》一书中附西库伦抄本俄译全文。

1961 年，策·那顺巴拉珠尔在乌兰巴托出版了《喀尔喀吉如姆》，学术界把该本称作乌兰巴托本。道润梯步利用蒙古国无名氏校勘的手抄本，以《喀尔喀律令》为名校注，1989 年由内蒙古教育出版社出版。道润梯步校注本按法典编纂的时间顺序重新进行了编排。

在喀尔喀法典的研究方面，符拉基米尔佐夫在《蒙古社会制度》中的游牧封建论中多次引用和解释了该法典相关内容。日本学者二木博史对《喀尔喀吉如姆》诸版本和手抄本进行了全面、系统的研究和介绍。他对《喀尔喀吉如姆》的诸版本与手抄本、西库伦本、大库伦本以及七种抄本的相互关系、法典的形成时间和地点做了较详细的论述。他在“诸版本与手抄本”一节中介绍了各种版本，其中印刷本分乌兰巴托本（1961 年）和莫斯科本（1965 年）。乌兰巴托本中还有两种抄本，即 Baraγun

① 〔日〕田山茂著:《蒙古法典研究》，日本学术振兴会 1967 年刊印。

küriyen-ü qalqa-a jirum（X 本，学术界所称之“西库伦本”）和用活字印刷的 Yeke küriyen-ü Šabi yamun-u qalqa-a jirum-un dürim（Y 本，学术界所称之“大库伦本”）。X 本是扎姆察拉诺的旧藏本。两种手抄本目前均由蒙古国立图书馆所收藏。扎姆察拉诺利用了五种抄本（A、B、C、D、E）。被选作底本的 A 本是扎姆察拉诺的旧藏本。1982 年 8 月，迪雷科夫曾对二木博史说过，该手抄本在第二次世界大战中丢失了。而抄本 B、C、D、E 则收藏于苏联科学院列宁格勒分院。普奇科夫（Л. С. Пучковский）认为，抄本 B、E 均写有 Yamun—u Qalqa—a Jirum—uu Dürim 的标题。手抄本 A、C 的标题不明。手抄本 D 的标题为 Monoγl Č γajan—u Neite—yin To b cidebt-er，Basa Monoγl Jirum—un Bi č ig，Ji č i š in—etoγtaγan Jarlaju iregsenqaudasu，Aliba Qauli—yin Jüil ene Bolbai，并且这构成了波兹德涅耶夫珍藏品中手抄本的一部。二木博史认为：“上记七种手抄本之中，按分量和构成来划分，手抄本 X、A、D 与手抄本 Y、B、C 各成一个类型。而手抄本 D 不论从篇幅还是从构成上看，都属于与这两个类型相异的第三种类型。即这 7 种手抄本可分为三类：1. 西库伦本（手抄本 X、A、E）；2. 大库伦本（手抄本 Y、B、C）；3. 波兹德涅耶夫本（手抄本 D）。①作者认为，西库伦本编纂时间在 1770—1821 年之间……大库伦本是在 1840 年以前形成的。编纂地点是在商卓特巴衙门。因为《喀尔喀吉如姆》是沙毕们必须遵守的法律。②

岛田正郎在其《北亚洲法制史》（1964 年，台湾汉译本）中，将喀尔喀法规分为旧法（《白桦法典》）和新法（《喀尔喀吉如姆》）两类。奇格在《古代蒙古法制史》一书中谈到喀尔喀蒙古统治者制定法典的原因时说：“从 1688 年喀尔喀蒙古归清直到 1770 年，喀尔喀没有出现反清事件。因为 1770 年之前，清朝政府忙于征服新疆、青海、西藏，对喀尔喀蒙古封建统治的内部事务没有加以干涉。而喀尔喀蒙古封建统治者虽然归顺了清朝，但在思想上是要继续保持自己的自主地位。”③达力扎布在《〈喀尔喀法规〉制定原因及实施范围初探》④一文认为，《喀尔喀法规》是经清廷默许，由土谢图汗衮布家族以管理哲布尊丹巴呼图克图库伦及其徒众的名义制定的。其世俗

① 〔日〕二木博史：《〈喀尔喀吉如姆〉的形成过程》，原载于《一桥研究》第 8 卷第 1 号，1983 年。本文参考了二木博史著，呼斯勒译：《蒙古的历史与文化——蒙古学论集》中的《〈喀尔喀吉如姆〉的形成过程》一文，内蒙古人民出版社 2004 年版，第 46 页。

② 参见〔日〕二木博史著：《蒙古的历史与文化——蒙古学论集》，呼斯勒译，第 56—57 页。

③ 奇格：《古代蒙古法制史》，辽宁民族出版社 1999 年版，第 177 页。

④ 达力扎布：《〈喀尔喀法规〉制定原因及实施范围初探》，《中央民族大学学报》，2006 年第 1 期。

方面的规定，前期主要在库伦和土谢图汗部实行，时间很短暂，后来只在库伦沙毕纳尔中实行。

美国学者 HENRY SERRUYS 在《喀尔喀法规中的誓约》一文中，以《喀尔喀法规》原文为基础，参照扎姆察拉诺和迪雷科夫译本，从该法规中节选出有关誓约 21 节进行了翻译，并比较分析了这两个译本，并做了注释。除此之外，国内外学术界对该法典进行了多角度、多层面的探析。但因法典的特殊性和版本的多元性，到目前为止，仍有很多棘手问题难以解决。正如二木博史所言："《喀尔喀吉如姆》看似被进行了充分的研究，但事实上，有关其编纂年代、地点、意图等尚不明确，对其内容亦缺乏正确的分析。……研究之所以落后，最大的原因在于文献学的研究不够充分。"①

二、《喀尔喀吉如姆》的构成部分及其主要内容

喀尔喀是达延汗末子格埒森扎所属部落。16 世纪 30 至 40 年代，东蒙古诸部灭兀良哈万户，喀尔喀右翼占据了包括兀良哈万户牧地在内的漠北草原，形成了庞大的喀尔喀万户。16 世纪末 17 世纪初，喀尔喀万户分成了左右二翼。左翼部落分布在杭爱山和哈拉哈河之间，右翼各部在阿尔泰、杭爱山之间。格埒森扎三子之裔阿巴岱控制喀尔喀左翼。他"自十四至二十七岁从事征战，压服敌人，扶植弟兄"，并与土默特部的俺答汗建立了特殊关系。1587 年，阿巴岱亲至库库和屯（今呼和浩特一带），拜见三世达赖喇嘛索南嘉措，受到"瓦齐尔巴尼汗"称号。这是喀尔喀贵族取得汗号之始。他回到牧地后，在沙喇阿济尔噶地方建立额尔德尼召寺，供奉释迦牟尼舍利。阿巴岱准备倚重外界力量对他的支援，达到统一喀尔喀的目的，但不久死去。阿巴岱之孙衮布多尔济时，始称土谢图汗。四弟图门肯诺颜和侄儿绰克图洪台吉也在喀尔喀广泛传教，使诺诺和后裔之兀鲁思成为喀尔喀藏传佛教的中心。喀尔喀的东部地区掌握在格埒森扎四子阿敏都喇勒后裔手中。他们是阿巴岱汗后裔的忠实朋友。17 世纪 30 年代，漠南蒙古一些部落越瀚海来到喀尔喀东部，投靠阿敏都喇勒孙硕垒达赖济农，奉硕垒为"麻哈撒玛第车臣汗"。在阿巴岱汗时期，格埒森扎长子阿什海达尔罕之孙赉呼尔与硕垒乌巴什经营喀尔喀右翼。当漠南蒙古土默特和鄂尔多斯封建主们把卫拉特人赶出控奎、扎布汗河以后，赉呼尔乘机向西发展，占领了卫拉特一些故地，扩张

① 〔日〕二木博史：《蒙古的历史与文化——蒙古学论集》，呼斯勒译，内蒙古人民出版社 2003 年版，第 45 页。

了喀尔喀西境。1596年，赉呼尔之子素巴第被举为“札萨克图汗”，成为右翼之长。这样，17世纪初喀尔喀左右二翼基本上分为三大部分，属于西部札萨克图汗、中部土谢图汗和东部车臣汗。

土谢图汗衮布多尔济时期，喀尔喀寺庙林立，佛法颇盛。他决意利用民众信仰藏传佛教和活佛转世制度，在自己的汗室中拥立一位众喀尔喀信服的宗教领袖，以便在土谢图汗部中形成僧俗一体、政教结合的权力中心。当时，在喀尔喀传教的诸多高僧中，名声最大的首推迈达理呼图克图。迈达理名号是四世达赖喇嘛授予的，他在漠北传教时间长达20年。此人名多罗那他，为觉囊派活佛，1614年来喀尔喀，1634年圆寂。1635年土谢图汗衮布得一子，宣称此即多罗那他转世，此举甚得左翼车臣汗硕垒支持。1638年，当灵童四岁时，请喀尔喀大喇嘛占巴利特诺们汗为他授戒，奉法名乍那巴乍尔。次年，喀尔喀三部诸封建主会盟于席勒图察罕诺尔，请乍那巴乍尔坐法床。温萨活佛为他授拉布琼戒，起法名罗卜藏丹毕扎拉森。他就是一世哲布尊丹巴，又称温都尔格根。盟会上，喀尔喀封建主们为哲布尊丹巴立黄布为帐，从各自的阿勒巴图中奉献了香火户。这是喀尔喀大库伦和沙毕纳尔的起源。① 而《喀尔喀吉如姆》就是土谢图汗衮布家族以管理哲布尊丹巴呼图克图库伦及其徒众的名义制定的。其世俗方面的规定，前期主要在库伦和土谢图汗部实行，时间很短暂，后来只在库伦沙毕纳尔中实行的。

17世纪70年代，噶尔丹洪台吉统一了卫拉特各部，建立了准噶尔汗国。喀尔喀蒙古的土谢图汗部和札萨克图汗部则内讧不断，准噶尔部则趁虚而入，使矛盾更加激化。1688年噶尔丹进攻土谢图汗察珲多尔济和哲布尊丹巴呼图克图领地，致使喀尔喀蒙古无路可退，内迁降清。康熙三十年（1691）五月初三，康熙皇帝在多伦诺尔地方召集蒙古各部会盟，清廷依照内札萨克蒙古四十九旗制度，将投降清朝的土谢图汗、哲布尊丹巴、车臣汗以下诸台吉部众编为旗。土谢图汗、车臣汗皆留其汗号，因札萨克图汗被害，授其弟策旺札卜为和硕亲王。汗以下济农、诺颜等俱授为亲王、郡王、贝勒、贝子、镇国公、辅国公等爵位，六等爵位以下台吉也分为四等。最后颁布律例，进行赏赐。此次盛大会盟延续到五月初七日结束。多伦诺尔会盟，标志着喀尔喀蒙古部最终归附清朝。康熙三十一年（1692）五月，理藩院题：喀尔喀既与49旗同列，请照49旗例给与印信。将土谢图汗、车臣汗、亲王策旺札卜三部分为三路：土谢图汗为北路喀尔喀，设17旗；车臣汗为东路喀尔喀，设11旗；亲王策旺札卜为西

---

① 乌云毕力格等编：《蒙古史纲要》，内蒙古人民出版社2006年版。

路喀尔喀，设8旗。康熙三十六年（1697），噶尔丹败亡后，流离失所的喀尔喀部众全部返回原牧。雍正六年（1728），清朝在喀尔喀蒙古增设了赛音诺颜汗部。

《喀尔喀吉如姆》就是喀尔喀蒙古部归附清朝后，由土谢图汗部、札萨克图汗部、车臣汗部僧俗封建主逐步商定形成的一系列法规，由《三旗大法典》（Γurban qǒsiγun—u yekěcaγaja）为主的18个大小法规所组成。

（一）《三旗大法典》

康熙四十八年（1709）五月二十八日，土谢图汗多尔济额尔德尼阿海为首的喀尔喀三旗王公贵族29人在鄂尔珲河支流宜宾河畔会盟时制定大法，共194条。这是《喀尔喀吉如姆》主体法典。

第一，喀尔喀归清后，清朝政府提高喀尔喀蒙古宗教领袖哲布尊丹巴呼图克图的地位，给他种种特权和待遇来控制和笼络喀尔喀蒙古诸部。清代，黄教寺庙集团在喀尔喀地区形成了一种凌驾于地方的政治势力。《喀尔喀吉如姆》中，保护哲布尊丹巴为首的黄教僧侣集团利益的内容较多。喀尔喀僧俗封建统治者通过立法来确立哲布尊丹巴呼图克图崇高地位和维护地方利益。

《三旗大法典》规定了呼图克图格根（哲布尊丹巴呼图克图）和汗诺颜的乌拉（Ulaγ-a）、舒思（SiΓusu）事，共25条。确立了哲布尊丹巴呼图克图至高无上的特权。规定，汗、诺颜、赛特、哈喇出平民给格根“无限供给大车（即‘乌拉’）、饩羊（即‘舒思’），拒绝给大车，饩羊者，即将全部财产收归格根官库，犯人及其生命交诺颜处置”。此外，汗、钟金哈屯（jüngen，中宫皇后，即汗的夫人，法典里出现的钟金哈屯可能是瓦齐赉土谢图汗之父土谢图汗察珲多尔济之妃）、各级诺颜以及使者享用乌拉、舒思方面也做了详细的规定。法典对这方面的规定比《蒙古—卫拉特法典》更详细具体。

第二，有关偷盗方面的惩罚条例，共59条，依法保护格根（活佛）及寺庙的财产。规定“偷窃格根官库之白马群‘察罕苏鲁格’者，没收其全部财产，但留其活命于同伙中。鞭打八十下，并令其（在库伦的周围）罚走三百周、跪拜三千次”。此外详细规定了其他各种偷盗行为的惩处规定和对偷盗者的审判程序，要求审判官公正审判，不得循私舞弊。

第三，有关婚姻家庭、男女关系、债务和捕亡等事，共37条。对塔布囊（Tabunang，汗、诺颜的女婿）的迎娶，法律条款中有比较详尽的规定。塔布囊不得娶两位阿拜（Abai，贵族女儿），规定“诺颜将郡主（阿拜）嫁给娶有郡主之塔布囊者，应罚取骆驼十匹、马一百匹入官”。不允许塔布囊离婚，规定“塔布囊抛弃郡主者，只能手执一短鞭走开；郡主应取其陪嫁，在本旗内自行安排。从塔布囊处没收之全部财产，分为两半，一半收归当局，另一半交给郡主”。已娶郡主的塔布囊另娶平民之女，“将此女离去塔布囊，没收此女之父全部财产，塔布囊鞭打八十下，不得赎免”。诸诺颜不得互娶已许嫁之女。诺颜在三旗境内娶平民之已许嫁之女者，应给未婚夫骆驼一匹，由他从本旗内挑选一未许嫁之少女为妻。法典还规定了诺颜与诺颜之间、哈喇抽与诺颜之间、哈喇抽与哈喇抽定亲彩礼定额。

在男女关系方面，法律规定，诺颜与平民之妻通奸者，罚以150头牲畜，平民与王公之妻通奸者，没收其全部所有之物，将其本人罚充旗内奴隶。与郡主（阿拜）通奸者也同。与平民之妻私通之平民，罚300头牲畜“安珠”（赎金）及30别儿克，安珠不足，罚一“博多”（牛）并打25鞭，以100鞭为限。有关捕亡和债务方面的规定，与《蒙古—卫拉特法典》的处罚规定基本相同。

第四，有关“哈布其古尔”事，共2条。哈布其古尔译成汉文，即“被夹带而来之人”，与逃亡之人不同的清代蒙古社会新出现的一类人。他们是被夹在逃亡者之中而来，原籍有诺颜和赛特，故不是被追捕的对象。他们带着什么东西投奔“土希古鲁克其”（投靠人）处，返回时带走其带过来的东西。在投靠人处繁殖的牲畜返回时，可以全部带走或平分。投靠者不给，可以告发，法律保护哈布其古尔，他们也是自由人。

第五，有关违反格根旨令和保护自然生态方面的规定，共12条。喀尔喀三旗人，不管诺颜、台吉、塔布囊，不得撒谎和诽谤，违者处罚；无论任何人，不得违反格根旨令，违者不管那一阶层人，严厉惩罚。禁止砍伐树木和树枝，禁杀野生动物，规定了禁杀范围、禁杀日期、禁杀动物。有关这方面的规定，继承了蒙元时期以来蒙古法中有关保护野生动物方面的历史传统。

第六，有关致人死亡、打架斗殴、说谄言害人、骂人、殴打、走失牲畜、传播恶疾、疯人疯狗、猎场等方面的处理规定，共37条。关于人命案的惩罚，按致人死亡的性质和情节不同处罚，多采取以人驼顶罪或罚畜。这方面的规定，与《大清律例》刑律方面的规定和《理藩院则例》有关人命案的惩罚规定有很大的出入。法典规定禁止打架斗殴和谩骂行为，按致伤的轻重和受伤的不同部位罚牲畜。规定禁止传播疾病，得传染病不得隐匿，疯狗咬人致死或咬死牲畜，处罚主人；疯人杀人，按杀人的一半处罚；抓送疯人，要一骆驼和鞍马；杀死疯人，罚九九牲畜。法典还有若干关于人们不得违犯猎场规则的规定。

第七，有关墓地、狼害、住宿、饮水、宿营选址、买卖、荒火、征用盔甲、堕胎等事项，共21条。

（二）《水狗年法规》共8条

这部法规是康熙五十七年（1718）冬十月初一，以土谢图汗旺吉勒道尔吉、商卓特巴、贝勒为首众诺颜通过商讨制定的有关武器、打印的驼马和抽丁方面的法律规定。

（三）《火虎年事例》共3条

这部条例是康熙六十一年（1722）仲秋月在鄂尔珲河源头塔米尔河畔召开“马尼成就大会”时，土谢图汗旺吉勒道尔吉、王、众诺颜商定的有关使者使用乌拉方面的事。需用乌拉，必须加盖印章。除格根等上层事务或军政事务外，七旗内使者不得骑用乌拉驿马办理私事。

（四）《康熙六十一年秋九月初三规定》共1条

此条规定“除三项大事外，使者不得使用乌拉，使者和驿站人明知故犯，按古法处罚”。

（五）《木龙年法规》共1条

雍正二年（1724）春三月初七日颁布的有关追索债务方面的规定。

（六）《木龙年禁酒法令》共6条

雍正二年（1724）秋七月十七日，因一班第醉酒，为防止类似违反教戒的事情发生，堪布诺们汗为首的众喇嘛制定了禁止僧侣喝酒的条例。条例规定“格隆饮酒者，罚五岁马九匹，格楚勒饮酒者，罚五岁马五匹，班第饮酒者，罚五岁马三匹。所罚之马归证人（指出者）所有。予他们以酒者，罚五岁马五匹，见醉僧隐瞒者，按予酒者处置。予酒者及隐瞒者所罚之马，输入格根库”。另外，“凡予僧人以酒者，不论汗或哈剌抽，均罚五岁马四匹，其中二匹入官，其余二匹归证人所有。并由其住持喇嘛按法规予以惩罚”。

（七）《火马年法规》共4条

雍正四年（1726）颁布的有关禁止给喇嘛喝酒、卖酒，禁止僧俗人员留宿汉人家和禁止转手倒卖等条例。

（八）《火马年联合法规》共5条

雍正四年（1726），斡齐赉巴图土谢图汗、额尔顿车臣商卓特巴、二王以及外藩蒙古理藩院札鲁忽赤阿喇希延共同商定的有关在库仑（格根驻锡地）贸易的规定。规定了禁止内地商人在库仑嫖娼和禁止蒙古人到口内贸易时在妓院等地住宿嫖娼。严禁内地商人偷卖酒水，内地商人给蒙古人赊贷货物，必须报官，不报官而不还，该官概不负责。

（九）《土猴年法典》共7条

雍正六年（1728）八月吉日，由斡齐赉巴图土谢图汗以及喀尔喀左翼副将军为首的各札萨克，遵照清朝皇帝旨令，在鄂尔珲河、土拉河交汇处会盟，制定有关惩罚偷盗方面的法律规定，“若有人犯盗，无论盗贼多寡，一律掘一深、宽为四丈之地牢，监禁一年。主犯之妻子、帐幕和牲畜全部没收，交给牲畜的主人。从犯每人、罚三九博多。盗贼出牢后，每人鞭打一百，且拣柴三年”。并规定了审判人员和使者的报酬数额。九畜为马二匹、沙日牛二头、乳牛二头，希都楞（三岁牛）三头，牛犊一头。

（十）《土猴年法典》（续）共11条

这部法规共11条，是前一法律的续纂。法规内容仍然是有关惩治偷盗方面的法律条款。奖励告发罪犯的证人，惩罚从牢中放出盗窃罪犯者，法规一般按照“旧律”处罚，这里所说的“旧律”，应该是《白桦法典》或1640年法典的处罚规定。《喀尔喀吉如姆》的有些刑律是按照清律处罚。如“台吉偷窃，按清律处罚”。

（十一）《赛马法》共13条

雍正七年（1729）制定的有关赛马的法律规定。赛马是蒙古族传统三项竞技比赛之一。这项法规是蒙古法制文献中一部较详细记载赛马方面的法律条文。制定了赛马时的各种规范，如裁判、参赛者、赛马以及违规者的处罚和得冠者的奖励等。

（十二）《火龙年法典》共 36 条

乾隆元年（1736）秋末二十五日，由土谢图汗敦多克多尔吉、达赉车臣汗策布登班珠尔以及大小诺颜，在土拉河的查干布隆地方聚会制定。主要是有关处罚偷盗寺庙及喇嘛财物方面的规定。

（十三）《乾隆十年条款》共 1 条

乾隆十年（1745）三月十七日，由某寺庙与和托辉特旗协理台吉缔结的协议。协议约定，今后双方如有误杀人者，取偿命赎金一九牲畜，另罚三九牲畜。

（十四）《乾隆十一年规定》共 1 条

乾隆十一年（1746）八月十日，由札萨克扎萨克图汗、车臣汗、达钦扎布亲王、额林钦亲王以及几位副将军在库仑会盟时制定的有关惩罚盗窃的规定。规定“任何进行抢劫的人，均照大清旧法处死，其帐幕、牲畜、妻子、子女全部给牲畜的主人。从犯取三九牲畜给牲畜的主人，并鞭打一百。此外，若牲畜不够给罚金，即应将帐幕、家具、碗、三脚铁架等缴付罚金，抵作一九，若此人有子女，一个小孩抵作一九，二个小孩抵作二九。但超出二个小孩即不交出。若没有子女，只有夫妇（二人），则将妻子交出。若为单身汉，则将他本人交出。若将牲畜、妻子、子女交出后，还是不够判罚的牲畜数，则按照至尊皇帝的法规每头牲畜则鞭打 25 下，但不得超过 100 下。如此一来，道德败坏之盗贼即不敢再（犯罪）了。商定与议决上，并予特别指出。”此外，还商定了四部在同样范围内需要遵循的其他事项。

（十五）《火虎年法典》共 25 条

乾隆十一年（1746）十月十三日，在孟和吉日嘎朗地方制定的有关僧俗事项的条例。制定者不详。主要有如何出家、僧人不负担赋税和劳役、破坏戒律的处罚、喇嘛与平民间纠纷的处理、接待西藏等地方来的僧侣等诸多内容。

（十六）《乾隆十九年禁酒法令》共 4 条

乾隆十九年（1754）秋七月二十六日，额尔德尼车臣商卓特巴、格斯贵喇嘛等以及赛特们商定了关于禁止喇嘛喝酒和公差人喝酒方面的条例。条例规定，格隆喝酒罚马三匹，格苏勒喝酒罚马二匹，班第喝酒罚马一匹，乞雅喇嘛、看门人喝酒，罚马二匹，并勒令饮酒僧人还俗。公差之人喝酒，罚马一匹，所罚的马，赏给告发的证人。隐瞒喝酒者，罚马一匹。提供酒者，罚马一匹，所罚的马匹，归格根仓。

（十七）《铁虎年达木吹喇嘛抢官奇格妻判决案》1 项案例

这是一项抢妻案的记载。乾隆三十五年（1770）夏五月二十二日，将军土谢图汗旗官奇格的属下人，告发达木吹喇嘛抢其妻一案。经将军土谢图汗、副达格贝公、额尔德尼公、额尔德尼商卓特巴、达喇嘛会审，事实确凿，依照蒙古例所定的“平人奸淫平人之妻，罚三百安珠、三十别儿克”的规定处罚达木吹，并逐出寺庙，令其还俗，永为俗人，以此来警示出家之人的案例。

（十八）《策旺疫畜传染疾病案》

乾隆三十五年（1770）夏闰七月十七日，告发策旺隐瞒疫畜，传染堪布诺们汗苏鲁克（畜群）的一案，经将军土谢图汗、副达格贝公、额尔德尼公、额尔德尼商卓特巴、达喇嘛等商定，规定“凡有疫畜迁近他人畜群，传染其牲畜以致死亡者，应如数赔偿病死之畜”。将来发生类似情况，按此案处罚规定办理。

自 1691 年多伦诺尔会盟后，喀尔喀部正式归附清朝。但实际上，喀尔喀地区的法律制度上仍保持其原有的独特性。1709—1770 年间，喀尔喀诸部自行制定法律，对此，田山茂认为：“康熙三十年（1691）前后，喀尔喀设旗，这是划时代的事件。于是，清朝统治喀尔喀的形势完成了。札萨克图汗、土谢图汗及车臣汗三部划分开了。于是以此为对象制定了《三和硕大法典》，其目的是为了运输当时喀尔喀地方政教权力极大的库伦活佛哲布尊丹巴的贡赋、保护其财产及维护社会治安等。”①

出现这种情况，一方面，喀尔喀三部有着调整内部关系和稳定社会秩序方面的立法传统；另一方面，1770 年前，清朝还没有制定适用于全蒙古地区的法律。乾隆五十四年（1789）理藩院修订适用于全蒙古的《蒙古律例》前，清朝蒙古例，大体上是针对内蒙古地区的，而专门针对喀尔喀的法律法规尚未颁布。在这种情况下，为补充清朝蒙古例各项规定的不足而适用于喀尔喀地区的《三旗大法典》为主的若干部法规诞生，并长期行之有效。另外，这充分说明，清朝统治下的喀尔喀蒙古有相对的独立自

① 〔日〕田山茂：《近代蒙古的裁判制度》，《蒙古学参考信息》，1982 年。

主权。而清代内札萨克六盟及内属蒙古等却没有这种立法自主权。

自18世纪初到1789年为止，清朝蒙古例与喀尔喀地方法规间，经历了60余年的转换期。日本学者萩原守认为："从18世纪初至1728年，是'喀尔喀自定法律时期'；1789年以后，进入'完全受清朝法律支配的时代'……可以说喀尔喀法规在让位于清朝法律的历史过程中，两种法律至少经历了60年的并用时代。"① 至1728年，以土谢图汗部为中心制定的《三旗大法典》仍然不断得到补充，在1728年的《土虎年法典》中，依据清朝蒙古例制定的条款才首次出现。这是喀尔喀法被清朝法律取代的开端，同时，针对喀尔喀世俗人民而制定的民、刑法规逐渐减少，取而代之者多为有关规范寺庙喇嘛等戒律方面的内容。从1746年法典开始，喀尔喀统治者们虽声称全面依循蒙古例，却制定了与之相背离的"过渡期折中法"。尽管如此，该法典还是体现了蒙古例对喀尔喀逐步渗透的过程。据《乌兰哈其尔图》判例，自1789年后，清朝蒙古例和大清律例在喀尔喀司法审判实践中占据了统治地位。但商卓特巴衙门制定的地方法规对寺庙集团的影响，一直延续到20世纪初。

18世纪的蒙古社会仍然缺乏土地牧场等不动产的私有观念，而牲畜等动产的私有观念继续发展。在刑罚体系上，继承了蒙古习惯法传统原则，仍以罚畜为基础，处罚以九畜为科罚单位。在司法程序上，汗、诺颜、商卓特巴、副将军等通过商定的方式来处理地方上的民事案件。而清律实施范围内的案件则呈报理藩院或联手理藩院派出机构共同审理，注重证人，使用"逼审"制，提倡公正审判。

《喀尔喀吉如姆》是一部调整喀尔喀地区僧俗关系的以民事法规为主兼刑事法规的地方法规。其主要法源是蒙古习惯法、喇嘛寺庙庙规以及制定此法典前的《喀尔喀七旗法典》《蒙古—卫拉特法典》。另外，刑罚处罚上受到了清朝法律的影响。《喀尔喀吉如姆》是在《喀尔喀七旗法典》的基础上制定的，在一定程度上参考了《蒙古—卫拉特法典》的有关内容。《喀尔喀吉如姆》是蒙古法制史上保存较完整的一部法律文献。

清代地方法规除《喀尔喀吉如姆》外，目前已知的还有沙比衙门制定的《乌兰哈其尔图（红脸谱）》法规、阿拉善和硕特蒙古《阿拉善蒙古律例》、富有宗教法规色彩的察哈尔正镶白旗《查干乌拉庙庙规》等地方性法规。这些法律资料多为审判案例、办事档册、内部事务管理规章制度、佛教戒律、寺庙法规为主要内容。

---

① 〔日〕萩原守：《十八世紀ハルハ・モンゴルにおける法律の推移（18世纪喀尔喀的法律变迁）》，《东洋史研究》第49卷，第3号，1990年12月。

第二节

清代察哈尔正镶白旗寺庙法规：《查干乌拉庙规》

蒙古贵族皈依黄教以后，佛教在蒙古地区广泛传播。在清朝政府扶持喇嘛教政策的鼓励下，蒙古地区寺庙林立，出家的人数与日俱增。诸多寺庙依照藏传佛教格鲁派的宗教戒律模式，结合当地民风民俗特点，制定了庙法庙规，目前保存较完整的有察哈尔正镶白旗的《查干乌拉庙规》。这是一部独具时代特征和民族特色的寺庙法规，是清代察哈尔正镶白旗查干乌拉庙所制定的寺庙管理规章制度。该庙规由察哈尔格布希罗桑楚勒图木（1740—1810）编纂，原名为《额尔德尼都希庙青册》，另又有《察哈尔格什青册》《查干乌拉青册》等名。

作者罗桑楚勒图木为察哈尔正镶白旗人，年轻时在多伦诺尔东寺随翁牛特固什学经文，后来应乾隆皇帝之诏赴雍和宫学经。乾隆三十三年（1768）罗桑楚勒图木返回家乡正镶白旗弘扬佛法。经 20 多年的努力，罗桑楚勒图木于乾隆五十二年（1787）正式修建查干乌拉庙，并为该庙制定了庙规。该庙规的内容可以分为史传、戒律、规章三部分。本文利用蒙古文原文的同时，汉译文参考了奇格《古代蒙古法制史》一书相关内容。

一、诵经法会以及庙殿制度

查干乌拉庙每年正月初一到十五，每月的十五，六月、十月、十一月的二十五，十二月底，都要诵经做法事。法会中以藏语诵经近百次，以藏语、蒙语两种语言诵经 180 多次，每年有 95 天做法事。关于诵经法会以及庙殿制度规定，开法会时不许迟到，喇嘛应当正确穿着进大殿入座，入座时应当遵循有关注意事项。喇嘛念经要清楚、和谐，吹号、螺以及敲击法器者应当正确配合。洁净大殿，请众佛菩萨归位，为众佛菩萨上祭品、上香、点灯、保存法器均等应按庙规进行。

二、寺庙差役方面的规章制度

涅尔巴（管家喇嘛）要把茶、饭、肉食备齐，不使短缺。茶、饭、肉要洁净，不能混入草渣、木屑等物。法会分肉时要均衡搭配，普遍分予。庙仓使役人员要把锅、桶、食具洗净，拉水人员要备好水，保管好水车。庙仓放驼人的骑乘安排是，从春二月到四月骑公马，四月到六月骑空怀的母马，六月到八月骑3岁公马，八月到十月骑4岁、5岁马，十月到第二年二月骑3至5岁的公驼。从五月到八月挤马奶。早晨太阳到哈那顶（蒙古包屋顶）高时抓回母马，下午太阳到哈那顶时放出，在此期间要挤4回马奶。12匹母马的奶酒供开法会时使用，一天要出两锅酒，共160瓶，其中祭苏勒丁（纛）和祭敖包时使用4壶酒、酒20瓶，并收回60瓶，剩余80瓶给放牧人。骑乘的缰绳、笼头、扣环要用3至5岁的公马鬃、4峰驼的膝上长鬃制作。骆驼的膝上长鬃要在三月初剪下，从三月二十几到四月二十几要剪驼绒。3峰驼的驼绒要给放牧人，其余归庙仓。放马、放驼人5年给1副马鞍。两年给1张牛皮用于做马鞍、马嚼、马绊、套马杆和绳。给放牧人15头乳牛挤奶，其中10头乳牛从五月初到八月十五后放走。一天要取1勺乳油（嚼啃），酸奶要在3个晚上配置，用1锅熟酸奶做奶豆腐，要做两挂。如取酸奶干要做3勺。给2峰驼的绒毛用于做牛犊的缰绳、颈绳、扣环。要在140只绵羊、60只山羊中选出60只绵羊、10只山羊，从五月到七月挤奶，一天挤1细皮筒做乳油，一天做1勺酸奶干，3个晚上配置一锅酸奶，1锅熟酸奶做3勺酸奶干。1个放牧人给10只绵羊、20只山羊挤奶用。两户人家给50只绵羊、20只山羊绒毛。妇女喂奶时要20只山羊绒毛。绵羊肚庙仓收取，羊粪砖给放牧人。8个放牧人的吃穿，夏季12块大布，冬季18张皮子，做靴子1个香牛皮。8个人每天吃4斗粮、5升炒米。放羊人每月5升粮，每月8勺茶，从十一月到第二年三月每月吃6只山羊。如果是绵羊，每月两只，1年吃40斗粮的价钱按1两银子3斗计算13两3分。7桶茶按6钱计算4两2钱，共17两5钱。割青草1200捆，细木条800条。给雇工吃食1只山羊，1斗5升粮，2勺茶。给放牧人3年1个元宝，1两银子。如果狗吃了牲畜，或者是得病的牲畜，放牧人应当将狗吃剩的残余、病畜的皮肉、因病而打转转的病畜告诉承包之人，病畜的皮肉要由承包人亲眼看过，定好价钱卖掉。如果没有狗吃的痕迹、没有传染疫病，则要由放牧人赔偿。放牧人在冬春吃的酸奶干、奶食等要自己节约收藏。放羊人在夏秋季早晨太阳出来时出牧到晚上太阳落山时归牧，春冬季早晨太阳升到半个乌尼杆子（蒙古包连接毡壁和顶盖的细长木条）高时出牧，下午太阳到陶脑（蒙古包顶屋盖口）一指高时归牧。放牧人放牧时要注意查看四季的草色，选择最好的水草放牧。遵守这个规定如果繁育增加牲畜，根据放牧人牲畜增殖的程度赏给放牧人马、牛。如果违反这个规定不执行，则撤销放牧人的吃穿，让他自食其力生活。

三、庙仓财务管理制度

不许随意将庙仓的牲畜给人骑用或者驮用。如果卖牲畜，或者在法会上使用时，管理者喇嘛要与施主一起商量，以便妥善解决。使用庙钱要看受雇人的能力付工钱。对于不能偿还之人，不能卖给他牲畜或者借钱于他。开法会时，若有客人或拜佛者来访，需经过喇嘛们允许，再安排茶饭，不要给无事之人饮食。需给来庙上供和为法会贡献茶饭之人铺褥子，安排座位。不许把庙仓的东西送给别人作婚礼礼物。建新庙和修旧庙时，大家商量解决。不论办什么事情，都要考虑对庙会、庙产有无损益。召开新庙会时，需考虑参加者是否符合戒律、是否会诵经，然后决定是否准其参加。如果庙僧不懂经典，则让其做查布（做饭）、熬茶的工作。如果该学经的年轻人不按照规定学经，则要让他多为法会做查布、熬茶等劳务，由他负责每天 4 次法会中的 2 次，如果其父兄或者老师不让他看经卷以及为法会劳务，由大家决定是否送旗里惩处。如果不听从值班的爱马克达或者格斯贵的指挥，则可用任何适当的方式处理。如果买卖庙仓的牲畜，喇嘛、涅日巴等人不能只身前往，要与可靠之人同去卖牲畜。不使用角、散、碎银。庙仓畜银账目要大家共同看，不许拿到自己家里。如果需要从庙仓拿元宝，不许超过六七份，如果要多拿，则要制定新制度，新制度由大家共同制定。如果有人不听从大家共同决定的事，则要把该人送到旗里处理。若有喇嘛、格斯贵、官员、涅日巴想捞取财物或者做对庙仓有害的事情，要对其予以揭发、当众批评。如果他们互相包庇不予揭发，参会人员和苏木内的人们要对其予以揭发。

四、习俗、禁忌等事宜

庙规规定，以下若干事项寺庙予以禁止：

达喇嘛、得木齐、格斯贵、爱马克达、涅日巴、苏木的嘎博等首领拿庙仓之银归自己使用而不归还，或有虽然归还本金而不给利息，或以不足价的财物，以牲畜顶账。

把庙仓的牲畜交给自己喜欢的人保管，或者为自己占小便宜，而把庙仓的牛、乳牛等分予众人保管；马、牛正值高价的时候，却以低价将庙仓牲畜卖给别人，而在收获调查清点牲畜时，以低价处理自己买回，或者转送别人；把法会时宰杀的畜皮以低价买回；涅日巴把保管的牲畜随意给人或者出卖，或者在这类牲畜、银钱、做查布、熬茶等事项中不让所属苏木的嘎博、拔什库等人知晓。

从来不听从好的建议，今天该做的事情明天才去做，应谨慎的事情不谨慎，应该说的事情不说，应该看的事情不看的行为予以禁止。

在给法会贡献份子时，管事喇嘛把自己那一份多分，或者将自己份子之数向法会的格斯贵报告九成；得木齐、格斯贵等掌事者同流合污，只知道为使喇嘛受益而损害对庙仓和法会利益，做坏事。

在年初和大法会时施主和信徒到其家时，从庙仓拿果品、茶等作馈送来客；喇嘛出门从庙仓中提征骑乘、粮食，在做庙仓、法会的事情时，不想为庙仓受益，而找借口只想自己的事情；参加住在乡下喇嘛们的法会时，不努力准备自己的食品、烧柴而坐用庙仓的东西；喇嘛们远离寺庙而居，不照看庙尊和庙产、不办理寺庙和庙仓的任何大小事情、每次法会为自己舒服而不参加；抱有因为我是头目别人不会说的想法而侵吞庙仓的东西；喇嘛、格斯贵、涅日巴等为把庙银出租挣钱，不上缴他分得的那份庙银租金或者少缴租金；开法会做查布时，把庙仓的好畜取回以自己的死畜或者老弱畜顶替，或者拿回2岁母牛以2岁公牛顶替；非庙仓公事而从庙仓使用骑乘；为自己的利益而拿庙仓之物与别人暗地交易；让自己中意之人在庙里做小事而从庙仓拿大物给予奖赏，对不中意之人因一点小事而借故重罚，但对其中意之人即使做了大的坏事也不处罚；对其中意之放牧者，虽然经营不好也予以保留，而对其不中意之人虽善于管理也毫不留情地予以除名。

应该给大家平分的东西而不平分，应该在庙仓存放的而不在庙仓存放，而是自己拿去做不正当的事情；请大喇嘛做法事、上贡等活动时，不平均使用所属庙仓的物资，来了赏赐不平均分配，从法会随意役使僧侣到自己家或者兄弟家干活；在与喇嘛会面、叩拜等事项中随意从庙仓使用骑乘、驮畜和粮食，随意从法会抽调僧侣随行；对自己中意之人虽不适宜也予以提升或者派做有收益之事，对自己不中意者虽然适宜也不予使用；以便宜价格从庙仓买牲畜、物品或者以高价把自己的牲畜卖给法会、庙仓；一边放债获取利息，一边收回做买卖的银钱，收放时改换细、粗账目。

在春秋两季收放利息银时节，有些人对自己中意之人虽然没本事也多放给银钱，或者收取不足数牲畜顶替本银；秋季查看牲畜肥瘦膘情时，以验别瘦畜为借口把好畜以便宜价格买回；从庙仓的牲畜中把诸如走马这样高价的好畜拿回，以自己便宜的牲畜顶替，或者以便宜价格买回；与庙仓有关之人或者从外面以管理牲畜为由雇来之人，并未参与经营管理，却毫不吝惜地暗地里给予牲畜；对自己中意之上等人虽未圆满完成所办之事，请来庙仓给予吃穿之资助；让庙仓放牧之人不考虑合理使用草场随意让其居住在自己愿意居住的地方；随意役使住所附近的下等人；与下等人结友耗损庙仓马驼，却谎说牲畜死亡，损伤马蹄、马腿；喇嘛、格斯贵等掌事者以权压迫涅日巴等首领，自己使用庙仓的牲畜和银钱，对大人物因其面子让其使用庙仓的马、驮供其骑乘或者驮乘，或者做不符合大众福祉之公事时，抽取庙仓的牲畜、银钱；每次将法会上的查布、茶、祭品不以大家习惯约定充足供应，或者为了自己取要而减少供应；或者为自己安逸而让办事者不以商定的办法行事；或者无故邀请其他寺庙僧侣参加法会供应茶饭，或者虽然是自己寺庙僧侣但不懂经卷而让其参加法会供应茶饭，或者在寺庙法会中无故以支持经教之名让人参加座位予以尊崇。

有的人为自己比别人先得提升或者获取利益，到异地寺庙获取名位后回来，以某种方法当上法会头目；或者某些人认识大喇嘛和诺颜们，得到他们的支持，不参加寺庙的阿勒巴等事宜，或者随意耗费庙仓的东西，压迫其他人；某些人为把自己的孩子或者侄子等人培养成材，说这孩子是呼毕勒汗（佛的化身或者转生者），曾述说自己的前世等，煽动某些人，虽然没有本事但把他推举为法会头目。这类事情增多的话，对法会、庙仓、庙产尽力的原忠诚老实的好人受压迫，而一些为名位、不好之人被提升，对佛教之生灵和法会有害，需知晓而禁忌。

五、庙仓清点银钱、牲畜账目制度

清点银钱、牲畜时，要写清年月日。如果达喇嘛、爱马克达、噶卜楚参见，要把人名写上。要分清马的等级总数，公马、马驹、怀驹母马、空怀母马、种公马、3 至 5 岁骒马、2 岁马的年龄、毛色都要写清楚。牛同样要写总数，把公牛、母牛、3 岁公牛、种公牛、2 岁牛等的年龄、毛色写清。骆驼要把骟驼、母驼年龄、毛色写清。绵羊、山羊要把公绵羊、母绵羊、2 岁绵羊、2 岁母羊等的年龄、毛色写清楚，把这些牲畜交管人的名字也要写清楚。清查牲畜时，要把参加人是否参加清点，牲畜是否增值或者损少以及清点的粗细情况一一简要写明。牲畜中卖出和使用消耗也要与同年的账目一样写明。要清楚写明卖出牲畜的价格、银钱数、使用数等。每年使用的牲畜皮张也要记明。施主贡献的牲畜价格、年龄、毛色、上贡的日子等项，当时都要清楚记明。平常要给所有的牲畜打上不能错认和换取的印记。大仓、上仓、内仓的牲畜、银钱不能混记而要一一另册记写。平常要把收入的牲畜、银钱，给人借出的，让人保管的等项不能混记，要使后人看后即明白，单一另写。清点庙仓的银钱时，要把清查年月日和参加人的姓名做记录。公共银钱总数，其中给了某某人多少钱要记录。从谁那里收回了利息要记录。涅日巴自己哪年月日给谁借了钱要写明白。所有收回的银钱利息将要在哪个法会上、哪件事情上使用、或者已经使用或者给了谁都要一一写清楚。上贡来的银钱和卖畜皮等钱、出租牲畜的钱、外来人给法会贡献的熬茶钱、祭佛的贡钱等要按时写清后，或者庙仓收取，或者用于某项事情，或者给放牧人吃穿使用，或者给庙仓派出做买卖之人做路费等常规事项，或者修理庙仓车辆，或者意想不到的养畜事上使用，或者用于供佛的点灯、烧香事宜，或者用于常规法会上的饭茶、上贡份子，或者临时的念经等项，所用畜、钱、饭、茶等都要一一记明。凡账目之事，是要把过去使用之项不使忘却的记录，是以后做事的榜样。不论什么人做事，把准备使用的东西知道用多少，不让坏心肠的馋嘴人施阴谋、做坏事，不使长久的福祉事业低落而要让其永固。

六、处理僧侣错误的规章制度

法会僧侣不论其职位大小，不许随便缺席。如果缺席，则需本人请假或通过可靠之人向喇嘛、格斯贵请假，准假后方可缺席。如果不请假或虽然请假但未获批准而居家不参加法会，格斯贵要把此事在内部通告，用格斯贵的责杖打其1杖。如果仍与前次一样两次耽误法会，打2杖，误3次，打3杖。如果误了整整一天的法会，则让其在法会门口跪拜100下，然后打1杖。如果误两天的法会，则以耽误的天数计算处理。

检查诵读，如果是毫无诵读能力之人则不让其参加法会，并在夏天的大会上让其与刚学诵读的小孩一起学习，让其手拿经卷，每天规定页数，如果不认真诵读，打3杖。

法会的僧侣学会以经卷朗读但不会背诵的话，拿来自己的经卷诵读。如果自己没有经卷，在开法会之前与邻座之人相商，串换看他的经卷。会阅读但自己和相邻之人没有经卷，要注意看远处上下人的经卷阅读。这样仍不会背诵则让其在座位上手握烧香站立，直到把这部经诵完，在大家面前羞辱他。

没有袈裟之人不准其参加法会。如果有能力置办袈裟而不置办或者无能力不能置办而参加法会，要严厉批评他并打3杖。

没有受戒之人不能参加大殿的法会，如果他随意参加，在法会门口跪拜100次。在法会中笑、耍动作、顽皮、说话，打1杖。在上饭、茶时如果先收碗或者添碗，把茶饭之残余洒在庙里，在庙院里吐唾沫或者鼻涕，圆披袈裟，在法会上翘起袈裟大襟或者不掖回，把靴子露在明处，随意就座，左右顾盼，不认真诵读，要责骂批评。在法会每日轮值诵读之人，如果不按时轮值，1次可以原谅，2次要批评，3次批评后责打1杖，4次以上责打2杖，以后3次以上按失职次数杖责。诵经和拉长音调交替之时，错误替换诵读或者拉长音调，当时就要批评并责打1杖。必须好好学习佛号和法器。在法会上会背诵之人都要执持法器，如不执持则要批评。如果不学习伟大号和执持法器则要批评。为首之人如果不这样要求，则把其职位交于别人，责打1杖。如果奏乐之人把音乐奏错或者合奏时拉长、拉短吹奏，当时就要责打1杖。多打1个鼓点也要找其人责打1杖，不会转奏鼓点也要打1杖。在法会上吹号时，大会必须配备两个号。早会一开始大会的全体人员要到庙前跪拜，绕庙1圈后开法会。在晚会结束时，在庙前跪拜后解散。对不参加跪拜和转庙1周的人，如对应会诵读而不诵读之人一样责打1杖。如果吹号之人不管法会能否开够时间，吹号不合规矩，使法会不能按时结束的话，撤其职并责打之。如果吹号人无故偷懒，自己不吹而让别人吹，要把中间相帮之人和他一起杖责。互相击掌时多击者，必须查清责打1杖。诵念咒语时，对没有念珠之参会者要让其站立。开始开会和散会时，不许在大殿前吵嚷，如果吵嚷则要其停止，并在法会上以戒训劝说之。开始开会和散会时摘帽、戴帽要一起进行。解散时必须从后排起立逐一散去。如果一排之人中后面的人没站立前，前面的人忙着先起，责打1杖。在法会上令人诵读、奏乐、洒甘露、祭坛等事而不接受，要问其缘由，如果合理则无事，如不合理责打2杖。如果接受指令而不去操作，仍责打2杖。法会上诵读的长调、短音、停顿、慢诵、快诵、音乐等项，按原来规定的进行，不能增多、减少、不慢、不快，如果改变责打3杖，并在大会上以戒训说明以后不能办这样的事。如果有人不知道这样做不对，在大会上诵读时把快慢音改变，则要在大会上以戒训教导让其改正错误。

袈裟要搁放在适当的地方，除首领外其他人不能把袈裟放在庙里或者庙院内。在开会和散会时，袈裟不披在身上而拿在手里，这是不当的事情。如果有人把袈裟抱在怀里走，则要让他在会上跪着接受批评。开会时要坐在由格斯贵喇嘛指定的一排和每排上下指定的座位。如果无故不坐指定的座位，则要让他一天内坐在最后一排的最后一座，假如此人是平常最后一座的人，要让其直到法会结束跪在门口。上饭、上茶时，从后排一一施放，不按此施放者责打1杖。法会的茶饭不能无故混在一起。如果无故使饭茶不好，在会后要告诉格斯贵、涅日巴等人，让其改正。如果他不但不改，而在会上发脾气、惹事端，则因其破坏法会原则，令其跪拜300次。法会上饭、上茶时，如果有人过分嘴馋挑捞肉食，则要批评他，让他跪着听劝说。在开会、散会时，如果未走出庙院而大声笑、说话或者吵嘴，则要在会上对其批评。不论何人，无故争斗挑起事端引起诉讼，则要召集哒喇嘛、格斯贵等人开会，依法处理。开法会时，节未请假远走多伦淖尔地方而缺席，以缺席法会天数计算，让其打扫内外的积雪和尘土。如果有人违反庙院外四方标记内之禁忌，责打1杖。会上诵读、吟长调、敲击法器、奏乐等人不去学练，则让其跪拜100次，在法会门前直到法会结束罚其下跪，然后严令其学练。在夏季的大会上，自己所辖僧侣来参加法会而丝毫不会诵读的话，则不让其参加法会，而是让其守寺门以及做扫院、送茶饭、上贡份子等事。如果不懂经卷而为安逸、躲避和逃离外边的活计而来参加法会，则让其在门口下跪，叩头100次。

法会的僧侣绝对不准喝酒。过去世尊释迦牟尼曾下禁酒令："我的徒众如果把我当作老师，连草尖上的一滴酒也不要舔。"如果喝酒，则僧侣会自然而然地不认世尊。因此，要罚喝酒者在法会门口叩拜1000次，并让其老实下跪。过去诸师祖曾严令忌烟，因此法会的僧侣如果因吸烟而被发现，则在法会门口让其跪拜500次，责打5杖，并严令今后必须禁忌。如果有人不遵从合理的公事，破坏大家的制度，则喇嘛在庙仓集会依法惩处该人。如果有人趁大家犯口舌、吵架之机无端加入惹起事端，则大家在庙仓集会依法惩处该人。在法会中如果请假需经喇嘛、格斯贵中1人批准。如果请假4天以上则需喇嘛、格斯贵2人批准。如果违犯此规定则按未请假处理。如果喇嘛、格斯贵违犯此规定，则进行批评或者杖责，杖责时不知本身有错而强词夺理或者反手还击者，则让其跪拜300次，杖责15下。

此外，编纂者明确指出，为检查时使用方便，从《蒙古律例》规定的"喇嘛事例"中抄录以下条文，以便僧俗大众知晓。

喇嘛、格隆要穿黄色、红黄和红色装，班第穿红装。喇嘛和班第要戴正黄帽。乌巴希、乌巴三察要穿红黄和红色装。如果是上头恩赐的衣着，都可以穿戴。大喇嘛们如果违犯此项规定罚一九，班第、乌巴希、乌巴三察如果违犯此项规定鞭打80下。

不论何人如果寻请喇嘛、班第治病或者念经，要向头领喇嘛请示前往。完事后，邀请之人要送回他们并向头领喇嘛当面报告。如果不向头领喇嘛请示而随意出去或者随意领走，或者领走之人留家住宿，则依法对随意出去、住宿的喇嘛、班第罚三九牲畜，对随意领走喇嘛、班第之人要把其交所辖衙门惩处。喇嘛、班第如果住在无丈夫的女人家，因其破坏戒律，打100鞭。此女人如果是外地的女人，同样要打100鞭。如果是所辖的女人，要交所属衙门惩处。如果与察卜干赤（在家女信徒）有不正当交往，因其破坏了察卜干赤的戒律，要打100鞭。与察卜干赤交往的人如果是所属寺庙的头领喇嘛，依法罚三九，如果是札萨克喇嘛罚二九，得木齐罚一九。喇嘛们所居住之家，如果让女人打扰，达喇嘛罚二九，得木齐罚一九，格隆、班第罚一五。

所有喇嘛所居之家，禁止女人出入。如果喇嘛所居之家让女人出入，头领喇嘛罚二九，得木齐罚一九。格隆、班第罚一五。此女人之夫如果系所辖内部属民，则要把男女双方一起交所辖衙门惩处。

所有喇嘛因罪需抓捕惩处时，先撤职后惩处，如果审判证明其无罪，再行复职。惩处喇嘛所没收之财物，要交印务处保存，用于对各寺庙喇嘛进行赏赐的事项中。

所有喇嘛如果收留自己沙毕纳尔（喇嘛庙属民）以外的人做班第，或者包庇收留不在册的喇嘛、班第，则撤销其职位罚三九，格隆、班第罚三九。把所辖之人、家人做班第送给喇嘛、收留在家以及包庇收留随意游走不在册的喇嘛、班第，要把所管辖旗的执政官员以下，小至十户长以上，收留包庇人、证人一起交所属衙门审断清楚，从重治罪。除在外蒙古注册的喇嘛之外，对毫无目的随意游走的喇嘛、班第，要全部赶走。如果不赶走、包庇、收留或者把自己的阿勒巴图、家奴随意做班第，如果有所属家奴指证，如果系王、贝勒、贝子、公、执政台吉等人，要撤销其年禄，如果系无俸禄的台吉罚50匹马，如果系官员则撤其官职，如果系平民则责打一百鞭，有关执政王、贝勒、贝子、公、台吉等人，要撤销其九个月的俸禄，罚管旗章京、梅勒章京、札兰章京一九畜，苏木章京、收留的十户长罚二九，其他小呼格赤十户长打100鞭。所罚之畜分三份，其中一份给证人，如果系阿勒巴图，家奴指证，则要由其主人付给。对随意出家做班第者及随意留居的喇嘛、班第，因其破坏戒律，要送回原旗、原主人。

指出，对国家制定的上述这些法律（指《蒙古律例》的相关条款），喇嘛应当知而遵循。任何喇嘛僧人如果不遵守而歪行，第一次违犯，所属寺庙的哒喇嘛、得木齐、格斯贵等人要在寺庙内批评、责杖、转法会、跪拜或者搬送茶饭、拾柴捡牛粪等法处置。如果仍然不遵守再行违犯，向旗里报告从重处置。有这等违犯法规的僧人，哒喇嘛如果包庇隐瞒，得木齐不揭发或者隐瞒不处理使之漏过，被别人指证或者检查时查出，要对哒喇嘛、得木齐、格斯贵等人依法罚畜，所罚之畜要依法分予证人和旗里办公使用。从今以后如果有人愿意把子侄送寺庙做喇嘛，要向所属苏木报告，签押写保证书，然后送给寺庙当喇嘛、班第。如果没有保证书则不能随意出家当喇嘛。

《查干乌拉庙规》虽然不是由清朝政府正式颁布的国家法律，但是这个庙规在寺庙内部具有强制执行的效力，具有喇嘛教与蒙古族习惯法相结合的特点。同时应当指出，这个庙规的执行与正镶白旗以及当地苏木的强制保证是紧密联系在一起的。根据正镶白旗八苏木书的规定，如果寺庙掌权者不平安善行，则法会的僧人与苏木的军民人众相商，报苏木和旗里惩处。

第三节

清代蒙古地方判例两种：《乌兰哈其尔图》与阿拉善和硕特额鲁特旗定例

在人类历史上，不同的国家和民族司法实践中出现过多种法文化现象。如神权法、神判法、任意法、判例法、习惯法、成文法、混合法等法律现象。清代喀尔喀蒙古沙比衙门《乌兰哈其尔图》法规和阿拉善和硕特额鲁特旗蒙古文单行法规、札萨克令和批复令、民刑案件之判例等，是蒙古法制史上的两部重要的判例法法律文献。判例法在古今司法实践中经常被适用，是一种参酌以往判例故事以定罪科刑的审判方式，具有议事以制的特点。在这种情况下，法官处于关键地位。法官结合现行法令、禁令和刑罚制度，并参酌具体案情，对案件做出判决。该判例对以后同类案件的审理具有参考和引用价值。当判例积累到一定程度时被国家或专司法律的机关按刑罚规定分类编纂，形成庞大的判例集。

一、《乌兰哈其尔图》

《乌兰哈其尔图》法规是喀尔喀沙比衙门依据《喀尔喀吉如姆》相关条款制定。

由《乌兰哈其尔图规章》《忽古尔海的制度旧档》《衙门规章》三部案例法规组成。是有关寺庙、喇嘛的权益和打架斗殴、骂人、伤人、禁酒等方面的判例汇编，记录了1820—1913年间审断的487种案例，作为审断将来发生的类似案件的参考依据。案件的处罚多依据《喀尔喀吉如姆》的相关规定。

清朝统治者在征服蒙古的过程中大力提倡和推行佛教，笼络和利用黄教上层，从而在宗教领域形成了活佛、呼图克图等各种封号和职位不同的上层喇嘛以及由他们治辖的沙毕纳尔（庙丁）、哈木济勒噶（随丁）和阿勒巴图（平民）。喀尔喀地区的黄教首领为哲布尊丹巴呼图克图。一世哲布尊丹巴1635年出生于土谢图汗官布多尔济家，1640年经达赖喇嘛确认坐床。二世哲布尊丹巴出生于1724年，于1729年坐床。这个时期的喀尔喀黄教上层喇嘛拥有众多的沙毕纳尔和阿勒巴图，形成强大的僧侣势力。雍正元年（1723），在库伦设立额尔德尼商卓特巴之职，成立商卓特巴衙门，管理和审断哲布尊丹巴的属下喇嘛和沙毕纳尔之间发生的各类案件。商卓特巴职位是在盟长领导下，从盟内选拔有才干的喇嘛经理藩院批准，授予印章，管理哲布尊丹巴沙毕纳尔与各地的关系事务，其权限与一般旗的札萨克相同，通称该衙门为沙毕衙门。凡有关与各地关系的案件，与盟长一同通过会盟解决。乾隆二十年（1755）以后，清朝政府加强了对喀尔喀各旗王公诺颜的控制。从乾隆二十八年（1763）开始，沙毕衙门归属库伦办事大臣管理。《乌兰哈其尔图》法规即为沙毕衙门根据《喀尔喀吉如姆》审断案件所形成的具有判例性质的案例汇编。《乌兰哈其尔图》法规有两本档册，一本记录了184个案例，另一本记录了303个案例。中华民国时期，该案例汇编被抄写流传，命名为《从沙毕衙门的乌兰哈其尔图抄写的规章》。该案例汇编所记录的案例大多与寺庙、喇嘛权益相关。其内容主要包括审断博格达格根（指哲布尊丹巴）与沙毕纳尔之间矛盾纠纷案件的案例；审断上层喇嘛与下层喇嘛之间矛盾纠纷案件的案例；审断博格达格根财产所有权案件的案例；审断博格达格根、寺庙经会向沙比纳尔摊派事项的案例；审断寺庙内部打架斗殴、辱骂、伤害、喝酒等案例。该案例汇编所涉及的处罚办法多根据《喀尔喀吉如姆》的相关内容，主要有罚畜、革职、令其还俗等，而没有涉及囚禁、罚为奴等处罚内容。该案例中的惩罚措施有两种：哲尔格勒（Jergele）和安珠。“哲尔格勒”一词源于古代蒙古游戏——鹿棋，相等、相应、平行之意，即处以相应之罪。“安珠”即处罚、判决或惩罚之意。哲尔格勒通常是在惩罚极其恶劣的违法行为时才使用，而安珠则是对较轻罪行进行惩罚的主要形式。

与《乌兰哈其尔图》法规有关的两个抄本为《衙门规章》和《名为忽古尔海的

制度旧档》，他们均为沙毕衙门所实行的行为准则。《衙门规章》从其前言可以明确断定其为1825年编定，涉及沙毕衙门的机构，官员的定额、等级，大沙毕官员的职责以及过节和举行宗教仪式的规定等，属于沙毕衙门的内部事务管理制度。《名为忽古尔海的制度旧档》主要是沙毕衙门的办公档册，记录有乌拉、舒思的使用事项等。

二、清代阿拉善和硕特额鲁特旗定例

阿拉善和硕特额鲁特旗祖先是清康熙年间从天山北路迁移至今阿拉善地区的和硕特人。在清代文献史料中，把阿拉善的卫拉特人称之为“西道里额鲁特部”抑或“阿拉善额鲁特部”。

清代，蒙古诸部在大清律所允许的范围内，以及清朝国家法制统一的前提下，自行制定了适用于本地区的地方性法律法规多部，以此来规范和调整社会关系。现在被称作《阿拉善蒙古律例》的清代阿拉善和硕特额鲁特旗法律档案是一部独具特色的行政法规及判例法规汇编。

该法律文献的发现经过是：1957年8—9月间，全国人民代表大会民族委员会组织内蒙·东北少数民族社会历史调查组派内蒙古社会科学院朱风、额尔德木图二人前往阿拉善地区进行古籍文献调研。他们在阿拉善王府发现了《永为定例以示遵行之档——印务衙门之档》的蒙古文档案。这些档案是阿拉善和硕特额鲁特蒙古第四任札萨克玛哈巴拉亲王于道光元年（1821）作为定例立档留存在蒙古文档案中的律条，主要记载乾隆、嘉庆、道光、咸丰、光绪年间“审判的各种案件”。1958年4月，由全国人民代表大会民族委员会办公室作为《阿拉善旗调查材料之三》，将朱风、额尔德木图编号和摘译成汉文的法律文档命名为《内蒙古自治区巴彦淖尔盟阿拉善旗〈清代单行法规及民刑案件判例摘译〉》编印内部发行。

《清代单行法规及民刑案件判例摘译》编印本由两部分组成。第一部分有单行法规21件，札萨克令和批复令44件；第二部分有民、刑案件判例95件，共160件。该法律文档是蒙古地区盟旗自行制定颁布的地方法规中最具代表性的立法成果和判例法汇编。以下依据朱风、额尔德木图编译本做一简要介绍。

（一）单行法规

由嘉庆九年（1804）至道光九年（1829）间拟定并“永为定例”的21件单行法

规组成。

第 1 件，嘉庆九年（1804）关于禁止新郎在岳父家园搭盖帐篷多次筵宴的规定，因此改变了婚姻旧俗。道光元年（1821）四月初二抄转存档。

第 2 件，嘉庆二十三年（1818）关于重新规定禁酒、禁赌的措施，使全旗大为整治。道光六年（1826）四月初二抄转存档。

第 3 件，嘉庆二十五年（1820）关于禁止在衙门城随意抓乌拉，并“准备常用骆驼为各项公务骑用”的规定。道光元年四月二日抄转存档。

第 4 件，嘉庆二十五年关于禁止定远营（今巴彦浩特市）经商者出城行商的规定，以免旗民受骗而陷于债务。道光元年四月初二抄转存档。

第 5 件，嘉庆二十五年关于禁止汉商任意滞留在旗民牧场上放牧交易所获畜群而制定的律例。道光元年四月初二抄转存档。

第 6 件，嘉庆二十五年七月十九日关于禁止寺庙收留流浪各地惹事生非者的规定，若收留这些人而“致发生惹事生非，则其所招致的损失，概由达剌喇嘛及执事人等负责，并根据事件轻重进行处罚”。道光元年四月初二抄转存档。

第 7 件，关于和硕亲王根据《蒙古律例》规定的“凡蒙古人往围场行军会盟诸处而返时，不候秩序先自归家者皆罚”一条而下达的谕令。道光六年（1826）四月初二定例于蒙汉档子。

第 8 件，道光元年（1821）四月初二和硕亲王公布的定例告示，针对定远营城内汉商压价收买蒙民各种牲畜，谋取重利之事，规定专派官员议定价格买卖，如有偷卖、压价、宰杀过多、或不及时付钱有意推诿搪塞等不法之徒，连负责官员一同处置。

第 9 件，根据清廷禁止喇嘛等在蒙古地区持伪造印文到处化缘的规定，重申旗内众官员和喇嘛等，“如有不尊上谕，替不相识的喇嘛人等向我旗内化缘者，将该人以违法论处，降一级罚一九”。

第 10 件，为防止进入关内散丹召、五台、西召等寺庙朝拜者发生事端，规定十人以下发一张路票，十人以上不发路票。

第 11 件，道光元年十月初一发布谕令，规定全旗僧俗众人“尽力打狼，消除狼害，以利全旗平安放牧，繁殖牲畜维持生计”。同时规定打狼者交狼皮则赏银，以资鼓励。

第 12 件，道光元年十二月一日规定：禁止全旗民众向寺庙或喇嘛献枪，或用以偿还债务以及喇嘛放生野兽等事情，违者处罚，听从者奖赏。

第13件，道光二年（1822）三月十九日颁布规定：严禁任何人从乌勒吉木伦河引水灌田，违者严予惩处，并没收全部田地归仓。

第14件，道光二年三月十九日规定：禁止在和希格图木伦河沿岸属下家人等耕种田地，“永为定例遵行，记入印文档册”。

第15件，道光二年三月十九日关于协理官员到印务处值班、换班及缺勤补值或处罚的规定。

第16件，道光二年三月十九日关于对买卖牲畜之人查清是否有偷盗嫌疑的规定，如无证人，即以偷盗论处。

第17件，道光二年五月七日关于下级各官员缴纳阿勒巴（即封建差役）银两的规定。

第18件，道光二年七月十一日关于禁止偷运雅布赖青盐的规定，并立印文档册。

第19件，道光九年（1829）十月十八日关于各地区官员、僧俗人等不得迟误旗印务处交办的各种事宜、旗内民人不得随意进关、不许喝酒赌博的规定，并禁止妇女儿童到城郭集市行走和留住查嘎沁流浪喇嘛，违者按定例严惩。

第20件，关于消除狼害的规定，同时规定打狼者交狼皮则赏银，以资鼓励。

第21件，道光九年十一月一日关于各级官员严守围猎规章的规定，共8条，并要求“今后围猎时，将围猎定例发给各苏木领队官员每人一份，在行猎时传唤之”。

这21件单行法规涉及清代阿拉善和硕特旗风俗习惯、畜牧经济、商业贸易、民事纠纷、财政税收、盐业运输、喇嘛和寺庙管理及一般行政法规措施，是清朝蒙古例的补充。从另一个层面可以看出，清代蒙古地区的自治程度和清代国家法律与地方法规的互动关系。

（二）札萨克令和批复令

阿拉善和硕特旗历任札萨克，自乾隆三十一年（1766）至咸丰十年（1860）间在本旗内发布了44道札萨克令和批复令。朱风等编译时，译成“王爷谕令和批复令”。这些文件内容广泛，涉及旗内各项政务之方方面面，如祭祀敖包；衙门征调奶牛；严禁骑乘和驮用走失驼、马；运盐费用；禁止进入私人牧场放牧；禁止喇嘛雇佣妇女和姑娘、饮酒、参加婚礼、随意还俗和妇女厮混；请求租地给汉商；请求私力开采银矿；交银两、哈达朝拜寺庙才能发给护照；请求出租内仓铺子、耕地而还债；请求泉水附近开垦小块耕地；请求免去阿勒巴、乌拉；请求判为家奴的盗窃之女，表现好的交回其老父；无嗣子而请求喇嘛儿子还俗；使用书写蒙古文者赐顶戴、三年后晋级加官；旗内八个苏木围猎、乌拉驼马详细数目的规定等。这些规定对正式法规有补充作用。

（三）民刑案件判例档案

阿拉善和硕特札萨克衙门对于从乾隆三十年（1765）至光绪三十四年（1908）间在该旗内发生的民刑案件（多为民事案件）的判例95件做了汇编。

该95件民刑案例所涉及的内容广泛，包括在查干朝老图高勒挖掘煤炭一案的判决；关于侍卫德勒格尔等人在原磴口华兴义商号旧址违法盖房，并用黄河水道向外运盐一案的判决；关于以官府名义借用民驼，乘隙驮盐图利一案的判决；关于接管侄儿及家产十余年而虐待一案的判决；无嗣子家产分割一案的判决；偷杀分吃一头牛肉一案的判决；拦路抢劫粮食货物等一案的判决；偷盗欺骗惯犯谢尔宁等人一案的判决；关于喇嘛潜入民宅偷盗银两一案的判决；负责建内“都根”（佛殿）等官员六人贪污银两一案的判决；关于妻子与官人发生不轨行为一案的判决；关于掌管札萨克印之协理台吉因不办政务，却饮酒生事一案的判决；关于献给庙仓之母子，逃跑被拐卖一案的判决；关于苏木侍卫把已记入黄档之母子讹称自家奴一案的判决；关于未完成打鹿而交付内府罚物一案的判决；关于曹宝二等人吸食鸦片一案的判决；关于乞讨少女途中冻死一案的判决；关于劝诱吸食鸦片、出售烟土和留住卖烟土等人一案的判决；关于骑马撞伤他人一案的判决；等等。上述判决案例，都记录具体事件的经过、涉案人员和判决内容以及处罚的具体数目，可作为以后类似案件的判例等判例组成。

该文献档案就对乾隆、嘉庆、道光、咸丰、光绪年间95件判例做了辑录。如嘉庆十年（1805）七月二日判决的一例案件：“章京塔瓦苏木所属，在巴尔贡丹木巴、沙尔古拉等地居住的什户长拔什库达希、达鲁古嘎拉图、箭丁拉扎布、臣普勒、红惠、门都等18人申诉称：副章京班迪，在奴才们的牧场塔拉乌兰之地岭北，现在正挖着一井，如果此井出水，章京班迪在此放牧时，奴才等的少数牲畜，将因此失却仅有的牧场而受损失。等情。据此。诺颜下谕判理：“章京班迪所挖之井，如果出水，丹木巴、沙尔古拉等地众人，仍从该井用水，后日不论何人，在章京班迪所挖井的南、北及西至格德楞以北，东沿沙漠边至哈木古勒图后面以北，在这些地方不得挖井惹事争端。”为此给十户长拔什库达希、达鲁古嘎拉图、箭丁拉扎布等谕旨印文，永做规定。以上档案是清代阿拉善和硕特额鲁特旗珍贵的法律文献。充分挖掘和利用对研究清朝蒙古例和蒙古地方立法间的相互关系、清代阿拉善和硕特额鲁特蒙古社会、政治、经济、文化、习俗和司法审判以及蒙古法制史上的判例法的作用有较高的史料价值和研究意义。

随着学术研究的深入和各地各类档案史料的发掘、整理，近年来从中国第一历史档案馆、内蒙古自治区档案馆、蒙古国国家档案馆、蒙古国公共图书馆以及内蒙古各盟旗档案馆发现了大量清代将军衙门、蒙古旗的满蒙古文档案。其中，不少蒙古文档案是有关清代法律资料和审判案例。如呼和浩特地区有关清代法律档案给清代蒙古地区司法制度的研究提供了实际案例史料。现存呼和浩特的法律档册的内容包括理藩院、呼和浩特土默特都统衙门、呼和浩特喇嘛印务处、绥远城将军衙门及所辖盟旗等往来公文、指示、有关规章制度以及相关衙门对边界纠纷、蒙汉交涉事件会审事项、封山护林、禁止打生方面的法令文书。

余论：清末至中华民国时期蒙古法制的变迁

清末至民国时期蒙古法制内容丰富，史料繁多，档案集中时代背景较复杂多变。本章在前人研究成果①进行罗列而成，对该时期内容没有做研究，待将来完善和充实。

一

清末修律，蒙古地区出现了“刑轻”的现象。光绪三十一年（1905）三月，修订法律大臣沈家本、伍廷芳等上奏删除律例内重法折，建议永远删除旧律内所有凌迟、枭首、戮尸三项。嗣后凡死罪至斩决而止，所有现行刑律内凌迟、枭首各条均改为斩决，其斩决各条均改为绞决，绞决各条俱改为绞候，秋审入实，斩监候改绞监候，秋审时分别实缓办理。同时，清末修律还废除刺字、宽免、缘坐等刑罚，改笞杖为罚金。全国范围内减轻刑罚必然带来蒙古地区刑罚的相应变化。在此之前，内外蒙古的刑名案件向来设有蒙古例专条，而且蒙古例所规定的罪名及刑罚一般比刑律罪名刑罚为轻，其重罪内刑罚仅有凌迟、枭首等几条。光绪三十一年（1905）四月，理藩院与刑部上《理藩院刑部会奏议覆改减蒙古刑律折》，会奏现今更定新章，蒙古事同一律，请旨改减蒙古例，并得到清政府批准。所有蒙古专例内，凌迟、斩枭之条应遵照新章

① （乌力吉陶格套：《清至民国时期蒙古法制研究》，内蒙古大学出版社 2007 年版；周宝峰主编：《蒙古学百科全书·法学卷》，内蒙古人民出版社 2007 年版及相关蒙古族通史性著作和利用清末民国年间相关文献档案资料；蔡鸿源主编：《民国法规集成》，黄山书社 1999 年版；蒙藏委员会编：《蒙藏委员会法规辑要》1942 年版）

俱改斩决，其斩监候各条俱改绞监候，审时分别实缓，其余各条本较刑例罪轻似可勿庸递减，至蒙古例未备者，如此引刑例应照新章办理，倘遇交涉案件牵涉蒙古，亦应概照刑例新章问拟，不得仍引蒙例，以免分歧。

光绪三十二年（1906）清实行官制改革，理藩院改为理藩部，《理藩院则例》也相应改为《理藩部则例》。

清末官制改革也包括对司法审判制度的改革。清末官制改革中将刑部改为法部，主管司法行政事务，不再兼理审判；将大理寺改为大理院，作为全国最高审判机关，宣统元年（1909）清政府颁布《法院编制法》，将审判衙门分为初级审判厅、地方审判厅、高等审判厅和大理院四级，实行四级三审制，在各省县先后设立相应的审判机构。随着这些改革措施的施行，蒙古地区的司法审判制度也逐渐发生新的变化。宣统元年清廷将大理院作为全国最高审判机关之后，重新规定对蒙古死罪案件的判决，不管引用蒙古例还是刑例，都由理藩部主审，大理院复判。光绪三十一年，清政府裁撤理藩院派驻各地的理事司员之后，理藩部不再直接参与地方的蒙汉交涉案件的审理。该类案件改由在蒙地设置的府厅州县或者沿边各省审判厅直接审理。

清朝末年，《大清律例》已经不能适应历史发展的需要，亟待制定新的法律。清政府从光绪二十八年（1902）实行新政开始，就把修律问题提到议事日程，下诏参照各国法律，修订现行刑律。在新法颁布之前清廷决定以原来的《大清律例》为基础，略加修改，作为过渡性的刑律的《大清现行刑律》，拟于宣统二年（1910）公布实施。该律将《大清律例》中的“化外人有犯”条修订为“蒙古及入国籍者有犯”条，规定凡蒙古人犯罪，照理藩部蒙古例定拟；其余藩属并因归化入籍者仍依律科断。关于修改理由，修订法律馆的案语做了以下说明：此条沿用唐律本指化外人之入中国籍者而设。宣统元年闰二月初七经宪政编查馆奏请颁行国籍条例，奉旨：依议钦此。钦遵通行在案，凡外国侨居内地之人，既许其归附，自应删除化外人条目，以坚其内向之忱，所有律目、律文，化外人应一律改为入国籍人，以符定制。又蒙古各部属隶屏藩200余年，与归化之人甫隶版图者不同，亦应移列于前，以示区别。《大清现行刑律》“蒙古及入国籍者有犯”条规定了附加条例5条。

清朝末年，随着清朝对蒙古传统统治政策的转变和放垦蒙地的进一步深入，《钦定理藩部则例》所规定的有关蒙地封禁的各项禁令已失去了法律意义。宣统二年（1910），理藩部向清廷建议废除《理藩部则例》中对蒙古的各项禁令：废除禁止出边开垦各条，凡旧例内禁止出边开垦地亩，禁止民人典当蒙古地亩，及私募开垦地亩、牧场治罪等条，酌量删除，以期名实相符；废除禁止民人聘娶蒙古妇女条，拟由各驻边将军、都统、大臣、各省督抚出示晓谕，凡蒙汉通婚者，均由该管官酌给花红，以示旌奖；废除禁止蒙古行用汉文各条，旧例内外蒙古，不准沿用内地书吏教读，公文、禀牍、呈词等件不得擅用汉文，蒙古人等不得用汉字命名。今则唯恐其智之不开，俗之不变，断无再禁其学习行用汉文汉字之理。理藩部的建议得到清廷的批准，以上各条规定被正式废除。除此之外，在晚清政府始终未能进行对蒙古旧例的完整的修订工作。

清末清廷实行仿行宪政。宣统元年闰二月，理藩部奏请，筹备藩属宪政应办事宜应分别急缓，择要推行。在理藩部的主持下，蒙古地区也进行了藩属宪政的筹备活动，征集了盟旗的调查资料，产生了第一批蒙古王公议员。

在清朝的大部分时期里，清政府对蒙古颁布的各项法典律令是在因俗而治的立法原则下制定的。清末新政之后，清廷对蒙古的传统统治政策发生变化，从而导致清朝对蒙古法律制度的变化。

二

中华民国时期主要包括北洋政府与南京国民党政府两个历史时期。北洋政府统治时期，蒙古地区动荡不安，驻京蒙古王公对北洋政府尚持极大的不信任态度。在这种情况下，北洋政府对蒙古立法的指导思想与立法原则基本上是采取抚绥政策。由于蒙古地区的特殊性与对蒙政策上的特殊考虑，北洋政府在蒙古继续沿用清朝的《理藩部则例》，基本上保留了清代的制度。同时，为了适应新形势的需要，北洋政府对蒙古也制定了若干新的法律规定。早在南北和谈时，袁世凯作为清帝退位的条件，提出了《大清皇帝辞位后之优待条件》《清皇族优待条件》以及《满蒙回藏各属之待遇条件》，承认满蒙王公世爵世职概仍其旧，并得传袭，保留原有封建制度和秩序。1912年2月9日，南京临时参议院议决通过以上三个法律文件。3月25日，中华民国政府颁布《劝谕蒙藏令》，要蒙藏人民，率循旧俗，做西北屏藩，安心内向；4月13日，颁布《劝谕汉、满、蒙、回、藏各族联姻令》；4月21日，宣布取消蒙藏回疆等藩属名称，撤销清朝理藩部，凡蒙藏回疆各地方行政事，俱归中华民国内务部接管。

1912年5月，袁世凯在内务部下设蒙藏事务处。7月，改为蒙藏事务局，专管蒙藏事务。1912年8月，参议院第55次会议议决通过《蒙古待遇条例》9条，8月19

日袁世凯以临时大总统令正式公布。该条例是新成立的民国政府首次以法律形式正式明确了对蒙古的基本国策，成为民国北京政府对蒙政策的重要组成部分。1912 年 9 月 20 日，北洋政府公布《加进实赞共和之蒙古各札萨克封爵的命令》，规定凡蒙古王公，效忠民国，实赞共和者，各照原爵加进一位，汗、亲王等无爵可进者，封其子若孙一人；着有异常功绩，或者翊赞共和，或力支边局，以及劝谕各旗拒逆助顺者，均另加优奖。10 月 19 日，北洋政府发布《加封各地呼弼勒罕文》。10 月 22 日，根据《蒙古待遇条例》规定，将阿尔泰乌梁海七旗副都统总管等改为世爵。10 月末，在长春召开哲里木盟十旗王公会议，成为第一次东蒙王公会议。袁世凯特派当时驻京的蒙古王公联合会骨干、科尔沁左翼后旗札萨克亲王阿穆尔灵圭为政府代表参见会议。会上阿穆尔灵圭代表中央宣读了《蒙古待遇条例》《加进实赞共和之蒙古各札萨克封爵的命令》《加封各地呼弼勒罕文》等，向参见会议的各旗王公传达和解释袁世凯政府对蒙古王公上层的优待政策。同时作为会议议案，北洋政府提出蒙边要隘地点由国家派兵驻屯；蒙古王公不经中央批准，不得向外国借债；蒙古王公取消独立后仍可享受优待条件；各王公不得将产业抵押给外国，以保领土；蒙人举办新政，得经中央批准；增强蒙汉情谊；发行蒙文报纸，以开民智；蒙旗悬挂五色旗，以符国体；蒙旗遵守民国法律；各旗所需枪械由各都督代购，不准私运。同时向蒙古王公做出承诺保全以前所属领土；驻屯蒙地的征蒙军迅速撤退；承认已开垦之地，其他地方不得再开；不设立行省等。11 月，北洋北京政府又将《蒙回藏各属之待遇条件》《蒙古待遇条例》等译成蒙汉合璧文字，刊刻颁发蒙古各旗及各有关将军都统遵照实行。1913 年 1 月，绥远城将军张绍在绥远城主持召开乌兰察布、伊克昭两盟各旗王公参加的西蒙王公会议，让蒙古王公通电表态拥护共和，反对库伦独立。1923 年 10 月 13 日，哲里木盟十旗札萨克王公再次在长春开会，共议赞助共和、拥护民国，反对库伦独立。史称第二次东蒙王公会议。北洋政府从 1913 年 1 月开始，参酌前清旧制，先后拟定颁布了《蒙回藏王公等年班事宜》《蒙回藏之王公及呼图克图等公谒礼节》《驻北京及年班来京蒙古王公廪饩条例》《回疆等年班王公经班喇嘛来往沿途支应章程》《喇嘛等洞里经班事宜》《喇嘛印信式样》《蒙回藏王公等服制条例》《蒙回藏王公等爵章条例》《蒙回藏世爵世职封袭条例》《特赏蒙古荣典条目》等一系列条例、章程，以政府法令条例等形式，对北洋北京政府优待蒙古王公上层的政策予以实现。1914 年 5 月北洋政府将民国元年设立的蒙藏事务局升格为蒙藏院，同年 7 月公布《都统署官制》，将绥远城将军、热河都统、察哈尔都统节制统辖区改设为三个特别行政区。1915 年北洋政府先后制定《禁止私放蒙荒通则》《垦辟蒙荒奖励办法》等，以奖励与惩罚相结合的方法，控制各蒙旗的放垦大权。

北洋政府先后制定颁布了多部宪法性法律文件，与此同时对蒙古也做了一些相应规定。1912 年中华民国临时政府迁至北京。同时，按照《中华民国临时约法》的规定，由驻京蒙古王公联合会中选出较有影响的蒙古王公 10 名，作为参议院常任议员或者委员。1912 年 8 月 10 日制定公布《国会组织法》，其中规定了参议院和众议院蒙古议员的名额各为 27 名。同时公布《参议院议员选举法》《众议院议员选举法》，其中对蒙古各盟、部议员名额做了进一步具体的规定。同时，在选举资格方面，规定蒙藏青海地方必须通晓汉文、汉语者才可当选议员。接着参议院又制定颁布了《参议院议员选举施行细则》《蒙古、西藏、青海众议院议员选举施行令》等，规定蒙、藏、青海选举会之参议院议员选举，于 1913 年 1 月 20 日举行。1913 年 4 月 8 日中华民国第一届国会正式成立，北京临时参议院即日宣布解散。1914 年北洋政府公布新制定的《中华民国约法》，约法在强调民族平等的同时在附则中特加规定大清皇帝辞位后之优待条件、清廷皇族待遇条件、满蒙回藏各族待遇条件，永不变更其效力。

在北洋政府明文规定蒙旗王公札萨克管辖治理权一律照旧的原则下，蒙旗所有司法审判方面的事宜仍照旧制进行。但随着热河、察哈尔、绥远三个特别行政区的设立，情况发生了较大的变化。1914 年 7 月北洋政府公布《都统署官制》，同时颁布了《热河都统署归绥都统署审判处暂行条例》，规定在热河、归绥都统署各设置审判处，由都统行使监督司法行政权；审判处之管辖区域与都统之管辖区域同；审判处管辖的诉讼事件为不服县知事之判决而控告的和各盟旗及蒙民之诉讼事件。1914 年 7 月 29 日，司法部又呈拟察哈尔都统署审判处文，称虽都统署审判处暂行条例未将察哈尔列入，而因地制宜，凡关于审判事件实应比照办理，以照划一。拟请于察哈尔都统署置审判处，所有一切设置以及管辖事件、行使职权种种事务一并按照热河都统署、归绥都统署审判处暂行章程之规定，如制办理。这样，在法律上将内蒙古昭乌达、卓索图两盟各蒙旗诉讼事件划归热河都统署审判处，伊克昭、乌兰察布两盟各蒙旗诉讼事件划入归绥都统署审判处，锡林郭勒盟各蒙旗和察哈尔各旗诉讼事件划入察哈尔都统署审判处分别管辖。1917 年 5 月，蒙藏院会同司法部核议卓索图盟土默特左旗陈请规复旧制以清诉讼一案，经北洋政府国务会议议决决定，凡蒙民一切刑事案件及蒙汉相控之民刑案件概归县知事审理，唯蒙民（蒙古族与汉族）互控之民事案件得由札萨克自行处理，并照会内蒙古各盟旗遵照办理。

1915年6月，《中俄蒙恰克图协约》订立。该协约承认中国对外蒙古的宗主权，外蒙古改为自治。北洋政府在外蒙古设置库伦办事大员，在乌里雅苏台、科布多、恰克图分设各佐理专员，并相应制定了《库伦办事大员公署章程》《乌里雅苏台、科布多、恰克图佐理员公署章程》，规定库伦办事大员管辖土谢图汗、车臣汗两部事务，并节制各佐理专员；各佐理专员管辖区域，完全继承前清将军、参赞大臣、理事司员管辖区域。1919年7月，北洋政府制定《西北筹边使官制》，在外蒙古设西北筹边使公署，所有库伦办事大员、佐理专员等统归西北筹边使节制。1919年12月，外蒙古哲布尊丹巴等呈请取消自治后，民国北京政府任命西北筹边使督办外蒙古善后事宜，裁撤库伦办事大员及各佐理专员，办事大员公署归并筹边使公署。1920年，北洋政府又裁撤西北筹边使公署，重新制定《库乌科唐镇抚使暨所属各官署组织暂行条例》《库乌科唐镇抚使公署编制章程》《乌、科、唐各参赞公署编制章程》《恰克图民政员公署编制章程》《库、乌、科、唐各理事官公署编制章程》等条例章程，在外蒙古设置库乌科唐镇抚使，下设各参赞、副参赞、理事官，分驻乌里雅苏台、科布多、唐努乌梁海等处，进行管辖。北洋政府还于1920年11月拟定公布《库乌科唐镇抚使署审判处组织暂行条例》和《乌、科、唐、恰审判处组织暂行条例》，对外蒙古地区的审判事宜做出规定。1921年外蒙古发生人民革命，宣布独立，北洋政府在外蒙古的统治实际终结。

1928年国民革命军的北伐取得胜利，北洋政府的统治随之结束，南京国民党政府统一中国。随之带来的是蒙古地区与中央政府的关系的新变化。国民党政府对蒙古以及其他少数民族地区立法的基本指导思想是贯彻民族同化政策，从而忽视了中国少数民族问题的存在，而将中国少数民族认同为汉族的宗支。国民党执政后，为了把历来具有特殊体制的蒙古盟部旗完全纳入全国统一的省县管辖体制，在内蒙古及青海改设行省。同时，为了逐步改变蒙古的各项封建旧制度，还制定了明确的施政方针及一系列实施计划。出于对蒙古的统治需要，南京国民政府又不得不暂时保留蒙古原有的一些旧的制度，在一定范围内继续沿用前清《理藩部则例》。随着盟旗方面正式提出高度自治的要求，南京国民政府还曾制定一系列与蒙古自治有关的法规条例。南京国民政府的宪法性文件对蒙古等民族问题也专门予以原则性规定。1928年2月，南京国民政府通过《中华民国国民政府组织法》，其中规定在国民政府下设立蒙藏委员会。3月21日，国民党中央政治会议通过《国民政府蒙藏委员会组织法》，规定蒙藏委员会直接隶属于国民政府，负责审议关于蒙藏行政事项，计划关于蒙藏之各种兴革事项。

但该蒙藏委员会组织法所称蒙藏系指未曾改设行省及特别区之蒙古、西藏地方，故而排除了内蒙古等在特别区或省内的蒙古事务。1928 年 6 月 8 日南京国民党政府公布了《修正国民政府蒙藏委员会组织法》，同时设立蒙藏委员会筹备处。7 月 11 日，蒙藏委员会正式成立。从此才将内蒙古等地区的蒙古事务划入蒙藏委员会的管辖范围。1929 年 2 月 7 日，南京国民党政府再次公布《修正蒙藏委员会组织法》，改主席制为委员长制。蒙藏委员会先后制定了其机构内部的各项法规，包括《蒙藏委员会办事细则》《蒙藏委员会总务处办事细则》《蒙藏委员会蒙事处办事细则》《蒙藏委员会蒙藏文化研究会规则》《蒙藏委员会驻平办事处规则》等。其后南京国民党政府于 1932 年、1940 年、1944 年、1947 年对《蒙藏委员会组织法》进行过多次修正。

1928 年 9 月，南京国民党政府发布改省令，热河、察哈尔、绥远、宁夏、青海等地相继改省。改省之后，内蒙古及青海地区的各盟、部、旗全部被划入各省境内。改省是南京国民党政府所谓革新蒙旗行政系统、由省县当局直接统治蒙古地区的重要步骤，该措施从一开始便受到各蒙旗的强烈反对。在蒙古地区各阶层的强烈要求下，南京国民党政府不得不慎重对待蒙古问题，并于 1929 年 6 月 17 日国民党第三届中央执行委员会第二次全体会议议决通过《关于蒙藏问题之决议案》，决定于 1930 年 3 月以前召集蒙藏会议，报告蒙藏之实际情况，讨论关于推行训政及蒙藏地方之一切兴革建设事宜，并由各蒙旗长官及人民各推举代表若干人来中央参加会议。随后南京国民党政府先后制定《蒙藏会议筹备会简章》《蒙古会议代表推选办法》《蒙古会议代表产生标准及分配名额》等，对相关问题做出了规定。1930 年 5 月 21 日至 6 月 12 日，蒙古会议在南京正式召开。蒙古会议最后议决事项共 60 项。通过蒙古会议及其各项决议案，蒙古的盟旗制度被保留，盟旗也得到了与省县同等的地位。

在蒙古会议最终通过的 60 项决议中，最为重要的是通过了《蒙古盟旗组织法》，从而确定保留现有盟旗制度，并予以若干改良。该组织法案后经国民党中央政治会议讨论和立法院审议修改，于 1931 年以《蒙古盟部旗组织法》的名称予以公布，以法律形式确认了蒙古各盟部旗的管辖治理权，明确了各盟部旗与省县之间不相统属的关系，在蒙古地区实行省县体制与盟旗制度并存的双轨制统治，并对盟旗制度予以适当改革。1932 年 9 月南京国民党政府核准公布了《蒙古盟部旗组织法施行条例》，解释和补充《蒙古盟部旗组织法》的有关条文。1932 年 8 月南京国民党政府行政院核准公布《蒙古盟部旗组织法实行步骤》，在实质上无限期延长了该组织法的实施期限。

1930 年南京蒙古会议还议决通过了《蒙旗保安队编制大纲》，由国民党政府讨论修正后于1931年10月正式核准施行。大纲规定蒙古各旗原有之各项队伍一律改编为盟旗保安队，专任保卫地方治安之责。南京国民党政府行政院又于1932年7月拟定《蒙旗成立保安队时不得妨碍省县司法行政事宜》文，令各盟部旗遵照施行。1934年12月，南京国民党政府行政院公布《边疆武职人员叙授官衔暂行条例》，规定对盟部旗的备兵札萨克、札萨克等官员授予武职官衔。同时还公布了《边疆武职人员叙授官衔暂行条例施行细则》。

南京国民党政府在蒙藏委员会施政纲领中特别规定奖励自动取消封号之王公，逐渐废除封建式的世袭制度这一计划，并采取渐进的方法，先调查王公现状，举办王公登记，厘定王公优待办法，然后再着手逐渐取消王公世袭制度，并将其列入年度计划，分期实施。南京国民党政府还改革了王公上层的年班制度。1934年1月8日，蒙藏委员会制定公布了《蒙古各盟部旗行政长官分班来京展觐办法》《边疆宗教领袖来京展觐办法》《蒙藏新疆回部来京展觐人员招待规则》等条例，从而形成了边疆行政长官及宗教领袖展觐制度。

南京国民政府成立后，尝试改革蒙旗司法审判制度。1929年8月，南京国民政府司法院做出解释，规定理藩院则例及番例条款原为特别法之一，在未经颁布新特别法令以前，准酌予援用。这样，在蒙古一定范围内继续沿用《理藩部则例》。盟旗仍然享有根据《理藩部则例》的有关条例审理蒙旗内部案件的权力。同时，南京国民政府也开始了改革蒙古司法审判制度的步伐。1930年蒙古会议还通过了《改进蒙古司法办法大纲》，后经国务会议讨论和司法院核准予以正式公布。蒙古会议还通过了《厘定蒙藏地方暂行法制案》，准备厘定理藩部则例及番例的相应内容。1930年12月，国民党中央政治会议议决通过《修订现行蒙藏司法法令之准备》一案，认为各地现行司法法令实有修订之必要，并令司法行政部会同蒙藏委员会现行调查实况，搜集资料，以为立法时参考。

南京国民政府针对宗教问题先后颁布20多个法规，其中包括对蒙古喇嘛教方面的规定。这些规定主要有对于喇嘛寺庙监督管理的规定、对于喇嘛管理的规定以及呼图克图喇嘛等的展觐办法规定、关于内蒙古库伦喇嘛旗政教分治的规定等。1930年蒙古会议议决通过《蒙古各旗及平热等处喇嘛寺庙管理办法》，后经蒙藏委员会呈经国民政府修订后于1931年6月以《蒙古喇嘛寺庙监督条例》为名正式公布。蒙古会议还通过另一项决议《蒙古喇嘛寺庙登记条例》。1935年12月，南京国民党政府废止前述《蒙古喇嘛寺庙监督条例》，另行制定公布《管理喇嘛寺庙条例》。在限制充当喇嘛、改善宗教以及喇嘛转世、任用等方面，南京国民政府还曾专门制定一些条例、办法，以进行整顿和规范。1936年2月，蒙藏委员会以会令公布《喇嘛转世办法》《喇嘛奖惩办法》《喇嘛任用办法》《修正喇嘛登记条例》四项条例。1931年3月，蒙藏委员会拟定并经行政院核准公布《卓索图盟锡埒图库伦旗政教分治办法》，将该旗现有兼管政教之札萨克达喇嘛一缺，划分为锡埒图库伦札萨克及锡埒图库伦旗兴源寺达喇嘛两缺。任命现任札萨克达喇嘛为该旗札萨克，由该旗札萨克公署从该寺喇嘛中选派兴源寺达喇嘛，呈报该管盟公署咨蒙藏委员会备案。

南京国民政府时期，由于对国民党民族政策的不满以及受到国际国内形势的影响，内蒙古各盟旗强烈要求高度自治，并发展成为在全国产生广泛影响的内蒙古高度自治运动。1934年1月，国民党中央政治会议讨论通过了《蒙古自治办法十一条》，其宗旨为蒙古的自治只能在有关省内施行自治，而且由省政府代表中央指导蒙古区政府办理地方自治，从而导致以省境为单位的各盟旗联合自治被进一步分散为省政府管辖和监督下的实际以盟为单位的自治。该办法一经公布就遭到蒙古各阶层的强烈反对。有鉴于此，国民党中央召集政治会议，决定将《蒙古自治办法十一条》收回再议。在蒙古进京代表拟定的新方案的基础上重新拟定了《蒙古自治办法原则》8项，后经审议于1934年2月28日正式公布。该办法以法律形式允许在内蒙古设立一个跨省、跨盟的统一的自治机关——蒙古地方自治政务委员会，以保障内蒙古各盟旗的自治地位和权利。同年3月，国民党中央政治会议决定设立蒙古地方自治政务委员会和蒙古地方自治指导长官公署，同时由国民党政府公布《蒙古地方自治政务委员会暂行组织大纲》和《蒙古地方自治指导长官公署暂行条例》。1934年3月13日在北平设立蒙古地方自治指导长官公署，4月23日蒙古地方自治政务委员会在百灵庙正式成立。1936年1月，国民党中央正式批准绥远省政府将蒙政会一分为二的建议，决定设立绥远省境内蒙古各盟旗地方自治政务委员会和察哈尔省境内蒙古各盟旗地方自治政务委员会，将原来一个统一的蒙古地方自治政务委员会分割成为两个省的蒙政会。1月25日，国民党政府公布《绥远省境内蒙古各盟旗地方自治政务委员会暂行组织大纲》和《绥远省境内蒙古各盟旗地方自治指导长官公署暂行条例》。其后，国民政府将《绥远省境内蒙古各盟旗地方自治政务委员会暂行组织大纲》几次进行修订并予以公布。1936年2月23日，绥境蒙政会在归绥正式成立。1936年7月，国民政府废止1934年《蒙古地方自治政务委员会暂行组织大纲》，规定设立察境蒙政会，并任命德王为委员长。但此时德王已经在日本侵华势力的支持下成立蒙古军政府。

抗日战争胜利后，内蒙古的民族运动空前高涨。内蒙古各地掀起了内外蒙合并、独立或者以高度自治为目标的各类民族运动。蒙古问题再次成为南京国民政府所面临的重要问题。早在 1945 年 6 月，国民政府旧蒙古自治问题拟定了外蒙古自治概要草案以及各省区蒙旗自治概要草案两种。战后国民政府承认外蒙古独立后，内蒙古盟旗的地方制度及自治问题日益突出。同年 6 月，经内政部与蒙藏委员会等有关机关会商，将后一草案修正为边疆各盟旗地方自治方案草案，规定以旗为自治单位，盟政府遵照中央政策，监督各旗地方自治事务。1946 年 3 月，国民党六届二中全会通过了《边疆问题决议案》，规定对包括蒙古在内的少数民族权利予以最大限度的保障，但该决议案在实质上仅系一种应付时局的策略。1946 年 12 月制宪国大通过《中华民国宪法》之后，1947 年 7 月国民政府再度修正蒙古盟旗地方自治方案草案。但随着形势的发展，直到国民党在大陆的统治结束，南京国民政府始终没有真正制定公布盟旗地方自治法规。

中华民国时期，内蒙古地区自治运动不断高涨，各蒙古地方结合自己的实际需要，制定了适用于当地的蒙古地方法律法规。传统的蒙古法在一定程度上以蒙古地方法的形式得到体现。值得一提的是，1911 年 12 月外蒙古“独立”，后在俄国的调停下，中俄蒙三方签署《中俄蒙协约》，1915 年 6 月外蒙古取消“独立”，承认中国的宗主权、改称“自治”。“独立”“自治”期间，外蒙古政府曾制定颁布过若干部法律法规，其中较有代表性的有《五部商定现行变通法律》（1913—1918）、《钦定蒙古国则例》（1918—1921）两部法律。这些法律的法源基本是蒙古传统法律和清代蒙古例及“独立”“自治”期间的临时法令规章。

中华民国时期的蒙古法还包括作为“蒙疆政权”的法律制度以及“满洲国”有关内蒙古东部地区的法律制度。在日本殖民统治时期，“蒙疆政权”作为特殊性质的蒙古地方政权，在其统治区域内制定了一系列法律制度规范，对传统蒙古法进行了一定程度的改革。日本扶植的“满洲国”在统治内蒙古东部地区时，针对统治内蒙古东部地区的实际需要，制定了有关适用于内蒙古东部地区的法律制度。其中部分法律制度规范体现了传统蒙古法的内容，有些法律制度则反映了在新的形势下传统蒙占法的变革。在这一历史阶段，传统蒙古法发生的显著变化是，盟旗制度的巨大变革以及延续了近三百年的蒙古王公制度在内蒙古东部地区被彻底废除。

清末，蒙古地区受到帝国主义列强的侵略，俄、日帝国主义相互勾结瓜分蒙古地区。清廷则改变对蒙古政策，推行“新政”，强化对蒙古族的统治，强制实行蒙地放垦和移民实边政策，使蒙古地区农区扩大，牧业萎缩，商业高利贷剥削加重，贫富分化加剧，蒙古族人民的生存受到严重威胁。蒙古族人民不畏强暴，展开了反抗帝国主义和封建主义的英勇斗争。民国时期，北洋军阀政府和国民政府继续实行民族压迫，推行在蒙古地区建省设县和剥夺土地的政策，引起蒙古族人民的反抗，但这些反抗都以失败告终。蒙古族王公上层发动了“独立”“自治”活动，但其结果是，或被俄日帝国主义利用，或被国民政府瓦解。20 世纪 20 年代以来，蒙古族人民在中国共产党的领导下，通过艰难的武装斗争，最终实现了民族解放，建立了民族区域自治制度框架下的自治区、自治州、自治县等民族自治地方，实现了民族平等和自治。

附录：蒙古法制史大事记

公元前 209 年	·匈奴贵族冒顿单于建立匈奴国。建立了大单于左右翼和十进制的军事行政划分制度,即创建军政合一、兵民一体的政治制度。 ·匈奴单于以下设左右贤王，左右谷蠡王，左右大将，左右大都尉，左右大当户，左右骨都侯等官职。 ·刑法方面对偷盗、伤人等行为处置办法有：“拔刃尺者死”，偷盗者没收家口财产，小罪辗轧骨节，大罪处死。 ·婚俗保留有氏族社会的遗风，实行“父死，可娶后母；兄弟死，可娶其妻”的收继婚制度。 ·实行土葬，有棺椁及金银铜铁器皿、马具、武器、牲畜、陶器、玉器、衣饰等随葬品，贵族死后有臣妾殉葬。有入殓、出殡、入葬等礼俗。
公元 2 世纪(190—193)	·蹋顿统一东胡一支乌桓诸部。创立了一整套游牧社会特色的政治法律制度和婚葬制度。产生了“推募勇健能理决斗讼相侵犯者为大人”的推举制度。
公元 2 世纪中叶	·檀石槐统一了东胡一支鲜卑诸部，组成部落联盟。确立了游牧社会特色的各种政治法律制度和婚葬制度。檀石槐死后，大人由推举制转变为世袭制。
公元 339 年	·公布了鲜卑拓跋政权较早的成文法。

公元5世纪	·柔然贵族社仑统一漠北，建立柔然汗庭。建立军法，实行十进位军制，首领称为可汗。
522年	·突厥首领土门击破柔然，建立突厥汗国，自称伊利可汗。创制突厥文，其政治法律制度在北方游牧民族的历史上起到了上承下启的作用。
公元7世纪后	·蒙古族先民“蒙兀室韦”始见于史录（《旧唐书》），居于望建河（额尔古纳河）流域。
公元8世纪中叶	·回纥（回鹘）首领骨力裴罗建立了回纥（回鹘）汗国。基本沿用了突厥的政治法律制度。
公元9世纪后	·蒙兀室韦及其他部落西迁至斡难（鄂女族）、怯绿连（克鲁伦）、土兀剌（图拉）三河源头。
公元10世纪	·契丹遥辇氏时代以后，实行柴册仪制度。该制度是古代契丹的选举制度。
916年	·契丹首领耶律阿保机建立了辽朝。制定了“以国法治契丹，以汉制待汉人”的分治制度。
921年	·辽太祖命耶律突吕布诏定《决狱法》。
982—1030年	·辽圣宗时，仿唐宋制度设大理寺、刑部、御史台以及登闻鼓院等，并逐步取消契丹与汉人在司法上的差别。
1036年	·辽兴宗颁布《新定条格》或《重熙条制》。对《重熙条制》进行修改，编成《咸雍重修条制》。
1070年	·辽朝对《重熙条制》进行修改，编成《咸雍重修条制》。
1115年	·女真部完颜阿骨打统一女真诸部，建立了金朝。
1145年	·金朝编定了首部成文法典《皇统新制》。
1151年	·金朝颁行《大定重修制条》。
1162年	·铁木真（成吉思汗）出生。
1189年	·铁木真被推举为汗，建立乞颜部联盟，与克烈部王罕结“安答”之盟，铁木真尊王罕为“罕父”。
1194年	·金朝修订《明昌律义》。
1201年	·金朝修订成《泰和律令敕条格式》（简称《泰和律》）。与此同时还颁行了《泰和令》《新定敕条》《六部格式》。

1199 年	·铁木真援助王罕击败乃蛮部。两者在土兀剌河流域盟誓，再次确立父子安答的联盟关系。
1203 年	·铁木真汗在帖篾格原野召集大会，首次宣布了他所制定的札撒。
1204 年	·始创设千户，是一项军政合一的组织制度。
1206 年	·铁木真即汗位，号成吉思汗。
	·斡难河畔召开大忽里勒台，大蒙古国建立。
	·颁布大蒙古国法律《大札撒》，史称《成吉思汗大札撒》。
	·设立札鲁忽赤官，创札鲁忽赤审判制即断事官审判制，失吉忽秃忽被任命首任也客札鲁忽赤。
	·建立千户制度，分封了 95 个千户。
	·扩充护卫军，完善怯薛制度。
1210 年	·史载，修改《大札撒》。
1212 年	·成吉思汗采纳郭宝玉建议，颁行圣旨条画《条画五章》。
1207—1211 年	·成吉思汗设置投下制度。
1222 年	·成吉思汗开始在占领区设置达鲁花赤官职，负责监治地方军政事务。
1225 年	·成吉思汗修订《大札撒》。
1227 年	·成吉思汗孙拔都建立金帐汗国。
1229 年	·成吉思汗病逝于军中。
	·成吉思汗第三子窝阔台继承汗位。即位之初规定畜牧税，称之为羊马抽分，蒙古语称忽卜绰儿。窝阔台汗在位期间，蒙古国官修史书《蒙古秘史》，该书又作《元朝秘史》，蒙文名《忙豁仑·纽察·脱卜察安》。对于修订年份，学界有不同解释，分别认为是 1228 年戊子、1240 年庚子、1252 年壬子和 1264 年甲子。窝阔台汗在位期间耶律楚材撰写奏章《便宜一十八事》。
1230 年	·推行赋税制度改革。

	·对酒征税，即对酒和醋实行榷酤。
	·开始榷盐制度，对食盐征税和专卖榷禁；
1231 年	·对汉民实行“以户计出赋调”的征赋制度。
1234 年	·中原地区设立中书省，省下设路、府、州、县。
	·大蒙古国始采用金朝的《泰和律令敕条格式》（简称《泰和律》）。
	·窝阔台汗在达兰达葩地方发布札撒，即 1234 年条令。
	·在中都设燕京行台，失吉忽秃忽被任命为中州断事官，主治汉民，管理户口、赋税、刑法诸事。
1236 年	·更定赋税制度，史称“丙申税制”。
1241 年	·命花剌子模人牙老瓦赤担任中州断事官。
1242 年	·窝阔台汗死，乃马真哈屯称制。中央汗权削弱，法度混乱。
	·成吉思汗《大札撒》的忠诚执行者宗王察合台死。
1246 年	·成吉思汗孙贵由继位，称定宗。为保证法度的统一，贵由汗下诏收回诸王散发的牌符；规定诸王不准擅自颁发敕令；对窝阔台汗制定的法律条文，不准改动和任意损益增删等。
1247 年	·藏传佛教萨迦派第四代祖师萨班·贡噶坚赞贝桑布致西藏僧俗民众《萨班致番人书》。
1248 年	·贵由汗死，斡兀立海迷失摄国政。
1251 年	·蒙哥汗即位。蒙哥大汗颁布圣旨：各宗王需在自己封地内追查已发出的玺书和牌符；凡是成吉思汗、窝阔台汗、贵由汗颁赐的玺书和牌符均全部收回；今后各宗王未经请示朝廷批准，不得擅自书写和颁发札儿里黑；凡朝廷颁发的诏书，须经合罕亲自过目。命令孛鲁合·阿合担任大书记官，书写他的诏敕并抄写副本。
1252—1253 年	·波斯史学家志费尼撰写成《世界征服者史》。书中记述蒙古古代习惯法（即约孙）以及成吉思汗《大札撒》的内容。

1254 年	·忽必烈赐给八思巴《优礼僧人令旨》。
1260 年	·忽必烈在藩府开平即位称汗，建元“中统”。 ·忽必烈汗始设国师作为元朝佛教僧侣官职。首任国师由乌思藏佛教萨斯迦派首领八思巴担任。 ·在中书省下设左右司办事机构，以兵、刑、工为右三部。 ·开始推行和买牲畜制度。忽必烈汗规定，今后凡有死刑，仰所在官司推问得实，具情始未及断定招款。 ·申宣抚司再行审复无疑，呈省闻奏待报处决。 ·诏谕，中央机关只设一都省，有别于唐宋的三省制。
1261 年	·颁布《中统权宜条理诏》，又称《中统权定法条诏》。
1262 年	·命大司农姚枢制定条格，即《中统条格》。
1263 年	·沿袭唐、宋、金旧制，设立枢密院，专掌全国兵马机密军务。开始设置群牧所。是负责官用马匹管理的政府机构。
1264 年	·改中统五年为至元元年。 ·立诸行中书省。 ·立大宗正府，治理诸王、驸马、投下蒙古、色目人的刑名等公事，时而兼管汉人刑狱。 ·设总制院。 ·下令罢诸侯世守，立迁转法，规定世侯死后，子孙荫而不世，届下官员均由中央迁调。 ·授权帝师八思巴在吐蕃颁布元朝政教合一统制体制的诏书《珍珠诏书》。同年，正式册封旭烈兀为伊儿汗，伊儿汗国建立，蒙古法开始渗透伊斯兰国家。史载，元世祖忽必烈至元年间颁布《立站赤条画》，又称《站赤条画》。
1265 年	·设大宗正府，大断事官专主宗正府，治蒙古公事并兼理刑名。 ·下令：“凡杀人者虽偿命讫，仍征烧埋银五十两。若经赦原罪者，倍之。”

	·并六部为四部：礼吏部、户部、兵刑部、工部。定：蒙古人充各部达鲁花赤，汉人充总管，色目人充同知。
1266 年	·许衡上书元世祖忽必烈，倡言“必行汉法、立法用人以及自古为君之道”。
1267 年	·初设荫叙制度。
	·定蒙古军制。
1268 年	·设立监察机构御史台。颁行《设立宪台格例》，规定御史台及其下属各级监察组织的职权。
1269 年	·下诏颁行八思巴所制蒙古新字，诏敕制度发生变革。
	·制定《察司体察等例》。
	·中书省户部制定嫁娶写立婚书断例。
1270 年	·始设刑部。
1271 年	·大蒙古国国号改为“大元”。
	·下令废止金《泰和律》。
1272 年	·规定大宗正府只理蒙古人公事。
	·设立和林转运司。
1273 年	·正月，以国字书宣令。
1276 年	·忽必烈皇帝又复立刑部。
1277 年	·定《行台体察等例》，规定行御史台的职权及其业务范围。
	·诏立江南行御史台。1277 年中书省奏准《循行选法体例》。
	·元朝正式确立圆署制度。又称“圆议连署”或者“圆坐署事”。
	·颁行有关军事管理的圣旨条画——《省谕军人条画二十三款》。
1278 年	·元世祖在大部分地区取消榷酤，改为对民间酿酒征税。
1279 年	·诏立河西行御史台，主管畏吾儿部民及当地民众。
	·改尚牧监为太仆院。

1282 年	·改群牧所为尚牧监。
1283 年	·改太仆院为卫尉院。一度又改为群牧所。
1284 年	·又罢群牧所，立卫尉院。
	·忽必烈皇帝颁行《禁治察司等例》。
	·元世祖中书右丞卢世荣提议官自酤卖。于是恢复官制官卖。
1285 年	·元世祖改实行征税制。元在上都等路设立群牧都转运使司，专管有关刍秣（喂牲畜的粮草）。
1286 年	·元廷制定《察司巡按事理》。
1287 年	·罢卫尉院，立太仆寺。《年例停务月日》规定“年例除公私债负外，婚姻、良贱、家财、田宅三月初一住接词状，十月初一举行”。下令，禁畏吾地禽兽孕孳时畋猎。
1288 年	·改总制院为宣政院。下令敕驰辽阳渔猎之禁，唯毋杀孕兽。定《察司合察事理》。
1289 年	·元朝枢密院议拟“禁约诸军例”。
1290 年	·元朝设云南诸路行御史台。命中书参知政事何荣祖编纂《至元新格》，1291 年刻板颁行。
1291 年	·将诸道提刑按察司改为诸道肃政廉访司。主管一省的刑名、诉讼事务。
1292 年	·定《廉访司合行条例》5 条。
1296 年	·元朝多次下诏禁捕天鹅。
1297 年	·元成宗设陕西行御史台。颁布《儒吏考试程式》，又称《结案式》。
1299 年	·元成宗命何荣祖编订《大德律令》。但未能获得朝廷的颁布。
	·颁行有关军队管理的圣旨条画《晓谕军人条画十四款》。
14 世纪初	·波斯史学家、伊利汗国宰相拉施特编成《史集》。其中《蒙古史》包括蒙古古代习惯法以及成吉思汗《大札撒》的内容。

1301 年	·徐元瑞撰编《吏学指南》，又称《习幼吏学指南》，是元代政治、经济、法律、社会等各方面的术语汇编。
1303 年	·制定《赃罪条例十二章》，是惩治贪赃枉法官吏的专门条例。
	·刑部之下设置附属机构司狱司，并设专职官员。
	·元中书省制定“不得法外枉勘”断例。
	·元朝开始对以前的法令文书进行分类汇编，以后陆续增添，至 1317 年形成《元典章》，全名《大元圣政国朝典章》。
1304 年	·颁发《检尸法式》，又称《尸帐》，是元代法医检验制度中的一项重要规定。
1307 年	·元朝设置和林行省。1307 年，元朝改太仆寺为太仆院。
1308 年	·王与撰《无冤录》。是一部元代法医学著作。
1311 年	·元武宗罢太仆院，改为太仆寺。同年，复立群牧监。
1315 年	·元朝制定关于纲纪、吏治的法典——《风宪宏纲》。
1319 年	·元朝中书省颁布惩治盗贼的法规《盗贼通例》。
1320 年	·元仁宗长子硕德八剌，登基做皇帝，是为元英宗，改元至治。
1323 年	·元朝颁布《大元通制》。实施团槽牧养制度。元朝中期张养浩著《为政忠告》，又名《三事忠告》。
1329—1331 年	·元朝修纂政书《经世大典》，又称《皇朝经世大典》。
1330 年	·元世祖忽必烈制定的《十善福经教正典》正式成书。俗称《十善福白史册》《十善福经白史》或《白史》。
1335 年	·设徽政院专管群牧。
1336 年	·元朝赵承禧编纂有关御史台典章制度的《宪台通纪》。
1338 年	·元惠宗命平章政事阿吉剌监修《条格》，1345 年，书成曰《至正条格》。
1352 年	·元唐惟明编纂成《宪台通纪续编》。这是元代有关御史台的典章制度的汇编。

1368 年	·元惠宗妥欢帖木儿败北，元朝在中原的统治结束。 ·监察御史徐敬熙向元惠宗妥欢帖木儿提出十条建议，亦称徐敬熙条陈十事。
15 世纪中后期	·蒙古瓦剌封建主制定《卫拉特法典》，也称《旧卫拉特法典》或者《旧察津毕其格》。
1576 年	·北元图们札萨克图汗制定《图们汗法典》，又称《图们札萨克图汗法典》。
1578 年	·蒙古右翼土默特部阿勒坦汗制定《十善福经法》，又称《十善福经教法规》。1578—1582 年间（又说 1572—1582）阿勒坦汗制定《阿勒坦汗法典》，又称《俺答汗法典》。
16 世纪下半叶	·16 世纪下半叶至 1639 年前喀尔喀蒙古封建主陆续制定《喀尔喀七旗法典》，俗称《白桦法典》或《白桦典章》《桦皮律》。
1614 年	·西藏觉囊派高僧多罗那他应蒙古喀尔喀部的邀请前往库伦一带传教，逐渐成为当地宗教领袖，被尊称哲布尊丹巴，藏语意为“尊胜”。喀尔喀蒙古最大的藏传佛教活佛世系开始形成，与内蒙古的章嘉呼图克图并称为蒙古两大活佛。
1623 年	·后金国制定关于蒙古人贩卖牛羊毛青布，倭缎的价格法令。
1629 年	·皇太极颁敕谕于科尔沁、敖汉、奈曼、喀尔喀、喀喇沁五部落，令这些部落悉遵清朝制度。谴阿什达尔汉同尼堪等赍敕谕归顺各部落蒙古诸贝勒，申定军令。
1630 年	·后金建立三年编审一次壮丁的制度。蒙古人丁男 18 岁以上，60 岁以下，皆入册，隐瞒不报者罪之。
1631 年	·皇太极颁布《离主条例》。制定奖励来附的蒙古功臣的法令《功臣袭职例》。命蒙古诸贝勒：“诸国遵约会师”“悉遵军令毋违”。
1632 年	·济尔哈朗、萨哈廉从蒙古归来，其在蒙古进行了皇太极命令的分画牧地，“申明约法”的活动。

1633 年	·皇太极“遣阿什达尔汉、塔布囊达雅齐等往外藩蒙古诸国，宣布钦定法律”。《清史稿》称之为《盛京定例》。
1634 年	·皇太极对蒙古诸贝勒颁布《军律》。对外藩各蒙古诸贝勒颁布敕谕，即凡贝勒夺有夫之妇者将受处罚。制定了对杀伤人命案件、盗贼案件、奸情案件进行惩罚的法令。遣大臣阿什达尔汉、塔布囊达雅齐前往硕翁科尔地方，召集科尔沁等蒙古各部的贝勒会议，划定各部牧地疆界，分配牧户，各牧户不得越界游牧。设立（一说 1634 年，一说 1636 年）专管蒙古事务的蒙古衙门。
1636 年	·后金国规定，凡未奉皇帝之命私为和尚、喇嘛及私建寺院者，问应得之罪。漠南蒙古各部承认皇太极为蒙古汗统的继承者，尊他为“博格达彻辰汗”，颁布律令于外藩十五城。1636 年，命大学士希福等去察哈尔、喀尔喀、科尔沁、“审罪犯，颁法律，禁奸盗”。
1637 年	·皇太极往外藩蒙古会诸王贝勒等，颁赦诏、审理刑狱。
1638 年	·改“蒙古衙门”为理藩院。
1640 年	·秋季喀尔喀和卫拉特僧俗封建上层举行铁龙年丘尔干会议。会上通过协商制订《蒙古—卫拉特法典》，又称《都沁—都尔本大律令》《喀尔喀—卫拉特法典》《卫拉特法典》或者《喀尔喀厄鲁特法典》。国外学者又称其为《卡尔梅克法典》。
1643 年	·清朝正式颁行《蒙古律例》。
1645 年	·二月，礼部增设蒙古理事官、副理事官各一人。 ·六月，查蒙古闲散人丁编入牛录。 ·清廷设置律例馆负责修律。1646 年律成，定名为《大清律集解附例》，于 1647 年颁行全国。
1647 年	·固始汗制定《蒙古律》。
1651 年	·顺治帝先后对漠南蒙古各部颁发“袭职例”法规。定会试满蒙、汉军取中名额。

1652 年	·顺治帝对漠南蒙古各部颁发“婚娶之制”法规。会试分满、蒙榜及汉军汉人榜。
1653 年	·顺治帝对漠南蒙古各部颁布了“服色从人之制”“俸禄之制”法规。
	·正式册封五世达赖罗桑嘉措为“西天大善自在佛所领天下释教普通瓦赤喇但喇达赖喇嘛”。从而确定清朝喇嘛封号制度。
1655 年	·定赐恤外藩蒙古王公例。定喀尔喀各部贡例。设喀尔喀八札萨克，分左右翼。
1657 年	·罗桑丹贝坚赞回西藏传法，驻库伦额尔德尼召寺，逐渐成为外蒙古各部的政教领袖。
1658 年	·议政王、贝勒、大臣遵旨议定《理藩院大辟条例》。蒙古人身殁无子者，令其兄弟承受产业。
1659 年	·理藩院尚书以礼部尚书衔掌理藩院事。更定“赐祭外藩蒙古事例”。
1660 年	·对漠南蒙古各部颁发“刑罚承袭事宜”法规。
1661 年	·定外藩蒙古世职俸禄例法规。设立理藩院四司：录勋清吏司、宾客清吏司、柔远清吏司、理刑清吏司。定理藩院等级与六部同。理藩院尚书，入议政之列，列工部之后。
1667 年	·清政府第二次颁发修订后的《蒙古律书》。
1675 年	察哈尔改编为八旗，分左右翼，设都统管辖。
1676 年前后	·准噶尔汗国噶尔丹博硕克图汗颁布法令《噶尔丹洪台吉第一项补充敕令》。
1678 年左右	·噶尔丹博硕克图汗颁布法令《噶尔丹洪台吉第二项补充敕令》。
1679 年	·纂修《大清现行则例》，1740 年定名为《大清律例》。
1684 年	·编修《康熙会典》，于 1690 年完成。其中“理藩院”衙门一项集中记录了有关蒙古例的规定。
1685 年	·蒙古和硕特部达赖洪台吉为首的僧俗封建领主在青海蒙古会盟大会上制定《青海蒙古会盟法典》。

1686 年	·喀尔喀蒙古与清朝举行库伦伯勒奇尔会盟。
1687 年	·康熙帝批准，凡食俸之蒙古王等，“有犯私罪应罚取马匹牲畜者，照常罚取；若犯公罪，应罚马匹牲畜者，皆视所犯之罪罚其俸币；无俸者，仍罚马匹牲畜”。
1689 年	·清政府与沙俄签订《中俄尼布楚条约》，又称《中俄尼布楚议界条约》。
1691 年	·喀尔喀蒙古与清朝举行多伦诺尔会盟，从此喀尔喀蒙古正式归附清朝。册封札那巴札尔为呼图克图大喇嘛，统管喀尔喀地区宗教事务，是为哲布尊丹巴一世。复准喀尔喀九白贡制，此外蒙古王公等不得擅进九白。
1696 年	·清朝颁发了第三次修订的《蒙古律书》。
1705 年	·册封章嘉呼图克图为“灌顶普善广慈大国师”，总管内蒙古佛教事务。
1708 年	·改宁夏城守都司等职为理事官，铸给办理蒙古内地人民等关防字样，凡系沿边地方蒙古事件，均由该理事官和札萨克完结。
1709—1770 年	·喀尔喀蒙古制定《喀尔喀吉如姆》，又称《三旗大法典》《喀尔喀法规》。
1712 年	·在古北口六路等驿站种地民人处，设副将、同知管理，负责办理内地农民在蒙古垦种事宜。
1713 年	·清政府正式册封五世班禅罗桑益西为“班禅额尔德尼”。
1723 年	·在热河设热河直隶厅，管理卓索图盟和昭乌达盟部分蒙旗的蒙汉事务。 ·喀尔喀在库伦设立额尔德尼商卓特巴之职，成立商卓特巴衙门，管理和审断哲布尊丹巴的属下喇嘛和沙毕纳尔之间发生的各类案件。
1724 年	·在张家口设张家口直隶厅，管辖察哈尔八旗部分地区以及口内宣化等七州县旗民事务。 ·编修《雍正会典》，于 1732 年成书。其内容中“理藩院”衙门一项集中记载了有关蒙古的法律制度。

	·清廷批准年羹尧提出的《青海善后事宜十三条》《禁约青海十二事》。
	·热河设总管。
1727 年	·正式颁布《大清律集解》。
	·中俄两国订立划分中俄在蒙古地区北部喀尔喀地区边界的条约《中俄布连斯奇条约》。
1728 年	·中俄签订《中俄恰克图条约》，又称《中俄恰克图界约》《喀尔喀会议通商定约》。
1729 年	·清廷设八沟直隶厅，管理喀喇沁三旗商民事务。
1732 年	·清朝设呼伦贝尔统领。
1733 年	·清朝政府下令编纂《西宁青海番夷成例》，这是清代适用于青海地区蒙藏等民族的法规。。
1734 年	·清朝政府颁发《西宁青海番夷成例》。
	·清廷设置独石口直隶厅，分辖察哈尔四旗及口内延庆等四州县旗民互讼案件。
1736 年	·清政府于察哈尔东翼正白、镶白、镶黄、正蓝四旗设四旗直隶厅。
	·清政府在归化城增设绥远厅。
	·清政府在清水河等地设协理通判，办理该处蒙汉事务。
1737 年	·清政府移右将军驻绥远城，称绥远城将军。
1738 年	·改热河总管为副都统。
1739 年	·清政府在萨拉齐等地设协理通判，办理当地蒙汉交涉事务。
1740 年	·清政府重新修订《钦定吏部则例》，并于 1742 年刊印。
	·整理编纂成《大清律例》，通称《大清律》。
	·设塔子沟直隶厅，置理事通判一员，管理该旗种地民人，兼理土默特左右二旗及敖汉、奈曼、库伦、喀尔喀左旗等蒙汉事务。

1741 年	·清政府在归化城设归绥道。
	·十二门的《蒙古律例》修订完成。
1741—1758 年	·土尔扈特蒙古部落制定颁布《敦罗布喇什补则》。
1742 年	·清朝改呼伦贝尔统领为副都统衔总管。
1747 年	·乾隆帝下令修订《乾隆会典》，于 1764 年成书。其“理藩院”衙门一项集中记载了有关蒙古的法律制度。
1760 年	·清政府规定蒙古罪犯就近会审。
1761 年	·清政府设立察哈尔都统，作为清朝察哈尔军事长官，驻张家口，因此亦称张家口都统。
1772 年	·颁行《私募开垦地亩已未得受押荒银钱及称名揽头分别治罪专条》。
1787 年	·察哈尔格布希罗桑楚勒图木编纂《查干乌拉庙规》。
1789 年	·清朝再次编纂《蒙古律例》。
1792 年	·正式设立金瓶掣签制度，即活佛转世制度。
1804—1829 年	·汇集《阿拉善旗清代单行法规及民刑案件判例》。
1810 年	·升热河副都统为都统，之后颁行《热河等处改设都统理事司员等官事例》。
1811—1815 年	·理藩院奏请撰修《理藩院则例》。
1817 年	·清政府颁行《理藩院则例》。
1821 年	·阿拉善和硕特额鲁特蒙古第四任札萨克玛哈巴拉亲王制定《阿拉善蒙古律例》。
1822 年	·陕甘总督奏定管理青海蒙藏事宜的专门条例《青海番子事宜八条》。
1824 年	·陕甘总督奏定管理青海蒙藏事宜专门条例《青海蒙古番子事宜六条》。
1840 年	·清政府规定蒙古人在汉人辖区犯罪，照大清律办理；汉人在蒙古地区犯罪，适用蒙古条例办理。
1858 年	·清廷制定蒙古王公《捐输银两议叙并捐输驼马议叙章程》。
1860 年	·清政府与沙俄签订不平等条约《中俄续增条约》，又称《中俄北京条约》。

1864 年	·清政府与沙俄签订《中俄勘分西北界约记》。
1879 年	·清政府与沙俄签订《里瓦机亚条约》及《陆路通商章程》。
1881 年	·清政府与沙俄签订不平等条约《中俄改订条约》及《改定陆路通商章程》。
1882 年	·清政府改伦贝尔副都统衔总管为呼伦贝尔副都统，受黑龙江将军节制。
1882—1884 年	·沙俄与清政府签订中俄《伊犁界约》《喀什噶尔界约》《科塔界约》《塔尔巴哈台西南界约》和《续勘喀什噶尔界约》。
1890—1891 年	·清政府再度编修《理藩院则例》。
1902 年	·贻谷被清廷任命为督办蒙旗垦务大臣，开始办理西蒙垦务。
1904 年	·新疆东路土尔扈特郡王帕勒塔提出《蒙古土尔扈特郡王整顿政治条陈》。
1905 年	·清政府裁撤理藩院派驻各地的理事司员，理藩部不再直接参与地方的蒙汉交涉案件的审理。该类案件改由在蒙地设置的府厅州县或者沿边各省审判厅直接审理。
	·批准理藩院与刑部上奏的《理藩院刑部会奏议覆改减蒙古刑律折》。1905 年至 1907 年，清政府在蒙古地区实行蒙古地区的宪政筹备活动。
1906 年	·清政府设理藩部领办处。理藩院改为理藩部。
	·改《理藩院则例》为《理藩部则例》。
	·内阁中书锺镛提出蒙古事宜十四条。
	·拟定《理藩部官制草案》。
1907 年	·清政府设理藩部编纂局，掌内外蒙古等地殖产、边卫事项。
	·设理藩部调查局，掌内外蒙古等地开垦、畜牧、商务、军队、台务、界务等调查事宜。
	·第一次日俄密约签订。
1908 年	·贡桑诺尔布提出八条新政方案。

1909 年	·清政府颁布《法院编制法》。
	·清廷将大理院作为全国最高审判机关，规定对蒙古死罪案件的判决，不管引用蒙古例还是刑例，都由理藩部主稿，大理院复判。
	·在蒙古地区进行藩属宪政筹备活动。
1910 年	·废除《理藩部则例》中对蒙古的各种禁令。
	·颁行《大清现行刑律》。
	·理藩部内专设藩部宪政筹备处。
	·第 2 次日俄密约签订。
	·清政府发布关于筹办蒙务应酌情
	·变通旧例的奏议。

本《蒙古法制史大事记》摘录自周宝峰主编《蒙古学百科全书·法学卷》一书中的《蒙古法大事年表》（内蒙古人民出版社 2007 年版）部分内容。谨向为制作该表时付出大量时间和劳动的内蒙古大学包文汉教授及女儿、包姝妹副教授表示衷心的感谢。

参考文献

一、史料

[1]《史记》，中华书局标点本，1959 年。

[2]《汉书》，中华书局标点本，1962 年。

[3]《后汉书》，中华书局标点本，1965 年。

[4]《魏书》，中华书局标点本，1974 年。

[5]《北史》，中华书局标点本，1974 年。

[6]《隋书》，中华书局标点本，1973 年。

[7]《旧唐书》，中华书局标点本，1975 年。

[8]《新唐书》，中华书局标点本，1974 年。

[9]《金史》，中华书局标点本，1975 年。

[10]《辽史》，中华书局标点本，1974 年。

[11]［明］宋濂等撰：《元史》，中华书局点校本，1976 年。

[12]《元典章》，中国书店，1990 年。

[13]［清］洪钧撰：《元史译文证补》，田虎校注，河北人民出版社，1990 年。

[14]［清］汪辉祖撰：《元史本正》，中华书局，1984 年。

[15]［清］魏源：《元史新编》，上海光大书局，1936 年。

［16］柯邵斋：《新元史》，开明书局，1922 年。

［17］屠寄：《蒙兀儿史纪》，上海古籍出版社，1989 年。

［18］《蒙古秘史》，额尔登泰、乌云达赉校勘本：《蒙古秘史》，内蒙古人民出版社，1980 年；亦邻真复原：《蒙古秘史》，内蒙古大学出版社，1987 年；巴雅尔撰写：《蒙古秘史》，内蒙古人民出版社，1980 年；道润梯步：《新译简注〈蒙古秘史〉》，内蒙古人民出版社，1979 年；余大钧译注：《蒙古秘史》，河北人民出版社，2001 年；阿尔达扎布译注：《新译集注〈蒙古秘史〉》，内蒙古大学出版社，2005 年。

［19］《通制条格》，黄时鑑点校，浙江古籍出版社，1986 年。

［20］《大元通制条格》，郭成伟点校，法律出版社，2000 年。

［21］《圣武亲征录》，王国维笺证，清华学术研究院刊行本。

［22］［宋］赵珙撰：《蒙鞑备录》，王国维笺证，《内蒙古史志资料选编》（第三辑），1985 年。

［23］［宋］彭大雅撰：《黑鞑事略》，叙廷证，王国维笺证，《内蒙古史志资料选编》（第三辑），1985 年。

［24］《长春真人西游记》，李志常撰，王国维笺证本。

［25］［元］耶律楚材撰：《西游录》。

［26］［元］耶律楚材撰：《湛然居士文集》。

［27］［清］张廷玉等纂：《明史》。

［28］《明实录》。

［29］［明］陈子龙等辑：《明经世文编》，中华书局，1962 年。

［30］［明］峨岷山人辑：《华夷译语》，天津古籍出版社，1991 年。

［31］［明］瞿九思：《万历武功录》，中华书局，1962 年。

［32］［明］萧大亨撰：《北虏风俗》，薄音湖、王雄编辑点校：《明代蒙古汉籍史料汇编》第一辑，内蒙古大学出版社。

［33］［元］刘佶：《北巡私记》，薄音湖、王雄编辑点校：《明代蒙古汉籍史料汇编》第一辑，内蒙古大学出版社，1993 年。

［34］《十善福白史册》（查干·图克），留金锁整理注释，内蒙古人民出版社，1982 年。

［35］《蒙古黄金史刚》（阿勒坦·脱不齐），留金锁校注本，内蒙古人民出版社，1982 年；朱风贾敬颜汉译本，内蒙古人民出版社，1988 年。

［36］罗布桑丹津撰：《黄金史》，乔吉校注，内蒙古人民出版社，1983 年。

［37］萨冈彻辰撰：《蒙古源流》，阿拉克苏力德手抄本，策·纳森巴拉珠尔校注本，内蒙古人民出版社，1984 年；道润梯步新译简注本，内蒙古人民出版社，1981 年。

［38］珠荣嘎译注：《阿勒坦汗传》，内蒙古人民出版社，1990 年。

［39］［清］善巴：《阿萨拉克齐史》，巴·巴根校注，苏和校订，民族出版社，1984 年。

［40］噶尔丹：《宝贝念珠》，阿尔达扎布注释，内蒙古人民出版社，1999 年。

［41］拉德那巴德拉：《咱雅班第达传》，希诺日布校注，内蒙古人民出版社，1990 年。

［42］必勒衮达赉：《内齐托音传》，木刻本。

［43］《哲布尊丹巴传》，抄本。

［44］乌力吉图校注：《大黄册》，巴·巴根校订，民族出版社，1983 年。

［45］金巴道尔吉：《水晶鉴》，留金锁校注，内蒙古人民出版社，1984 年。

［46］罗密：《蒙古孛儿济吉特氏族谱》，博清额重纂，纳古单夫、阿尔达扎布校注，乔吉审订，内蒙古人民出版社，1989 年。

［47］罗布桑却丹：《蒙古风俗鉴》，赵景阳译，辽宁民族出版社，1988 年。

［48］《阿勒坦汗法典》，苏鲁格译注，《蒙古学信息》，1996 年第 1、2 期。

［49］载〔蒙古〕那楚克道尔吉：《喀尔喀七旗法典》，《喀尔喀新发掘的珍贵法律文书》，乌兰巴托，1973 年。

［50］《卫拉特法典》，道润梯步校注，内蒙古人民出版社，1985 年。

［51］《喀尔喀吉如姆》，道润梯布校注，内蒙古教育出版社，1989 年。

［52］康熙六年增订：《蒙古律书》，李保文编译，《历史档案》，2002 年第 4 期。

［53］《蒙古律例》，中国社会科学院边疆史地研究中心编《蒙古律例》，全国图书馆文献缩微复制中心出版，1988 年 5 月；中国第一历史档案馆藏蒙古文刻版。

［54］《理藩院则例》：中国社会科学院中国边疆史地研究中心编《清代埋藩院资料辑录》，全国图书馆缩微中心出版，1988 年 5 月；杨选第、金峰校注光绪朝《钦定理藩院则例》，内蒙古文化出版社，尼日拉图、金峰校注蒙文道光朝《钦定理藩院则例》，内蒙古文化出版社，1989 年；张荣铮、金懋初、刘勇强、赵音点校光绪朝《钦定理藩部则例》，天津古籍出版社，1998 年。

［55］《西宁青海番夷成例》，附载《玉树调查记》，青海人民出版社，1986 年；《青海藏区部落习惯法资料集》，孙明轩标点整理，青海人民出版社，1993 年。

［56］《大清律例》，田涛、郑秦点校，法律出版社，1999 年。

［57］《满文老档》，中国第一历史档案馆、中国社会科学院历史研究所译注，中华书局，1990 年。

［58］《普陀宗乘之庙瞻礼纪事诗》，嘉庆年代手稿复印件。

［59］《清朝文献通考》，台湾新兴书局，1965 年。

［60］［清］刘锦藻撰：《清朝续文献通考》，浙江古籍出版社，2000 年。

［61］［清］蒋良骐：《东华录》，林树惠、傅贵九点校，中华书局，1980 年。

［62］《清太宗实录》，中华书局影印本，1986 年。

［63］《清世祖实录》，中华书局影印本，1986 年。

［64］《清圣祖实录》，中华书局影印本，1986 年。

［65］《清世宗实录》，中华书局影印本，1986 年。

［66］《清高宗实录》，中华书局影印本，1986 年。

［67］《清文宗实录》，中华书局影印本，1986 年。

［68］《清宣宗实录》，中华书局影印本，1986 年。

［69］《清德宗实录》，中华书局影印本，1986 年。

［70］《清史稿》，赵尔巽等纂，中华书局，1977 年。

［71］［清］贺长龄辑：《清朝经世文编》，台北文海出版社，1977 年。

［72］《大清会典》，四库全书版。

［73］《大清会典事例》，光绪二十五年石印本。

［74］《大清会典则例》，四库全书版。

［75］《大清会典图说事例》，光绪二十五年刻本。

［76］《盛京通志》，咸丰二年补修本。

［77］李恒恭纂：《钦定外藩蒙古回部王公表传》，国朝耆献类徵初编本。

［78］《清高宗谕制诗文十全集》，中国人民大学出版社，1993 年。

［79］［清］魏源撰：《圣武记》，中华书局，1984 年。

［80］［清］赵翼撰：《皇朝武功纪盛》，乾隆五十七年刊本。

［81］［清］祁韵士撰：《皇朝藩部要略》，道光十九年刊本、浙江书局刊本。

［82］［清］祁韵士撰：《西陲总统事略》，嘉庆十六年刊本。

[83]［清］祁韵士撰:《西陲要略》，道光十七年刊本。

[84] 图理琛撰:《异域录》,《小方壶斋舆地丛钞》本。

[85]［清］张穆撰:《蒙古游牧记》，何秋涛校，同治六年刊本。

[86]［清］何秋涛撰:《朔方备乘》，光绪七年刊本。

[87]［清］阿桂等纂辑:《皇清开国方略》，载《中国方略丛书》，台北成文出版社，1968 年。

[88]［清］温达等编纂:《亲征平定朔漠方略》，康熙四十七年刊本。

[89]［清］傅恒等撰:《平定准噶尔方略》，乾隆朝殿刻本。

[90]《前后蒙古纪事本末》，光绪三十一年印行本。

[91]［清］杨应琚撰:《西宁府新志》，乾隆十二年刻本。

[92]［清］昭梿撰:《啸亭杂录》，中华书局，1980 年排印本。

[93]［清］吴振棫撰:《养吉斋丛录》，北京古籍出版社标点本，1983 年。

[94]《谕制喇嘛说》《优恤土尔扈特部众记》《土尔扈特全部归顺记》，碑刻文。

[95]《宫中档雍正朝奏折》，故宫博物院印行，1976 年。

[96]《盛京刑部原档》，群众出版社，1985 年。

[97]［清］沉增植撰:《蒙古源流笺证》，中国书店重印本，2008 年。

[98]［元］苏天爵编:《元文类》，商务印书馆，1958 年。

[99]［元］叶子奇撰:《草木子》，中华书局，1959 年。

[100]［清］傅恒撰:《西域图志》，光绪十九年石印本。

[101]［清］成格、海忠纂:《承德府志》，道光九年刻本。

[102]［清］高赓恩纂:《绥远旗志》，光绪三十四年印本。

[103]《乌里雅苏台志略》，嘉庆年间抄本。

[104]［清］罗布桑楚勒登:《察哈尔格布希全集》，木刻本。

[105]《四卫拉特史》，巴图尔乌巴什图们著，托忒文抄本。

[106] 噶旺沙拉布:《四卫拉特史》，托忒文抄本。

[107]《四卫拉特史》《蒙古溯源史》《土尔扈特诸汗史》，佚名，托忒文抄本。

[108] 伦布彻林:《蒙古布里雅特史》，托忒文抄本。

[109] 蔡鸿源主编:《民国法规集成》，黄山书社，1999 年。

[110] 蒙藏委员会编:《蒙藏委员会法规辑要》，1942 年。

[111] 季永海、李盘胜、谢志宁翻译点校:《年羹尧满汉文奏折译编》，天津古籍

出版社，1995 年。

［112］《清太祖努尔哈赤实录》，上海书店，1989 年。

［113］《清史稿刑法志注解》，国务院法制局法史研究室注，法律出版社，1957 年。

二、专著

［114］潘世宪：《蒙古民族地方法制史概要》，内蒙古大学蒙古史研究所，油印本，1983 年。

［115］奇格：《古代蒙古法制史》，辽宁民族出版社，1999 年。

［116］张晋藩主编：《清朝法制史》，法律出版社，1994 年。

［117］张晋藩主编：《中国法制通史》第八卷，张晋藩主编，法律出版社，1999 年。

［118］张晋藩主编：《中国法制通史》第六卷，韩玉林主编，法律出版社，1999 年。

［119］张晋藩：《清律研究》，法律出版社，1992 年。

［120］张晋藩、郭成康：《清入关前国家法律制度》，辽宁人民出版社，1988 年。

［121］成崇德：《18 世纪中国与世界——边疆民族卷》，辽海出版社，1999 年。

［122］成崇德主编：《清代西部开发》，山西古籍出版社，2002 年。

［123］赵云田：《清代治理边陲的枢纽——理藩院》，新疆人民出版社，1995 年。

［124］赵云田：《清代蒙古政教制度》，中华书局，1989 年。

［125］郑秦：《清代司法审判制度研究》，湖南教育出版社，1988 年。

［126］张久和：《原蒙古人的历史·室韦达怛研究》，高等教育出版社，1998 年。

［127］张世明：《中国经济法历史渊源原论》，中国民主法制出版社，2002 年。

［128］刘广安：《清代民族立法研究》，中国政法大学出版社，1992 年。

［129］苏亦工：《明清律典与条例》，中国政法大学出版社，2000 年。

［130］徐晓光：《清代蒙藏地区法制研究》，四川民族出版社，1996 年。

［131］吴海航：《元代法文化研究》，北京师范大学出版社，2000 年。

［132］李则芬：《成吉思汗新传》，台湾中华书局，1970 年。

［133］马汝珩、马大正：《飘落异域的民族——17—18 世纪土尔扈特蒙古》，中

国社会科学出版社，1991 年。

［134］马大正：《边疆与民族——历史断面研考》，黑龙江教育出版社，1993 年。

［135］额尔登泰、乌云达赉、阿萨拉图：《〈蒙古秘史〉词汇选释》，内蒙古人民出版社，1980 年。

［136］巴岱、金峰、额尔德尼整理注释：《卫拉特历史文献》，新疆人民出版社，1987 年。

［137］巴岱、金峰、额尔德尼整理注释：《卫拉特史迹》，新疆人民出版社，1991 年。

［138］金峰搜集整理：《蒙古文献史料九种》，呼和浩特市蒙古语文历史学会编印，1983 年。

［139］金峰主编：《呼和浩特蒙古文献资料汇编》，内蒙古文化出版社，1989 年。

［140］韩儒林主编：《元朝史》，人民出版社，1986 年。

［141］郭成康等：《康乾盛世历史报告》，中国实言出版社，2002 年。

［142］齐木德道尔吉、巴根那编：《清实录太祖太宗世祖朝实录蒙古史史料抄》，内蒙古大学出版社，2002 年。

［143］亦邻真：《亦邻真蒙古学文集》，内蒙古大学出版社，2001 年。

［144］周清澍：《元蒙史札》，内蒙古大学出版社，2001 年。

［145］乌兰：《〈蒙古源流〉研究》，辽宁民族出版社，2000 年。

［146］戴逸、李文海主编：《清通鉴》，山西人民出版社，1999 年。

［147］中国人民大学清史研究所编：《清史编年》，中国人民大学出版社，2000 年。

［148］格·那木吉勒编：《成吉思汗札撒与必力格》，内蒙古文化出版社，1987 年。

［149］周宝峰主编：《蒙古学百科全书·法学卷》，内蒙古人民出版社，2007 年。

［150］《法学词典》，上海辞书出版社，1984 年。

［151］《民族词典》，上海辞书出版社，1987 年。

［152］邱树森主编：《元史辞典》，山东教育出版社，2002 年。

［153］赛熙亚勒：《成吉思汗史记》，内蒙古人民出版社，1987 年。

［154］林乾编：《匈奴史料汇编》（上、下），中华书局，1988 年。

［155］林乾：《突厥史》，内蒙古人民出版社，1988 年。

［156］陶克涛：《内蒙古发展概述》，内蒙古人民出版社，1957 年。

［157］陶克涛：《毡乡春秋》（匈奴篇），人民出版社，1987 年。

［158］余元盦：《内蒙古历史概要》，上海人民出版社，1958 年。

［159］陶希圣、沈任远：《明清政治制度》，台湾商务印书馆，1972 年。

［160］何耀彰：《满清治蒙政策之研究》，台湾私立东吴大学中国学术著作奖委员会出版，1978 年。

［161］萧一山：《清代通史》，中华书局，1985 年。

［162］戴逸主编：《简明清史》，人民出版社，1980 年。

［163］王钟翰主编：《中国民族史》，中国社会科学出版社，1994 年。

［164］《蒙古族简史》编写组编：《蒙古族简史》，内蒙古人民出版社，1985 年。

［165］《蒙古族通史》编写组编：《蒙古族通史》，民族出版社，2001 年。

［166］乌云毕力格、成崇德、张永江撰写：《蒙古民族通史》（第四卷），内蒙古大学出版社，1993 年。

［167］达力扎布编：《蒙古史纲要》（修订本），中央民族大学出版社 2011 年。

［168］《卫拉特蒙古简史》编写组编：《卫拉特蒙古简史》（上册），新疆人民出版社，1992 年。

［169］王戎笙等：《清代全史》，辽宁人民出版社，1991 年。

［170］杨强：《清代蒙古法制变迁研究》，中国政法大学出版社，2010 年。

［171］黄华钧：《蒙古族草原的文化阐释》，中央民族大学出版社，2006 年。

［172］朝克图：《成吉思汗法研究》，内蒙古大学出版社，2011 年。

［173］周清澍主编：《内蒙古历史地理》，内蒙古大学出版社，1993 年。

［174］张德泽编：《清代国家机构考略》，中国人民大学出版社，1991 年。

［175］李朋年等编：《清代中央国家机关概述》，黑龙江人民出版社，1983 年。

［176］李治安、王晓欣编：《元史学概论》，天津教育出版社，1989 年。

［177］薄音湖、王雄编辑点校：《明代蒙古汉籍史料汇编》，第一辑，1993 年；第二辑，2000 年，内蒙古大学出版社。

［178］高文德、蔡志纯编：《蒙古世系》，中国社会科学出版社，1979 年。

［179］高文德：《蒙古奴隶制研究》，内蒙古人民出版社，1980 年。

［180］王戎笙主编：《清代边疆开发》，西南师范大学出版社，1993 年。

［181］马汝珩、成崇德主编：《清代边疆开发》，山西人民出版社，2001 年。

［182］马汝珩主编：《清代西部历史论衡》，山西人民出版社，2001 年。

［183］马汝珩、马大正编：《厄鲁特蒙古史论集》，青海人民出版社，1984 年。

［184］马汝珩、马大正主编：《清代边疆开发研究》，中国社会科学出版社，1990 年。

［185］《准噶尔史略》编写组编：《准噶尔史略》，人民出版社，1985 年。

［186］白翠琴：《瓦剌史》，吉林教育出版社，1991 年。

［187］杨学琛：《清代民族史》，四川民族出版社，1996 年。

［188］叶新民、薄音湖、宝日吉根编：《简明古代蒙古史》，内蒙古大学出版社，1990 年。

［189］范宏贵：《少数民族习惯法》，吉林教育出版社，1990 年。

［190］史筠：《民族事务管理制度》，吉林教育出版社，1991 年。

［191］宁骚：《民族与国家》，北京大学出版社，1995 年。

［192］宝音朝克图：《清代北部边疆卡伦研究》，中国人民大学出版社，2005 年。

［193］乌力吉陶格套：《清至民国时期蒙古法制研究——以中央政府对蒙古的立法及其演变为线索》，内蒙古大学出版，2007 年。

［194］〔日〕田山茂：《蒙古法典研究》，日本学术振兴会印，1967 年。

［195］〔日〕岛田正郎：《明末清初モンゴル儿法の研究》，创文社，昭和 61 年（1986）。

［196］〔日〕岛田正郎：《清朝蒙古例の实效性的研究》，创文社，1992 年。

三、译著

［197］《马克思恩格斯选集》第四卷，人民出版社，1972 年。

［198］梁赞诺夫斯基：《蒙古法の基本原理》，青木富太郎译，生活社刊，1937 年。

［199］梁赞诺夫斯基：《蒙古惯习法の研究》，满铁东亚经济调查局译，昭和十年。

［200］〔日〕岛田正朗：《亚洲历史与法》，东京，1962 年。

［201］〔日〕岛田正朗：《北亚洲法制史》，台湾中国文化学院印行，1964 年。

［202］〔日〕岛田正朗：《清朝蒙古例の研究》，创文社版，昭和五十七年。

［203］〔波斯〕拉施特主编：《史集》，余大钧、周建奇译，商务印书馆，1997年。

［204］〔波斯〕剌失德丁：《成吉思汗的继承者》，波义耳英译，周良宵译注，天津古籍出版社，1992 年。

［205］〔美〕埃德蒙斯·霍贝尔：《原始人的法》，严存生等译，贵州人民出版社，1992 年。

［206］〔瑞典〕多桑：《多桑蒙古史》（上、下），冯承钧译，上海书店出版社，2001 年。

［207］〔英〕道森编，吕浦译，周良宵注：《出使蒙古记》，中国社会科学出版社，1983 年。

［208］米儿咱·马黑麻·海答儿：《中亚蒙兀儿史——拉失德史》，新疆社会科学院民族研究所译，王治来校注，新疆人民出版社，1985 年。

［209］〔伊朗〕志费尼：《世界征服者史》，何高济译，翁独健校订，内蒙古人民出版社，1980 年。

［210］〔苏〕格列科夫、A·Ю·雅库博夫斯基：《金帐汗国兴衰史》，余大钧译，张沪华校，商务印书馆，1985 年。

［211］耿昇、何高济译：《柏朗嘉宾蒙古行纪》，中华书局，1985 年。

［212］耿昇、何高济译：《鲁布鲁克东行纪》，中华书局，1985 年第 1 版，2002年第二次印刷本。

［213］〔苏〕帕里莫夫：《卡尔梅克族在俄国境内时期的历史概况》，许淑明译，徐滨校，新疆人民出版社，1986 年。

［214］〔苏〕博·雅·符拉基米尔佐夫：《蒙古社会制度史》，刘荣焌译，中国社会科学出版社，1980 年。

［215］〔德〕帕拉斯：《内陆亚洲厄鲁特历史资料》，邵建东、刘迎胜译，云南人民出版社，2002 年。

［216］〔日〕田山茂：《清代蒙古社会制度》，潘世宪译、商务印书馆，1987 年。

［217］〔俄〕A·M·波兹德涅耶夫：《蒙古及蒙古人》，刘汉生等译，内蒙古人民出版社，1983 年。

［218］〔法〕雷纳·格鲁塞：《蒙古帝国史》，龚越译，翁独健校，商务印书馆，2002 年。

［219］〔日〕和田清：《明代蒙古史论集》，潘世宪译，商务印书馆，1984 年。

［220］〔苏〕伊・亚・兹拉特金：《准噶尔汗国史》，马曼丽译，商务印书馆，1980 年。

［221］〔日〕二木博史：《蒙古的历史与文化—— 蒙古学论文集》，呼斯勒译，内蒙古人民出版社，2003 年。

［222］〔英〕约翰・弗雷德里克・巴德利：《俄国・蒙古・中国》，商务印书馆，1981 年中译本。

四、论文

［223］〔印度〕曼苏尔・海德尔，索介然译：《成吉思汗的"札撒"在中亚的残存（14—15 世纪）》，《蒙古学资料与情报》，1985 年第 3、4 期。（原载《中亚学报》第 28 卷，1—2 号，1984 年，威斯巴登）

［224］〔日〕小林高高四郎：《元代法制史上之"旧例"》，潘世宪译，《蒙古学资料与情报》，1990 年第 4 期。（原载《江上波夫教授七十寿辰纪念论集—历史篇》，东京，1977 年）

［225］〔日〕岛田正郎：《蒙古法中刑罚的变迁》，潘昌龙译，《蒙古学资料与情报》，1991 年第 2 期（原载《东洋史研究》第 40 卷第 1 号，1981 年）。

［226］〔日〕岛田正郎：《〈蒙古律例〉的各种版本》，《法律论丛》，第 42 卷 2 期。

［227］〔日〕岛田正郎：《蒙古律例与理藩院则例》，《法制史研究》，台北，1968 年。

［228］〔日〕岛田正郎：《清朝对蒙古的立法与蒙古的习惯法》，《法律论丛》第 42 卷第 4 期至 52 卷 6 期。

［229］鲍音：《论〈十善法典〉是部伪托之书》，《内蒙古师大学报》，1994 年第 4 期。

［230］〔俄〕贝勒津：《成吉思汗的札撒》，潘世宪译，《蒙古学研究参考资料》第 18 辑，1981 年。

［231］赵云田：《〈蒙古律例〉和〈理藩院则例〉》，《清史研究》，1995 年第 3 期。

［232］金峰：《四卫拉特联盟》，载《卫拉特历史文献》，新疆人民出版社，1985年。

［233］李涵：《蒙古前期的断事官、必帖赤、中书省和燕京行省》，《武汉大学学报》，1963年3期。

［234］张晋藩：《清朝法制史概论》，《清史研究》，2002年第3期。

［235］〔日〕羽藤秀利：《蒙古法制史概论》，潘世宪译，《蒙古学研究参考资料》第24辑，内蒙古大学蒙古史研究所编，1982年（原载《蒙古》1945年7月号）。

［236］〔苏〕迪雷科夫：《厄鲁特蒙古封建法的整理和研究》，马大正摘译，《民族译丛》，1984年5期。

［237］恩格斯：《论住宅问题》，参见《马克思恩格斯选集》第3卷，人民出版社，1972年版。

［238］第·巴图：《商榷〈卫拉特法典〉中某些词语的错误解释》，《语言与翻译》1997年第4期。

［239］〔俄〕戈利曼：《1640年蒙古卫拉特法典的俄文译文和抄本》，载《蒙古文集》，莫斯科1959年版，李佩娟汉译文载《新疆大学学报》，1983年，第2期。

［240］〔俄〕科特维奇：《有关十七—十八世纪与卫拉特人交往的俄国档案文献》，《蒙古文集》，1959年。

［241］〔苏〕普契柯夫斯基：《苏联科学院东方研究所所藏托忒文〈卫拉特法典〉抄本三种》，余大钧译，《蒙古史研究参考资料》新编第24辑，第42—44页，1982年。

［242］赵云田：《清代理藩院、理藩院资料和理藩院研究》，中国社会科学院中国边疆史地研究中心编：《清代理藩院资料辑录》，全国图书馆缩微中心出版，1988年5月。

［243］徐晓光、陈光国：《清朝对“蒙古例”、〈理藩院则例〉的制定与修订》，载《内蒙古社会科学》，1994年第3期。

［244］〔美〕维尔纳德斯基：《成吉思汗札撒的内容与范围》，王嬉忠译，余大钧审校，《蒙古史研究参考资料》第18辑，内蒙古大学蒙古史研究室编，1981年5月（原载《哈佛亚洲学报》卷3，1938年）。

［245］吴海航：《约孙论——蒙古法渊源考之一》，载《中外法学》，1998年第3期。

［246］留金锁：《关于古代蒙古的婚姻法问题》，载《内蒙古社会科学》，蒙古文，1996年第4期。

［247］〔日〕萩原守：《十八世紀ハルハ？モンゴルにおける法律の推移（18世纪喀尔喀的法律变迁）》，《东洋史研究》第49卷，第三号，1990年12月。

［248］〔日〕萩原守：《清代蒙古的刑事审判事例》，哈刺古纳译，《蒙古学资料与情报》，1991年第3期（原载《史学杂志》第97编，第12号，1988年）。

［249］〔日〕田山茂：《近代蒙古的裁判制度》，《蒙古学参考信息》新编纂24辑，1982年。

［250］〔日〕安部健夫：《〈大元通制〉解说》，潘世宪译，《蒙古学研究参考资料》第18辑，1981年（原载《东方学报》京都第一册，1931年）。

［251］罗致平、白翠琴：《试论〈卫拉特法典〉》，《中国蒙古史学会论文集》，1980年。

［252］〔日〕有高岩：《元代诉讼裁判制度研究》，潘世宪译，《蒙古学研究参考资料》第18辑，1981年。

［253］〔美〕亨利·赛瑞斯：《传统的蒙古地区的监狱和囚犯》，王勇译，《蒙古学研究参考资料》，1985年8月（原载《中亚学报》第27卷，第3—4期，1983年）。

［254］〔美〕洪用斌：《元朝统治》，《蒙古学研究通讯》第十三辑，内蒙古社会科学院编印，1988年。

［255］奇格：《蒙古法制史概述》，《蒙古学信息》，1995年第4期。

［256］徐晓光：《清政府对蒙古的行政立法初谈》，《内蒙古社会科学》，1989年第1期。

［257］郑秦：《清朝统治边疆少数民族地区的法律措施》，《民族研究》，1988年第2期。

［258］杨选第：《〈理藩院则例〉初谈》，《卫拉特史论文集》，1987年。

［259］达力扎布：《康熙三十五年〈蒙古律例〉研究》，载《中国民族史研究》第五辑，民族出版社，2004年。

［260］达力扎布：《〈喀尔喀法规〉制定原因及实施范围初探》，《中央民族大学学报》，2005年第5期。

［261］〔蒙古〕X·普日来：《新发现的喀尔喀珍贵法律文献（研究部分）》，达力扎布译，载《中国边疆民族研究》第六辑，中央民族大学出版社，2012年。

［262］达力扎布：《有关乾隆朝内府抄本〈理藩院则例〉》，载《中国边疆民族研究》第四辑，中央民族大学出版社，2011年。

后记

本书稿是张晋藩教授主持的国家哲学社会科学规划课题《中国少数民族法制通史》项目的阶段性成果。2001 年中国人民大学清史研究所成崇德教授承担了该项目的子课题《蒙古族卷》的撰写任务，并委托中国人民大学 2000 级博士生那仁朝格图通过撰写博士论文的形式完成。本书是那仁朝格图博士学位论文《蒙古法制研究》（指导教师：成崇德教授，2003 年度中国人民大学博士学位论文）的基础上增删修订而成。具体分工情况如下：

本书“序言”、第四章“第一节”、第七章“第二节”、“第四节”由成崇德执笔，并通稿全文。第四章“第三节”、第五章“第一节”、第七章“第一节”、“第三节”由鲁哈达执笔，其余部分均由那仁朝格图执笔。